DEMOKRATIE
verpflichtet

Lehr- und Arbeitsbuch
für den Sozialkundeunterricht
an Realschulen
in Bayern

Andreas Mack
Jürgen Fehn

Dieses Buch gibt es auch auf www.scook.de Es kann dort nach Bestätigung der Allgemeinen Geschäftsbedingungen genutzt werden.

Buchcode: jqvom-jc6jd

Oldenbourg Schulbuchverlag, München

Inhaltsverzeichnis

1 Der Einzelne in der Gesellschaft — 4

Menschen leben in Gruppen 6
Die Bedeutung von Gruppen für unser Leben .. 8
Normen sind wichtig 10
Rollen und Rollenkonflikte 12

Zusammenfassung – Fachwissen anwenden:
Der Einzelne in der Gesellschaft 14

2 Der demokratische Verfassungsstaat — 16

Grundsätze der Demokratie 18
Formen der Demokratie 20
Elemente direkter Demokratie in Deutschland . 22
Der freiheitlich-demokratische Rechtsstaat ... 24
Wann ist ein Staat ein Rechtsstaat? 26
Verfassung und Grundrechte 28
Menschenwürde und Grundrechte 30
Die besondere Rechtsstellung der Grundrechte 32
Das Bundesverfassungsgericht 34
Parteien sind wichtig 36
Parteien gestalten Politik 38
Wahlen in der Demokratie 40
Grundlegende Wahlsysteme 42
So wählt man in Deutschland (den Bundestag) 44
Interessenvertretung in der Demokratie 46
Macht wird kontrolliert 48
Die „wehrhafte" Demokratie 50
Massenmedien und Mediengesellschaft 52

Zusammenfassung – Fachwissen anwenden:
Der demokratische Verfassungsstaat 58

3 Politische Strukturen — 60

Die politische Ordnung der Bundesrepublik
Deutschland 62
Aufgaben der Gemeinde 64
Politische Entscheidungen in der Gemeinde .. 66
Aufgaben der Landkreise und Bezirke 68
Bayern – das politische System 70
Hauptstadt Berlin –
Ort wichtiger politischer Entscheidungen 74
Der Bundestag – die Volksvertretung 76
Die Aufgaben von Bundestagsabgeordneten . 78
Die Bundesregierung – Spitze der Exekutive .. 80
Der Bundesrat –
Interessenvertretung der Länder 82
Der Bundespräsident – das Staatsoberhaupt . 84

Zusammenfassung – Fachwissen anwenden:
Politische Strukturen 86

4 Strukturen gesamtwirtschaftlicher Vorgänge — 88

Wie stark ist eine Volkswirtschaft? 90
Wirtschaftswachstum auf dem Prüfstand 92
Wovon hängt volkswirtschaftliche Stärke ab? . 94
Private Haushalte und Unternehmen 96
Der Staat als Wirtschaftsteilnehmer 98
Wirtschaftsbeziehungen mit dem Ausland .. 100
Bewegungen im Wirtschaftskreislauf 102
Die volkswirtschaftliche Gesamtleistung ... 104
Investitionen und ihre Wirkung 106
Konjunkturzyklus 108
Geld und Inflation 110
Arbeitsmarkt – Arbeitslosigkeit 112

Zusammenfassung – Fachwissen anwenden:
Strukturen gesamtwirtschaftlicher Vorgänge 114

5 Ziele und Maßnahmen der Wirtschaftspolitik — 116

Soziale Marktwirtschaft in Deutschland 118
Vertrauen in die Wirtschaft
ist unverzichtbar 120
Ziele der Wirtschaftspolitik 124
Soziale Sicherheit für alle 130
Einnahmen und Ausgaben des Staates 134
Antizyklische Finanzpolitik 138
Europäische Zentralbank
in der Verantwortung 142
Geldpolitik der Europäischen Zentralbank .. 144

Zusammenfassung – Fachwissen anwenden:

Ziele und Maßnahmen der Wirtschaftspolitik 146

6 Die Bundesrepublik Deutschland in Europa und der Welt — 148

Der lange Weg nach Europa 150
Grundlagen europäischer Politik 152
Europäische Institutionen 154
Europa – ein Wirtschaftsraum 156
Internationale Bündnisse –
die Vereinten Nationen 158
Sicherheit durch Bündnisse – die NATO 162
Globalisierung –
Chancen und Herausforderungen 164

Zusammenfassung – Fachwissen anwenden:

Die Bundesrepublik Deutschland
in Europa und der Welt 170

Methoden — 172

Kompetent recherchieren 172
Anschaulich präsentieren 176
Hinweise zur Projektarbeit (mit Beispielen) .. 180

Glossar 184
Personen- und Sachregister 188
Textquellenverzeichnis 190
Bildquellenverzeichnis 191
Impressum 192

„Gebrauchsanweisung" für dieses Buch

Der **rote Pfeil** → verweist auf eine andere Stelle im Buch, an der weitere Informationen zu finden sind. Er ist also eine Art Link. Stehen hinter dem Pfeil Zahlen, so sind damit Buchseiten gemeint. Ein f. hinter der Zahl macht darauf aufmerksam, dass auch die folgende Seite (bei ff. die folgenden Seiten) zum Link gehören.

Steht hinter dem Pfeil ein G, finden Sie eine Begriffserklärung im **Glossar** am Ende des Buches.

In den **Lese- und Filmtipps** finden Sie die jeweiligen Sachinformationen in spannenden Romanen bzw. Filmen wieder.

Um selbst aktiv zu werden, bieten die vorgeschlagenen **Aufgaben** viele Möglichkeiten. Treffen Sie zusammen mit Ihrer Lehrkraft eine Auswahl, was Sie gerne bearbeiten möchten. Oft helfen Ihnen dabei die beschriebenen **Methoden**. Dies gilt in besonderem Maße für die angebotenen **Projektvorschläge**.

Zu Beginn größerer Fachabschnitte finden Sie einen **Überblick**, der Ihnen den Einstieg in die Thematik erleichtert. Am Ende eines jeden Kapitels können Sie das erworbene **Fachwissen anwenden**. Die Angebote sind kreativ und unterhaltsam.

Hinweis: Soweit in diesem Buch lediglich männliche Bezeichnungen verwendet werden, geschieht dies ausschließlich aus Gründen der besseren Lesbarkeit.

1 Der Einzelne in der Gesellschaft

„Nehmen Sie die Menschen, wie sie sind, andere gibt's nicht."

Konrad Adenauer

Dieses Kapitel beschäftigt sich mit Soziologie.

Soziologie ist die Wissenschaft vom Zusammenleben der Menschen – nicht nur in der Familie, nicht nur in der Schule.

Soziologische Grundkenntnisse sind für unser gesamtes Leben von nicht zu unterschätzender Bedeutung (im Alltag, in der Politik und in der Wirtschaft).

Menschen leben in Gruppen

Die Prägung dieser alten Münze zeigt Marc Aurel, der von 161–180 n. Chr. römischer Kaiser war. Obwohl die Münze fast 2000 Jahre alt ist, lässt sich das Gesicht noch erkennen.

M1 **Genetik oder Prägung?**

Diskutieren Sie das folgende spannende Experiment:

Wissenschaftler der Yale-Universität (USA) zeigten 6 Monate alten Kleinkindern Animationsfilme, in denen ein roter Ball versucht, eine Steigung zu überwinden. In einer Szene wird der Ball durch ein gelbes Dreieck unterstützt und von hinten geschoben. In einer zweiten Szene drängt ihn von oben ein blaues Quadrat zurück. Als man den Kindern anschließend die drei Spielfiguren anbot, griffen FAST ALLE nach dem Helfer. Ältere Kinder verhielten sich bereits anders!

Münzen werden geprägt. Durch ihre Prägung erhalten die Metallscheiben feste Konturen, die sich selbst in sehr langer Zeit kaum verändern. Den Begriff „Prägung" kennt auch die Soziologie → Begriffsdefinition → 5.

> **ÜBERBLICK**
>
> ▸ Jeder Mensch kommt bereits mit einer Reihe von bestimmten Merkmalen zur Welt. Dazu gehören unter anderem Hautfarbe, Körperbau, aber auch bestimmte Talente, wie z. B. Musikalität.
>
> ▸ Diese Merkmale sind genetisch bedingt → G, es sind also Erbmerkmale aus der Familiengeschichte. Welche gemeinsamen Merkmale die gesamte „Gattung Mensch" aufweist, ist immer wieder Gegenstand wissenschaftlicher Forschung. Das zeigt z. B. das interessante Experiment (M1) in der Randspalte.
>
> ▸ Die weitere Entwicklung der Persönlichkeit wird sehr stark davon **geprägt**, wie, wo und mit wem ein Mensch aufwächst. Auf diese Weise werden unsere angeborenen Eigenschaften mit den Einflüssen unserer Umwelt verbunden.
>
> ▸ Das Zusammensein von Menschen hat viele Formen. Wir unterscheiden **Mengen, Massen, Paare und Gruppen.**
>
> ▸ Dabei muss sich der einzelne Mensch Regeln unterwerfen. In der Soziologie nennt man diese Regeln **Normen** → 10 f.
>
> ▸ Die häufige Beobachtung von Familienmitgliedern, Freunden, Mitschülern usw. ist dabei ebenso wichtig wie das bewusste Erlernen bestimmter Handlungs- und Verhaltensweisen.
>
> ▸ Als Ergebnis übernehmen wir in unserem Leben sogenannte Rollen → 12. Wir haben nicht nur eine Rolle, sondern viele!
>
> ▸ Diese Rollenvielfalt bringt uns aber nicht selten in Konflikte, in sogenannte **Rollenkonflikte** → 13.

Wir alle entwickeln uns **durch das Miteinander** in der Gesellschaft – vorwiegend in sogenannten sozialen (= soziologischen) **Gruppen**. In der Soziologie ist „Gruppe" ein Fachbegriff. Was versteht man darunter?

Eine willkürliche Ansammlung von Menschen (z. B. die Besucher eines Fußballspiels) ist aus soziologischer Sicht noch keine Gruppe, sondern nur eine **Menge**. Ordnet man solche Mengen nach gemeinsamen Merkmalen (ALLE Fußballfans, ALLE Jugendlichen usw.), so ergibt sich daraus eine **Masse**, keine Gruppe. Auch zwei Menschen, die eine feste Beziehung haben, bilden noch keine Gruppe, sondern ein **Paar**, da bei einer Gruppe ein Mitglied durch ein anderes ersetzbar sein muss, ohne dass sich die Gemeinschaftsgrundlagen der Gruppe dadurch verändern.

1 Der Einzelne in der Gesellschaft

Was macht nun eine soziologische Gruppe aus?

Gruppen müssen ein Gefühl der Verbundenheit vermitteln **(WIR-Gefühl)**. Sie haben auch **gemeinsame Interessen und Ziele**.

Gruppenmitglieder pflegen **andauernde Kontakte**, auch dann, wenn sie nicht ständig persönlich zusammenkommen.

Durch die Kontakte findet fortwährend ein **Meinungsaustausch** und eine **wechselseitige Beobachtung von Verhaltensweisen** statt.

Auf diese Weise werden auch **bestimmte Regeln** erkannt und anerkannt, die **innerhalb einer Gruppe** gelten.

Frauengruppen, wie die hier abgebildeten Demonstrantinnen, protestieren z. B. gegen die Benachteiligung der Frauen in der Gesellschaft. Indem sie für gemeinsame Interessen und Ziele kämpfen, sind sie Gruppen im soziologischen Sinn.

Den Vorgang, bei dem jedes Gruppenmitglied etwas von seiner Person in die Gruppe einbringt und gleichzeitig von anderen Gruppenmitgliedern etwas wahrnimmt, bezeichnet man in der Soziologie als „**Interaktion**". Auch in Ihrer Schulklasse findet ständig eine solche Interaktion statt.

In diesem Prozess der ständigen Interaktion werden bestimmte Verhaltensmuster übernommen, die letzten Endes – mehr oder weniger ausgeprägt – bei allen Mitgliedern einer Gruppe feststellbar sind. In den Gruppen, denen wir angehören, lernen wir also, uns in der Gesellschaft zurechtzufinden und dabei bestimmte Regeln zu beachten. In der Soziologie wird dieser Lernprozess als die „**Sozialisation**" eines Menschen bezeichnet. In diesem Sinne werden auch Sie durch Ihre Schulklasse geprägt, wirken aber auch selbst prägend auf sie ein.

Filmtipp
Der Film **„Independence Day"** zeigt im Rahmen einer spannenden Handlung, wie durch äußere Bedrohung das Gruppengefühl auch Massen (hier die gesamte Menschheit) erfassen kann.
(Freigegeben ab 12 Jahren)

A1 Vertiefen/Verknüpfen
Stellen Sie Ihre eigenen Gruppenmitgliedschaften fest und untersuchen Sie diese nach folgendem Schema:

- Die Wahrnehmung von Verhaltensweisen und Verhaltensregeln
- Interaktion
- bewirkt
- Sozialisation
- Die Übernahme von Verhaltensweisen und Verhaltensregeln

Auch Schülerarbeitsgruppen sind zumeist keine soziologischen Gruppen, da sie nur vorübergehend gebildet werden und so das längerfristige WIR-Gefühl fehlt.

Die Bedeutung von Gruppen für unser Leben

Wir unterscheiden Primärgruppen …   … und Sekundärgruppen

z. B. die Schulklasse

z. B. die Kameraden im Sportverein

z. B. die Familie

z. B. die Clique

Wir alle gehören immer einer **Vielzahl von Gruppen** an, ob wir es wollen oder nicht. Daher ist zwischen **unfreiwilligen** und **freiwilligen Gruppenmitgliedschaften** zu unterscheiden.

In unsere Familie sind wir z. B. hineingeboren, einer Schulklasse wird man in aller Regel zugewiesen, hingegen schließen wir uns z. B. einer Clique oder einem Sportverein freiwillig an.

In jedem Fall haben **alle unsere Gruppenzugehörigkeiten** einen **wichtigen Einfluss auf unsere Sozialisation**. Bis zu einem gewissen Grad können wir anhand der Gruppenzugehörigkeit sogar Voraussagen über das wahrscheinliche Verhalten einzelner Personen treffen. Je stärker sich der Einzelne einer Gruppe und ihren Regeln oder Zielen verbunden fühlt, desto mehr wird er schließlich sozial „berechenbar". Das ist für die Gesellschaft durchaus von Vorteil.

Eine besonders wichtige Aufgabe erfüllen dabei die sogenannten **Primärgruppen**. Dieser Begriff wird oft zu einseitig auf die ersten Gruppen, denen wir angehören (lat. primus = der Erste), beschränkt. Die Bezeichnung zielt aber eher darauf ab, welche Gruppen für uns an erster Stelle stehen (primär = vorrangig, hauptsächlich). Zwar trifft dies meist auf unsere ersten Gruppen zu, doch es geht um wesentlich mehr.

Primärgruppen haben folgende Eigenschaften: Sie sind relativ klein, haben sehr persönlichen Charakter und zeichnen sich durch besonders enge Kontakte ihrer Mitglieder aus. Wir erwarten in ihnen Zuneigung und Geborgenheit. Die bedeutendste Primärgruppe ist zumeist die Familie. Aber auch z. B. der Freundeskreis und selbst Spielgruppen von Kleinkindern haben große Bedeutung für die Sozialisation des Menschen.

Daneben gehören wir noch einer Vielzahl weiterer Gruppen an. Wir nennen sie **Sekundärgruppen**. Sie sind im Normalfall größer, die gegenseitige Verbundenheit in ihnen ist weniger intensiv (z. B. Klassengemeinschaft, Verein). Trotzdem haben auch sie großen Einfluss auf unsere Persönlichkeitsentwicklung.

A1 Analysieren/Nachdenken
Erstellen Sie für sich eine Liste von einigen Ihrer Gruppenzugehörigkeiten. Unterscheiden Sie dabei Primärgruppen und Sekundärgruppen (nach eigener Einschätzung) und stellen Sie dazu eine Rangskala auf.
(Da es dabei zum Teil um sehr persönliche Einschätzungen geht, ist diese Liste für eine Präsentation vor der Klasse in der Regel ungeeignet.)

1 Der Einzelne in der Gesellschaft

Die Verbundenheit in und zu Gruppen wird durch viele Dinge ausgedrückt. Beispiele sind Aufnahmerituale (z. B. Kommunion, Konfirmation), Gruppenkleidung, Gruppenrituale (z. B. regelmäßige Aktivitäten mit festem Ablauf), oft auch eine eigene Ausdrucksweise (Gruppenjargon, Jugendsprache) usw.

Solche Elemente sind für Gruppen sehr wichtig. Sie werden Teil unserer Identität und festigen das WIR-Gefühl, also die wichtigste Grundlage für den Zusammenhalt von Gruppen. Wann immer es gelingt, das WIR-Gefühl einer Gruppe zu erschüttern, ist deren Bestand massiv bedroht.

Ein übersteigertes WIR-Bewusstsein ist aber auch problematisch, da es ganz oft zu sozialen Vorurteilen gegenüber anderen führt. Motto: „Die Guten sind WIR – die anderen sind schlecht(er)."

Die Begriffe „ingroup" und „outgroup" verdeutlichen das:

Ingroup (Eigengruppe) ist **eine Gruppe, der wir uns zugehörig fühlen**, weil wir ihre Werte und Einstellungen schätzen. Wir können dieser Gruppe tatsächlich angehören oder dies auch nur glauben oder wünschen. So kann es sogar vorkommen, dass sich Einzelne aus einem Gefühl der inneren Verbundenheit heraus einer Gruppe förmlich aufdrängen, obwohl sie von deren Mitgliedern überhaupt nicht akzeptiert werden.

Outgroup (Fremdgruppe) ist eine **Gruppe, mit der wir**, kurz gesagt **nichts zu tun haben wollen**. Dies mag sein, weil wir deren Wertvorstellungen ablehnen oder weil wir uns wegen der negativen Bewertung dieser Gruppe durch andere von ihr distanzieren möchten. So kann es sogar vorkommen, dass die eigene Mitgliedschaft in einer Gruppe nach außen hin verleugnet wird – im Extremfall sogar die eigene Familie.

Outgroup bezeichnet aber nicht nur die Fremdgruppe – outgroup kann man auch innerhalb einer Gruppe SEIN, wenn man deren Vorstellungen nicht teilt. Dies gilt vor allem für Gruppen, denen wir zwangsweise angehören. Vielleicht kennen auch Sie Schulklassen, in denen man einzelne Klassenmitglieder – die ja formell zur Gruppe gehören – als Außenseiter abstempelt, weil sie die Maßstäbe und Betrachtungsweisen von „Wortführern" dieser Klasse nicht (kritiklos) übernehmen wollen.

Da sich die Erkenntnisse über das WIR-Gefühl sowie über Ingroup- und Outgroup-Verhalten auch auf Massen übertragen lassen, werden sie in der Politik von geschickten **Demagogen** → G oft missbraucht, um Menschen für Personen oder Weltanschauungen zu begeistern. Dabei spricht man den eigenen Anhängern immer nur positive Eigenschaften zu, den anderen hingegen unterstellt man nur negative Merkmale. Beide Einschätzungen halten einer sachlichen und kritischen Überprüfung in der Regel nicht stand.

Gruppeninteressen werden oft fest organisiert. Beispiele dafür sind Parteien → 36 ff. sowie Vereine und Verbände → 46 f.

An Privatschulen in England und in den USA gehören Schuluniformen oft zum Alltag. Die Schülerinnen und Schüler empfinden diese „Kleiderordnung" jedoch nicht als Belastung, sondern eher als Auszeichnung, da sie die Zugehörigkeit zu „ihrer" Gruppe (Schule) beweist.

An deutschen Schulen gibt es Schulkleidung nicht als strenge Regel, sondern als Angebot (Poloshirts, Sweatshirts usw.).

Lesetipp

Wie ist es möglich, dass junge Menschen in eine Sozialisationsfalle geraten, die sie alle Rechtsprinzipien vergessen lässt? Das Buch **„Die Welle"** von Morton Rhue gibt Ihnen eine Antwort. *Hinweis:* Die deutsche Verfilmung weicht von der Buchvorlage ab. Die ältere amerikanische Verfilmung orientiert sich stärker am Buch.

A2 Recherchieren/Sammeln

Untersuchen Sie in Arbeitsgruppen Ihnen bekannte Gruppen (oder Massen) auf Jargon, Kleidung, Rituale sowie auf Ingroup- und Outgroup-Verhalten!

Normen sind wichtig

Der Schiedsrichter achtet auf die Einhaltung der Regeln.

Verstößt ein Spieler dagegen …

… muss er mit Sanktionen rechnen.

M1 Was ist normal?

Wir haben bisher schon mehrmals von **Gruppenregeln** gesprochen, das führt uns zum Begriff **Norm**. Er lässt sich grob als „einheitlich gültiger Richtwert" definieren und ist Ihnen im Alltag schon oft begegnet. Das „Deutsche Institut für Normung" (DIN) erarbeitet z. B. einheitliche Standards für viele Dinge (z. B. Papierformat DIN A4).

In der Soziologie steht der Begriff Norm für – meist ungeschriebene – Werte und Regeln innerhalb von Gruppen, ja sogar der gesamten Gesellschaft.

Nehmen Sie einmal das Wort „normal" unter die Lupe. Wer „normal" ist, verhält sich so, wie es die Gesellschaft von ihm erwartet. Er „eckt" also in seiner sozialen Umwelt nicht an.

Normales Verhalten anderer gibt uns ein Gefühl der Sicherheit. Wenn wir aber Menschen treffen, deren Normen wir nicht kennen oder die von unseren abweichen, reagieren viele von uns mit einer gewissen Scheu. Die Angst vor falschem Verhalten und die Unklarheit über mögliche Reaktionen lassen uns vorsichtig sein und erzeugen zuweilen eine Abwehrhaltung oder gar Aggressionen gegen Menschen mit anderen Normen.

Normen sind also für das Zusammenleben sehr wichtig. Ihre Einhaltung wird daher in allen Gruppen sorgsam gehütet und oft auch in **Ritualen** gepflegt. Dabei lernen wir meist freiwillig und unbewusst die geltenden Normen von Gruppen, denen wir **angehören oder angehören wollen**. Gerade im zweiten Fall werden die Normen meist besonders streng beachtet, um nach außen eine Gruppenzugehörigkeit zu signalisieren, die (noch) gar nicht besteht → ingroup → 9.

Überzeugte Gruppenmitglieder betrachten ihre Normen nur selten als auferlegten Zwang. Meistens wurden diese Regeln durch Sozialisation längst zur eigenen Überzeugung, und vielfach wird normgerechtes Verhalten sogar als Privileg betrachtet, durch das sich die eigene Gruppe von anderen abheben kann → Schuluniformen → 9.

A1 Vertiefen/Verknüpfen

Geschriebene Normen kennen wir alle, z. B. Gesetze, Schulordnung. Zu den Normen gehören aber auch Moralvorstellungen, Sitten usw. Deren Einhaltung wird von der Gesellschaft meist streng überwacht. Aus wichtigen Normen entstehen oft sogar Gesetze. Suchen Sie dazu Beispiele aus den christlichen „Zehn Geboten".

A2 Analysieren/Nachdenken

Könnte ein Fußballspiel auch ohne Spielregeln und ohne Schiedsrichter durchgeführt werden?

A3 Recherchieren/Sammeln

Sammeln Sie ungeschriebene Normen aus Ihrem Lebensalltag.

1 Der Einzelne in der Gesellschaft

Um die Einhaltung sozialer Normen zu gewährleisten, werden sogenannte „**Sanktionen**" entwickelt. Dies sind Reaktionen auf die Einhaltung oder Missachtung von Normen. Normgerechtes Verhalten wird belohnt (positive Sanktionen), Normverstöße werden bestraft (negative Sanktionen). Dies nennt man „**soziale Kontrolle**". Betrachten Sie dazu folgende Tabelle, die eine Rangordnung von Normen aufzeigt:

Muss-Normen		Soll-Normen		Kann-Normen	
stehen nicht zur Diskussion. Ihre Einhaltung wird ganz einfach verlangt.		haben zwei Seiten. Ihre Einhaltung wird belohnt, ihre Nichteinhaltung wird missbilligt.		Ihre Einhaltung wird nicht verlangt, ist aber erwünscht und wird durch positive Sanktionen gefördert.	
In der Schule: Hausaufgaben		In der Schule: Mitarbeit		In der Schule: Fleißaufgaben	
erfüllt	nicht erfüllt	erfüllt	nicht erfüllt	erfüllt	nicht erfüllt
keine Sanktion	negative Sanktion	positive Sanktion	negative Sanktion	positive Sanktion	keine Sanktion

Manche Sanktionen sind eindeutig formuliert, wie z. B. beim Verstoß gegen Gesetze. Es gibt aber auch Sanktionen, die nirgends niedergeschrieben sind. Strafende Blicke bis hin zur gesellschaftlichen Ächtung sind Beispiele für „Bestrafungen" ohne formelle Vorschrift. Der Schulterschlag, das wohlwollende Lächeln, die Einladung zur Party und die Übertragung von wichtigen Aufgaben hingegen „bauen auf", schaffen Selbstbewusstsein und vermitteln das Gefühl, akzeptiert zu sein. Das spornt zu weiterer Normentreue an.

Daraus darf keine Regulierungswut entstehen. Werden nämlich zu viele und zu strenge Regeln aufgestellt, dauert es nicht lange, bis eine davon verletzt wird. Wenn dies einmal geschehen ist, dann fällt die Verletzung der nächsten Regel bereits leichter und so fort. Durch ihre Überzahl verschwimmt die Bedeutung der Normen, ihr Sinn wird insgesamt in Frage gestellt und der Gruppe droht der Zerfall, auch dann, wenn sie nach außen hin fortbesteht. Man kann dies an Schulen beobachten und im Staat führt es oft zu Aufständen der Bevölkerung.

Eine übermäßige Normenvielfalt bringt oft auch Mitbürger, die aus anderen Ländern kommen (Migranten → G) in Konflikte. Sie müssen immer wieder die Normen ihres Herkunftslandes mit den Normen ihrer neuen Heimat in Einklang bringen. Das ist oft nicht leicht.

Aber auch ein Mangel an Normen ist gefährlich für die Gesellschaft, weil dadurch Orientierungsmöglichkeiten fehlen. Dies betrifft vor allem junge Leute.

Wenn dann noch Repräsentanten aus Politik und Gesellschaft zu wenig Normentreue zeigen und die Jugend damit möglicher Vorbilder berauben, suchen sich Heranwachsende meist Ersatz. Im schlimmsten Fall wenden sich Jugendliche dann den Versprechungen radikaler Bewegungen zu.

M2 Wertesystem

Unabdingbare Muss-Normen sind in Deutschland die Grundrechte → 28 f. (z. B. das Selbstbestimmungsrecht). Wer davon abweichende Normen erzwingen will, verstößt gegen das Normensystem unseres Staates.

Im September 2014 zogen junge Männer durch die Wuppertaler Innenstadt und erteilten vor allem jungen Leuten unverlangt sittliche Ratschläge. Viele Sekten tun das Gleiche. Nur erzeugten diese Männer durch Westen mit der Aufschrift „Shariah Police" einen scheinbar „offiziellen" Druck.

A4 Analysieren/Nachdenken

Suchen Sie zur Normen-Tabelle Beispiele aus Ihrem Lebensalltag.

A5 Recherchieren/Sammeln

Suchen Sie Beispiele, bei denen das Aufeinandertreffen unterschiedlicher Normen zu Konflikten führen kann.

Rollen und Rollenkonflikte

M1 Konflikt in der Schule

Tim hat als Klassensprecher der 10c in der SMV-Sitzung dem umstrittenen Ablauf einer Schulfeier zugestimmt. Dadurch kommt es in der Pause zu einem Konflikt mit seinem Mitschüler Paul. Dieser erklärt Tim für unfähig und beleidigt ihn heftig. Tim verliert schließlich die Nerven und verpasst Paul eine blutige Nase. Im Disziplinarausschuss berät man nun über Sanktionen, ist sich aber über deren Art und Schwere noch nicht einig. Verfolgen Sie die rechts dargestellte Diskussion.

Sitzung des Disziplinarausschusses

Hinweise zu Fachbegriffen:

Position: die Stellung eines Menschen innerhalb seiner Gruppe oder innerhalb der Gesellschaft.

Status: die Bewertung von Positionen anhand von Merkmalen wie Ansehen, Einkommen, Bildung usw.

Rolle: Verhalten, das unsere Positionen nach außen hin verkörpert.

Role-taker ist, wer eine soziale Rolle so ausübt, wie es den allgemeinen Vorstellungen entspricht.

Role-maker ist, wer „seine" Rolle kennt, sie aber auf eigene Art und Weise ausübt. Er trägt damit zur Entstehung neuer Rollenbilder bei.

Rollensatz: die Gesamtheit der Rollen, die ein Einzelner im Leben auszuüben hat. Beispiele: Sohn bzw. Tochter, Schüler, Mannschaftsmitglied, Mannschaftskapitän usw.

Rollenpartner: die Personen, gegenüber denen wir eine bestimmte Rolle ausüben. Beispiele: Rolle des Mannschaftskapitäns gegenüber dem Trainer, den Mannschaftskameraden, dem Schiedsrichter usw.

Wir alle übernehmen soziale Rollen. Sie hängen davon ab, welchen Gruppen wir angehören, welche Positionen wir dort haben, welcher Status damit verbunden ist und welchen Normen wir uns verpflichtet fühlen.

Beispiel: Stellen Sie sich **zwei Familien** mit Vater, Mutter und Kind vor. Das sind jeweils drei **Positionen** mit unterschiedlichem **Status**. An sie sind **Erwartungen** geknüpft, die schließlich das **Rollenverhalten** prägen. Nun kann aber die gleiche Rolle in beiden Gruppen unterschiedlich definiert sein. Während z. B. die erste Familie vom Vater erwartet, dass er milde und nachgiebig ist, kann die zweite Familie völlig andere Vorstellungen vom Idealverhalten eines „Vaters" haben (z. B. streng und kompromisslos). Der Mensch muss sich stets entscheiden, wie er seine Rollen verkörpern will. Man kann als **„Role-taker"** mit dem Strom schwimmen oder als **„Role-maker"** einer Rolle den eigenen Stempel aufdrücken.

Da wir vielen sozialen Gruppen angehören, haben wir auch viele soziale Rollen – unseren **Rollensatz**. Diese spielen wir nicht, wie etwa ein Schauspieler seine Theaterrolle, sondern wir leben sie gemäß den in unseren Gruppen geltenden Normen. Junge Leute orientieren sich zudem oft an Vorbildern (z. B. Sportler, Stars), die sie sich selbst wählen, und nicht so sehr an denen, die ihnen ihre Umwelt gerne „verordnen" würde.

Beim Ausüben unserer Rollen treffen wir auf viele Rollenpartner. In der Rolle des Schülers haben Sie z. B. folgende **Rollenpartner**: Mitschüler – Lehrkräfte – Schulleitung – Hausmeister. Jeder dieser Partner erwartet unter Umständen von Ihnen etwas anderes. Die Vielzahl unserer Rollen und unserer Rollenpartner kann uns in Konflikte bringen – **Rollenkonflikte.**

1 Der Einzelne in der Gesellschaft

M2 Die Klassenfahrt ist in Gefahr

Das Lehrerkollegium einer Realschule beschließt in einer Konferenz, keine Klassenfahrten für die 10. Jahrgangsstufe durchzuführen, da es im Vorjahr zu disziplinären Problemen gekommen war.
Die Klasse 10 c, die sich durch eine sehr gute Klassengemeinschaft auszeichnet, beschließt daher, selbst eine Fahrt an einem Wochenende zu organisieren. Die Eltern vieler Schülerinnen und Schüler wollen ihre Zustimmung dazu nur dann geben, wenn eine Lehrkraft daran teilnimmt. Klassenleiterin B. pflegt ein sehr gutes Verhältnis zu ihrer Klasse. Sie hatte in der fraglichen Konferenz für Klassenfahrten gestimmt. Nun aber ist ihre Lage verzwickt. Sie würde den Wunsch ihrer Klasse gerne erfüllen, andererseits möchte sie den Mehrheitsbeschluss des Kollegiums nicht untergraben. Zudem weist sie ihr Schulleiter auf die kritische Rechtslage hin, wenn auf der Fahrt „etwas passiert". Auch daheim stößt Frau B. auf Widerstände. Ihr Mann kritisiert, dass dies die Familie wieder einmal ein Wochenende kostet, ihre Tochter vertritt den Standpunkt, sie dürfe ihre Klasse nicht „hängen lassen".

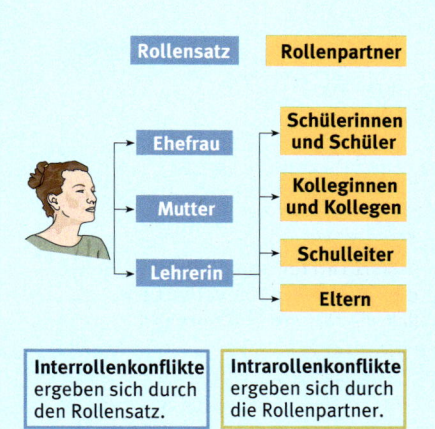

Interrollenkonflikte ergeben sich durch den Rollensatz.
Intrarollenkonflikte ergeben sich durch die Rollenpartner.

Das Fallbeispiel M2 zeigt ein ganzes Bündel von Rollenkonflikten der Lehrerin B. Grundsätzlich unterscheidet man dabei zwei Arten:

- Ein **Interrollenkonflikt** liegt vor, wenn sich Verhaltenserwartungen an verschiedene Rollen gegenseitig behindern. Für Frau B. besteht ein Konflikt zwischen den Rollen Ehefrau, Mutter und Lehrkraft.

- Ein **Intrarollenkonflikt** liegt dann vor, wenn verschiedene Rollenpartner unterschiedliche Erwartungen an die Ausübung derselben Rolle haben. Frau B. kann es in ihrer Rolle als Lehrerin ihren Schülern (Spaß), Kollegen (Konferenzbeschluss), dem Schulleiter (rechtliche Probleme) und den Eltern (Aufsicht) nicht gleichzeitig recht machen.

Sie sehen schon, „richtiges" Rollenverhalten ist oft schwierig. Hinzu kommt, dass sich Rollenerwartungen auch ändern und unsere Rollen beim Wandel sozialer Normen neu definiert werden.

Beispiel: In Familien galt früher als Norm, dass der Mann für den Einkommenserwerb und die Frau für Haushaltsführung und Kinderbetreuung zuständig war. Berufstätigen Frauen wurde oft eine Vernachlässigung „ihrer eigentlichen Aufgaben" vorgeworfen. Heute streben Paare eine gerechte Aufteilung der familiären Pflichten an. Auch Männer widmen sich der Hausarbeit und Frauen arbeiten erfolgreich in allen Berufen.

Auch die Jugend ist anders als früher. Man heftet ihr daher in Büchern und Studien oft ironische Etiketten an, wie „Generation Porno" (2010), „Generation Ego" (2013), „Generation Maybe" (2014). Aber eben diese Studien zeigen auch, dass bei Jugendlichen keineswegs Werteverlust, sondern eher Wertewandel eingetreten ist. Sie befassen sich zwar nicht mehr so oft mit Politik und Weltproblemen, dafür umso mehr mit ihrer eigenen Zukunft, um die sie offensichtlich fürchten. Dies wirkt sich natürlich auch auf das Rollenverhalten aus.

A1 Analysieren/Nachdenken
Früher waren Rollenbilder sehr streng. Was besagt die Karikatur?

A2 Recherchieren/Sammeln
Suchen Sie treffende Beispiele für Rollenkonflikte in Berichten über Alltag, Politik, Sport, Schule usw.

A3 Vertiefungsaufgabe
Untersuchen Sie den Rollenwandel z. B. bei Lehrkräften, Schüler/-innen, Geistlichen, Politikern, Eltern.

Filmtipp
Einen dramatischen Intrarollenkonflikt durchlebt ein Vater im Film **„Kopfgeld"** (USA 1996).
(Freigegeben **ab 16 Jahren**)

Zusammenfassung – Fachwissen anwenden

- der Mario-Götze-Fanclub ihres Wohnorts
- alle Mädchen Ihrer Realschule
- die Fahrgäste Ihrer Buslinie
- die regelmäßigen Zuschauer von Reality-Shows
- die deutsche Fangemeinde von Miley Cyrus
- Ihre Schulklasse
- die Besucher einer Diskothek am Samstagabend
- die aktiven Mitglieder eines Handballvereins
- das Lehrerkollegium Ihrer Schule
- die Mitglieder einer Band

Schätzen Sie ein, bei welchen der obigen Beispiele eine soziologische Gruppe vorliegt, und begründen Sie Ihre Entscheidung anhand von Fachkenntnissen!

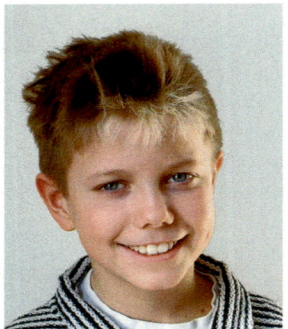

Typisch Junge?!

Sammeln Sie (mindestens 20) denkbare Verhaltensweisen bzw. Eigenschaften von Kindern und Jugendlichen (z. B. überheblich, neugierig). Erstellen Sie daraus für Ihre Klasse einen Fragebogen, auf dem durch Ankreuzen einzuschätzen ist, ob diese Merkmale eher für Jungen oder für Mädchen typisch sind.

Tipps:
Beachten Sie bei der Erstellung des Fragebogens, dass eine Auswertung getrennt nach Angaben von Jungen oder Mädchen möglich ist.

Stellen Sie die Auswertung der Fragebögen mithilfe von Diagrammen dar → Methoden → 178 f.

Wenn Sie die Umfrage über Ihren Klassenverband hinaus ausdehnen wollen, finden Sie Methodenhinweise für Umfragen und Interviews auf → 172 f.

Ein soziologisch interessantes Experiment wäre es, die Richtigkeit der einzelnen Einschätzungen jeweils getrennt von Jungengruppen, Mädchengruppen und gemischten Gruppen bewerten zu lassen.

Typisch Mädchen?!

1 Der Einzelne in der Gesellschaft

Diskussion Rollenbild und Rollenwandel

Zeitschriftentitel 1964

Bild 1970er/80er-Jahre

Buchtitel 1999

Buchtitel 2014

Vor Jahrzehnten wurden Jungen gerne in der Rolle des „Superboy" gesehen. Mütter waren davon ebenso angetan wie Väter. Es entstand schließlich bei Bildung und Karriere jahrzehntelang ein Gefälle zulasten von Mädchen und Frauen. So war vor allem in den 1970er- und 1980er-Jahren Mädchenförderung angesagt.

Dazu mehrere Zitate aus unterschiedlichen Quellen:

„Jahrzehntelang galten Mädchen als das schwächere Geschlecht, die Jungen als stark – jetzt haben sich die Verhältnisse umgekehrt. Zunehmend (sind) Jungen (...) in allen Gesellschaftsbereichen schwer verunsichert."

Einerseits *„entsteht der Eindruck, die Erwachsenen wollten an Söhnen (...) Schwäche nicht sehen, seelischen Schmerz nicht fühlen",* andererseits wird den Söhnen schnell Macho-Verhalten vorgeworfen, wenn sie ihre Jungen-Rolle spielen. So erlebt man auch, *„dass Wildheit bei Mädchen als Temperament bewundert, bei Jungen als Verhaltensstörung kritisiert wird".*

Im Jahr 1990 erschien das Buch „Kleine Helden in Not". Seither mehrten sich Veröffentlichungen, die sich speziell mit Problemen von Jungen befassen. Zudem hat man längst herausgefunden:

„(Jungen) sind psychisch weniger belastbar als Mädchen, (...) Jungen leiden (...) stärker als Mädchen unter dem zunehmenden Zerfall der Familien, (...) sind ängstlicher, sie weinen eher, (...) sie werden rascher und zahlreicher aggressiv."

Fazit: Wie immer sich Jungen verhalten, sie stehen dabei oft dumm da und befinden sich ständig in einem Intrarollenkonflikt.

Diskutieren Sie dieses Thema in der Klasse und bringen Sie dabei eigene Erfahrungen und erworbene soziologische Fachkenntnisse ein.

Recherchieren Sie weitere (auch widersprechende) Informationen dazu.

Drei Rollenspiele

Im Alter von 25 Jahren treffen sich
im Spiel 1: zwei Frauen,
im Spiel 2: zwei Männer,
im Spiel 3: ein Mann und eine Frau,
die gemeinsam die Schulzeit verbracht haben und nun einander erzählen, wie ihr Leben bislang verlaufen ist. Das Gespräch könnte jeweils wie folgt beginnen:

Person 1: *„Hallo (Name). Mensch, wie lange muss das her sein, seit wir in derselben Klasse saßen. Ich hätte dich fast nicht erkannt!"*
Person 2: *„Schön, dich endlich mal wiederzusehen. Komm, lass uns etwas plaudern …"*

Der weitere Gesprächsverlauf liegt in Ihrer Hand.

Vorbereitung: Für die Rollenspiele brauchen Sie drei Jungen und drei Mädchen. Bilden Sie dazu drei Jungen- und drei Mädchengruppen, die jeweils ein Mitglied ins Spiel schicken. Die Gesprächspaare können ausgelost werden. Schreiben Sie Rollenkarten, auf denen Sie die persönliche Entwicklung und die wichtigsten Standpunkte des Rollenträgers Ihrer Gruppe festhalten.

Aufgabe für die ganze Klasse: Beobachten Sie, welche Lebenswege beschrieben wurden, welche Argumente und Ansichten vorgetragen wurden und wie sich die Rollenspieler in ihrer Rolle verhalten. Diskutieren Sie hinterher Ihre Eindrücke aus soziologischer Sicht.

2 Der demokratische Verfassungsstaat

„*Wir sind das Volk*"

Wir leben in einem freiheitlich demokratischen Rechtsstaat. Wir sehen dies als Normalität an und wissen daher oft nicht mehr zu schätzen, welcher Reichtum in dieser Staatsform steckt. Dieses Kapitel soll mit den Grundlagen des demokratischen Verfassungsstaates vertraut machen.

Grundsätze der Demokratie

Willy Brandt (1913–1992), deutscher Bundeskanzler von 1969 bis 1974

A1 Analysieren/Nachdenken

Was sagt Ihnen M1 zum Wesen der modernen Demokratie?

Lese- und Filmtipp

1954 (!) veröffentlichte William Golding sein Meisterwerk **„Herr der Fliegen"**. Darin müssen etwa 30 Schuljungen nach ihrer Strandung auf einer einsamen Insel versuchen, ihr Leben zu meistern. Der Autor veranschaulicht an diesem Beispiel sozialkundliche Themen wie Herrschaftsformen → 24 f., Minderheitenschutz und soziale Strukturen → 6–13.
Der Roman wurde zweimal verfilmt. Packend und empfehlenswert ist die Schwarz-Weiß-Version, GB 1963.
(Freigegeben ab 12 Jahren)

M1 Mehr Demokratie wagen

Auszüge aus der Regierungserklärung → G des früheren Bundeskanzlers Willy Brandt vom 28. Oktober 1969:

„Unser Volk braucht wie jedes andere seine innere Ordnung. […] Solche demokratische Ordnung braucht außerordentliche Geduld im Zuhören und außerordentliche Anstrengung, sich gegenseitig zu verstehen.

Wir wollen mehr Demokratie wagen. Wir werden darauf hinwirken, dass […] durch eine umfassende Unterrichtung über die Regierungspolitik jeder Bürger die Möglichkeit erhält, an der Reform von Staat und Gesellschaft mitzuwirken.

Wir wenden uns an […] jene jungen Menschen, die uns beim Wort nehmen wollen – und sollen. Diese jungen Menschen müssen aber verstehen, dass auch sie gegenüber Staat und Gesellschaft Verpflichtungen haben. […]

Wir können nicht die perfekte Demokratie schaffen. Wir wollen eine Gesellschaft, die mehr Freiheit bietet und mehr Mitverantwortung fordert. Diese Regierung sucht das Gespräch, sie sucht kritische Partnerschaft mit allen, die Verantwortung tragen. […]

Die Regierung kann in der Demokratie nur erfolgreich wirken, wenn sie getragen wird vom demokratischen Engagement der Bürger. Wir haben so wenig Bedarf an blinder Zustimmung, wie unser Volk Bedarf hat an gespreizter Würde und hoheitsvoller Distanz. Wir suchen keine Bewunderer; wir brauchen Menschen, die kritisch mitdenken, mitentscheiden und mitverantworten. […] Wir sind keine Erwählten; wir sind Gewählte."

ÜBERBLICK

Zunächst sind zwei Begriffe zu unterscheiden, die sich in Fachtexten oft überschneiden: **Herrschaftsform und Staatsform**.

▶ Die Demokratie ist eine Herrschaftsform, in der das Volk selbst über sein Leben, seine Werte und seine Fortentwicklung bestimmt (Gegensatz: z. B. diktatorische Fremdbestimmung).

▶ Der Begriff ist vom Griechischen abgeleitet: demos (Volk), kratein (herrschen), also deutsch: „Das Volk herrscht". Die Wurzeln der Demokratie reichen also zurück bis in die Antike.

▶ Zur Ausübung von Herrschaft gehören immer Entscheidungen.

▶ Da es aber innerhalb jedes Volkes unterschiedliche Vorstellungen gibt, entscheidet grundsätzlich die Mehrheit.

▶ Diese Entscheidung umfasst die Wahl einer Regierung und die Festlegung politischer Ziele. Beides hängt voneinander ab.

▶ Für solche Entscheidungen gibt es drei Möglichkeiten:
a) das Volk entscheidet direkt → 20 f., → 22 f. oder
b) es beauftragt dafür Volksvertreter → 21, → 76 oder
c) es kommt zu einer Mischung aus beiden Möglichkeiten.

2 Der demokratische Verfassungsstaat

Sie kennen die ursprünglichen Demokratiemodelle der griechischen Stadtstaaten des 5. Jahrhunderts bereits aus dem Geschichtsunterricht. Den Zielen und Aufgaben des modernen demokratischen Staates werden diese Modelle aber nicht mehr gerecht.

Zudem hat der Demokratiebegriff kein „Copyright" und wurde in der Geschichte schon oft genug missbraucht oder den Bedürfnissen der Herrschenden entsprechend zurechtgebogen. Denken Sie in diesem Zusammenhang an Bezeichnungen wie „Deutsche Demokratische Republik" (DDR). Dort konnte von der Verwirklichung einer Herrschaft des Volkes wohl kaum die Rede sein. Wenn wir also von „Demokratie" sprechen, müssen wir uns gedanklich etwas tiefer damit auseinandersetzen.

Was verlangt die moderne Demokratie von Bürgern und Regierung?

Grundsätzlich verlangt die Demokratie, dass sich die Bürger nicht nur als Regierte empfinden, die widerspruchslos alles geschehen lassen, was „von oben" kommt. Demokratische Staatsbürger sollen sich mit ihrem Staat identifizieren, aber auch kritisch auseinandersetzen und für seine Werte eintreten. Grundlagen dafür sind:

- Das Akzeptieren von Mehrheitsentscheidungen, um eine möglichst breite Basis für das gesellschaftliche Zusammenleben im Staat zu gewährleisten.
- Ein ausreichender **Minderheitenschutz** → 28, damit nicht einzelne Bürger oder Gruppen einer Willkür der Volksmehrheit ausgesetzt werden, ohne dass auch ihre Belange ausreichend Berücksichtigung finden.
- Die Regierung muss auf das Volk eingehen. Dabei soll sie ihre Pläne erläutern und zur Diskussion stellen, ohne dabei ständig populistisch → G den Standpunkt zu wechseln.

Demokratie als Herrschaft des Volkes erzeugt schließlich auch eine Konkurrenz von Ansichten. Dadurch kommt es zu ständigen **politischen Auseinandersetzungen**, die oft mit einem harten Meinungsstreit verbunden sind. Dabei müssen demokratische Tugenden wie **Toleranz und Fairness** gewahrt werden, damit Diskussionen nicht zu Diffamierungen und Gegnerschaften nicht zu Feindschaften ausarten.

Sind diese Voraussetzungen erfüllt, so haben es die Bürger in der Hand, durch aktive Beteiligung an der Meinungsbildung und durch engagiertes Mitwirken bei politischen Entscheidungen, ihrem demokratischen Staat auch „ihren eigenen Stempel aufzudrücken".

M2 „Der unbequeme Staatsbürger ist das Ideal der Demokratie."

Dieses Zitat stammt von Theodor Heuss (1884–1963), dem ersten Bundespräsidenten der Bundesrepublik Deutschland.

A2 Analysieren/Nachdenken
Vergleichen Sie das Zitat des früheren Bundespräsidenten mit der folgenden Darstellung. Sehen Sie einen Zusammenhang?

A3 Recherchieren/Sammeln
Recherchieren Sie fünf derzeit demokratisch und fünf derzeit undemokratisch regierte Staaten und begründen Sie Ihre Auswahl.

A4 Kontakte herstellen
Der Deutsche Bundestag betreibt ein Jugendportal unter dem Namen „mitmischen.de".
Besuchen Sie dieses Portal, um sich an aktuellen politischen Themen zu beteiligen.

Formen der Demokratie

Direkte Demokratie

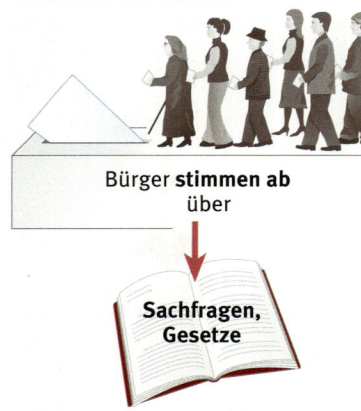

Die direkte Demokratie

Die direkte Demokratie ist eine der beiden Grundformen, nach denen das Volk seine Herrschaft ausübt. Wie aus dem Begriff hervorgeht, übertragen die Bürger die Entscheidungsgewalt über Sachfragen und gesetzliche Regelungen nicht auf Abgeordnete, sondern üben sie unmittelbar (also direkt) aus. Mit anderen Worten: Die Bürger entscheiden alles selbst.

Diese strenge Form der direkten Demokratie findet man heute nur noch vereinzelt, z. B. in wenigen Kantonen der Schweiz. In vielen Staaten gibt es aber neben der üblichen Gesetzgebung → 83 auch Elemente der direkten Demokratie – auch in Deutschland → 22 f.

Eines dieser Elemente sind **Volksbefragungen**, von denen jedoch keine Rechtswirkung ausgeht.

Beispiel: In der bayerischen Kommunalpolitik muss der erste Bürgermeister jeder Kommune (Gemeinde) mindestens einmal jährlich eine Bürgerversammlung einberufen, bei der die Bürger zu kommunalen Problemen Empfehlungen aussprechen können → 66.

Auch Befragungsergebnisse von **Bürgerinitiativen** → 46 oder Parteien → 36 ff., die sich im Wesentlichen auf Unterschriftensammlungen stützen, sind durchaus als Elemente der direkten Demokratie zu verstehen. Doch auch wenn diese oft eine beachtliche Wirkung zeigen, so verfolgen sie doch meist Anliegen von einzelnen Gruppen, die nicht immer von einer breiten Mehrheit in der Bevölkerung getragen werden.

Schon seit Jahren organisieren sich immer wieder Bürgergruppen, die sich für mehr direkte Demokratie auf Bundesebene starkmachen (links). Auch Demonstrationen sind Meinungsäußerungen des Volkes, deren Kraft nicht unterschätzt werden darf. Keine politische Gruppierung kann sich unbeschadet über die sichtbar zum Ausdruck gebrachte Mehrheitsmeinung des Volkes hinwegsetzen. Dies bewiesen nicht zuletzt die „Montagsdemonstrationen" in Leipzig gegen Ende der Achtzigerjahre, durch die es letztlich gelang, das diktatorische Regime der DDR zu zerbrechen (rechts).

Es gibt aber auch Instrumente, die Bürgerinnen und Bürgern echte Entscheidungsbefugnisse verleihen. Man spricht dabei von sogenannten **Plebisziten** (Entscheidung durch Volksabstimmung). Besonders in unserem Nachbarland Schweiz haben diese noch heute einen sehr hohen Stellenwert. Hinweise auf deutsche Plebiszite finden Sie auf der nächsten Doppelseite → 22 f.

Manchmal stößt die Möglichkeit von Plebisziten auch auf Skepsis. Man muss stets darauf achten, dass diese nicht von geschickten Demagogen → G missbraucht werden, um Bürger dazu zu verführen, sachliche Erwägungen durch emotionale Forderungen zu ersetzen, die aus einer augenblicklichen Stimmungslage der Bürger hervorgehen. Wenn es zudem kein Quorum → G gibt, ist diese Gefahr besonders groß.

Die repräsentative Demokratie

Das Prinzip der repräsentativen Demokratie herrscht in den meisten modernen Demokratien und damit auch in der Bundesrepublik Deutschland vor. Die Volksherrschaft wird in diesem Fall auf Repräsentanten (Volksvertreter) übertragen. Die Entscheidungen werden dann nicht von den Bürgern selbst herbeigeführt, sondern sie fallen in den Gemeinderäten, Stadträten und Kreistagen, im Landtag und im Bundestag durch die gewählten Abgeordneten.

Von der repräsentativen Demokratie verspricht man sich mehr sachkundige als stimmungsabhängige Entscheidungen, indem man bestrebt ist, die parlamentarischen Gremien mit möglichst vielen Fachleuten aus den verschiedensten Sachgebieten zu besetzen.

In der Praxis lassen sich auch hier wieder zwei Formen unterscheiden:

- **das parlamentarische Regierungssystem** (z. B. in Deutschland): Hier wird der Regierungschef (Ministerpräsident, Bundeskanzler) nicht direkt vom Volk, sondern vom Parlament (Landtag, Bundestag) gewählt, das ihn (durch ein konstruktives Misstrauensvotum) auch wieder absetzen kann. Das Parlament ist hier also das vorrangige Machtzentrum → 76 ff.
- **das präsidiale Regierungssystem** (z. B. in den USA, in Frankreich): Auch hier werden Parlamente durch die Bürger gewählt, die an ihrer Stelle die Entscheidungen treffen. Das Volk wählt jedoch zusätzlich einen Präsidenten, der an der Spitze des Staates steht. Er ist häufig Staatsoberhaupt und Regierungschef zugleich. Da er vom Volk gewählt wird (in den USA indirekt über Wahlmänner), ist er weniger vom Parlament abhängig als der Regierungschef im parlamentarischen Regierungssystem. Der US-Präsident hat sogar ein Vetorecht und kann damit Entscheidungen des Parlaments blockieren. Sein Veto kann aber durch eine Zweidrittelmehrheit im Parlament wieder aufgehoben werden.

Repräsentative Demokratie

Bürger **wählen** Volksvertreter

Diese **stimmen ab** über

Sachfragen, Gesetze

A1 Recherchieren/Sammeln
Suchen Sie nach Sachverhalten (aktuell oder Vergangenheit), bei denen oft der Wunsch nach einer Volksabstimmung laut wurde (z. B. Teilnahme am Euro, Asylrecht, Einführung der Todesstrafe).

A2 Kreativität/Gestalten
Gestalten Sie anhand der Beispiele aus A1 Plakate, auf denen Sie das Für und Wider von Volksentscheiden einander gegenüberstellen.

A3 Vertiefen/Verknüpfen
Im Fach Geschichte wird in der 10. Klasse die Nachkriegszeit behandelt. Suchen Sie nach Ereignissen, die die starke Position des US-Präsidenten zeigen (z. B. Kuba-Krise).

Elemente direkter Demokratie in Deutschland

> **M1** **Die sechsstufige Realschule**
>
> Bis zum Jahr 2000 war die bayerische Realschule vierstufig und umfasste nur die Jahrgangsstufen 7 bis 10. Wer heute in Bayern eine Realschule besucht, tut dies ab der 5. Klasse.
>
> Zwar wurde mit der Initiative „Die bessere Schulreform" versucht, diese gesetzliche Neuordnung durch ein Volksbegehren zu verhindern, das jedoch scheiterte.
>
> Die bayerischen Bürgerinnen und Bürger entschieden sich für die sechsstufige Realschule.

Sowohl im Grundgesetz als auch in der Bayerischen Verfassung wird von Wahlen und Abstimmungen gesprochen. Abstimmungen gibt es auf Bundesebene jedoch nur sehr begrenzt. Abgesehen von genau beschriebenen Ausnahmefällen lässt das Grundgesetz → 28 ff. auf Bundesebene derzeit keine Direktentscheide des Volkes zu.

> **M2** **Aus dem Koalitionsvertrag der Bundesregierung von 1998:**
>
> „Wir wollen die demokratischen Beteiligungsrechte der Bürgerinnen und Bürger stärken. Dazu wollen wir auch auf Bundesebene Volksinitiative, Volksbegehren und Volksentscheid durch Änderung des Grundgesetzes einführen."

Diese Änderung des Grundgesetzes konnte die damalige Regierung nicht herbeiführen, da hierzu eine Zweidrittelmehrheit nötig ist → 32.

Die Großen Koalitionen → G von 2005 und 2013 verfügten zwar über eine solche Mehrheit, konkrete Vorhaben findet man aber in den beiden Koalitionsverträgen nicht.

Anders sieht die Sache in den deutschen Ländern aus. So sind beispielsweise in der Bayerischen Verfassung die Instrumente Volksbegehren und Volksentscheid sowie auf kommunaler Ebene die Instrumente Bürgerbegehren und Bürgerentscheid als feste und umfassende Rechte verankert.

Die Bürgerinnen und Bürger – aber auch organisierte Gruppen – können dadurch in vielen Fällen selbst Vorschläge für eine neue Rechtsbestimmung formulieren und diese, im Rahmen eines genau festgelegten Verfahrensweges, dem Wahlvolk zur Entscheidung vorlegen.

Die Einleitung einer solchen Initiative bezeichnet man als „Begehren" (mit anderen Worten, das Volk „will" etwas). Grundsätzlich muss dazu gesagt werden, dass dem Volksentscheid zwingend ein Volksbegehren vorausgehen muss, dem Volksbegehren aber nicht immer ein Volksentscheid folgen muss, nämlich dann nicht, wenn bereits der Landtag dem Volksbegehren zustimmt. Nähere Zusammenhänge können Sie anhand der vereinfachten Grafik auf der gegenüberliegenden Seite nachvollziehen.

Dass gerade im kommunalen Bereich Bürger einer Gemeinde oder Stadt oft anders entscheiden, als es womöglich Außenstehende tun würden, zeigt folgendes Beispiel:

> **M3** **Olympische Winterspiele 2022**
>
> Im März 2013 hatten die Bewohner des Schweizer Kantons Graubünden sich gegen die Winterspiele 2022 in Davos und St. Moritz ausgesprochen und alle Planungen in diese Richtung wurden gestoppt. Nun rechnete sich München gute Chancen aus.
>
> Als aber im November 2013 erstmals in der deutschen Geschichte die Bürger vor einer Olympiabewerbung um ihre Meinung befragt wurden, lehnten über 53 Prozent der Abstimmungsteilnehmer ab, dass sich München um die Winterspiele 2022 bewirbt.

> **A1** **Analysieren/Nachdenken**
>
> Hinweise auf die Volksherrschaft finden wir in Deutschland in der Verfassung → 28.
> Lesen und vergleichen Sie dazu folgende Verfassungstexte:
> Grundgesetz, Artikel 20 Absatz 2;
> Bayerische Verfassung,
>   Artikel 2 Absatz 2,
>   Artikel 4 und
>   Artikel 7 Absatz 2!

2 Der demokratische Verfassungsstaat

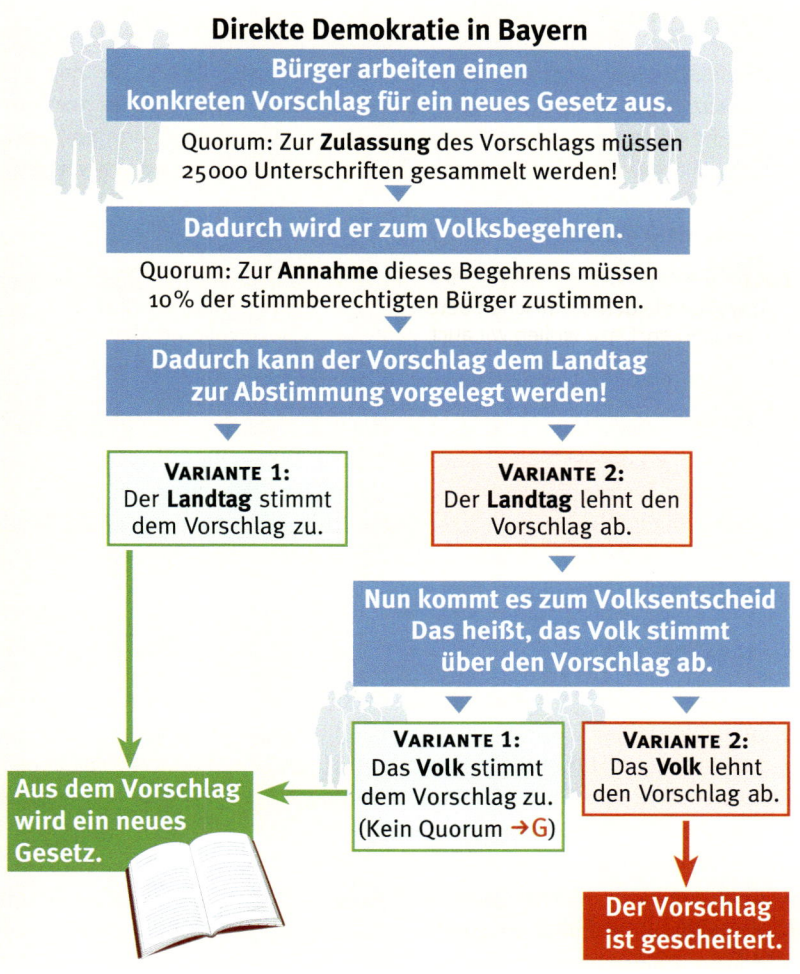

Direkte Demokratie in Bayern (vereinfacht). Nähere Erläuterungen gibt die Bayerische Verfassung. Hinweise: Vorschläge zur Abberufung des Landtags erfordern eine Million Unterschriften! Verfassungsänderungen erfordern IMMER einen Volksentscheid, d. h., die Zustimmung durch den Landtag reicht nicht aus.

Beim oben stehenden Plakat eines Volksbegehrens aus dem Jahr 2003 geht es um ein Thema, das uns vermutlich noch die nächsten Jahrzehnte beschäftigen wird. Das Begehren wurde von über 30 politischen, kirchlichen und gesellschaftlichen Organisationen unterstützt. Dennoch scheiterte das Anliegen, da es den Initiatoren nicht gelang, die geforderten 10 % zur Annahme des Begehrens (s. Grafik links) zu erreichen.

Lesetipp
Auf außerordentlich spannende Weise befasst sich mit dem Thema Klonen der Jugendroman „PERFECT COPY" von Andreas Eschbach.

Der Unterschied zwischen **Volksbegehren/Volksentscheid** und **Bürgerbegehren/Bürgerentscheid** lässt sich daran erkennen, welchen Geltungsbereich die neue Rechtsvorschrift letztlich hat. Endergebnisse von Volksbegehren gelten in dem jeweiligen Land (z. B. in ganz Bayern). Endergebnisse von Bürgerbegehren beschränken sich auf kommunale Ebenen und zielen daher auch in ihren Inhalten auf rein kommunale Interessen (z. B. Umwandlung eines bestimmten Straßenzuges zur Fußgängerzone).

Die Instrumente der direkten Demokratie sind in Deutschland die Ausnahme. Grundsätzlich gilt bei uns im Bund und auch in den Ländern das Prinzip der repräsentativen Demokratie, wie es im vorangegangenen Kapitel beschrieben ist.

A2 Analysieren/Nachdenken
Lesen Sie im Grundgesetz folgende Artikel: 29, 118, 118a, 146!
Stellen Sie anhand der Inhalte fest, welche direkten Entscheidungsmöglichkeiten die Bürgerinnen und Bürger auf Bundesebene haben!

A3 Recherchieren/Sammeln
Suchen Sie Quellen, die über Häufigkeit und Inhalte von Volks- oder Bürgerentscheiden in Bayern Auskunft geben!

Der freiheitlich-demokratische Rechtsstaat

Der freiheitlich-demokratische Rechtsstaat wurde im Laufe der Geschichte meist in Revolutionen erst erkämpft. Wir gehen daher von den nichtdemokratischen Staatenformen aus, bevor wir zeigen, wie im demokratischen Staat die Freiheiten und Rechte des Volkes gesichert werden.

Der autoritäre Staat

Die gesamte staatliche Macht konzentriert sich auf eine Autorität. Der „Herrscher" kann eine Person, eine Gruppe von Personen oder eine Partei sein. Diese Autorität ist unkontrollierbar. Sie bestimmt, was Recht ist, auf wen es anzuwenden und wie es auszulegen ist.

Da alle staatliche Gewalt in den Händen einer Elite liegt und üblicherweise auch nur zu deren Vorteil ausgeübt wird, ist das Interesse am Bürger meist gering. Vorrangig geht es der autoritären Regierung um die Erhaltung ihrer Macht. Sie erlaubt daher dem Bürger häufig noch einen Spielraum zur individuellen Lebensgestaltung, solange dieser keine Gefahr für den Fortbestand ihrer Herrschaft bedeutet.

Der totalitäre Staat

Der totalitäre Staat geht einen Schritt weiter. Er schränkt den Bürger in seiner persönlichen Freiheit ein und vereinnahmt ihn vollständig. Meist wird bewusst ein Feindbild geschaffen (während der Zeit des Nationalsozialismus waren dies in erster Linie die Juden), um das Volk in einer gemeinsamen Abwehrhaltung zu vereinen (vgl. auch → 9).
Das Ziel totalitärer Herrscher ist in der Regel die kompromisslose Verwirklichung einer politischen Weltanschauung (Ideologie), der alle Lebensbereiche untergeordnet werden. Toleranz will und kann sich der totalitäre Staat nicht leisten!
Staat, Justiz, Kirche, Wirtschaft, Kultur, das Individuum – kurz: alles ist nur noch ein Funktionsteil des Ganzen. Das Resultat ist der vollständig gesteuerte Mensch. Um dieses Ziel zu erreichen, müssen alle Lebensbereiche der staatlichen Kontrolle unterworfen sein. Dazu gehören u. a. auch die Erziehung und die Freizeitgestaltung. Auch Kinder und Jugendliche stehen dabei im Visier totalitärer Herrscher.

Die Demokratie

Der Kern unserer parlamentarischen Demokratie ist die **freiheitlich-demokratische Grundordnung (FDGO)**. Ein Schutzwall schützt die Freiheiten und Rechte des Volkes. Er besteht aus folgenden Elementen:

- Die im Grundgesetz fixierten **Grundrechte** → 28 f. sind zu achten.
- Es gilt das Prinzip der **Volkssouveränität**, d. h., das Volk ist der „Entscheidungsträger", auch wenn es seine Entscheidungsgewalt durch Wahlen → 40 ff. auf die Volksvertreter in den Parlamenten überträgt.

M1 „Der Staat bin ich!"

Ludwig XIV., König von Frankreich 1643–1715. Ihm wird obige Aussage zugeschrieben, die jedoch nicht belegt ist.

M2 „Es ist unsere Aufgabe, uns dem großen Ziel zu widmen […], dass die Regierung des Volkes, durch das Volk und für das Volk auf der Welt nicht untergeht."

Abraham Lincoln, US-Präsident 1861–1865, starb 1865 durch ein Attentat. Er gilt als bedeutender Vertreter demokratischer Grundsätze.

A1 Analysieren/Nachdenken
Vergleichen Sie obige Zitate und die Aussage Willy Brandts: „Wir sind keine Erwählten, sondern Gewählte." → 18

2 Der demokratische Verfassungsstaat

Die Schutzmauer der Demokratie

- Achtung der Menschenrechte
- Volkssouveränität
- Gewaltenteilung
- Verantwortlichkeit der Regierung
- Unabhängigkeit der Gerichte
- Mehrparteienprinzip
- Chancengleichheit aller politischen Parteien
- Recht auf Ausübung einer Opposition

Die Symboldarstellung einer Mauer soll zeigen, mit welchen Instrumenten sich die Demokratie gegen undemokratische Bestrebungen zu schützen versucht.

- **Gewaltenteilung** → G, → 63 muss gewährleistet sein, damit nicht alle Staatsgewalt in einer Hand liegt.
- Die **Regierung** hat **ihr Handeln zu verantworten**. Meinungsverschiedenheiten sind dabei vor dem Parlament auszutragen, Verstöße gegen das Recht sind von Gerichten zu ahnden.
- Darum müssen Gerichte von Anweisungen **unabhängig** sein.
- Es muss gewährleistet sein, dass im Meinungswettstreit **mehrere Parteien** unter gleichen Chancen gegeneinander antreten können.
- Solange sie die obigen Grundsätze nicht in Frage stellen, haben Parteien, die nicht an der Regierung beteiligt sind, das Recht, als „Gegenpart zur Regierung" (= **Opposition** → G) ihre abweichenden Ansichten innerhalb und außerhalb des Parlaments darzustellen und zu vertreten. Sie sollen sich dabei nicht nur auf Kritik beschränken, sondern auch an der Lösung gesellschaftlicher Probleme mitarbeiten, indem sie Alternativen aufzeigen.

Wichtig für diese Grundordnung ist auch die Einhaltung **rechtsstaatlicher Prinzipien**. Näheres dazu auf → 26 f.
Dabei sollte man nie vergessen, dass Politiker, Vertreter von Religionsgemeinschaften und Verbänden, Wirtschaftsbosse usw. Menschen sind und Fehler machen. Auch das parlamentarische Regierungssystem funktioniert daher nie so reibungslos, wie es in der Theorie gedacht ist.
Vergessen Sie aber auch nie, dass dieses System gemessen an allen vorhandenen Alternativen (Alternativlosigkeit gibt es nicht!) den Menschen die größten Spielräume zur Lebensgestaltung eröffnet.

A2 Vertiefen/Verknüpfen

Unten finden Sie eine ganze Reihe von Lese- und Filmtipps, die sich mit Verstößen gegen Freiheit und Rechtsstaatlichkeit befassen. Alle Angebote sind spannend. Lesen Sie wenigstens eines der Bücher.

Lese- und Filmtipps

„Der Junge im gestreiften Pyjama"
Ein Jugendroman von John Boyne: Der achtjährige Sohn eines KZ-Leiters erlebt die Nazi-Zeit mit Kinderaugen. Ein eindringliches Buch, das auch sehr beeindruckend verfilmt wurde. (GB/USA 2008; freigegeben ab 12 Jahren)

„Ausländer"
Ein Jugendroman von Paul Dowswell: 1941 kommt ein Waisenjunge aus Polen nach Berlin. Eine Nazifamilie nimmt den blonden 14-Jährigen auf und es geht ihm gut. Dann verliebt er sich in Anna. Beide helfen unter Lebensgefahr verfolgten Juden.

„Weggesperrt"
Ein Jugendroman von Grit Poppe: Die 14-jährige Anja kommt nach einem Ausreiseantrag ihrer Mutter in ein Erziehungsheim der DDR. Bald denkt sie nur noch an Flucht. Ihr Freund Tom, der auch Heiminsasse ist, unterstützt sie.

Doku-Serie „Hitlers Kinder"
Der Historiker Guido Knopp zeigt in seiner sehr interessanten Dokumentarfilmreihe „Hitlers Kinder" am Beispiel der Hitlerjugend, wie totalitäre Regime bereits Kinder „fit" für die Interessen der Staatsführung machen. (Freigegeben ab 12 Jahren)

Klassiker von George Orwell
In seiner (mehrfach verfilmten) Fabel „Die Farm der Tiere" veranschaulicht George Orwell Macht, Diktatur, Revolution und die Verletzlichkeit von Demokratie. In seinem Klassiker „1984" analysiert er das Überwachungssystem in einem totalitären Staat Das Buch ist spannend und erklärt auch die Herkunft des Begriffs „Big Brother".

Wann ist ein Staat ein Rechtsstaat?

Der autoritäre Staat
am Vormittag

am Nachmittag

A1 Analysieren/Nachdenken
Betrachten Sie alle Elemente der Grafik oben genau. Erarbeiten Sie daran die Mängel autoritärer Regierungssysteme.

Hinweis
Für die große Mehrheit von uns ist das Leben in einem demokratischen Rechtsstaat eine Selbstverständlichkeit. Frei von Willkür können wir uns oft gar nicht vorstellen, wie das Leben in einem Zustand der Rechtlosigkeit ist.
Die Rechtsstaatlichkeit ist die wohl wichtigste Errungenschaft einer Gesellschaft. Bei Dingen, die uns empören, neigen wir oft dazu, auf Herz und Gefühl zu hören. Vergessen Sie nie, dass rechtsstaatliche Prinzipien dadurch nicht verletzt werden dürfen.

M1 Versetzen Sie sich in folgende Situation:
Sie sitzen abends mit Ihrer Familie beim Fernsehen. Es läutet an der Haustür, dort stehen drei Männer in Zivil, die sich als Polizeibeamte ausweisen. Sie teilen Ihrem Vater mit, dass er verhaftet sei, und fordern ihn auf, sofort die nötigsten Dinge zusammenzupacken und mitzukommen. Ihr Vater ist sich keiner strafbaren Handlung bewusst. Auf die Frage, was ihm vorgeworfen werde, erhält er keine Antwort. Sie hören tagelang nichts von ihm. Rückfragen bei den Behörden führen trotz Unterstützung durch einen Rechtsanwalt zu keiner konkreten Auskunft. Was ihr Vater getan haben soll, wo er sich jetzt befindet, wie lange er ohne Familienkontakt sein wird und wann es zu einer Gerichtsverhandlung kommt – dies alles wissen Sie nicht und Sie haben auch kein rechtliches Mittel, um es in Erfahrung zu bringen.

Sie halten diese Schilderung für unrealistisch? Im Dritten Reich waren solche Aktionen an der Tagesordnung. In einigen Ländern sind sie es noch heute! Sie sind jedoch undenkbar in einem demokratischen Rechtsstaat.

ÜBERBLICK

In einem Rechtsstaat sind alle Willkürmaßnahmen der Obrigkeit verboten. Was bedeutet das im Einzelnen?

▶ Der Staat darf nur auf der Grundlage von einheitlichen und allgemein gültigen Gesetzen und Vorschriften handeln.

▶ Persönliches (= subjektives) Rechtsempfinden darf allgemein gültige (= objektive) Rechtsgrundsätze nicht ersetzen.

▶ Auch der Staat muss sich an Recht und Gesetz halten! Wird dagegen verstoßen, kann man vor Gericht klagen.

▶ Alle Gerichte sind unabhängig, d. h., auch die Regierung kann einem Richter keine Anweisungen geben.

▶ Die oberste Rechtsgrundlage des Staates ist die **Verfassung** (in Deutschland **Grundgesetz** genannt).

Doch es gelten auch für Gerichte Regeln:

▶ Nur Handlungen, die bereits zum Zeitpunkt der Tat rechtswidrig oder strafbar waren, können verfolgt werden.

▶ Für jeden gilt bis zum Beweis des Gegenteils die „Unschuldsvermutung".

▶ Niemand muss dem Gericht seine Unschuld beweisen und im Zweifel ist zugunsten des Angeklagten zu entscheiden.

Die folgende Grafik verschafft Ihnen einen Überblick über weitere Grundlagen des Rechtsstaats. Die Gewaltenteilung → G ist Ihnen bereits aus dem Geschichtsunterricht bekannt. Weitere Aspekte werden später dargestellt (Grundrechte → 28 ff., Verfassungsgericht → 34 f.).

2 Der demokratische Verfassungsstaat

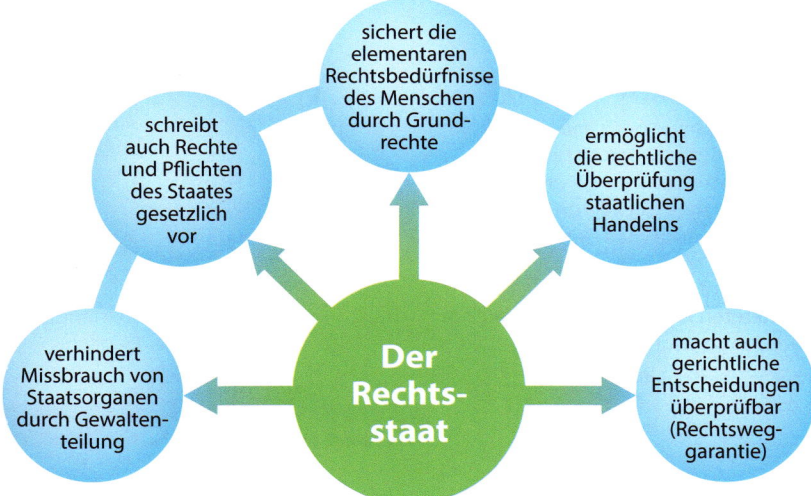

Die sogenannte **„Rechtsweggarantie"** bedeutet, dass jeder, der seine Rechte verletzt sieht, beim zuständigen Gericht klagen kann. Alle, die schon einmal an einem Preisausschreiben teilgenommen haben, kennen den oft nicht ganz verständlichen Hinweis: „Der Rechtsweg ist ausgeschlossen." Er bedeutet hier nichts anderes, als dass Gewinnansprüche nicht gerichtlich eingeklagt werden können.

Gegen staatliche Maßnahmen hingegen kann man in einem Rechtsstaat immer den Rechtsweg beschreiten! Dazu braucht man Gerichte, denn Gerichte sind schließlich dazu da, um dem Recht Geltung zu verschaffen. Man darf jedoch nicht vergessen, dass bei ausbleibendem Erfolg hohe Kosten entstehen können. Nicht jeder Bürger ist in der Lage, dieses Kostenrisiko zu tragen.

Die „Gerichtsbarkeit" ist also ein wichtiges Element rechtsstaatlicher Praxis. Daher muss man unterschiedliche Gerichtsarten unterscheiden.

Gerichtsarten	Zuständigkeit
ordentliche Gerichte z. B. Amtsgericht z. B. Landgericht	strafrechtliche Fragen (z. B. Diebstahl, Fahrerflucht) und privatrechtliche Fragen (z. B. Vertragsrecht, Mietrecht, Familienrecht, Erbrecht)
Arbeitsgerichte	arbeitsrechtliche Streitfragen: z. B. Anfechtung einer Kündigung
allgemeine Verwaltungsgerichte	allgemeine Verwaltungsmaßnahmen: z. B. eine Baugenehmigung wird verweigert, ein Notenausgleich wird nicht gewährt
besondere Verwaltungsgerichte z. B. Finanzgericht z. B. Sozialgericht	Streitfragen aus bestimmten Fachbereichen der Verwaltung: z. B. ein Steuerbescheid wird nicht akzeptiert z. B. ein Rentenanspruch wird nicht zuerkannt
Verfassungsgerichte	**verfassungsrechtliche Streitfragen** → 34 f.

Auch Entscheidungen von Gerichten muss der Bürger nicht einfach hinnehmen. Es bleibt ihm meist die Möglichkeit, sogenannte „Rechtsmittel" einzulegen. Dazu gehören:

- die **Berufung**; sie bewirkt eine Überprüfung des Falles in tatsächlicher und rechtlicher Hinsicht, d. h., vor der nächsthöheren Instanz (beim Amtsgericht wäre dies das Landgericht) können auch neue Tatsachen und neue Beweismittel vorgelegt werden.
- die **Revision**; hier werden Urteile nur in rechtlicher Hinsicht überprüft, d. h., eine höhere Instanz überprüft nur, ob das Recht richtig angewandt ist.
- das **Wiederaufnahmeverfahren** stellt einen Sonderfall dar. Hier wird ein bereits rechtskräftiges Urteil von Amts wegen neu aufgerollt. Die Voraussetzungen dafür finden Sie in der Strafprozessordnung, § 359.
  Im Jahr 2014 sorgte vor allem das Wiederaufnahmeverfahren im „Fall Peggy" für große öffentliche Aufmerksamkeit.

Filmtipp
Die Prinzipien des Rechtsstaats präsentiert der Film **„Die zwölf Geschworenen"** (USA 1957) auf äußerst spannende Weise mit vielen unerwarteten Wendungen. (Freigegeben ab 12 Jahren)

A2 Recherchieren/Sammeln
Suchen Sie in Quellen Ihrer Wahl (z. B. Printmedien, Internet) nach strittigen Rechtsfällen (auch aus der Vergangenheit oder dem Ausland). Sammeln Sie möglichst viele Informationen. Untersuchen Sie dann in Arbeitsgruppen einen dieser Fälle im Hinblick auf die Rechtsstaatsprinzipien → Grafik „Rechtsstaat".

Verfassung und Grundrechte

M1 „Das Grundgesetz ist kein Notgroschen …"

Aus der Rede des ehemaligen Bundespräsidenten Johannes Rau auf dem Katholikentag 2000 in Hamburg:

„Das Grundgesetz ist kein Notgroschen, an den wir uns erinnern sollen, wenn alles ausgegeben ist. […] Das Grundgesetz gehört nicht auf die hohe Kante, wo es verstaubt, sondern muss die tägliche Währung unseres Zusammenlebens sein."

M2 Indianische Weisheit

„Die Regeln unseres Volkes sind wie ein guter Baum. Er hat viele starke Äste, die Zweige und Blätter tragen. Sie bieten dem Krieger Schutz vor seinen Feinden.

Das Leben des Baumes aber kommt aus seinen Wurzeln. Darum beschädige die Wurzeln nicht, damit der Baum nicht stirbt."

Gesetze, Verordnungen

Grundrechte sind die Wurzel des Rechts

Beispiele offizieller Bekenntnisse zu den Menschenrechten	
1215	Magna Charta
1776	Amerikanische Unabhängigkeitserklärung
1789	„Erklärung der Menschen- und Bürgerrechte" (Frankreich)
1948	Menschenrechtsdeklaration der Vereinten Nationen
1950	Europäische Menschenrechtskonvention
1975	Schlussakte der Konferenz für Sicherheit und Zusammenarbeit in Europa

A1 Analysieren/Nachdenken

Verschaffen Sie sich einen Überblick über die Grundrechte und deuten Sie daran die Aussagen von M1 und M2.

Jeder moderne Staat verfügt über eine **Verfassung**. Dabei handelt es sich um einen Gesetzestext, der die **oberste Rechtsgrundlage** darstellt und als Richtschnur für alle weiteren Rechtsvorschriften dieses Staates gilt. Sie beschreibt, um welche Staatsform es sich handelt und welche Staatsorgane diesen Staat repräsentieren.

Die erste demokratische Verfassung Deutschlands war die **Weimarer Verfassung** von 1919. Sie wurde von den Nationalsozialisten formal nicht aufgehoben, aber praktisch in wesentlichen Teilen umgangen.

Die **Verfassung** der Bundesrepublik Deutschland ist das **Grundgesetz (GG)** vom 23. Mai 1949. Zusätzlich gibt es bei uns Verfassungen der Bundesländer (z. B. die Verfassung des Freistaates Bayern), in denen deren Besonderheiten der Staatsorganisation festgelegt sind.

Die Verfassung gibt auch Auskunft über grundsätzliche Werthaltungen des betreffenden Staates. In einem freiheitlich demokratischen Rechtsstaat ist daher ein zentrales Element der Verfassung die Formulierung von **Grundrechten**. Diese Rechte gelten als natürliches Recht der Menschen und entstehen nicht erst durch gesetzliche Verordnung.

Unser Grundgesetz ist in 14 Abschnitte gegliedert. Die **Grundrechte** findet man wegen ihres hohen Stellenwerts gleich in Abschnitt I. Sie sind nach **GG Artikel 1 Absatz 3** unmittelbar geltendes Recht. Das bedeutet, dass sowohl die Regierung (Exekutive) und ihre ausführenden Organe als auch Gesetzgebung und Gerichte auf die Grundrechte achten müssen. Damit erfüllen sie eine weitere wichtige Funktion als wirksamer **Minderheitenschutz**.

Wie Sie wissen, entscheidet in der Demokratie die Mehrheit. Die Grundrechte verhindern, dass sich eine Mehrheit über grundlegende Rechte der Menschen hinwegsetzt. Keine staatliche Maßnahme und kein Gesetz, egal mit welcher Mehrheit es beschlossen wird, darf im Widerspruch zu den Grundrechten stehen!

2 Der demokratische Verfassungsstaat

Unterscheidet man die Grundrechte nach ihrem **Geltungsbereich**, so ergeben sich zwei Gruppen:

Menschenrechte

Sie stehen allen Menschen zu, die sich in Deutschland aufhalten: z. B. Achtung der Menschenwürde, Gleichheit vor dem Gesetz, freie Meinungsäußerung, Religionsfreiheit.

Bürgerrechte

Die Wahrnehmung dieser Rechte ist nur deutschen Staatsangehörigen vorbehalten: z. B. Versammlungsfreiheit, Vereinigungsfreiheit, freie Berufswahl. Bürgerrechte gibt es auch außerhalb des Grundrechtskatalogs: z. B. Wahlrecht (Artikel 38 Absatz 2 des Grundgesetzes).

Betrachtet man die Grundrechte hingegen nach ihrer **Zielrichtung**, lassen sich drei Gruppen unterscheiden:

Schutzrechte

Sie schützen die Person und ihre Privatsphäre – auch gegen Übergriffe des Staates. Die Menschenwürde ist, wie bereits dargestellt, das oberste Schutzrecht unserer Verfassung. Daneben kennt das Grundgesetz jedoch noch weitere Schutzrechte (z. B. Unverletzlichkeit der Wohnung).

Freiheitsrechte

Sie beschreiben vor allem den individuellen Handlungsspielraum des Menschen (z. B. Meinungsfreiheit). Hier ist zu beachten, dass der Freiheitsbegriff dabei nicht als zügellose Freiheit missverstanden werden darf. Er bezieht sich vielmehr auf eine Lebensgestaltung frei von Zwängen, die natürlich dort ihre Grenzen finden muss, wo Rechtsansprüche anderer verletzt werden oder das Gemeinwohl darunter leidet.

Gleichheitsrechte

Der Grundgedanke dieser Rechte (z. B. Gleichheit vor dem Gesetz, Gleichberechtigung der Geschlechter) zielt auf die Vermeidung von Benachteiligung und Bevorzugung im Bereich der Rechte und Lebenschancen. Diese Gleichheit ist nicht mit „Gleichmacherei" zu verwechseln. Unterschiedliche Leistung darf und muss auch unterschiedliche Früchte tragen.

In den nachfolgenden Abschnitten des Grundgesetzes werden Staatsform und Staatsorgane unseres Staates behandelt. Dazu gehören:
- Der Bund und die Länder
- Der Bundestag
- Der Bundesrat
- Der Bundespräsident
- Die Bundesregierung

Es folgen Grundsätze zur Gesetzgebung, Verwaltung, Rechtsprechung, zum Finanzwesen und zur Landesverteidigung. In später folgenden Abschnitten dieses Buches werden all diese Dinge erklärt.

M3 Kinder werden in den Krieg geschickt

So war es 1945 (Bild oben) und so ist es noch heute (Bild unten). Ihre Menschenrechte und ihre Gefühle spielen für die jeweiligen Machthaber keine Rolle.

Lesetipp

Gegen Verletzungen der Menschenrechte ist man auch in unserer westlichen Welt nicht gefeit. Der erschütternde Roman **„Bootcamp"** von Morton Rhue liefert Ihnen ein dramatisches Beispiel.

A2 Recherchieren/Sammeln

Die Menschenrechte gelten nicht überall. Suchen Sie im Internet oder in anderen Quellen nach Beispielen für Menschenrechtsverletzungen! Beziehen Sie das Thema „Kindersoldaten" mit ein! Recherchieren Sie dazu im Internet unter UNICEF und „Red Hand Day".

A3 Analysieren/Nachdenken

Vergleichen Sie im Grundgesetz die Inhalte der Menschenrechte mit den Inhalten der Bürgerrechte! Suchen Sie dann nach Argumenten, warum diese Unterscheidung getroffen wurde!

Menschenwürde und Grundrechte

M1 Die Menschenwürde

Aus einer Rede des früheren Bundespräsidenten Richard von Weizsäcker vom 8. November 1992:

„Die Würde des Menschen ist unantastbar. Sie steht jedem zu, unabhängig von Hautfarbe, Religion und Nationalität. Die Würde ist das Fundament des Grundrechtes. Aber leben kann sie nur davon, dass jeder von uns dies als Verpflichtung versteht. Ich kann die Würde meines Nachbarn nicht von meiner eigenen trennen."

Lesetipp/Filmtipp

Die Missachtung der Würde von Menschen anderer ethnischer Herkunft zeigt Hans J. Massaquoi in seinem Buch **„Neger, Neger, Schornsteinfeger"**. Die Autobiografie beschreibt packend und aufwühlend das Schicksal und die Diskriminierung eines kleinen schwarzen Jungen im Dritten Reich. Das Buch wurde auch verfilmt (D 2006).
(Freigegeben ab 12 Jahren)

A1 Analysieren/Nachdenken

Durch Medien oder eigene Beobachtungen begegnen wir oft Verletzungen der Menschenwürde. Versuchen Sie, sich in eine der betroffenen Personen hineinzuversetzen.

Der Begriff **„Würde"** wird umgangssprachlich in verschiedenen Bedeutungen verwendet. So spricht man z. B. von einer „würdigen" Verabschiedung oder der „Würde" eines Amtes, Bestattungsinstitute werben mit einem „würdigen" Begräbnis, und wenn jemand etwas tun soll, was ihm zutiefst zuwider ist, wird oft gesagt: „Das ist unter meiner Würde".

Der Begriff Menschenwürde ist eindeutig definiert und besagt, dass alle Menschen unabhängig von vielen Unterschieden den gleichen Wert haben. Die **Unantastbarkeit der Menschenwürde** ist in **Artikel 1 des Grundgesetzes** als oberster Wert und oberstes Ziel festgelegt. Nachdem die Menschenwürde im Dritten Reich auf unvorstellbare Weise verletzt wurde und auch heute noch in einigen Staaten aufs Gröbste missachtet wird, nimmt unsere Verfassung den Staat ausdrücklich in die Pflicht, Achtung und Schutz der Menschenwürde zu gewährleisten.

Alle weiteren Grundrechte sollen Mittel zur Verwirklichung dieses Zieles sein, wie es im Absatz 2 des ersten Grundgesetzartikels beschrieben wird. Damit stellt die Verfassung die Menschenwürde in einen Gesamtzusammenhang mit allen anderen wesentlichen Rechten und macht sie zum **Kernstück des gesamten Grundrechtekatalogs**.

In unserem Alltag müssen wir immer wieder feststellen, dass die Wahrung der Menschenwürde bestimmter Personengruppen besonders in Gefahr ist. Dazu gehören:

- Menschen, die keine Wohnung haben (Obdachlose)
- Menschen, die in Armut leben
- Menschen mit Behinderungen
- Menschen fremder Herkunft
- Menschen, die anderweitig von der Norm (→ 10 f.) abweichen

Leider ließe sich diese Aufzählung auch noch weiter fortsetzen.

Obdachlose, die in Armut leben, haben es in unseren sogenannten modernen westlichen Gesellschaften oft ganz besonders schwer, ihre Würde zu bewahren.

2 Der demokratische Verfassungsstaat

Durch die Verpflichtung, den sogenannten „Judenstern" zu tragen, wurde im Dritten Reich eine ganze Bevölkerungsgruppe gezielt und demonstrativ entwürdigt.

Einen Beitrag zum Schutz der Menschenwürde im Alltag können auch Sie leisten, wenn Sie z. B. folgende Verhaltensregeln beherzigen:

- Bei bösartigen Ausländerwitzen lache ich nicht mit.
- Wenn andere (z. B. alte oder behinderte Menschen) lächerlich gemacht werden, nehme ich das nicht schweigend hin.
- Ich unterlasse auch in Streitgesprächen beleidigende Äußerungen gegenüber meinen Gesprächspartnern.

Doch das reicht allein nicht aus. Die Menschenwürde kann nur durch weitere Rechtsansprüche verteidigt werden. Dazu zählen besonders folgende Grundrechtsartikel: Recht auf Selbstbestimmung und Unversehrtheit (Art. 2), Gleichheit vor dem Gesetz (Art. 3), Glaubensfreiheit (Art. 4), Meinungsfreiheit (Art. 5), Privatsphäre (Art. 10 und 13), aber auch das Asylrecht (Art. 16 a), denn die Menschenwürde ist kein Bürgerrecht, sondern ein Menschenrecht. Dass es dabei auch zu Grundrechtskonflikten kommen kann, zeigt das Beispiel M2 in der rechten Randspalte.

Leider wird der Wert der Grundrechte oft auf die leichte Schulter genommen. Manche Menschen setzen in gewissen TV-Formaten für Publicity oder Geld ihre eigene Würde selbst aufs Spiel. Dadurch kann auch die Wertschätzung der Menschenwürde insgesamt Schaden erleiden.

M2 Beschneidungsurteil schlägt hohe Wellen:

Nach der religiös motivierten Beschneidung eines vierjährigen Jungen waren medizinische Komplikationen aufgetreten. Die Staatsanwaltschaft Köln erhob gegen den behandelnden Arzt Anklage wegen Körperverletzung. Das Landgericht Köln sprach den Arzt zwar frei, aber nur wegen der unklaren Rechtslage. Ansonsten jedoch teilte das Gericht die Einschätzung der Staatsanwaltschaft und stufte Beschneidungen als Körperverletzung ein, da das Grundrecht auf Unversehrtheit Vorrang vor dem Grundrecht auf Religionsfreiheit und dem Erziehungsrecht habe.
Dieses Urteil führte zu heftigen Diskussionen, da die Beschneidung von Jungen in jüdischen und moslemischen Glaubensgemeinschaften ein wichtiges religiöses Ritual ist.
Nun musste der Staat handeln. Im Jahr 2012 beschloss der Deutsche Bundestag → 76 ein Gesetz, das medizinisch nicht erforderliche Beschneidungen erlaubt, sofern diese nach „den Regeln ärztlicher Kunst" durchgeführt werden. Damit besteht vorerst Rechtssicherheit. Doch das Thema ist in der Gesellschaft nach wie vor strittig.

A2 Recherchieren/Sammeln
Lesen Sie zu M2 im Grundgesetz jeweils den Absatz 2 der Artikel 2, 4 und 6 und suchen Sie weitere denkbare Grundrechtskonflikte.

A3 Analysieren/Nachdenken
Im Zusammenhang mit dem NSA-Überwachungsskandal hörte man öfter den Satz: „Mir ist das egal, ich habe nichts zu verbergen."
Dürfen die Beanspruchung oder der Verzicht auf Grundrechte ein Indiz für die Unbescholtenheit von Staatsbürgern sein? Diskutieren Sie in der Klasse!

Die besondere Rechtsstellung der Grundrechte

M1 Weimarer Verfassung 1919, Artikel 48:

„Der Reichspräsident kann, wenn im Deutschen Reiche die öffentliche Sicherheit und Ordnung erheblich gestört oder gefährdet wird, die zur Wiederherstellung der öffentlichen Sicherheit und Ordnung nötigen Maßnahmen treffen, erforderlichenfalls mithilfe der bewaffneten Macht einschreiten. Zu diesem Zweck darf er vorübergehend die in den Artikeln 114, 115, 117, 118, 123, 124 und 153 festgesetzten Grundrechte ganz oder zum Teil außer Kraft setzen."

M2 Grundgesetz 1949

Artikel 19

(1) Soweit nach diesem Grundgesetz ein Grundrecht durch Gesetz […] eingeschränkt werden kann, muss das Gesetz allgemein und nicht nur für den Einzelfall gelten. […]

(2) In keinem Falle darf ein Grundrecht in seinem Wesensgehalt angetastet werden.

Artikel 79

(3) Eine Änderung dieses Grundgesetzes, durch welche […] die in den Artikeln 1 und 20 niedergelegten Grundsätze berührt werden, ist unzulässig.

A1 Recherchieren/Sammeln

Vergleichen Sie die Verfassungsinhalte aus M1 und M2. Ermitteln Sie dazu, welche Grundrechtsartikel in M1 angesprochen werden. Den Text der Weimarer Verfassung finden Sie im Internet.

Grundrechte gibt es in Deutschland nicht erst seit Bestehen der Bundesrepublik. Auch die Weimarer Verfassung stattete ihre Bürger mit entsprechenden Rechten aus, die jedoch abgeschafft wurden, nachdem die Nationalsozialisten ihre Diktatur in Deutschland errichtet hatten. Sie haben diesen Zusammenhang im Geschichtsunterricht kennengelernt.

Besteht für uns auch heute noch die gleiche Gefahr? Der Funke, an dem die Weimarer Republik Feuer fing, lag in ihrer Verfassung selbst, da diese die Möglichkeit offenließ, die Grundrechte außer Kraft zu setzen. Diese Möglichkeit, die die Weimarer Verfassung hier einräumte, wurde 1933 von den Nationalsozialisten in der sogenannten „Verordnung zum Schutz von Volk und Staat" genutzt.

Nach dem Zweiten Weltkrieg waren diese Erfahrungen noch nicht vergessen und führten bei der Formulierung des Grundgesetzes zu einer entsprechenden **Absicherung der Grundrechte**. Sie **gehört zu den wichtigsten Elementen unseres Verfassungsrechts**.

In diesem Zusammenhang sind folgende Stopp-Schilder zu beachten:

 Für eine allgemeine Einschränkung von Grundrechten gibt es nur zwei Möglichkeiten:

- durch eine **Verfassungsänderung**, die sehr schwer durchzusetzen ist: Sie erfordert eine Zweidrittelmehrheit in Bundestag → 76 und Bundesrat → 82.
- durch einen Gesetzesbeschluss des Parlaments, der spezielle Probleme regelt (**Gesetzesvorbehalt**). Vgl. → 33.

In beiden Fällen gilt jedoch die folgende wichtige Regel:

 Der **Wesensgehalt** von Grundrechten darf nicht angetastet werden!

Beispiel Asylrecht: Im Jahr 1993 wurde **Art. 16** des GG in folgendem Sinne neu formuliert: Asylbewerber, die im Verlauf ihrer Flucht bereits ein Gebiet erreicht haben, wo ihnen keine Verfolgung mehr droht (z. B. die EU), können in Deutschland keinen Rechtsanspruch auf Asyl mehr geltend machen. Diese Neufassung sollte den Schutz verfolgter Menschen (**Wesensgehalt**) wahren, aber den Zustrom von Bewerbern mit wirtschaftlichen Motiven verringern.

Der Wesensgehalt von Grundrechten ist mitunter schwer zu definieren. Entscheiden muss notfalls das Bundesverfassungsgericht → 34 f.

 Durch die generelle Unzulässigkeit der Änderung von Artikel 1 (sogenannte „**Ewigkeitsklausel**") werden die Grundrechte zusätzlich geschützt, soweit eine Änderung die Menschenwürde beeinträchtigen könnte.

2 Der demokratische Verfassungsstaat

Zwei Plakate zum gleichen Thema! Vergleichen Sie!

Das linke Plakat war Teil einer Kampagne des Deutschen Bundestags im Jahr 2002.

Das rechte Plakat stammt aus dem Jahr 2008 und wurde u. a. vom Arbeitskreis Vorratsdatenspeicherung veröffentlicht.

Gewisse Beschränkungen von Grundrechten sind trotzdem nötig. Grundrechte sind Rechte für den Einzelnen – aber eben für jeden Einzelnen. Daher ist es nicht vertretbar, eigene Rechte zu Lasten der Rechte anderer kompromisslos durchsetzen zu wollen.

Wer also zum Beispiel durch sein Handeln die Lebensführung anderer unzumutbar stört, kann dies nicht mit seiner Entfaltungsfreiheit (Art. 2) begründen, oder wer herabwürdigende Hetzparolen gegen andere verbreitet, kann sich dabei nicht auf die Meinungsfreiheit (Art. 5) berufen. Wir müssen uns also eine Selbstbeschränkung auferlegen.

Aber auch der Staat muss zuweilen beschränkend in die Grundrechte eingreifen. So sind z. B. bei Straftaten trotz der Unverletzlichkeit der Wohnung (Art. 13) Hausdurchsuchungen möglich und die Kasernierung von Soldaten (Art. 11) schränkt das freie Aufenthaltsrecht ein.

Die Grundsatzfrage lautet dabei stets: Liegt der Eingriff im öffentlichen Interesse und ist dieses Interesse an der Einschränkung eines Grundrechts höher einzuschätzen als das persönliche Interesse des Einzelnen an der Ausübung dieses Grundrechts? Diese Frage führt immer wieder zum politischen Meinungsstreit.

Auch viele andere Fragen wurden schon gestellt: Darf der Bundestag per Gesetz Schwangerschaftsabbrüche legitimieren? Darf die Regierung den Austausch einer Geisel gegen inhaftierte Terroristen ablehnen, auch wenn dadurch der Geisel der Tod droht? usw.

Wer hat in unserem Staat das Recht, solche Fragen zu entscheiden?

 Die wichtigste Sicherung verfassungsmäßiger Rechte liegt darin, dass diese auch eingeklagt werden können. Früher war dies nicht möglich. In unserem Rechtsstaat wurde eigens dafür eine Institution geschaffen: das Bundesverfassungsgericht
→ 34 f.

Amüsantes und Lehrreiches aus dem Wilden Westen

Eine kleine Geschichte, die (in vielen Varianten) amerikanischen Rechtsstudenten erzählt wird, lautet so:
Ein Cowboy, der im Saloon einem anderen im Streit einen Fausthieb verpasste, muss sich vor Gericht verantworten. Er verteidigt sich mit folgender Frage: „Hat ein freier Mann in einem freien Land nicht das Recht, seinen Arm zu schwingen?"
Der Richter aber erwidert ihm:
„Dein Recht, den Arm zu schwingen, endet dort, wo die Nase des anderen beginnt."

A2 Kreativität/Gestalten

Erstellen Sie unter dem Motto „Was wäre, wenn …" ein Plakat für das Klassenzimmer, das an Alltagsbeispielen zeigt, welche Freiräume wir durch den Verlust von Grundrechten verlieren würden.

Das Bundesverfassungsgericht

> **M1** „Ermächtigungsgesetz": „Gesetz zur Behebung der Not von Volk und Reich" vom 24. März 1933 (Auszug)
>
> „Artikel 1 Reichsgesetze können außer in dem in der Reichsverfassung vorgesehenen Verfahren auch durch die Reichsregierung beschlossen werden […]"
> Artikel 2 Die von der Reichsregierung beschlossenen Reichsgesetze können von der Reichsverfassung abweichen […]"

Geschichtlicher Hinweis

Der Staatsgerichtshof der Weimarer Republik kann bis zu einem gewissen Grad als Vorläufer des Bundesverfassungsgerichts betrachtet werden. Er hatte jedoch im Zusammenhang mit Verfassungsfragen kaum Zuständigkeiten. So waren z. B. Verfassungsbeschwerde und Normenkontrolle nicht möglich.

Richterinnen und Richter des Bundesverfassungsgerichts

Bevor wir uns mit der Rechtsstellung des Bundesverfassungsgerichts beschäftigen, werfen wir wieder einen kurzen Blick in die deutsche Geschichte. Unter den Nationalsozialisten wurde im sogenannten „Ermächtigungsgesetz" → M1 eine Reihe von Verfassungsgrundsätzen verletzt, ohne dass eine Institution vorhanden gewesen wäre, dies zu verhindern.

> **M2** Aufgabe des Bundesverfassungsgerichts
>
> Auf seiner Internetseite beschreibt das höchste deutsche Gericht selbst seine Aufgabe wie folgt:
>
> „Das Bundesverfassungsgericht in Karlsruhe wacht über die Einhaltung des Grundgesetzes für die Bundesrepublik Deutschland. Seit seiner Gründung im Jahr 1951 hat das Gericht dazu beigetragen, der freiheitlich-demokratischen Grundordnung Ansehen und Wirkung zu verschaffen. Das gilt vor allem für die Durchsetzung der Grundrechte.
>
> Zur Beachtung des Grundgesetzes sind alle staatlichen Stellen verpflichtet. Kommt es dabei zum Streit, kann das Bundesverfassungsgericht angerufen werden. Seine Entscheidung ist unanfechtbar. An seine Rechtsprechung sind alle übrigen Staatsorgane gebunden."

A1 Analysieren/Nachdenken

Nehmen Sie unter Beachtung der Inhalte auf den Seiten 26–27 und 32–33 dazu Stellung, warum das Ermächtigungsgesetz heute vor dem BVerfG in einem Normenkontrollverfahren für ungültig erklärt worden wäre.

Das Bundesverfassungsgericht (BVerfG) gehört in der Bundesrepublik Deutschland zusammen mit dem Bundestag, dem Bundesrat, der Bundesregierung und dem Bundespräsidenten **zu den fünf obersten Verfassungsorganen**.

Verstöße gegen die Länderverfassungen unterliegen der Kontrolle der Verfassungsgerichte der einzelnen Bundesländer (z. B. Bayerischer Verfassungsgerichtshof).

2 Der demokratische Verfassungsstaat

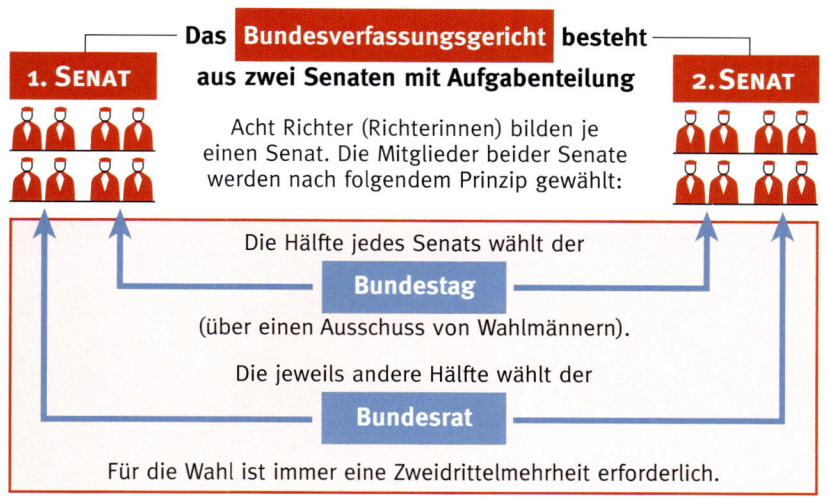

Die Amtszeit beträgt 12 Jahre.

M3 Die Verfahren am Bundesverfassungsgericht
Das Bundesverfassungsgericht erledigte seit 7. September 1951 bis Ende 2013 insgesamt 207 651 Verfahren. Davon waren
- 200 482 Verfassungsbeschwerden (davon 4640 erfolgreich).
- 3735 Normenkontrollverfahren,
- 9 Parteiverbotsverfahren,
- 3400 sonstige Verfahren.

Die Zuständigkeiten des Bundesverfassungsgerichts sind im Grundgesetz, Artikel 93, festgelegt. Davon sollen drei wichtige Verfahrensarten und zwei weitere Entscheidungsbereiche hier näher erläutert werden:

- Die **Verfassungsbeschwerde** kann sich gegen behördliche Maßnahmen, gegen Gerichtsurteile oder gegen Gesetze richten. Jeder kann diesen Weg beschreiten, der sich als Opfer einer Verfassungsverletzung (vor allem seiner Grundrechte) fühlt.
- Beim **Normenkontrollverfahren** wird das Bundesverfassungsgericht angerufen, um zu überprüfen, ob ein vom Parlament beschlossenes Gesetz gegen das Grundgesetz verstößt.
- Bei einem **Verfassungsstreit** entscheidet das Bundesverfassungsgericht verfassungsrechtliche Meinungsverschiedenheiten zwischen Verfassungsorganen oder zwischen dem Bund und den Ländern.
- Weiterhin gehören auch die Entscheidung über die **Verwirkung von Grundrechten** (GG, Art. 18) und über das **Verbot von Parteien** (GG, Art. 21) zu den Aufgaben des Bundesverfassungsgerichts. (Näheres zu den Parteien finden Sie auf den nachfolgenden Seiten → 36–39.)

M4 Urteile des Bundesverfassungsgerichts
Das BVerfG veröffentlicht im Internet alle Urteile seit 1998, auch in Kurzform als Pressemitteilungen (empfohlen!). Zwei Zusammenfassungen finden Sie hier:
Im März 2010 entschied der Erste Senat des Bundesverfassungsgerichts, dass die Regelungen […] über die Vorratsdatenspeicherung mit Art. 10 Abs. 1 GG nicht vereinbar sind. Zwar ist eine Speicherungspflicht in dem vorgesehenen Umfang nicht von vornherein […] verfassungswidrig. Es fehlt aber an einer dem Verhältnismäßigkeitsgrundsatz entsprechenden Ausgestaltung. Die angegriffenen Vorschriften gewährleisten weder eine hinreichende Datensicherheit noch eine hinreichende Begrenzung der Verwendungszwecke der Daten. […] Die Regelung ist damit insgesamt verfassungswidrig und nichtig.

***

Im Juni 2014 entschied der Zweite Senat eine Verfassungsklage der NPD gegen Joachim Gauck zugunsten des Bundespräsidenten.

Zur Sachlage:
Im Sommer 2013 hatte die NPD federführend Proteste gegen ein neues Asylbewerberheim in Berlin organisiert. In einem Gespräch mit Schülern verteidigte Gauck Gegenproteste, die damals stattgefunden hatten, mit den Worten: „Wir brauchen Bürger, die auf die Straßen gehen und den Spinnern ihre Grenzen aufweisen."

Die NPD warf Gauck vor, damit seine Pflicht zur parteipolitischen Neutralität verletzt zu haben.

Das BVerfG wies die Klage mit der Begründung ab, dass auch der Präsident in seiner Meinung nicht neutral sein müsse und die Wortwahl ihm überlassen bleibe.

Im Dezember 2014 scheiterte die NPD erneut mit einer ähnlichen Klage gegen Familienministerin Manuela Schwesig (SPD).

Parteien sind wichtig

M1 Grundgesetz, Artikel 21
(1) Die Parteien wirken bei der politischen Willensbildung des Volkes mit. Ihre Gründung ist frei. Ihre innere Ordnung muss demokratischen Grundsätzen entsprechen. Sie müssen über die Herkunft und Verwendung ihrer Mittel sowie über ihr Vermögen öffentlich Rechenschaft geben.
(2) Parteien, die […] darauf ausgehen, die freiheitliche demokratische Grundordnung zu beeinträchtigen […], sind verfassungswidrig.

M2 Parteiengesetz, § 2
(1) Parteien sind Vereinigungen von Bürgern, die dauernd oder für längere Zeit für den Bereich des Bundes oder eines Landes auf die politische Willensbildung Einfluss nehmen und an der Vertretung des Volkes im Deutschen Bundestag oder einem Landtag mitwirken wollen, wenn sie […] nach ihrem Hervortreten in der Öffentlichkeit eine ausreichende Gewähr für die Ernsthaftigkeit dieser Zielsetzung bieten. […]
(3) Politische Vereinigungen sind nicht Parteien, wenn
1. ihre Mitglieder oder die Mitglieder ihres Vorstandes in der Mehrheit Ausländer sind oder
2. ihr Sitz oder ihre Geschäftsleitung sich außerhalb des Geltungsbereichs dieses Gesetzes befindet.

A1 Analysieren/Nachdenken
Deuten Sie die obige Karikatur. Wollen die „Passanten" den „Fragesteller" wirklich hinters Licht führen?

A2 Kontakte herstellen
Befragen Sie Vertreter verschiedener Parteien aus Ihrer Gemeinde oder Stadt nach aktuellen Plänen und deren Begründungen

Karikatur: Erik Liebermann

ÜBERBLICK

▶ Für den Einzelnen ist es schwierig, seinen politischen Zielen in Staat und Gesellschaft Geltung zu verschaffen. Daher gründen Bürgerinnen und Bürger mit gemeinsamen Interessen eine Partei.

▶ Parteien sollen als Bindeglied zwischen Bürgern und staatlichen Organen wirken und haben damit eine wichtige Funktion.

▶ Die Gründung von Parteien ist frei, denn deutsche Staatsbürger haben das Recht, Vereine und Gesellschaften zu bilden (GG, Art. 9 **Vereinigungsfreiheit**), zudem gestattet das Grundgesetz in Art. 21 ausdrücklich die Bildung von Parteien. Auch Sie könnten – sobald Sie volljährig sind – jederzeit eine Partei gründen.

▶ Allerdings schreiben Grundgesetz und Parteiengesetz dafür bestimmte Regeln vor. Lesen Sie dazu M1 und M2.

▶ Verfassungswidrige Parteien können verboten werden → 34 f.

▶ Ihre langfristigen Ziele formulieren Parteien in Parteiprogrammen (Grundsatzprogramme). Kurzfristige Vorhaben werden vor Wahlen in Wahlprogrammen veröffentlicht.

▶ Um ihre Ziele verwirklichen zu können, streben Parteien nach Mehrheiten im Parlament, um allein oder zusammen mit anderen (Koalition → G) an die Regierung kommen.

▶ Dazu stellen die Parteien sich und ihre politischen Vorschläge den Bürgern zur Wahl und werben um Zustimmung.

▶ Auf den folgenden Seiten werden wir uns daher mit Parteien, Wahlgrundsätzen und Wahlsystemen genauer befassen.

2 Der demokratische Verfassungsstaat

Organisation und Finanzierung

Das Grundgesetz fordert, dass die innere Ordnung von Parteien demokratischen Grundsätzen entsprechen muss. Um dies zu erfüllen, ist in den Parteien eine Organisationsstruktur mit mehreren Entscheidungsebenen nötig. Sie ähnelt weitgehend dem Aufbau unseres Staates (siehe Randspalte). Wichtig ist dabei, dass auf allen Ebenen die Führungsgremien nach demokratischen Grundsätzen gewählt werden.

Die Arbeit der politischen Parteien verursacht erhebliche Kosten (hauptamtliche Mitarbeiter, Büromieten, Materialkosten, Reisekosten, Werbemittel usw.). Diese Ausgaben werden von den meisten Parteien in erster Linie aus Mitgliedsbeiträgen finanziert. Dazu kommen Spenden und sonstige Einnahmen wie z. B. Vermögenszinsen.

Diese Einnahmen reichen aber längst nicht aus, um alle entstehenden Kosten zu decken. Der zweitgrößte Anteil an der Parteienfinanzierung kommt daher bei den meisten Parteien aus öffentlichen Mitteln. Dies wird oft kritisiert, ist aber durchaus sinnvoll, denn die Parteien sind – entsprechend dem Grundgesetz – schließlich auch einem öffentlichen Auftrag verpflichtet. Auch das Bundesverfassungsgericht → 34 f. hat in mehreren Urteilen die Notwendigkeit staatlicher Zuschüsse an die Parteien (wenn auch mit Einschränkungen) bestätigt.

Die Höhe dieser Förderung hängt davon ab, wie stark Parteien in der Gesellschaft „verwurzelt" sind. Als Maßstab dafür gelten die Wahlergebnisse bei Europa-, Bundestags- und Landtagswahlen sowie die Höhe sonstiger Zuwendungen, die die Parteien erhalten (also Mitgliedsbeiträge und Spenden).

In diesem Zusammenhang müssen alle Parteien jährlich beim Präsidenten des Deutschen Bundestages **Rechenschaft** über Herkunft und Verwendung ihrer Mittel ablegen (GG Art. 21, Parteiengesetz, § 23).

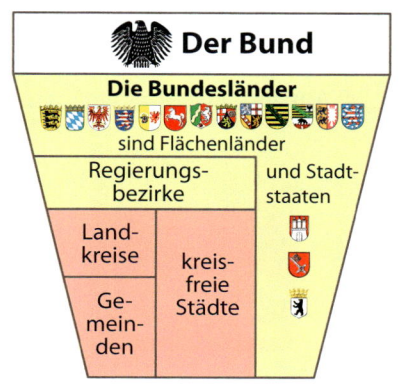

Aufbau der Bundesrepublik
Weitere Informationen dazu → 60 ff.

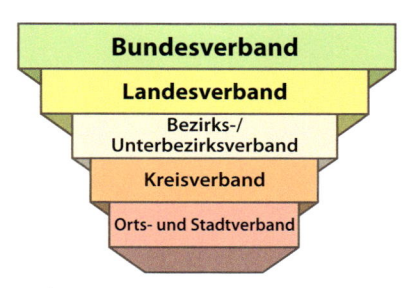

Aufbau der Parteien
Nicht alle Parteien sind auf jeder der genannten Ebenen gleich organisiert.

Die sieben mitgliederstärksten Parteien
Stand 1. Januar 2014 (auf ganze Zehner gerundet)

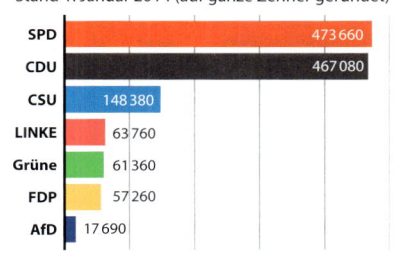

SPD	473 660
CDU	467 080
CSU	148 380
LINKE	63 760
Grüne	61 360
FDP	57 260
AfD	17 690

Das Geld der deutschen Bundestagsparteien (in Millionen)

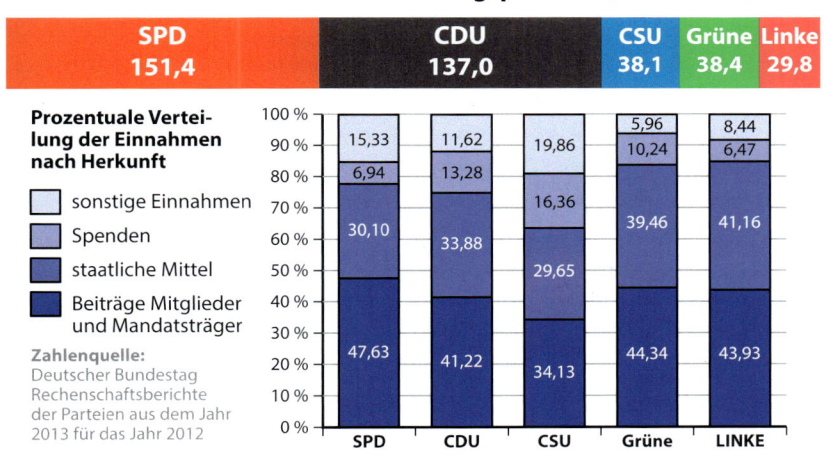

	SPD	CDU	CSU	Grüne	Linke
Gesamt	151,4	137,0	38,1	38,4	29,8
sonstige Einnahmen	15,33	11,62	19,86	5,96	8,44
Spenden	6,94	13,28	16,36	10,24	6,47
staatliche Mittel	30,10	33,88	29,65	39,46	41,16
Beiträge Mitglieder und Mandatsträger	47,63	41,22	34,13	44,34	43,93

Prozentuale Verteilung der Einnahmen nach Herkunft

Zahlenquelle: Deutscher Bundestag Rechenschaftsberichte der Parteien aus dem Jahr 2013 für das Jahr 2012

Hinweis

Negative Meldungen über Parteien führen immer wieder zu **„Parteienverdrossenheit"**. In Demokratien erfüllen Parteien aber eine wichtige Aufgabe, da sie politische Alternativen entwickeln. Wo dies geschieht, spricht man auch von **„Parteiendemokratien"** (z. B. in Deutschland).

Parteien gestalten Politik

M1 Auszüge aus den Grundsatzprogrammen der 2014 im Bundestag vertretenen Parteien

SPD: Den Menschen verpflichtet, in der stolzen Tradition des demokratischen Sozialismus, mit Sinn für Realität und mit Tatkraft stellt sich die deutsche Sozialdemokratie in der Welt des 21. Jahrhunderts ihren Aufgaben. Für dauerhaften Frieden und für die Sicherung der ökologischen Lebensgrundlagen. Für eine freie, gerechte und solidarische Gesellschaft. Für die Gleichberechtigung und Selbstbestimmung aller Menschen – unabhängig von Herkunft und Geschlecht, frei von Armut, Ausbeutung und Angst. Wir erstreben eine friedliche und gerechte Weltordnung. Wir setzen auf die Stärke des Rechts, um das Recht des Stärkeren zu überwinden. (Programm 2007, S. 5)

CDU: Wir leben in einer Zeit epochaler Veränderungen. Die Gefährdungen unserer Umwelt, die Folgen der Globalisierung, die Anforderungen der Wissensgesellschaft, neue Bedrohungen unserer Freiheit und der demografische Wandel sind die wichtigsten Beispiele solcher Herausforderungen. Wir müssen sie annehmen, uns auf sie einstellen und Chancen, die mit ihnen auch verbunden sind, für eine verantwortungsvolle und zukunftsfähige Politik im 21. Jahrhundert nutzen. Dafür müssen wir aber auch zu Veränderungen bereit sein. So ist etwa unser Land aufgefordert, Fehlentwicklungen und Strukturschwächen des Sozialstaats zu korrigieren. Die CDU als die große Volkspartei in der Mitte unserer Gesellschaft will bewahren, was unser Land voranbringt, und verändern, was unser Land belastet. (Programm 2007, S. 14)

CSU: Mit dem sechsten Grundsatzprogramm der Christlich-Sozialen Union wollen wir den Veränderungen und den neuen Herausforderungen zu Beginn des 21. Jahrhunderts gerecht werden. Wir geben langfristige Antworten auf die Fragen unserer Zeit: Was bedeutet unser christliches Menschenbild für das politische Handeln heute und morgen? Wie fördern wir Familie und Kinder? Wie verbinden wir wirtschaftlichen Erfolg mit sozialem Zusammenhalt von Starken und Schwachen, von Jüngeren und Älteren? Wie können wir unseren Kindern und Enkeln Chancen und Perspektiven in einer lebenswerten Heimat eröffnen? (Grundsatzprogramm 2007, S. 9)

BÜNDNIS 90/DIE GRÜNEN: Wir haben als Partei der Ökologie linke Traditionen aufgenommen, wertkonservative und auch solche des Rechtsstaatsliberalismus. Die Frauenbewegung, die Friedensbewegung und die Bürgerrechtsbewegung in der damaligen DDR haben das Profil unserer Partei mitgeprägt. In Ost wie West waren Christinnen und Christen an der Entwicklung von BÜNDNIS 90/DIE GRÜNEN aktiv beteiligt. So haben wir zu einer eigenständigen politischen und gesellschaftlichen Perspektive zusammengefunden. Unsere Grundposition heißt: Wir verbinden Ökologie, Selbstbestimmung, erweiterte Gerechtigkeit und lebendige Demokratie. Mit gleicher Intensität treten wir ein für Gewaltfreiheit und Menschenrechte. In ihrer Wechselbeziehung öffnen diese Grundsätze den Horizont bündnisgrüner Visionen. (Grundsatzprogramm 2002, S. 9)

DIE LINKE: Wir verfolgen ein konkretes Ziel: Wir kämpfen für eine Gesellschaft, in der kein Kind in Armut aufwachsen muss, in der alle Menschen selbstbestimmt in Frieden, Würde und sozialer Sicherheit leben und die gesellschaftlichen Verhältnisse demokratisch gestalten können. Um dies zu erreichen, brauchen wir ein anderes Wirtschafts- und Gesellschaftssystem: den demokratischen Sozialismus. Wir wollen die großartigen Ideen, die Visionen und schöpferischen Kräfte der Menschen für überzeugende politische Vorhaben nutzen, um Hunger und Armut zu überwinden, um die Folgen des Klimawandels und der Umweltkatastrophen in den Griff zu bekommen. (Programm 2011, S. 4)

Hinweis
FDP und AfD u. a. scheiterten bei der Bundestagswahl 2013 an der „Fünf-Prozent-Hürde → 45.

Da Grundsatzprogramme die langfristigen Denkansätze der Parteien aufzeigen sollen, können sie tagesaktuelle Fragen nicht oder nur sehr allgemein beantworten. Vor Wahlen veröffentlichen Parteien daher aktuelle Vorhaben zusätzlich in Wahlprogrammen.

2 Der demokratische Verfassungsstaat

Auf Wahlplakaten präsentieren sich Parteien den Bürgern gern kurz und knapp. Solche Plakate sind oft recht inhaltsarm und beschränken sich meist auf Personen und „Sprechblasen" mit Phrasen und Behauptungen. Zur politischen Orientierung sollte man besser Wahlprogramme lesen und Fernsehdiskussionen verfolgen. Auch wenn Letztere nicht immer Musterbeispiele für Diskussionskultur → G sind, erlebt man dort zumindest den **Austausch von gegensätzlichen Ansichten** und wird nicht nur einseitig mit Argumenten versorgt.

M2 Geschichte und Zielrichtung der Bundestagsparteien (Einblick)

Die SPD hat als Arbeiterpartei ihre Wurzeln in der Mitte des 19. Jh. Seit 1890 nennt sie sich „Sozialdemokratische Partei Deutschlands". Während der nationalsozialistischen Diktatur war die SPD verboten. Mit dem „Godesberger Programm" (1959) öffnete sie sich für alle Schichten. Ihren Schwerpunkt sieht die SPD auch heute noch in der Sozialpolitik, die sich um eine gerechte Ordnung bemüht.

CDU (Gründung 1950) und CSU (Gründung 1945) betrachten sich als christliche Volksparteien. Das Bekenntnis zum Christentum hat in beiden Parteien einen hohen Rang. Eine relativ starke soziale und konservative Orientierung ist feststellbar. Bei Wahlen treten die beiden Parteien nicht gegeneinander an, da die CSU nur innerhalb Bayerns und die CDU nur außerhalb Bayerns zur Wahl steht.

Bündnis 90/Die Grünen entstand 1993 aus der Vereinigung der westdeutschen Partei „Die Grünen" – gegründet 1980 – und der ostdeutschen Bürgerrechtsbewegung „Bündnis 90" – gegründet 1991. Die Partei sieht den Schwerpunkt ihres Wirkens in der Betonung umweltpolitischer Aspekte und konsequenter Friedenspolitik.

Die Linke gibt es in ihrer heutigen Form seit 2007 als Vereinigung der WASG (Wahlalternative Arbeit und Soziale Gerechtigkeit) und der PDS (Partei des Demokratischen Sozialismus), die als Nachfolgeorganisation der ehemaligen DDR-Staatspartei SED entstand. Die Linke sieht sich als Vertretung der sozial Benachteiligten und fordert die „Überwindung des Kapitalismus".

M3 Wahlergebnisse

Die Zustimmung der Wähler zu einzelnen Parteien ändert sich oft. Betrachten Sie dazu die Ergebnisse der Bundestagswahlen von 1998 und 2013.

Wahlergebnisse in Prozent

Wahljahr	1998	2013
Wahlbeteiligung	82,2	71,5
CDU/CSU	35,1	41,5
SPD	40,9	25,7
GRÜNE	6,7	8,4
DIE LINKE	5,1	8,6
FDP	6,2	4,8
AfD	–	4,7

A1 Recherchieren/Sammeln
Ermitteln Sie zu Parteien, die ihren Namen mit Buchstaben abkürzen, die Begriffe, die hinter diesen Buchstaben stehen.

A2 Kreativität/Gestalten
Erstellen Sie anhand aktueller Wahlprogramme kurze Porträts in Form von Plakaten oder Präsentationen. Gehen Sie dabei auf Bereiche wie Außenpolitik, innere Sicherheit, Sozialpolitik, Umweltpolitik usw. ein.

A3 Vertiefen/Verknüpfen
Stellen Sie sich vor, Sie würden eine Partei gründen. Entwerfen Sie in Arbeitsgruppen (evtl. in Verbindung mit dem Fach Deutsch) ein (kurzes) Parteiprogramm, das Ihren Vorstellungen gerecht wird! Orientieren Sie sich hinsichtlich der Struktur an den Programmen bekannter Parteien.

Wahlen in der Demokratie

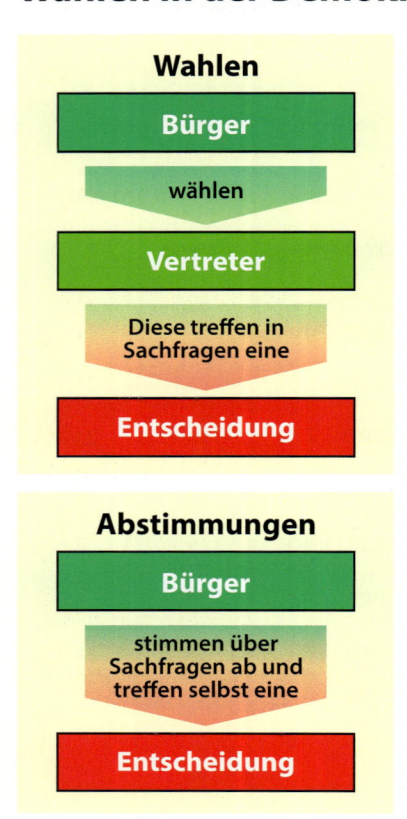

Wahlen
- Bürger
- wählen
- Vertreter
- Diese treffen in Sachfragen eine
- Entscheidung

Abstimmungen
- Bürger
- stimmen über Sachfragen ab und treffen selbst eine
- Entscheidung

Was sind Wahlen?

Alle Staatsgewalt geht vom Volke aus und wird durch **Wahlen** und **Abstimmungen** ausgeübt. So schreibt es das Grundgesetz vor. In der Umgangssprache werden diese zwei Begriffe oft nicht klar genug voneinander getrennt:

- Bei Wahlen beauftragt der Wähler bestimmte Personen, Sachentscheidungen an seiner Stelle zu treffen.
- Bei Abstimmungen werden Sachentscheidungen vom Bürger selbst getroffen (z. B. Volksentscheid → 20, → 22 f.).

Wahlen sind ein Kernstück der repräsentativen Demokratie → 21, weil die Bürger dadurch ihr Entscheidungsrecht auf Personen ihres Vertrauens übertragen. Ihre Durchführung setzt fünf Elemente voraus:
ein **Wahlgebiet** (z. B. Bund, Länder, Gemeinden), eine **Wahlbevölkerung** (Wählerinnen und Wähler), **Wahlvorschläge** (Personen, Parteien), feststehende **Wahlgrundsätze** und ein **Wahlsystem**, nach dem gewählt wird. Wahlentscheidungen sollten gut durchdacht sein, da sie in der Regel für einen längeren Zeitraum nicht mehr zu ändern sind.

Die Wahlberechtigung hat zwei Seiten:

- Das **aktive Wahlrecht** (d. h., man darf **wählen**) hat in Deutschland jeder volljährige Staatsbürger, wenn er nicht entmündigt ist oder ihm das Wahlrecht wegen schwerwiegender **politischer** Straftaten (z. B. Landesverrat) vorübergehend gerichtlich entzogen wurde. In zehn Bundesländern können bereits 16-Jährige an bestimmten Wahlen teilnehmen. Beispiele: Niedersachsen (Kommunalwahl), Brandenburg (Landtags- und Kommunalwahl) (Stand Januar 2015).
- Das **passive Wahlrecht** (d. h., man kann **gewählt werden**) hängt teilweise vom Alter ab. Es kommt darauf an, für welches Amt man kandidiert. So ist es z. B. möglich, mit 18 Jahren Bundeskanzler zu werden, aber nicht Bundespräsident (mindestens 40 Jahre).

Mehrheit ist nicht gleich Mehrheit

- Die **relative Mehrheit** hat ein Kandidat bereits dann erreicht, wenn er von mehreren Bewerbern die meisten Stimmen erhalten hat. Sie reicht z. B. bei Bundes- und Landtagswahlen aus → 42, → 44 f.
- Die **absolute Mehrheit** ist erst dann erreicht, wenn ein Kandidat über 50 Prozent der gültigen Stimmen erhalten hat. Diese Mehrheit ist z. B. bei der Wahl eines Bürgermeisters erforderlich → 67.

Die absolute Mehrheit kann mehrere Wahlgänge erfordern. Erreicht im ersten Wahlgang niemand die absolute Mehrheit, so müssen die beiden Bestplatzierten in einer **Stichwahl** noch einmal gegeneinander antreten.

A1 Recherchieren/Sammeln
Ermitteln Sie für den Bund und für die einzelnen Bundesländer Altersbestimmungen im Hinblick auf das aktive und das passive Wahlrecht.

A2 Recherchieren/Sammeln
Ermitteln Sie die Wahlbeteiligung von Erst- und Jungwählern bei verschiedenen Wahlen im zeitlichen Verlauf.

A3 Kontakte herstellen
Laden Sie junge Volksvertreter ins Klassenzimmer ein und lassen Sie sich über deren Erfahrungen berichten. Bundestags- und Landtagsabgeordnete wie auch Gemeinderatsmitglieder folgen bestimmt gerne Ihrer Einladung.

2 Der demokratische Verfassungsstaat

Welche Wahlgrundsätze gelten in Deutschland?

Für die Wahl deutscher Parlamente gelten folgende Wahlgrundsätze:

- **Allgemein:** Niemand, der nach den Bestimmungen von Seite →40 wahlberechtigt ist, darf von der Wahl ausgeschlossen werden. Gegenbeispiel: Im Kanton Appenzell Innerrhoden (Schweiz) gilt das Frauenwahlrecht erst seit 1990. Sie durften zuvor nicht wählen.
- **Unmittelbar:** Die Wähler wählen ihre Abgeordneten auf direktem Wege, also ohne Zwischeninstanz (wie z. B. über Wahlmänner). Gegenbeispiel: Der Präsident der USA wird indirekt über Wahlmänner gewählt, die jedoch vorher demokratisch bestimmt wurden.
- **Gleich:** Eine unterschiedliche Gewichtung der Wählerstimmen darf nicht stattfinden, d. h., jede Stimme zählt gleich. Gegenbeispiel: Bis 1918 zählten in Preußen Stimmen von Wählern, die hohe Steuern bezahlten, deutlich mehr als andere Stimmen.
- Die Grundsätze **frei und geheim** bedingen sich gegenseitig. Nur, wenn die Entscheidung eines Wählers unbekannt bleibt, ist auch gewährleistet, dass ihn niemand zu einem bestimmten Wahlverhalten zwingen kann. Daher muss bei uns verdeckt gewählt werden. Gegenbeispiel: Bei den Volkskammerwahlen der DDR „durfte" man offen abstimmen. Der Gang in die Wahlkabine galt als verdächtig.

Die Wahlbeteiligung – ein Signal für demokratisches Engagement

In den USA ist die Wahlbeteiligung seit jeher niedrig. Aber auch bei uns gehen immer weniger Menschen zur Wahl. Das gilt bedauerlicherweise besonders bei der Europawahl und auch für viele Jungwähler.
Gehen Sie daher zur Wahl! Die Stimmabgabe ist ein Beleg Ihrer Bereitschaft, an der Entwicklung von Staat und Gesellschaft mitzuwirken.

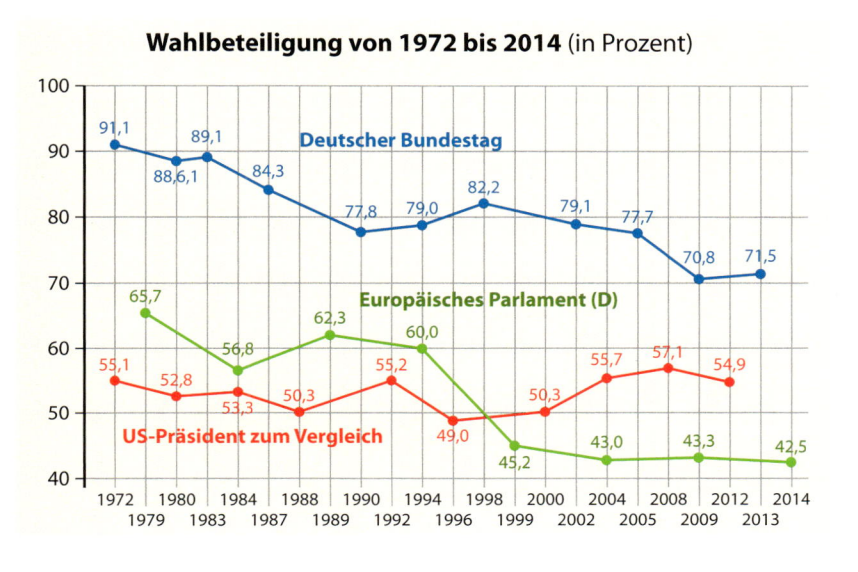

Wahlbeteiligung von 1972 bis 2014 (in Prozent)

Praxisbeispiel Klassensprecherwahl

Stimmauszählung an der Tafel

- Das **„Wahlgebiet"** ist in diesem Fall die **Schulklasse**, die **„Wahlbevölkerung"** sind alle **Klassenmitglieder**. Sie machen zunächst **Wahlvorschläge**, stellen also Kandidaten auf.
- Der erste und zweite Klassensprecher müssen in gesonderten Wahlgängen mit **absoluter Mehrheit** gewählt werden. Wird diese nicht erreicht, ist eine **„Stichwahl"** erforderlich.
- Die Klassensprecherwahl ist **„allgemein"**, da alle Klassenmitglieder stimmberechtigt sind.
- Die Wahl ist **„unmittelbar"**, da alle ihre Stimmen direkt für einen Kandidaten abgeben. (Anders ist dies z. B. bei den Schülersprechern. Sie werden in der Regel im Rahmen einer SMV-Versammlung von den Klassensprechern – also indirekt – gewählt.)
- Die Wahl ist **„gleich"**, denn die Stimme jedes Klassenmitglieds hat das gleiche Gewicht.
- Da die Klassenmitglieder nicht durch „Handheben", sondern verdeckt (auf einem Zettel) abstimmen, ist die Wahl **„geheim"** und damit auch **„frei"**.

A4 Kreativität/Gestalten

Suchen Sie in der Schulordnung die Vorschriften zur Wahl des Klassensprechers! Entwerfen Sie dazu eine übersichtliche Wahlanweisung oder ein erläuterndes Plakat!

Grundlegende Wahlsysteme

Wahlkreismodell eines fiktiven Landes mit einem Parlament von zwölf Abgeordneten (Sitzen)

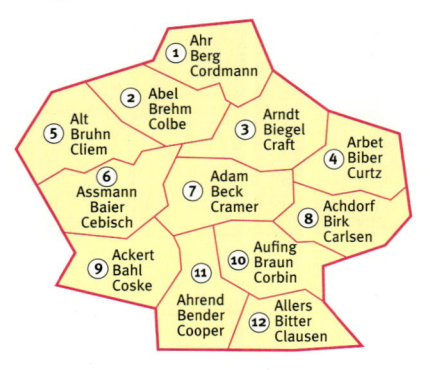

Wahlsysteme beschreiben das Verfahren, nach dem eine Wahl abläuft und welche Wirkungen die Stimmabgabe hat. Es gibt viele Varianten solcher Systeme, die sich alle an zwei Grundsystemen orientieren:

1. Das Mehrheitswahlsystem

Das Wahlgebiet wird in Wahlkreise aufgeteilt (siehe links), deren Anzahl sich nach der Zahl der Abgeordneten richtet, die das Parlament bilden (in unserem Beispiel zwölf). In jedem dieser Wahlkreise treten Kandidaten verschiedener Parteien **persönlich** gegeneinander an. Der Sieger eines jeden Wahlkreises erhält einen Sitz im Parlament. Dabei kann sowohl die relative Mehrheit (wie in unserem Beispiel) oder die absolute Mehrheit gefordert sein. Die Partei, deren Kandidaten in den meisten Wahlkreisen gewonnen haben, verfügt somit auch über die meisten Abgeordneten im Parlament (siehe Tabelle unten).

Wahlkreis	Kandidaten Partei A	erhaltene Stimmen	Kandidaten Partei B	erhaltene Stimmen	Kandidaten Partei C	erhaltene Stimmen	gewählt ist Kandidat:
1	Ahr	8.820	Berg	8.790	Cordmann	390	Ahr
2	Abel	8.480	Brehm	8.400	Colbe	1.120	Abel
3	Arndt	6.970	Biegel	9.970	Craft	1.060	Biegel
4	Arbet	4.940	Biber	10.960	Curtz	2.100	Biber
5	Alt	8.290	Bruhn	8.100	Cliem	1.610	Alt
6	Assmann	7.330	Baier	9.500	Cebisch	1.170	Baier
7	Adam	8.550	Beck	8.440	Cramer	1.010	Adam
8	Achdorf	5.400	Birk	9.600	Carlsen	3.000	Birk
9	Ackert	8.100	Bahl	7.970	Coske	1.930	Ackert
10	Aufing	6.220	Braun	9.430	Corbin	2.350	Braun
11	Ahrend	8.390	Bender	8.350	Cooper	1.260	Ahrend
12	Allers	8.510	Bitter	8.490	Clausen	1.000	Allers
Gesamtstimmen:		90.000		108.000		18.000	
erworbene Sitze:		7		5		0	

Nachteile der Mehrheitswahl

- Kleinere Parteien haben kaum Chancen auf Sitze im Parlament. Betrachten Sie Partei C.
- In jedem Wahlkreis gehen alle Stimmen verloren, die nicht für den Sieger abgegeben wurden. Alle gewählten Kandidaten der Partei A wollte die Mehrheit ihres Wahlkreises NICHT! Rechnen Sie nach.
- Eine Partei kann zwar die Mehrheit der Gesamtstimmen erhalten, aber im Parlament zur Minderheit werden! (Vgl. Partei A und B.)

Die **Vorteile dieses Systems** lassen sich wie folgt beschreiben:

- Wahlkreiskandidaten kommen meist aus dem Gebiet, in dem sie kandidieren und mit dem sie sich daher auch verbunden fühlen. So überträgt sich die regionale Vielfalt eines Landes in das Parlament.
- Die Wähler jedes Wahlkreises können ihre Abgeordneten nach deren Persönlichkeit aussuchen und sind damit weniger stark von Vorentscheidungen durch die Parteien abhängig.
- Im Parlament kommt es meist zu klaren Mehrheiten und es ist leichter, Entscheidungen herbeizuführen. Eine Zersplitterung des Parlaments in zu viele Parteien ist nicht wahrscheinlich.

Diesen Vorteilen stehen auch Nachteile gegenüber (siehe Randspalte).

2. Das Verhältniswahlsystem

Bei diesem Wahlsystem sind keine Wahlkreise erforderlich, denn es treten keine Personen gegeneinander an, sondern Parteien. Diese erstellen vor der Wahl Listen, auf denen ihre Bewerber (Kandidaten) um einen Abgeordnetensitz namentlich aufgeführt sind (siehe rechts).
Die Reihenfolge auf diesen Listen wird parteiintern beschlossen. Politiker, die in der Partei als wichtig gelten, platziert man dabei besonders weit oben, um ihnen einen Sitz im Parlament zu sichern.

Zur Veranschaulichung übernehmen wir die Zahl der Gesamtstimmen aus unserem Beispiel zur Mehrheitswahl (**216 000 gültige Stimmen**).
In unserem Zahlenbeispiel verteilen sich diese Stimmen wie unten dargestellt auf drei Parteien. Die Anzahl der Parlamentssitze, die einer Partei zustehen, ergibt jetzt aus dem **prozentualen Verhältnis** der Stimmen, die jede Partei für sich erringen konnte (Tabelle unten):

	Partei A	Partei B	Partei C
Gesamtstimmen:	90.000	108.000	18.000
erworbene Sitze:	5	6	1

Wenn Sie die erworbenen Sitze im Parlament mit denen aus der Mehrheitswahl vergleichen, sehen Sie, dass sich die Mehrheitsverhältnisse im Parlament deutlich geändert haben:

Partei B hat nun entsprechend ihrem Gesamtstimmenanteil auch die meisten Sitze im Parlament. Auch Partei C erhält nun einen Sitz, denn sie konnte immerhin 18 000 Wähler für sich gewinnen, deren Stimmen nach dem Mehrheitswahlsystem „unter den Tisch" gefallen waren.

Die Personen, die einen Sitz im Parlament erhalten, lassen sich nun der Reihenfolge nach aus den Listen ablesen:

Partei A (5): Ahr, Abel, Arndt, Arbet, Alt
Partei B (6): Berg, Brehm, Biegel, Biber, Bruhn, Baier
Partei C (1): Cordmann

Betrachtet man diese Ergebnisse, dann darf die Verhältniswahl als das gerechtere System bezeichnet werden, da alle abgegebenen Stimmen zur Wirkung kommen und so auch kleine Parteien eine Chance haben, in das Parlament zu kommen. Dennoch ist auch dieses System nicht frei von Mängeln (siehe Randspalte).

3. Wahlsysteme in der Praxis

In einigen Ländern werden diese Wahlsysteme ziemlich rein angewendet. Beispiele: Frankreich (absolute Mehrheitswahl), Großbritannien (relative Mehrheitswahl), Niederlande und Österreich (reine Verhältniswahl; dies galt auch in der Weimarer Republik). Daneben gibt es noch sehr viele Varianten und Mischsysteme, wie z. B. in Deutschland → 44.

Beispiel Verhältniswahl

Wir gehen wieder von drei Parteien (A, B und C) aus, die für ein Parlament mit zwölf Sitzen zur Wahl antreten. Unten sehen Sie ein Modell für Parteilisten, auf denen jede Partei zwölf Kandidaten aufführt.

Liste A	Liste B	Liste C
Ahr	Berg	Cordmann
Abel	Brehm	Colbe
Arndt	Biegel	Craft
Arbet	Biber	Curtz
Alt	Bruhn	Cliem
Assmann	Baier	Cebisch
Adam	Beck	Cramer
Achdorf	Birk	Carlsen
Ackert	Bahl	Coske
Aufing	Braun	Corbin
Ahrend	Bender	Cooper
Allers	Bitter	Clausen

Nachteile der Verhältniswahl

- Die Wähler entscheiden zwar, wie viele Abgeordnete jede Partei ins Parlament entsenden darf, sie haben aber keinen Einfluss auf die Gestaltung der Parteilisten. Darüber wird innerhalb der Parteien entschieden.

- Somit hängen Karrierechancen von Politikern von ihrer Stellung in der Partei ab. Daher könnten sie sich ihrer Partei mehr verpflichtet fühlen als den Wählern.

- Es können sehr viele Parteien Sitze im Parlament erhalten. Eine solche Zersplitterung aber macht es schwer, sich auf Entscheidungen zu einigen.

- Im Parlament der Weimarer Republik („Reichstag") waren z. B. 13 Parteien vertreten.

A1 Analysieren/Nachdenken

Berechnen Sie für unser Beispiel zur Mehrheitswahl die insgesamt verlorenen Stimmen und überprüfen Sie die in unserem Beispiel zur Verhältniswahl dargestellte Sitzverteilung durch einfache Prozentrechnung.

So wählt man in Deutschland (den Bundestag)

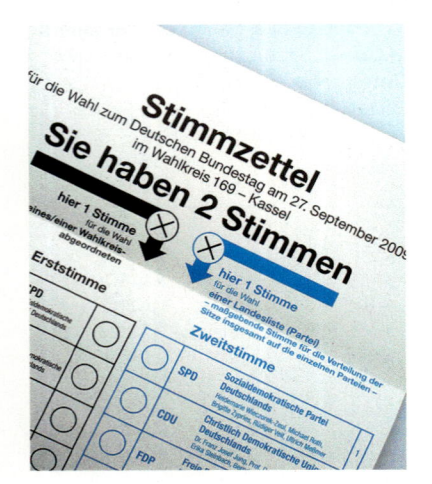

Im Hinblick auf die Vor- und Nachteile der grundlegenden Wahlsysteme wurde für Deutschland eine Alternative entwickelt, die die Vorteile beider Systeme nutzt, aber ihre Nachteile weitgehend vermeidet:

das personalisierte Verhältniswahlsystem.

Die Grundidee ist dabei, dass jedem Wähler zwei Stimmen zustehen. Die **Erststimme,** die man für einen bestimmten Kandidaten abgeben kann, und die **Zweitstimme,** mit der man eine Partei wählt.

Unser Parlament, der **Deutsche Bundestag** → 76 f., hat laut Gesetz 598 Mitglieder. Derzeit sitzen dort aber 631 Abgeordnete (Stand Januar 2015). Wie dies zustande kommen kann, wird auf Seite → 45 erklärt.

Das hier verwendete **Zahlenbeispiel** geht zur einfachen Veranschaulichung wieder von einem **Parlament mit zwölf Sitzen** aus.

1. Die Erststimme: Persönlichkeitswahl eines Direktkandidaten

- Das Ergebnis wird nach dem **Mehrheitswahlsystem** ermittelt. Dafür bildet man wieder Wahlkreise, in denen jeweils Kandidaten verschiedener Parteien gegeneinander antreten (Grafik links).
- Diesmal ist aber das Wahlgebiet nur in halb so viele Wahlkreise aufgeteilt, wie Abgeordnetensitze zu vergeben sind. Für ein Parlament mit **zwölf Sitzen** ergibt das also **sechs Wahlkreise**.
- Man wählt also nur die Hälfte der Abgeordneten direkt. Direkt gewählte Kandidaten haben immer einen festen Anspruch auf einen Sitz im Parlament. Die Tabelle unten zeigt ein Wahlergebnis als Beispiel:

Wahlergebnis nach der Auszählung der Erststimmen:

Wahl-kreis	Kandidaten Partei A	erhaltene Stimmen	Kandidaten Partei B	erhaltene Stimmen	Kandidaten Partei C	erhaltene Stimmen	gewählt ist Kandidat:
1	Ahr	15.300	Berg	17.190	Cordmann	1.510	Berg
2	Arndt	15.450	Biegel	18.370	Craft	2.180	Biegel
3	Alt	11.910	Bruhn	20.930	Cliem	3.160	Bruhn
4	Adam	13.230	Beck	19.060	Cramer	3.710	Beck
5	Ackert	17.620	Bahl	17.600	Coske	2.780	Ackert
6	Ahrend	15.880	Bender	17.940	Cooper	2.180	Bender
erworbene Sitze:		1		5		0	

A1 Recherchieren/Sammeln

Für die Landtagswahl in Bayern gilt das gleiche Wahlsystem mit gewissen Abwandlungen. Ermitteln Sie diese Unterschiede durch Recherche oder Beschaffung von Informationsmaterial.

Nun kommt aber die oft unterschätzte Zweitstimme ins Spiel, denn

- die Erststimme gibt den Wählern zwar die Möglichkeit, sich für eine Persönlichkeit ihres Vertrauens zu entscheiden, ABER ...
- die **Zweitstimme** ist **ausschlaggebend** dafür, wie viele Abgeordnete eine Partei **insgesamt** in das Parlament entsenden darf.

2. Die Zweitstimme: Wahl einer Partei

- Das Ergebnis wird nach dem **Verhältniswahlsystem** ermittelt. Dafür braucht man wieder Listen, auf denen die Parteien ihre Kandidaten namentlich nennen (siehe Tabelle rechts).
- Wir unterstellen wieder das Wahlergebnis von Seite → 43. Es gibt darüber Auskunft, wie viele Sitze jede einzelne Parteien **insgesamt** für sich im Parlament beanspruchen kann:

	Partei A	Partei B	Partei C
Zweitstimmen:	90.000	108.000	18.000
erworbene Sitze:	5	6	1

Bis hierher decken sich die Ergebnisse mit den Prinzipien der reinen Verhältniswahl → 43. Nun kommt aber die Erststimme ins Spiel.

3. Wirkung der Erststimmen bei der Sitzverteilung

- Da alle direkt gewählten Kandidaten einen festen Anspruch auf einen Sitz im Parlament haben, erhalten sie vorrangig die Sitze (Mandate → G), die ihrer Partei insgesamt zustehen.
- Nur wenn einer Partei insgesamt mehr Mandate zustehen, als sie durch Direktwahl erhalten hat, werden Listenkandidaten (ohne Direktmandat) entsprechend ihrer Rangfolge berücksichtigt. Das folgende Zahlenbeispiel macht dieses Verteilungsprinzip klar:

Partei	A		B		C	
Mandatsansprüche nach Zweitstimmen	5		6		1	
Direkt gewählt	1	Ackert	5	Berg, Biegel, Bruhn, Beck, Bender	0	
Restansprüche aus der Liste	4	Ahr, Abel, Arndt, Arbet	1	Brehm	1	Cordmann

4. Zusätzliche Sonderregelungen

- Die Parteilisten werden nicht für die Bundesrepublik als Ganzes erstellt, sondern nach einzelnen Bundesländern (**Landeslisten**).
- Um einer Zersplitterung des Parlaments durch zu viele kleine Parteien vorzubeugen, werden bei der Sitzverteilung nach Zweitstimmen nur Parteien berücksichtigt, die mindestens 5 % der Stimmen (**Fünf-Prozent-Hürde**) oder mindestens drei Direktmandate erhalten haben.
- Erringt eine Partei mehr Direktmandate, als ihr insgesamt an Sitzen zustehen, muss das Parlament um diese sogenannten **Überhangmandate** erweitert werden. Damit sich dadurch die vom Wähler gewollten Mehrheitsverhältnisse nicht ändern, erhalten andere Parteien wieder **Ausgleichsmandate**.

Zur Veranschaulichung nehmen wir wieder die bekannten Listen → 43:

Liste A	Liste B	Liste C
Ahr	Berg	Cordmann
Abel	Brehm	Colbe
Arndt	Biegel	Craft
Arbet	Biber	Curtz
Alt	Bruhn	Cliem
Assmann	Baier	Cebisch
Adam	Beck	Cramer
Achdorf	Birk	Carlsen
Ackert	Bahl	Coske
Aufing	Braun	Corbin
Ahrend	Bender	Cooper
Allers	Bitter	Clausen

Hinweis

Die Wahlkreis- und die Listenkandidaten einer Partei können unterschiedliche Personen sein. Trotzdem findet man oft Kandidaten, die sich in einem Wahlkreis bewerben, auch in den Parteilisten wieder. So ist es auch in unserem Beispiel. Parteien wollen damit erreichen, dass wichtige Politiker auch dann einen Sitz im Parlament erhalten, wenn sie in ihrem Wahlkreis nicht gewählt wurden.

A2 Analysieren/Nachdenken

Skizzieren Sie auf der Basis unseres angenommenen Zweitstimmenergebnisses die personelle Zusammensetzung des Parlaments, wenn Ahr, Alt, Beck, Bahl, Craft und Cooper je ein Direktmandat errungen hätten.

A3 Vertiefen/Verknüpfen

Wenn auf der Grundlage von Millionen Stimmen Sitze zu verteilen sind, ermöglicht die einfache Prozentrechnung keine exakte Sitzzuteilung mehr. Dafür gibt es mathematische Spezialverfahren. Unter dem Stichwort „Sitzverteilungsrechner" finden Sie im Internet viele Seiten, auf denen Sie fiktive Wahlergebnisse interaktiv durchspielen können.

Interessenvertretung in der Demokratie

Einige Verbandslogos

Lobbyismus

Der Begriff „Lobby" bezeichnete ursprünglich die Vorhalle des englischen Parlaments. Dort pflegte man Kontakte mit Abgeordneten, um deren Entscheidung im Sinne der eigenen Interessen zu beeinflussen. Die Einflussnahme von Interessengruppen auf die Politik heißt auch heute noch „Lobbyismus".
So verfügt derjenige über eine „starke Lobby", der gute Kontakte zu Entscheidungsträgern hat; wird hingegen eine Gruppe durch niemanden gefördert, so sagt man, sie habe „keine Lobby".

A1 Recherchieren/Sammeln

- Ermitteln Sie Tätigkeit, Ziele und bisherige Erfolge der oben genannten Interessenvertretungen.
- Informieren Sie sich über die Tätigkeit von Interessenvertretungen, denen Sie oder Ihre Familie angehören.
- Ermitteln Sie Bürgerinitiativen, die in Ihrer Region tätig sind, und überlegen Sie, ob deren Ziele Sie ansprechen.
- Viele Organisationen nehmen sich speziell der Interessen Jugendlicher an (z. B. Jugendverbände). Überlegen Sie, ob es Sie reizen könnte, dort mitzuarbeiten.

Besprechen Sie Ihre Rechercheergebnisse in der Klasse.

Menschen haben viele persönliche Interessen. So wünschen sich Jugendliche z. B. zahlreiche Freizeitangebote und Maßnahmen, die ihre Zukunftschancen verbessern. Arbeitgeber wünschen sich niedrige Personalkosten, um international wettbewerbsfähig zu sein und ihre Gewinne zu steigern. Arbeitnehmer dagegen streben nach höherem Einkommen und mehr Urlaub, um ihre Lebensqualität zu erhöhen. Interessen sind also vielfältig, unterschiedlich und oft auch gegensätzlich.

Um seine Ziele zu erreichen, ist der Einzelne meist zu schwach. Es liegt also nahe, sich zusammenzuschließen, um **gemeinsame Interessen auch gemeinsam zu vertreten**. Wir beschränken uns hier auf eine recht grobe Unterscheidung solcher Zusammenschlüsse:

Vereine betrachtet man meist als Vereinigungen, in denen Freizeitaktivitäten gepflegt werden (z. B. Sportvereine). Rechtlich betrachtet sind aber fast alle Interessenvertretungen als Vereine organisiert.

Bürgerinitiativen geht es meist um ganz konkrete, aktuelle Anliegen (z. B. den Bau einer Umgehungsstraße, die Einrichtung eines Jugendzentrums). Sie lösen sich in der Regel wieder auf, wenn ihr Ziel erreicht ist. Alle Bürger können solche Initiativen ins Leben rufen.

Überlegungen zur Gründung und Tätigkeit von Bürgerinitiativen:
- Name
- Sitz
- Zweck/Ziele
- Eintrag in das Vereinsregister
- Rechtsform z. B. Verein
- Satzung formulieren (interne Organisation)
- Räume für Verwaltung suchen und einrichten
- Finanzierung sicherstellen
- Mitglieder werben
- ehrenamtliche Mitarbeiter gewinnen
- Aktivitäten planen
- Ideen sammeln
- Organisation planen
- Zeitplan erstellen
- Genehmigungen einholen

Verbände unterscheiden sich von Bürgerinitiativen dadurch, dass sie sich **dauerhaft** und mit wechselnden Schwerpunkten für die Interessen bestimmter gesellschaftlicher Gruppen einsetzen. Da sie meist langfristig aktiv sind, können sie feste Organisationsstrukturen aufbauen und erhalten (neben Spenden) auch Mitgliedsbeiträge, was ihnen eine langfristige Finanzplanung ermöglicht.

Verbände gibt es in vielen Erscheinungsformen, wie Berufsverbände (z. B. Gewerkschaften), Umweltverbände (z. B. Greenpeace), Wohlfahrtsverbände (z. B. Rotes Kreuz), Sportverbände (z. B. DFB) usw. In unserer Gesellschaft werden mittlerweile fast alle langfristigen Interessen durch Verbände vertreten.

Verbandsvertreter bezeichnet man auch als „**Lobbyisten**" (s. Randspalte → 46). Ihr Ziel ist es, Verständnis und Unterstützung für den Standpunkt ihrer Mitglieder einzuwerben. Verbände sind also nicht neutral, sondern parteiisch. Das wird auch von allen, die einem Verband beitreten, erwartet. Um ihre Verbandsziele zu erreichen, pflegen die Lobbyisten Kontakte mit allen, die Einfluss auf Entscheidungen haben.

Daher wird die Tätigkeit von Verbänden oft kritisch betrachtet, da sie politische Entscheidungen in eine bestimmte Richtung beeinflussen wollen. Man sollte dabei aber auch bedenken, dass Verbandsvertreter über sehr viel Fachkompetenz verfügen, die sie in die politische Diskussion einbringen können. Niemand kennt die besonderen Probleme einzelner Gruppen besser als ihre Verbandsvertreter. So ist es durchaus sinnvoll, deren Standpunkte bei politischen Entscheidungen mit in Erwägung zu ziehen, um Kompromisse zwischen unterschiedlichen Standpunkten zu finden.

Auch der Dialog zwischen Repräsentanten des Staates und Vertretern von Bürgerinitiativen entspannt oft eine Situation, in der scheinbar unvereinbare Standpunkte aufeinanderprallen, z. B. die Bereitstellung eines Bolzplatzes oder (trotz leerer Stadtkassen) Zuschüsse für die Mittagsverpflegung von Schülerinnen und Schülern.

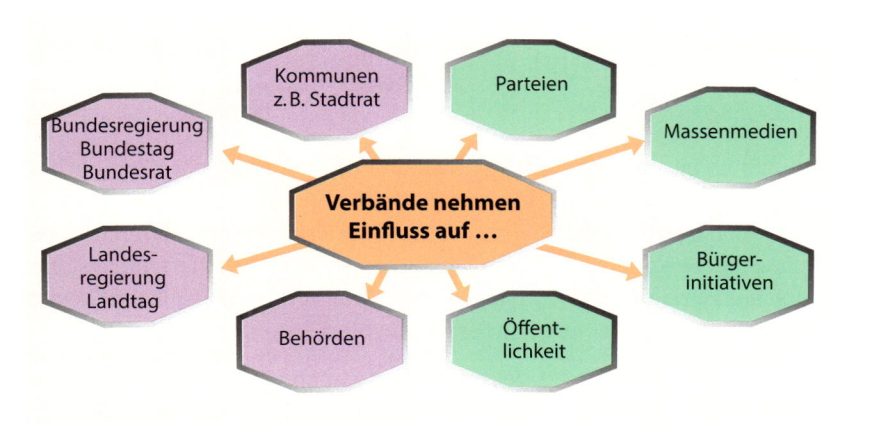

M1 Verbände in Deutschland

In Deutschland gibt es rund 15 000 Verbände mit Niederlassungen im ganzen Land (Deutsche Gesellschaft für Verbandsmanagement).

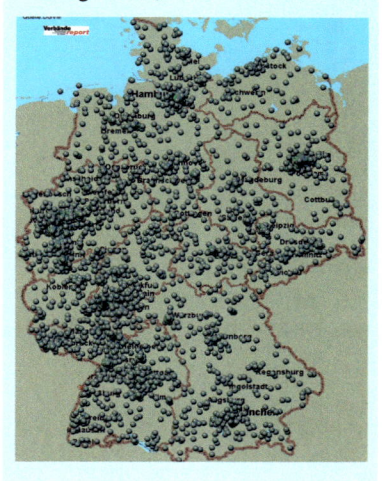

Hinweise zur Abgrenzung von Begriffen

Wenn hier von „Gruppen" die Rede ist, hat dies nichts mit dem Gruppenbegriff der Soziologie → 6 ff. zu tun. Soziologische Gruppen haben z. B. ein deutlich stärkeres WIR-Gefühl als etwa Verbände.

Eine Sonderstellung haben Religionsgemeinschaften. Sie sind keine Verbände, sondern Glaubensgemeinschaften und betrachten ihre Positionen als Werte einer höheren – göttlichen – Ordnung.

Während sie in manchen Staaten großen Einfluss auf die Politik haben, trennt unser Grundgesetz Kirche und Staat klar voneinander.

Trotzdem sind die christlichen Kirchen ein wichtiger Bestandteil unserer Kultur und übernehmen gesellschaftliche Verantwortung (z. B. Kindergärten und Jugendarbeit).

Auch Parteien → 36 ff. sind keine Verbände, da sie sich nicht auf Gruppeninteressen beschränken, sondern gesamtpolitische Ziele verfolgen.

Verbände nehmen Einfluss auf …
- Bundesregierung / Bundestag / Bundesrat
- Kommunen z. B. Stadtrat
- Parteien
- Massenmedien
- Bürgerinitiativen
- Öffentlichkeit
- Behörden
- Landesregierung / Landtag

Macht wird kontrolliert

M1 Gewaltenteilung

Teilung der Gewalt	horizontal →		
	Legislative	Exekutive	Judikative
Bund	Bundestag	Bundesregierung	Gerichte
Länder	Landtag	Landesregierung	
Städte, Gemeinden	Stadtrat, Gemeinderat	Bürgermeister etc.	

(vertikal ↓)

Informationen über die Funktionen von Bund, Ländern und Gemeinden finden Sie ab → 60 ff.

M2 Staatliche Strukturen

Föderalismus

Wenn Staaten eine Gemeinschaft bilden, unterscheidet man nach Stärke der Bindung drei Formen:

- Ein **Staatenbund** ist eine lose Vereinigung selbstständig bleibender Staaten, die nur in Teilbereichen kooperieren.
- Ein **Bundesstaat** ist ein fester Zusammenschluss. Beispiele sind die Bundesrepublik Deutschland und die USA. Die Bundesländer (bzw. Bundesstaaten) übertragen einen Großteil ihrer Hoheitsrechte auf den Bund (z. B. Außenpolitik, Verteidigung, Währung).
- Ob die EU → 154 f. ein Staatenbund oder ein Bundesstaat ist, da ihr viele Hoheitsrechte übertragen werden, ist unklar. Das Bundesverfassungsgericht hat dafür ein neues Wort erfunden. Es nennt die EU einen **„Staatenverbund"**.

Zentralismus

Hier stellt der Staat eine Einheit dar, der alle Einzelinteressen untergeordnet sind. Die Staatsgewalt wird zentral ausgeübt (z. B. Frankreich).

Gewaltenteilung ermöglicht Kontrolle von Macht und **verhindert Missbrauch von Macht.** In Deutschland ist die Gewaltenteilung auf zwei Ebenen verwirklicht, **horizontal** und **vertikal** – was heißt das?

Im Rahmen der horizontalen Gewaltenteilung beschließen **Parlamente** Gesetze (= „Satzungen" in Städten und Gemeinden). Die **Regierung** kann ohne Gesetz nicht handeln und muss sich daran halten, was die Legislative beschlossen hat. Sie kann nur die Ausführung der Rechtsvorschriften regeln. Die **Gerichte** überwachen die Einhaltung des Rechts. In schwierigen Fällen müssen sie den Sinngehalt des Rechts deuten, dürfen es aber nicht verändern. So entsteht eine wechselseitige Machtkontrolle.

Deutschland ist ein föderalistischer Staat, und zwar ein **Bundesstaat**. Die **vertikale Machtverteilung** zwischen Bund und Ländern ergibt ein **zusätzliches Kontrollinstrument staatlicher Macht**. Auch die Stadtstaaten Berlin, Bremen und Hamburg gelten als Bundesländer.

Deutschland ist ein Bundesstaat mit 16 Ländern.

Nun gibt es in den Regionen aus Gründen der Tradition vor allem in Fragen der Kultur, Bildung und inneren Ordnung oft unterschiedliche Ansichten. Im Föderalismus können daher die Bundesländer in bestimmten Bereichen eigene Vorstellungen entwickeln. So weichen z. B. die Schulsysteme deutscher Bundesländer voneinander ab. Wer von Hamburg nach Bayern umzieht, hat plötzlich einen anderen Lehrplan.

Dafür, dass Länder ihre Interessen im Bund auch wirksam vertreten können, sorgt ein eigenes Verfassungsorgan → G, der **Bundesrat** → 82.

2 Der demokratische Verfassungsstaat

Um „regieren" zu können, muss jeder Staat – also auch der demokratische Staat – seine Vertreter und Institutionen mit Macht ausstatten. Undemokratische Machthaber können damit ihre Ziele kompromisslos über die Köpfe der Bürger hinweg durchsetzen.

In der Demokratie hingegen ist es wichtig, dass den staatlichen Einrichtungen auch Vertrauen entgegengebracht wird. Die Möglichkeit, bei der nächsten Wahl eine neue Regierung zu wählen, reicht dazu nicht aus. Vertrauen entwickeln Bürger nur dann, wenn sie auch zwischen den Wahlen staatliche Maßnahmen kontrollieren, hinterfragen, kritisieren und notfalls auch ändern können.

Dies erfordert ein ganzes Netz demokratischer Kontrolle. Allem voran stehen die verfassungsmäßigen Rechte, die über die Verfassungsgerichte → 34 f. eingeklagt werden können.

Auch Verbände und Bürgerinitiativen → 46 f. stellen Regierungsentscheidungen immer wieder auf den Prüfstand. Unterstützt werden sie dabei von der parlamentarischen Opposition. Da diese danach trachtet, selbst die Regierungsverantwortung zu übernehmen, beobachtet sie das Handeln der Regierung besonders kritisch und versucht, stets zu politischen Entscheidungen Alternativen anzubieten → 24 f. → 76 f.

Auch Medien üben durch kritische Berichterstattung und Aufdeckung von Missständen zusätzlich Kontrolle aus. Dadurch verfügen sie selbst über Macht. Die Notwendigkeit von Zuschauerquoten und Auflagestärken, aber auch politische Interessen können sie dabei dazu verleiten, die objektive Informationspflicht zu vernachlässigen. Durch den Pressekodex (s. Randspalte) legen sich die Medien eine Selbstverpflichtung auf.

Da Medien in unserer Gesellschaft eine immer stärkere Position einnehmen, wird ihnen im Folgenden ein eigener Abschnitt gewidmet → 52–57.

Das Netz der demokratischen Kontrolle

- Verfassung Verfassungsgericht
- Legislative
- Exekutive
- Judikative
- Föderalismus
- unabhängige Medien
- Bürger und ihre Verbände

M3 Regeln für einen fairen Journalismus

Nicht alles, was von Rechts wegen zulässig wäre, ist auch ethisch vertretbar.

Deshalb hat der Presserat die publizistischen Grundsätze, den sogenannten Pressekodex, aufgestellt. Darin finden sich Regeln für die tägliche Arbeit der Journalisten, die die Wahrung der journalistischen Berufsethik sicherstellen, so z. B.

- Achtung vor der Wahrheit und Wahrung der Menschenwürde,
- gründliche und faire Recherche,
- klare Trennung von redaktionellem Text und Anzeigen,
- Achtung von Privatleben und Intimsphäre,
- Vermeidung unangemessen sensationeller Darstellung von Gewalt und Brutalität.

A1 Recherchieren/Sammeln

Auf der Internetseite des deutschen Presserats finden Sie den kompletten Inhalt des Pressekodex. Informieren Sie sich dort.

A2 Recherchieren/Sammeln

Der Pressekodex stellt eine freiwillige Verpflichtung dar und begründet daher keine Rechtsansprüche. Gerichte können nur dann angerufen werden, wenn Medien bei ihrer Berichterstattung Gesetze verletzen.

Suchen Sie dazu nach aktuellen oder auch länger zurückliegenden Beispielen.

Die wehrhafte Demokratie

> **M1 Radikale Positionen**
>
> Angelehnt an Texte des Bundesamtes für Verfassungsschutz:
>
> Das Ziel von **Rechtsextremisten** ist ein totalitärer oder autoritärer Staat. Sie predigen einen Nationalismus, der sich gegen den Gedanken der Völkerverständigung richtet. Das äußert sich zum Beispiel durch eine aggressive Juden- und Fremdenfeindlichkeit und eine erschreckende Bereitschaft zur Gewalttätigkeit. Anschläge auf Asylbewerberheime und jüdische Gedenkstätten, schwere Körperverletzungen bis hin zur Ermordung ausländischer Mitbürger beweisen ihre Gefährlichkeit. Beispiel: „Nationalsozialistischer Untergrund" (NSU).
>
> **Linksextremisten** streben die revolutionäre Beseitigung der bestehenden Staats- und Gesellschaftsordnung der Bundesrepublik Deutschland an. Sie soll durch eine sozialistische, kommunistische (Diktatur) oder anarchistische → G Gesellschaftsform (Gesetzlosigkeit) ersetzt werden. Zur Durchsetzung ihrer politischen Ziele befürworten Linksextremisten die Anwendung von Gewalt: u. a. Tötungsdelikte, Brandstiftungen, Körperverletzung, Landfriedensbruch, gefährliche Eingriffe in den Bahn-, Luft-, Schiffs- und Straßenverkehr. Die gefährlichste Gruppe war vor Jahren die Rote Armee Fraktion (RAF).
>
> Der **Fundamentalismus** ist eine fanatisch-radikale Denkweise, die davon ausgeht, dass es eine einzige, endgültige Wahrheit gibt. Die Notwendigkeit zur Toleranz gegenüber anderen Vorstellungen kann ein Fundamentalist daher nicht einsehen. Heute bringt man den Begriff vorrangig mit islamischen Terrororganisationen in Verbindung. Als derzeit größte Gefahr gilt wohl die Terrororganisation „Islamischer Staat" (IS).

Am 11. Januar 2015 demonstrierten in Paris über 1,5 Millionen Bürger verschiedenster Herkunft gegen den Terroranschlag auf die französische Satirezeitung „Charlie Hebdo". Mit dem Slogan „Je suis Charlie" (Ich bin Charlie) machten sie sich für die Meinungsfreiheit stark. Auch in Deutschland und anderen Ländern gingen insgesamt mehrere Millionen Bürger für die gleiche Sache auf die Straße.

Demokratische Grundprinzipien werden leider immer wieder von Extremisten (s. Randspalte) bedroht. In Verbindung mit den Schutz- und Kontrollmechanismen, die bereits dargestellt wurden, ist unser Rechtsstaat mit einem weiteren Instrument des Selbstschutzes ausgestattet.

„**Keine Freiheit den Feinden der Freiheit!**" So lautet das Motto der **wehrhaften Demokratie**, einer Demokratie, die sich gegen Angriffe auf ihre Substanz zu wehren weiß. Dies richtet sich nicht nur gegen Terrorakte, sondern auch gegen den Missbrauch der verfassungsmäßigen Rechte, um die Ordnung zu beseitigen, die uns diese Rechte gewährt. (Beispiel: Missbrauch der Versammlungsfreiheit für Aufrufe gegen Demokratie und Rechtsstaat werden nicht geduldet.)

Nicht noch einmal soll es möglich sein, dass Demokratiegegner, wie einst Joseph Goebbels (Propagandaminister der Nationalsozialisten), nach ihrer Machtergreifung höhnisch verkünden können: „Das wird immer einer der besten Witze der Demokratie bleiben, dass sie ihren Todfeinden die Mittel selbst stellte, durch die sie vernichtet wurde." Daher gilt: Wer Grundrechte verfassungswidrig einsetzt, verwirkt diese Rechte (GG Artikel 18). Die Entscheidung darüber liegt beim Bundesverfassungsgericht → 34 f.

Zudem räumt das Grundgesetz (Artikel 20 Absatz 4) jedem Deutschen ausdrücklich das **Widerstandsrecht** gegen jeden ein, der unsere Ordnung zerstören will. Dieser Widerstand kann sich notfalls auch gegen die Staatsgewalt selbst (!) richten, wenn es die Umstände erfordern.

2 Der demokratische Verfassungsstaat

Das Widerstandsrecht macht jedoch nicht jeden zum „Sheriff", der nach eigenem Gutdünken für „Recht und Ordnung" sorgt. Es ist nur das „letzte Mittel", wenn die zuständigen staatlichen Institutionen (z. B. Gerichte, Polizei) nicht mehr Herr der Lage sind oder selbst in den Verfassungsbruch verwickelt sind. Dennoch zeigt dieses Recht, dass die Mitwirkung der Bürger am Erhalt der freiheitlich-demokratischen Grundordnung vom Grundgesetz gefordert wird.

Inwieweit **staatliche Institutionen** von sich aus die wehrhafte Demokratie praktisch umsetzen, zeigen folgende zwei Beispiele:

Beispiel 1: Das Bundesverfassungsgericht hat bisher zwei Parteien verboten, weil sich deren Ziele gegen die freiheitlich-demokratische Grundordnung richteten. Dies waren im Jahr 1952 die rechtsradikale „Sozialistische Reichspartei" (SRP) und im Jahr 1956 die linksradikale „Kommunistische Partei Deutschlands" (KPD).

Beispiel 2: In der Bundesrepublik Deutschland gibt es ein eigenes **„Bundesamt für Verfassungsschutz" (BfV)**, dessen Aufgabe es ist, politisch motivierte Aktivitäten zu beobachten, die sich gegen die freiheitlich-demokratische Grundordnung richten oder den Bestand und die Sicherheit des Bundes oder eines seiner Länder gefährden.

Das BfV ist in **Landesämter** untergliedert. Es gehört zu den drei deutschen **Nachrichtendiensten**, die ihre Arbeitsfelder wie folgt abgrenzen:

- Der Bundesnachrichtendienst **BND** ist als **Auslandsgeheimdienst** tätig;
- der militärische Abschirmdienst **MAD** ist der **Geheimdienst der Bundeswehr**;
- das **BfV** sammelt **im Inland** Informationen über extremistische und sicherheitsgefährdende Bestrebungen und wertet sie aus.

Die Landesämter des BfV

Zum Schutz dieser verfassungsmäßigen Ordnung nimmt die Behörde jedoch auch geheimdienstliche Aufgaben wahr. Sie unterliegt strengen Kontrollen, um eine missbräuchliche Verwertung der gesammelten Erkenntnisse zu vermeiden.

Unter Druck gerieten die Geheimdienste im Zusammenhang mit der Spitzelaffäre um die **NSA (amerikanischer Auslandsgeheimdienst)**, bei der auch Bundespolitiker und sogar die Kanzlerin abgehört wurden. Man warf den Diensten Fehlverhalten vor und beschuldigte sie, die Privatsphäre der Bevölkerung nicht hinreichend zu achten und zu schützen.

M2 Informationsmaterial

Bundesamt und Landesämter für Verfassungsschutz bieten viele kostenlose Info-Materialien an, die im Printformat oder als PDF-Download verfügbar sind, z. B.:

Das Landesamt von NRW stellt für Jugendliche eine Comicreihe „Andi" bereit, gegen Rechtsextremismus (1), gegen radikalen Islamismus (2) und gegen Linksextremismus (3).

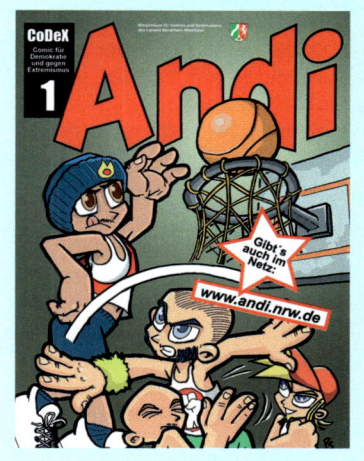

Für Personen (vor allem junge Leute), die in das Geflecht extremistischer Vereinigungen geraten sind, hat das BfV sogenannte Aussteigerprogramme entwickelt. Sie sollen helfen, wieder in die demokratische Gesellschaft zurückzufinden. Informationen dazu gibt es (auch als Download) beim BfV.

A1 Analysieren/Nachdenken

Über die hier dargestellte Thematik wird viel diskutiert. Verfolgen Sie solche Gespräche und beachten Sie – unabhängig von Ihrer eigenen Ansicht – stets Folgendes:

Es ist nicht grundsätzlich verwerflich, nationalkonservative, streng linksorientierte oder stark glaubensfixierte Standpunkte zu vertreten. Solange Sie sich nicht zu Intoleranz, Pöbelei oder gar zu Gewalt verführen lassen, geben Sie dem Extremismus keine Chance.

Massenmedien und Mediengesellschaft

M1 Kulturtechniken und Medien

Kulturtechniken sind Fähigkeiten, die zur Teilhabe an Gesellschaft und Kultur wichtig sind (z. B. Sprache, Lesen, Schreiben). In der Menschheitsgeschichte kamen immer wieder neue hinzu.

Vor Jahren schrieb der Kommunikationsforscher Christian Doelker:

„Die größte Revolution fand vor 6000 Jahren statt, mit der Erfindung der Schrift. Plötzlich war es möglich geworden, Information außerhalb des Körpers zu speichern. [Zuvor musste] Erfahrung […] auswendig gelernt werden."

Seit einigen Jahren erleben wir eine neue Revolution, deren Wirkungen man noch gar nicht abschätzen kann: die „digitale Revolution". Als Sie zur Welt kamen, war alles schon im Gange und Sie haben den Umgang mit digitalen Medien fast ebenso nebenbei gelernt wie das Sprechen. Diese Fähigkeiten sind heute eine wichtige Kulturtechnik.

M2 Digitale Geräte Jugendlicher

Sehr viele Jugendliche besitzen digitale Geräte, jedoch mit unterschiedlichen Vorlieben:
Mädchen sind mit Smartphones geringfügig und mit Digitalkameras deutlich besser ausgestattet als Jungen – sie fotografieren auch viel lieber (62 %) als Jungen (44 %).

Jungen hingegen liegen bei Tablets und Computern leicht vorn, verfügen aber über deutlich mehr feste Spielkonsolen – sie spielen auch deutlich lieber (70 %) als Mädchen (17 %).

DIGITAL NATIVES

Digital Natives sind alle, die als Kinder in die digitale Welt hineingeboren wurden und darin aufwachsen.

Sie nutzen moderne Medien ebenso selbstverständlich wie z. B. öffentliche Verkehrsmittel. Sie als Jugendliche sind DIGITAL NATIVES! Auf den folgenden Seiten soll daher die Welt der Medien näher beleuchtet werden.

Bitte rümpfen Sie jetzt nicht die Nase. Sie werden hier keine der üblichen Warnseiten finden, sondern eine konstruktive Auseinandersetzung mit Fakten zu Entwicklungen und Problemen.

ÜBERBLICK

- Wir leben in einer Medien- und Informationsgesellschaft. Vor allem Massenmedien haben zunehmend Einfluss auf unser Tun.

- Vor wenigen Jahren waren das vor allem die klassischen **Printmedien** (Presse und Bücher), **Rundfunk** und **Fernsehen**. Dann kam das Internet dazu und damit begann die „Revolution".

- Nach neuesten Erhebungen verfügen mittlerweile fast alle Haushalte über eine Zugangsmöglichkeit zum Internet.

Inzwischen sind auch **Mobiltelefone** (z. B. Smartphones, bei denen das Telefonieren längst zu einer „Nebenfunktion" geworden ist) zu den Massenmedien zu zählen, da man mit ihnen auch ohne Computer online gehen kann.

- Mit Mobiltelefonen ist inzwischen der größte Teil der Weltbevölkerung versorgt – selbst technisch gering ausgestattete Gebiete.

- Mitgliedschaften in sogenannten „social communities", wie z. B. WhatsApp, Twitter, Facebook, gehören heute zum Standard.

- **Blogs** mit persönlichen Beiträgen zu beliebigen Themen oder **Video**-Portale wie YouTube werden immer beliebter.

- Damit verbundene **Probleme** wachsen jedoch auch: Im Bestreben, ständig neue Leser, Zuschauer oder Webseitenbesucher anzulocken, wird viel **Banales** dramaturgisch verbreitet. Man hofft, damit dem **Publikumsgeschmack** zu entsprechen. Und in der scheinbaren **Anonymität** des Internets werden immer öfter die Regeln des Anstands gebrochen, z. B. **„Cybermobbing"**.

2 Der demokratische Verfassungsstaat

1. Grundüberlegungen zur Mediengesellschaft

Moderne Massenmedien stellen eine Vielzahl von Fakten und Kommunikationskanälen zur Verfügung. Sie geben uns damit das Gefühl, alle weltweit stattfindenden Ereignisse mitverfolgen zu können. Dazu kommen massenweise private Informationen, die wir online erhalten.

Dies alles macht es immer schwieriger, in der ständig wachsenden Datenflut Wichtiges von Unwichtigem zu trennen. Die Gefahr eines unkritischen Informationskonsums wächst.

Zudem informieren Medien nicht nur. Sie beeinflussen seit jeher auch unsere Grundeinstellungen und Wertvorstellungen. Vor allem der Einfluss der digitalen Medien auf unser tägliches Leben ist gewaltig und wird durch ständig neue Angebote immer größer. Sie verändern unsere Verhaltensweisen, prägen also unsere Sozialisation → 7 ff.

Digital Natives bewegen sich in der digitalen Welt mit rasanter Geschwindigkeit. Beim Aufruf von Handyfunktionen, Sucheingaben im Internet, Verfassen von E-Mails oder SMS werden Sie immer deutlich schneller sein als Digital Immigrants → M3. Geschwindigkeit ist aber noch keine Kompetenz. Bitte beachten Sie daher folgende Ratschläge:

Bei der Informationsbeschaffung sollten Sie sich nie auf nur ein Medium beschränken. Nutzen Sie die vorhandene Vielfalt, achten Sie aber darauf, dass Ihre unterschiedlichen Informationen nicht doch aus derselben Quelle kommen. (Mehr dazu auf den folgenden Seiten.)

Nehmen Sie sich die folgende Fragestellung als Faustregel, mit deren Hilfe Sie Informationen kritisch hinterfragen sollten. Sie wurde schon 1948 von dem Kommunikationswissenschaftler Harold Lasswell formuliert und ist hier auf heutige Verhältnisse angepasst.

Die Lasswell-Formel

WER? sagt WAS? zu WEM? in welchem MEDIUM? und mit welcher ABSICHT?

M3 Digital Immigrants

Der Begriff umschreibt die Generation(en), die nicht in die digitale Welt hineingeboren wurden, sondern erst in diese „einwandern" mussten. Dort, wo das gelingt, führt es oft zu recht amüsanten Erlebnissen. Der folgende Dialog soll sich auf Facebook abgespielt haben. Man möchte fast sagen: „Gefällt mir".

Oliver: „Hat jemand Schubert in der 10. in Chemie gehabt? Bräuchte die 1. KA vom letzten Jahr!"
Kathrin: „Ja, ich. Der [Schubert] ist echt dämlich, der macht immer die gleichen Klausuren."
Schubert: „Da habe ich heute Nacht wohl noch was zu tun. Ihr aber auch."
Quelle: SPIEGEL ONLINE, Nov. 2011.

Filmtipp

Zum Thema Cybermobbing gibt es bei Klicksafe kostenlos den preisgekrönten Kurzfilm **„Let's Fight it Together"**. (Dauer: 6:30 Min).

Hinweis zu Aufgabenstellungen:

Zum Thema Medien gäbe es viele hochinteressante direkte Aufgaben. Aus Platzgründen können wir aber nur vereinzelt solche stellen. Viele Anregungen finden Sie dafür im Abschnitt Projekte → 183. Bitten Sie Ihre Lehrkraft, wenigstens eines dieser kleineren Projekte mit Ihnen durchzuführen. Es wird Ihnen sicher viel Spaß machen.

Massenmedien und Mediengesellschaft

Bei **Zeitungen** unterscheidet man grundsätzlich zwei Typen:
- Abonnentenzeitungen lassen sich die Leser vorwiegend regelmäßig ins Haus liefern.
- Boulevardzeitungen werden von den Lesern am Kiosk oder Zeitungsautomaten gekauft.

M1 Zeitungsvielfalt

Jahresauflagen der größten überregionalen Zeitungen 2014

Zeitung	Auflage
Bild	11 320 000
Süddeutsche Zeitung	1 290 000
Frankfurter Allgemeine	760 000
Die Welt	700 000
Handelsblatt	480 000
die tageszeitung (taz)	240 000

Quelle: wikipedia, Artikel Tageszeitung

Filmtipp

Der Film **„Die Unbestechlichen"** (USA 1976) zeigt spannend und informativ, wie zwei Journalisten den Watergate-Skandal aufdeckten, der zum Rücktritt des damaligen Präsidenten Nixon führte. (Freigegeben ab 12 Jahren)

A1 Analysieren/Nachdenken

Vergleichen Sie anhand eines aktuellen Themas Aufmachung, Sprache und Umfang der Berichterstattung in verschiedenen Zeitungen.

Internationale Beispiele von Boulevardzeitungen, z. B. Bild, The Sun, Kronen Zeitung

2. Zeitungen – die klassischen Printmedien

Wer sich umfassend informieren will, muss lesen! Die deutsche Presselandschaft hält dafür sehr viele Angebote bereit. Fachzeitschriften für alle Bereiche, Nachrichtenmagazine und Illustrierte füllen die Regale des Fachhandels. **Besonders wichtig sind Tageszeitungen.**

Werfen wir zuerst einen Blick auf die Boulevardzeitungen. Es gibt sie in vielen Ländern in gleichartiger Aufmachung. Deutschlands „Bild", Österreichs „Kronen Zeitung", der Schweizer „Blick" und Englands „Sun" unterscheiden sich äußerlich und inhaltlich kaum voneinander.

Boulevardzeitungen befassen sich gerne mit Themen, die den Puls des Lesers „in die Höhe treiben". Ihre Schlagzeilen sollen zum Kauf anregen und sind daher meist mit Gefühlen aufgeladen. Gerne wird dramatisiert. Ausrufe (z. B. „Die Steuerlüge!") und Fragen (z. B. „Geben wir unsere Werte auf?") sind besonders beliebt, verbunden mit der Erzeugung eines WIR-Gefühls → 7. Bei der Wortwahl werden gern Superlative verwendet (z. B. „Riesenskandal!"). Oft bleibt dabei die Grammatik auf der Strecke.

Viel breiter gefächerte und ausführlichere Informationen bieten Abonnentenzeitungen. Dort sind die Ihnen bekannten Textsorten Bericht, Reportage und Kommentar klar voneinander getrennt. Sie verzichten meist auf billige Effekte, sondern beleuchten ein Thema von mehreren Seiten und bringen Hintergründe und Argumente in die Diskussion ein.

Obwohl man die Presse oft – nicht immer ganz zu Unrecht – der Meinungsmache bezichtigt, leisten Journalisten häufig wichtige Arbeit. Viele Skandale von Regierungen, Parteien oder Institutionen gelangten erst durch die Berichterstattung an die Öffentlichkeit. Die historisch bekannteste Presserecherche war wohl der Watergate-Skandal 1974 → Filmtipp.

2 Der demokratische Verfassungsstaat

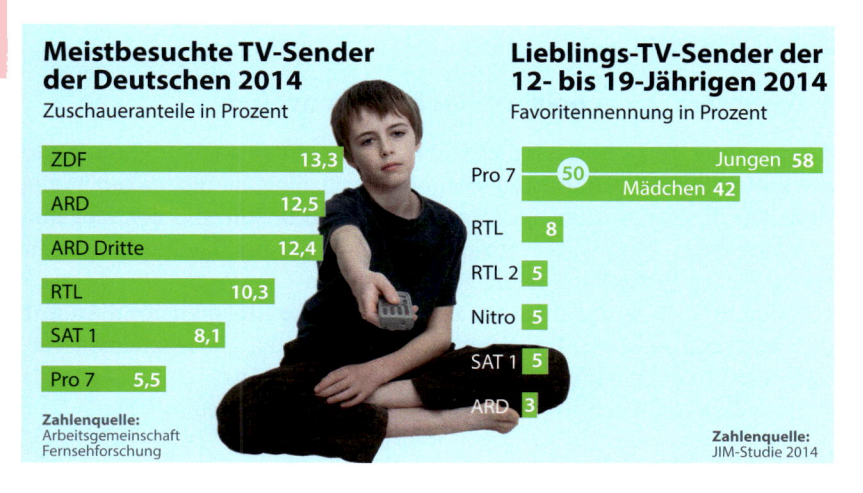

Meistbesuchte TV-Sender der Deutschen 2014
Zuschaueranteile in Prozent

- ZDF: 13,3
- ARD: 12,5
- ARD Dritte: 12,4
- RTL: 10,3
- SAT 1: 8,1
- Pro 7: 5,5

Zahlenquelle: Arbeitsgemeinschaft Fernsehforschung

Lieblings-TV-Sender der 12- bis 19-Jährigen 2014
Favoritennennung in Prozent

- Pro 7: 50 / Jungen 58 / Mädchen 42
- RTL: 8
- RTL 2: 5
- Nitro: 5
- SAT 1: 5
- ARD: 3

Zahlenquelle: JIM-Studie 2014

Auch bei **Funk und Fernsehen** unterscheidet man zwei Typen:
- „öffentlich-rechtliche" Anstalten (z. B. ARD, ZDF, Dritte Programme) werden vorwiegend durch Pflichtgebühren der Nutzer finanziert und sollen sich am Gemeinwohl orientieren;
- „private" Sender (z. B. PRO7, RTL) sind gewinnorientierte Unternehmen. Sie finanzieren sich durch Werbung und müssen daher stärker auf hohe Einschaltquoten achten.

3. Fernsehen – das klassische audiovisuelle Medium

12- bis 19-Jährige haben andere Sendervorlieben als der Durchschnitt und bevorzugen, wie M2 zeigt, bestimmte Formate. Dazu einige Beispiele:

Dokumentarfilme, Quiz-, Musik- und Sportshows sind als Klassiker der TV-Geschichte in ihrer ursprünglichen Form vor allem bei den öffentlich-rechtlichen Sendern zu Hause. Deuten Sie obiges Schaubild dabei nicht falsch. Auch Jugendliche schauen ARD, ZDF und „Dritte Programme". Sie gehören nur nicht zu deren Lieblingssendern.

Spielfilme, Serien, Sitcoms sind zum großen Teil klassische Formate. Auf solche ist PRO7 spezialisiert, was bei Jugendlichen gut ankommt.

Auch **Daily Soaps** sind Filmserien, stellen jedoch den „Alltag" einer Personengruppe (z. B. Familie) dar und bewirken, dass sich ihre Zuschauer dieser Gruppe im Lauf der Zeit fast zugehörig fühlen.

„Reality-Shows" sollten skeptisch betrachtet werden. Entlarvend ist schon der Begriff. Ist es nun „reality" (Wirklichkeit) oder eine Show? Oft werden haarsträubende Ereignisse als Realität verkauft, doch viele Zuschauer glauben, was gezeigt wird, und fühlen sich „live dabei". Auch **Gerichtsshows** oder Sendungen zu **Polizei- und Notdiensteinsätzen** haben meist wenig mit der Wirklichkeit zu tun, die dagegen fast schon langweilig wirkt. Trotzdem schauen viele gebannt zu.

Das gilt auch für **Talkshows**, die den Zuschauern Menschen vorführen, über deren Verhalten man sich einmal so richtig empören kann. Fehlt es an echten Teilnehmern, findet man an Schauspielschulen schnell Ersatz.

Boulevardmagazine lassen die Zuschauer bei Katastrophen, Verbrechen, Unfällen und Events mit allerlei Prominenten dabei sein.

Achtung: Da TV-Sender stets um hohe Einschaltquoten kämpfen, stimmen sie ihr Programm auf die Erwartungen „ihrer" Zuschauer ab. „Böse Zungen" behaupten daher: „Ist ein Format besonders ‚doof', so schätzt man Sie als Zuschauer wohl ebenso ein."

M2 „Coole" TV-Formate

Schalt um!

TV-Vorlieben Jugendlicher (in %)

Jungen bevorzugen:	J	M
Sitcoms, Comedy	52	45
Comics	33	9
Wissenschaftsmagazine	17	9
Info/Nachrichten	7	4
Sportsendungen	7	0
Mädchen bevorzugen:	**M**	**J**
Reality-Shows	28	14
Krimis, Mystery	23	14
Daily Soaps	10	1
Krankenhaus/Arztserien	9	7
Castingshows	9	5

Zahlenquelle: JIM-Studie 2014

Filmtipp
Der Film **„Die Truman-Show"** (USA 1998), zeigt, wie das Leben des Truman Burbank von Geburt an als Daily Soap vermarktet wird. Als er mit 29 Jahren begreift, was vorgeht, ist es schon fast zu spät. Satirisch, lustig und rührend.
(Freigegeben ab 12 Jahren)

Massenmedien und Mediengesellschaft

Medien
Wir sind unanbhängig

Grundsätzlich trifft dies zu. Trotzdem gibt es Faktoren, die Einfluss darauf haben, was gedruckt, gesendet oder online gestellt wird.

Für die Benutzer sind digitale Medien oft kostenlos. Google, YouTube & Co finanzieren sich über Werbeeinnahmen, und die sind beachtlich.

Werbebanner, Pop-up-Fenster usw. begegnen uns täglich. Lange war es das Fernsehen, das den größten Werbeumsatz erzielte. 2013 eroberte aber nach einer aktuellen Studie die Onlinewerbung mit einem Welt-Jahresumsatz von **42,8 Milliarden** US-Dollar aber erstmals die Spitze (Quelle: OnlineMarketing.de).

Die hohe Bedeutung des Werbeanteils an der Finanzierung von Medien bringt Abhängigkeiten mit sich. Jedes Unternehmen, das Geld für Werbung ausgibt, will natürlich, dass diese ein möglichst großes Publikum erreicht. Daraus entsteht aber bei den Medien **der Druck der Quote** und dafür werden oft sehr fragwürdige Formate produziert:

Der englische TV-Sender „Channel Four" sendete im Jahr 2009 eine Kinder-Big-Brother-Show unter dem Titel „Boys and Girls Alone". Dort wurden acht- bis elfjährige Jungen und Mädchen 14 Tage lang sich selbst überlassen und dabei vom Fernsehpublikum beobachtet.

4. Das Internet, ein universelles Massenmedium

Als das Internet zum Massenmedium aufstieg – das begann gegen Ende der 1990er-Jahre – war es zuerst nur eine Ergänzung der bisherigen audiovisuellen Angebote, aber mit interaktiven Funktionen und der Möglichkeit, selbst ins Geschehen einzugreifen. Die anderen Medien hatten in dieser Richtung bis dahin kaum etwas zu bieten.

Mittlerweile gibt es das **Internet nicht neben, sondern zusammen mit den anderen Medien.** Kaum eines der klassischen Massenmedien verzichtet heute noch auf eine Online-Variante seines Angebots. Das gilt für Printmedien und auch für das Fernsehen (z. B. Online-Mediatheken).

Heute stellt sich das Internet unter anderem zugleich als Informations-, Unterhaltungs-, Bildungs- und Einkaufszentrum dar und seine Möglichkeiten wachsen ständig weiter. Digital Natives (also auch Sie) kennen es gar nicht anders, sie wollen es auch so und es hat sehr viele Vorteile.

Dennoch gibt es auch dunkle Wolken am Horizont der digitalen Welt, da sie direkte Begegnungen zwischen Menschen reduziert. Bedenken Sie: Das ist vor allem Ihre Welt. Auch Sie tragen in ihr Verantwortung. Schärfen Sie daher Ihren kritischen Blick für Probleme. Sorgen Sie dafür, dass die Welt zu der technischen auch eine gesellschaftliche Zukunft hat.

Internetrecherchen sind schnell durchgeführt, Ergebnisse werden aber oft viel zu gutgläubig verwertet → 174 f. Wer bei schwerer Erkrankung allen Ernstes auf medizinischen Rat aus dem Internet vertraut, ist nicht nur körperlich krank. Ein dummer Klick an der falschen Stelle kann persönliche Probleme schaffen und viel Geld kosten. Aber auch andere Verluste werden befürchtet: Wird der Begriff „Freund" nicht schleichend entwertet, wenn man mit Hunderten von „Online-Freunden" prahlt?

Man könnte mehr Probleme nennen, doch manchmal wird auch übertrieben. So wird Jugendlichen oft vorgeworfen, sie hätten eine Art „Tunnelblick" entwickelt und würden ihre Informationen zu einseitig aus dem Internet beziehen. Das folgende Schaubild zeigt ein anderes Ergebnis und beweist, dass Jugendliche mehrheitlich eben keine leichte Beute sind.

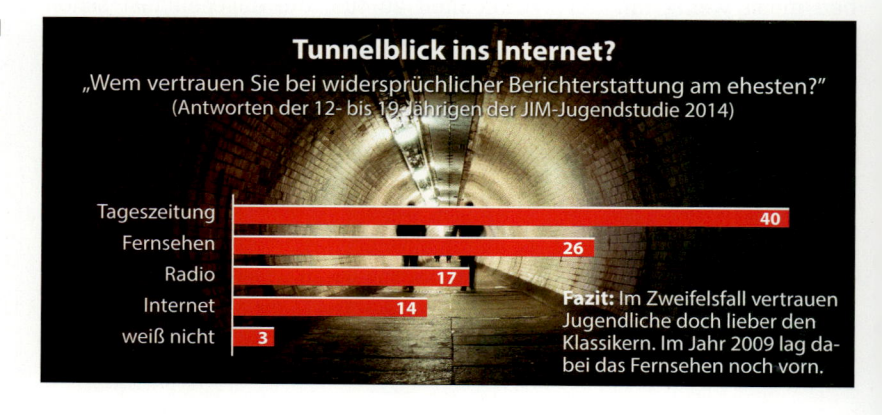

Tunnelblick ins Internet?
„Wem vertrauen Sie bei widersprüchlicher Berichterstattung am ehesten?"
(Antworten der 12- bis 19-Jährigen der JIM-Jugendstudie 2014)

Medium	Wert
Tageszeitung	40
Fernsehen	26
Radio	17
Internet	14
weiß nicht	3

Fazit: Im Zweifelsfall vertrauen Jugendliche doch lieber den Klassikern. Im Jahr 2009 lag dabei das Fernsehen noch vorn.

2 Der demokratische Verfassungsstaat

Medienkonzentration
Nur einige Beispiele

Der ProSiebenSat.1 Media AG gehören folgende Sender:
ProSieben, SAT.1, Kabel eins, sixx, SAT.1 Gold, ProSieben MAXX

Dem Axel-Springer-Konzern gehören unter anderem folgende Zeitschriften:
Bild Zeitung, Die Welt, Auto Bild, Computer Bild, Bild der Frau, Funk Uhr, HörZu, Rolling Stone.
Zudem ist er unter anderem an der TV-Sendergruppe ProSiebenSat.1 Media AG beteiligt.

In demokratischen Staaten herrscht **freie Medienwahl**, d.h., niemand kann uns vorschreiben, wo wir uns informieren. Das ist gut und wichtig. Oft kommen aber viele Medienprodukte mit unterschiedlichen Namen vom selben Anbieter und so ist das Medienangebot in Wahrheit viel kleiner, als es scheint. Dieser Umstand wird als **Medienkonzentration** bezeichnet. Das Schaubild oben zeigt nur einen winzigen Ausschnitt davon.

Die **multimediale Konzentration** – d.h., verschiedene Medientypen (Presse, Fernsehen, Internetportale) sind in einer Hand – ermöglicht, Informationen zentral zu steuern. Darin steckt die Gefahr, dass einzelne Konzerne politisch Einfluss nehmen, indem sie das Informationsangebot standardisieren. Verschiedenen Medien bieten dann dieselben Inhalte an.

Nach ihrem Wortsinn (lat. „medium" = „Mitte, Öffentlichkeit") sollen Medien als Vermittler tätig sein, damit wir Informationen über die Dinge erhalten, die in unserer Umgebung, aber auch weltweit passieren.
Medien sind aber heute mit raffinierten technischen Möglichkeiten ausgestattet, die auch **Manipulation** zulassen. Nie zuvor war es leichter, scheinbar sachliche Darstellungen in einer gewünschten Tendenz zu präsentieren. Manche Reportagen sind im Grunde ein inszenierter Film. Aber auch der geschickte Zusammenschnitt von Interviews oder „Filmberichten vor Ort" kann die Wahrnehmung des Zuschauers über das tatsächlich Gesagte oder das tatsächlich Geschehene täuschen und im schlimmsten Fall sogar in das Gegenteil verkehren → Filmtipp, → 183.

Wenn Medienvertreter aufgrund irgendwelcher Abhängigkeiten oder Interessen ihr **Berufsethos** → G missachten und sich solcher Möglichkeiten bedienen, sind sie in der Lage, **Meinungen zu machen**.

Fazit: Beachten Sie bei Massenmedien die **Lasswell-Formel** → 53.

Medien produzieren Leitbilder
Werbeclips, das Internet und diverse TV-Formate präsentieren uns ständig Typen, denen besondere Attraktivität zugeschrieben wird.

So bewirken Formate wie „DSDS" und Ähnliches oft, dass Jugendliche einem Leitbild hinterherjagen, das weder erreichbar noch erstrebenswert ist. Einige opfern dafür sogar ihre eigene Persönlichkeit.

Filmtipp
Wie Medien, um von einem Skandal abzulenken, Film- und Tonberichte über einen Krieg inszenieren, den es gar nicht gibt, zeigt die mutige Film-Satire **„Wag the dog"** (USA 1997).
(Freigegeben ab 12 Jahren)

Macht oder Unabhängigkeit
Aus einem Interview mit Altbundeskanzler **Helmut Schmidt**:

Frage: „Neben Axel Springer haben Sie es mit den legendären Publizisten Rudolf Augstein, Gerd Bucerius und Henri Nannen zu tun gehabt. Wer war der Mächtigere?"

Schmidt: „Das ist eine interessante, aber nicht die zentrale Frage. Wichtiger wäre die Frage: Wer war der Unabhängigere?"

Zusammenfassung – Fachwissen anwenden

Politischer Buchstabensalat

Unten stehen zehn Fachbegriffe, bei denen die Buchstaben „durcheinandergeraten" sind. Versuchen Sie in Arbeitsgruppen, diese Buchstaben zu ordnen und die Fachbegriffe wiederherzustellen. Tipp: Die ersten und letzten Buchstaben stehen jeweils an der richtigen Stelle. Das Spiel endet, sobald eine Gruppe alle Begriffe gefunden hat, spätestens aber nach zehn Minuten.

GRDRCHNUETE
GTITNLEAENEULWG
FRSCITERHIEETHE
MENIUTTIHHRECE NDSZ
PIEILBSZT
VUEKISÄOTVOÄLSRNT
KMRIMOOPSS
BREERÜTCHGRE
RTESSHTCAAT
NOELMRKNOROLTNE

Wer gehört zu wem?

Sie finden unten zwei Tabellen mit Fachbegriffen. Fügen Sie in Arbeitsgruppen oder allein Zahlen und Buchstaben zu richtigen Begriffspaaren zusammen. Hinweis: Manche Begriffe lassen mehrere „Partnerbegriffe" zu. Überlegen Sie also gut, um für ALLE Begriffe einen sinnvollen Partnerbegriff zu finden.

1	Abstimmung
2	Bürgerinitiativen
3	direkte Demokratie
4	geheim
5	Medien
6	Mehrheitswahl
7	Programm
8	Verbände
9	Verhältniswahl
10	Wahl

A	frei
B	Volksvertreter
C	Sachentscheidung
D	Wahlkreise
E	Kandidatenlisten
F	Partei
G	Lasswell-Formel
H	Volksentscheid
I	Interessengruppen
J	aktueller Anlass

◀ *Gemeinsam auf dem Weg zum Staatsbürger*

2 Der demokratische Verfassungsstaat

Wer ist wer in der Politik?

Gestalten Sie für das Klassenzimmer einen Wandaushang nach nebenstehendem Muster. Sie können dabei auch Fotos und Karikaturen verwenden. Jeder kann sich beteiligen. Beachten Sie dabei die Prinzipien der Menschenwürde und verwenden Sie keine Bilder, die Menschen verunstalten. Dann macht es auch allen Spaß.

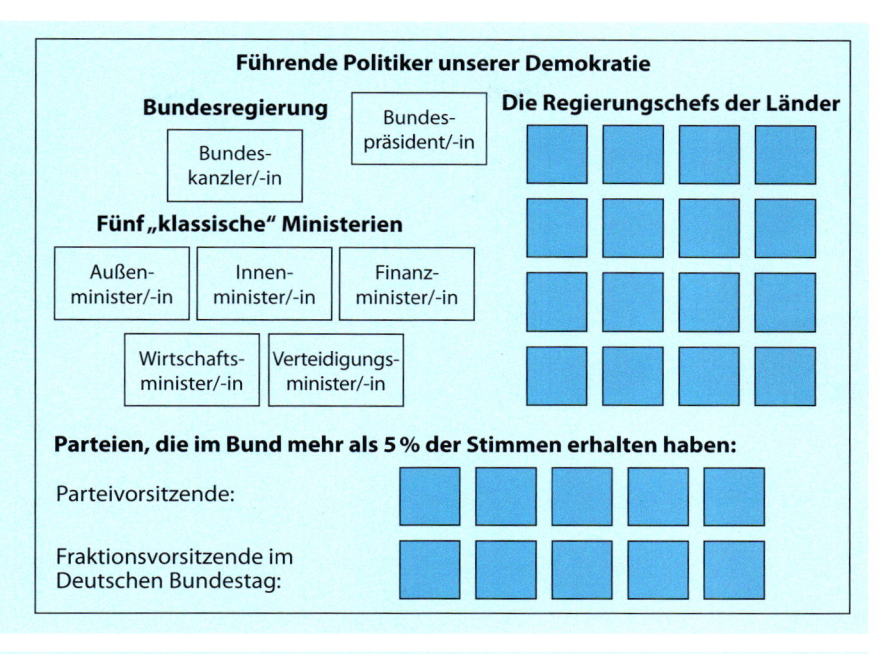

Führende Politiker unserer Demokratie

Bundesregierung
- Bundeskanzler/-in
- Bundespräsident/-in

Fünf „klassische" Ministerien
- Außenminister/-in
- Innenminister/-in
- Finanzminister/-in
- Wirtschaftsminister/-in
- Verteidigungsminister/-in

Die Regierungschefs der Länder

Parteien, die im Bund mehr als 5 % der Stimmen erhalten haben:
- Parteivorsitzende:
- Fraktionsvorsitzende im Deutschen Bundestag:

In diesem Kreuzworträtsel sind 13 Fachbegriffe aus der Sozialkunde zu finden. Um Ihnen die Arbeit etwas zu erleichtern, ist das Rätsel zusätzlich mit zehn Begriffen aus dem Allgemeinwissen „gewürzt". Umlaute sind zu umschreiben (AE, OE, UE). Wenn Sie die eingekreisten Buchstaben in die richtige Reihenfolge bringen, erhalten Sie das zentrale Schutzrecht unserer Verfassung.

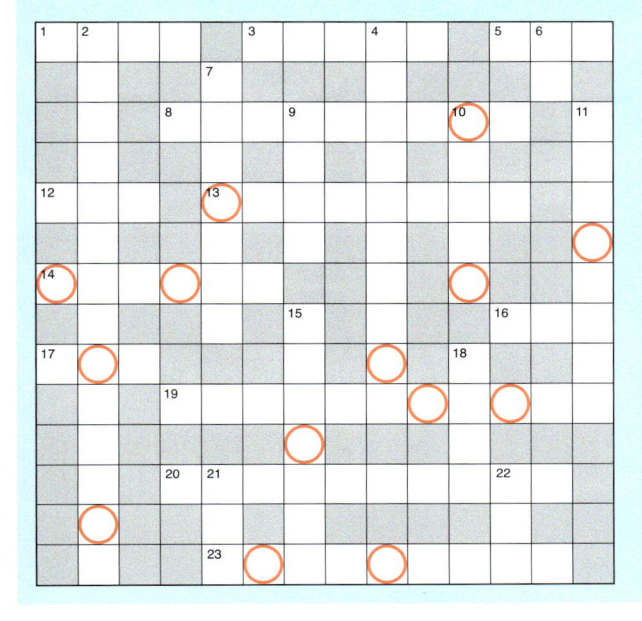

WICHTIG: Bitten Sie Ihre Lehrkraft, dieses Rätsel zu kopieren, und schreiben Sie NICHT in das Buch.

waagerecht
1. engl. Wort für: gleich; ausgeglichen
3. Ausruf der Begeisterung, auch Name einer Jugendzeitschrift
5. ehem. sozialistischer deutscher Staat (Abk.)
8. Sitz des Bundesverfassungsgerichts
12. Teil eines Baumes
13. undemokratische Herrschaftsform
14. Geburtsort der ersten demokratischen Verfassung Deutschlands
16. westliche Großmacht
17. engl. Wort für Kunst
19. Bezeichnung der deutschen Verfassung
20. parlamentarischer Gegenpol zur Regierung
23. Parlament der Bundesrepublik Deutschland

senkrecht
2. politisch unverbindliche Meinungsermittlung
4. oberste Rechtsgrundlage eines Staates
6. persönliche Anrede
7. Parlament des Freistaates Bayern
9. Schiffsöffnung zur Aufnahme einer Ladung
10. erster deutscher Bundespräsident (Nachname)
11. wichtige Eigenschaft der Bürger im demokratischen Staat
15. US-Präsident, der die Sklaverei abschaffte
18. italienische Provinz in der Region Piemont
21. englische Kneipe
22. Kosename für Großmutter

3 Politische Strukturen

Die Bundesrepublik Deutschland ist ein demokratischer und sozialer Bundesstaat.

Der Bundestag – das Parlament – vertritt die Interessen des Volkes. Unterschiedliche politische Ideen, Ansichten und Meinungen werden über die Parteien eingebracht und diskutiert. Die gewählten Abgeordneten entscheiden über politische Projekte und rechtliche Regelungen.

Die Gesetze sind für die Menschen verbindlich.

Das Kapitel zeigt den Staatsaufbau in Deutschland.

> „Frage nicht, was DEIN LAND für dich tun kann, sondern was DU für dein Land tun kannst."
>
> *J. F. Kennedy*

Blick in den Sitzungssaal des Deutschen Bundestags

Die politische Ordnung der Bundesrepublik Deutschland

Grundsatz der Subsidiarität

Soweit möglich sollen politische Aufgaben auf der unteren Ebene gelöst werden. Hohe Kosten, z. B. für den Bau und den Unterhalt für weiterführende Schulen (z. B. Gymnasien und Realschulen) können kleine Gemeinden und Städte nicht finanzieren, sondern der Landkreis oder die kreisfreie Stadt (z. B. München) müssen sie tragen → 68 unten.

ÜBERBLICK

- Die Demokratie ist eine Herrschaftsform, in der das Volk selbst über sein Leben, seine Werte und seine Fortentwicklung bestimmt.
- Die Gemeinden (z. B. Buchdorf) und Städte (z. B. Donauwörth) bilden die untere politische Ebene. Sie sind die Basis der Demokratie.
- Die zweite Ebene bilden die Landkreise (z. B. Donau-Ries) und die kreisfreien Städte (z. B. Augsburg).
- Die Bezirke sind die dritte kommunale Ebene (z. B. Schwaben).
- Im Staatsaufbau folgen die 16 Bundesländer (z. B. Bayern).
- Der Bund ist die oberste politische Ebene. Bundeshauptstadt ist Berlin.

A1 Analysieren/Nachdenken

Zeigen Sie den Unterschied zwischen der horizontalen und der vertikalen Machtverteilung auf!

A2 Recherchieren/Sammeln

Beschaffen Sie sich weitere Informationen über die verschiedenen Bereiche des staatlichen Aufbaus (z. B. über Wahlen, Amtsdauer, Aufgaben der jeweiligen Institution). Nutzen Sie dazu ein Lexikon, die Bibliothek oder das Internet.

A3 Analysieren/Nachdenken

Welche wichtigen politischen Aufgaben haben alle politisch Verantwortlichen? Zählen Sie einige auf und nennen Sie Beispiele dazu!

A4 Recherchieren/Sammeln

Informieren Sie sich, ob in Ihrer Stadt ein Jugendparlament besteht! Welche Aufgaben hat es zu erfüllen? Warum ist es eine Möglichkeit, junge Menschen an die Politik heranzuführen?

A5 Analysieren/Nachdenken

Fassen Sie zusammen! Welche fünf Bundesorgane sind im Grundgesetz vorgesehen? Ziehen Sie zu Ihren Überlegungen die Grafik → 63 und das Grundgesetz heran!

A6 Kontakte herstellen

Befragen Sie einen Kommunalpolitiker, warum er in der Gemeinde oder Stadt politisch mitarbeitet.

Die Aufteilung der staatlichen Macht

Das Volk entscheidet durch Wahlen auf allen politischen Ebenen über die Zusammensetzung wesentlicher politischer Entscheidungsträger. Die verschiedenen Institutionen arbeiten souverän, d. h. unabhängig. Gleichwohl sind sie miteinander verbunden, zur Zusammenarbeit verpflichtet und daher voneinander abhängig.

Jeder Bereich hat im staatlichen Gesamtgefüge genau formulierte Aufgaben zu übernehmen und sich um deren Durchführung zu kümmern. Die Macht wird damit aufgeteilt. Diese vertikale Gewaltenteilung ist ein wichtiger Bestandteil in einem demokratischen Staat. Es gibt aber auch die horizontale **Gewaltenteilung** auf der Ebene des Landes und des Bundes:

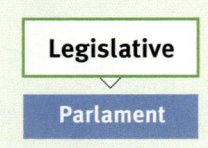

Exekutive	Legislative	Judikative
Regierung	Parlament	Gerichtsbarkeit

Politisches Mandat – Beruf oder Ehrenamt

Politiker werden vom Volk gewählt, um sich für die Gestaltung der öffentlichen Angelegenheiten einzusetzen. Voraussetzungen für die Ausübung dieses Berufes sind vor allem fachliche Eignung, soziale Kompetenz, Kreativität und Aufgeschlossenheit für neue politische Entwicklungen.

In den höheren Ebenen werden die politischen Ämter als Beruf ausgeübt. Dies gilt auch für die Landräte und die Bürgermeister der größeren Kommunen. Stadträte, Gemeinderäte, Kreisräte und die Bürgermeister der kleineren Gemeinden arbeiten jedoch ehrenamtlich, d. h., sie üben neben ihrem kommunalen Mandat (Auftrag) noch einen Beruf aus.

3 Politische Strukturen

Das Zusammenwirken der Verfassungsorgane auf der Länder- und Bundesebene

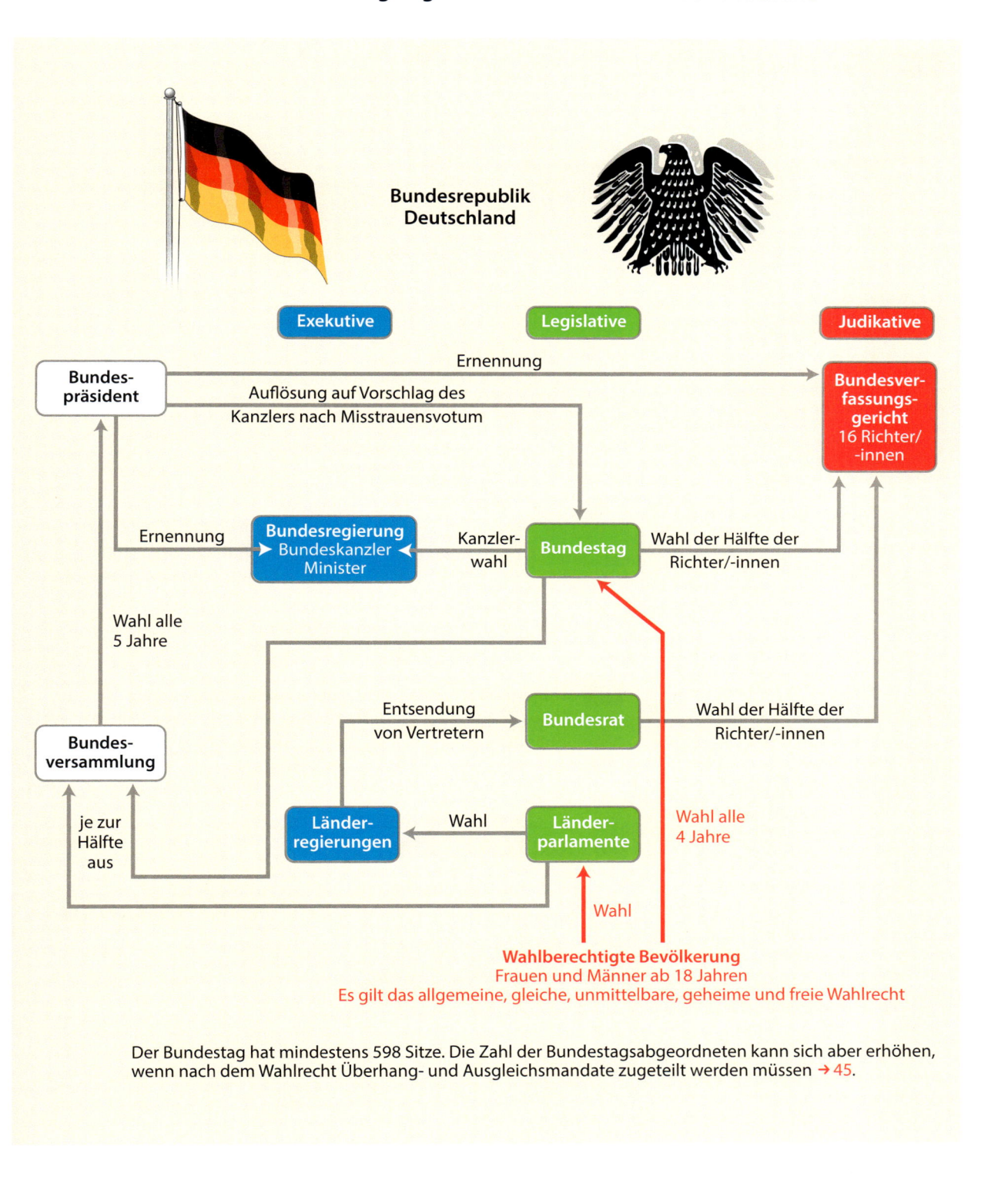

Bundesrepublik Deutschland

Exekutive | **Legislative** | **Judikative**

- Bundespräsident — Ernennung → Bundesverfassungsgericht (16 Richter/-innen)
- Bundespräsident — Auflösung auf Vorschlag des Kanzlers nach Misstrauensvotum → Bundestag
- Bundespräsident — Ernennung → Bundesregierung (Bundeskanzler, Minister)
- Bundesregierung ← Kanzlerwahl — Bundestag
- Bundestag — Wahl der Hälfte der Richter/-innen → Bundesverfassungsgericht
- Bundesversammlung — Wahl alle 5 Jahre → Bundespräsident
- Bundesrat ← Entsendung von Vertretern — Länderregierungen
- Bundesrat — Wahl der Hälfte der Richter/-innen → Bundesverfassungsgericht
- Länderregierungen ← Wahl — Länderparlamente
- Bundesversammlung: je zur Hälfte aus Bundestag und Länderparlamenten
- Wahlberechtigte Bevölkerung → Wahl → Bundestag (Wahl alle 4 Jahre)
- Wahlberechtigte Bevölkerung → Wahl → Länderparlamente

Wahlberechtigte Bevölkerung
Frauen und Männer ab 18 Jahren
Es gilt das allgemeine, gleiche, unmittelbare, geheime und freie Wahlrecht

Der Bundestag hat mindestens 598 Sitze. Die Zahl der Bundestagsabgeordneten kann sich aber erhöhen, wenn nach dem Wahlrecht Überhang- und Ausgleichsmandate zugeteilt werden müssen → 45.

Aufgaben der Gemeinde

M1 Schlagzeilen aus der Presse

Großbrand in einem Bauernhof
Feuerwehr rund um die Uhr im Einsatz

Neubau der Grundschule dringend erforderlich
Forderung des Elternbeirates

Große Schäden am städtischen Kanalnetz
Sanierung kostet 2 Millionen Euro

Breitbandausbau intensivieren

Erweiterung des Sportgeländes kommt
Marktgemeinderat stimmt zu

Wasserrohrbruch an Neujahr
Haushalte mehrere Stunden ohne Wasser

Achsenbruch auf der Dorfstraße
Schlaglöcher vom Winter noch nicht ausgebessert

Jugendtreff hat endlich einen Raum
Stadtrat sagt ja

Gemeindeverbindungsstraße kostet 3 Millionen Euro
Erhebliche Belastung für den Haushalt

Erweiterung des Friedhofs nicht durchsetzbar?
Anlieger wehren sich beim Gemeinderat

Volkshochschule erhält neuen Computersaal
Stadtrat einstimmig dafür

A1 Analysieren/Nachdenken

Die obigen Presseschlagzeilen beziehen sich auf kommunale Aufgaben. Welche müssen unbedingt (Pflichtaufgaben) erledigt werden?

Nehmen Sie dabei auch die Bayerische Verfassung (Artikel 83) zu Hilfe!

A2 Recherchieren/Sammeln

Besorgen Sie sich die Tagesordnung einer Gemeinderatssitzung! Nennen Sie Themen, die gegenwärtig behandelt werden!

A3 Recherchieren/Sammeln

Welche Projekte werden derzeit in Ihrer Gemeinde verwirklicht? Die Gemeindeverwaltung gibt darüber Auskunft. Sammeln Sie die entsprechenden Berichte in der Tageszeitung!

M2 Grundgesetz, Artikel 28: Selbstverwaltung der Gemeinden

„(2) Den Gemeinden muss das Recht gewährleistet sein, alle Angelegenheiten der örtlichen Gemeinschaft im Rahmen der Gesetze in eigener Verantwortung zu regeln. […]"

ÜBERBLICK

▸ Die Gemeinden schaffen und unterhalten wichtige gemeinsame Einrichtungen, die für viele Lebensbereiche unverzichtbar sind.

▸ In der Bayerischen Verfassung (Artikel 83) und in der Gemeindeordnung (Artikel 57) sind die Aufgaben der Gemeinde gesetzlich festgelegt.

▸ Es gibt Pflichtaufgaben und freiwillige Aufgaben.

▸ Der Gemeinderat, der Bürgermeister, aber auch die Bürger insgesamt können nach bestimmten Regeln Entscheidungen herbeiführen.

3 Politische Strukturen

Die Gemeinde kümmert sich um den Straßenbau innerhalb der Gemeinde.

Die Gemeinde kümmert sich um Einrichtungen für die Jugend.

Die Gemeinde fördert das Gemeinschaftsleben durch Unterstützung von Vereinen.

Die optimale Ausstattung der Feuerwehr ist Sache der Gemeinde.

Städte, Märkte und Gemeinden unterliegen in ihrer Tätigkeit der staatlichen Aufsicht. Das staatliche Landratsamt überwacht vor allem, ob eine **Kommune** ihre **Pflichtaufgaben** erfüllt. Zu diesen gehören die Versorgung der Bürger mit Energie und Wasser einschließlich der entsprechenden Entsorgungseinrichtungen sowie der Straßenbau. Die Kommunen müssen außerdem vom Staat übertragene Aufgaben (z. B. Standesamt, Durchführung der Landtags- oder Bundestagswahl) erledigen.

Im Bereich der **freiwilligen Aufgaben** kann die Gemeinde selbst Schwerpunkte setzen. Dies hängt auch von den finanziellen Mitteln ab, die zur Verfügung stehen. Hat eine Gemeinde viele große Handwerks- und Industriebetriebe, die Abgaben leisten müssen, dann können damit auch in größerem Maße z. B. Vereine unterstützt oder Freizeitstätten geschaffen werden.

Die Gemeinden erstellen jährlich einen Haushaltsplan, in dem alle Einnahmen (z. B. Gewerbesteuer, Grundsteuer) und alle Ausgaben (z. B. für den Unterhalt des Hallenbades) festgelegt werden. Da die Einnahmen oft zur Finanzierung der zahlreichen Ausgaben nicht ausreichen, erhalten die Gemeinden auch Gelder des Landes und des Bundes. Dennoch sind viele Gemeinden hoch verschuldet.

> Städte und Märkte heißen größere Gemeinden, denen diese Bezeichnung vom Staat verliehen wurde.

A4 Recherchieren/Sammeln
Ermitteln Sie, wie viele Betriebe in Ihrer Stadt/Gemeinde angesiedelt sind und wie viele Arbeitsplätze sie bereithalten! Die Homepage Ihrer Kommune hilft Ihnen weiter.

A5 Analysieren/Nachdenken
Warum haben die Kommunen großes Interesse an der Ansiedlung neuer Betriebe? Welche Vorleistungen müssen sie erbringen, damit die Betriebe ihren Standort in dieser Gemeinde wählen?

Politische Entscheidungen in der Gemeinde

Der Bürgermeister hat eine wichtige politische Führungsaufgabe. Hier: der Oberbürgermeister von Nürnberg, Dr. Ulrich Maly

M1 Aus der Gemeindeordnung:
„Alle grundlegenden Entscheidungen in der Gemeinde trifft der Gemeinderat. Der Bürgermeister vollzieht die Beschlüsse des Gemeinderats, es sei denn, sie sind rechtswidrig. Laufende, einfache Angelegenheiten kann der Bürgermeister in eigener Verantwortung entscheiden."

M2 Umgehungsstraße spaltet Bürgermeister und Gemeinderat
Aus einem Zeitungsbericht über die Bürgerversammlung in der Gemeinde M.:
„Der Bürgermeister erhielt auf der alljährlich stattfindenden Bürgerversammlung, die wie immer gut besucht war, für seinen Rechenschaftsbericht viel Beifall. Bei seinem Ausblick in die Zukunft zogen aber schnell ‚dunkle Wolken' auf. Die Meinungen wegen des Baus der dringend notwendigen Umgehungsstraße prallten heftig aufeinander. Der Bürgermeister sprach sich für eine Umgehungsstraße aus, die östlich am Ort vorbeiführen soll. Mit dieser Meinung stand er ziemlich alleine da. Nur ein Sprecher der Wählergruppe ‚Einigkeit' schloss sich seiner Auffassung an. Alle anderen Gemeinderäte, die das Wort ergriffen, sprachen sich für die kostengünstigere Westumfahrung des Ortes aus, die allerdings auch stärker die Umwelt beeinträchtigen würde. Es kam zu einem harten Wortgefecht zwischen dem Bürgermeister und einigen Gemeinderäten, auch aus seiner eigenen Partei. Der Bürgermeister rief erregt in den Saal: ‚Unter meiner Führung wird die Westtrasse nicht gebaut. Ich bin von den Bürgern als Gemeindeoberhaupt gewählt und lege damit die Ortsentwicklung fest!'"

A1 Analysieren/Nachdenken
Lesen Sie die Quellen auf dieser Seite aufmerksam durch! Jede Gruppe beantwortet eine der folgenden Fragen:
- Wozu dienen Bürgerversammlungen (Art. 18 der Bayerischen Gemeindeordnung)? Wann werden sie einberufen?
- Wer entscheidet in der Gemeinde über dieses wichtige Straßenbauprojekt?
- Kann der Bürgermeister seinen Willen durchsetzen, wenn der Gemeinderat eine andere Entscheidung trifft?

A2 Analysieren/Nachdenken
Gerade in der Kommunalpolitik ist die Fähigkeit zum Kompromiss unbedingt notwendig. Sie ist keine politische Schwäche, sondern wesentlicher Bestandteil einer verantwortungsbewussten Politik. Was ist aber grundsätzlich erforderlich, um eine Einigung zu erreichen?

Am gleichen Tag erschienen zwei Leserbriefe in der Lokalzeitung.

M3 Der Bürgermeister hat die besten Argumente
„Der Ablauf der Bürgerversammlung am vergangenen Wochenende war ein Armutszeugnis der politischen Kultur in unserem Ort. Der Bürgermeister hatte nicht einmal die Gelegenheit, seine guten Argumente für die Ostumfahrung des Ortes vorzutragen, weil er ständig gestört und unterbrochen wurde. Ist das die faire politische Auseinandersetzung, von der die andere Seite dauernd redet, aber im Alltag anders handelt? Die Belange des Umweltschutzes zählen wohl für diese Leute überhaupt nicht. Die Kosten allein dürfen nicht den Ausschlag geben."

Emilie Bachtaler, Vorsitzende der Bürgerinitiative „Vorfahrt für die Umwelt"

M4 Der Bürgermeister muss die Mehrheiten respektieren
„Auch in unserer Gemeinde gelten die Grundsätze der Demokratie. Das kann der Bürgermeister doch nicht vergessen haben. Auf der Bürgerversammlung war klar erkennbar, was die Menschen in diesem Ort wollen, nämlich die Westumgehung. Seit Jahren wird diskutiert und es geht nichts voran. Der Grund ist allein beim Bürgermeister zu suchen, der offensichtlich für seine Wunschlösung keine Mehrheit findet. Die Betriebe brauchen endlich Bauflächen. Sie schaffen die Arbeitsplätze, die vielen Bürgern Einkommen und der Gemeinde Steuereinnahmen bringen."

Max Oppenhauser, Vorsitzender des Gewerbevereins

3 Politische Strukturen

Abstimmung im Gemeinderat von Buchdorf, Landkreis Donau-Ries

Viele Kommunalpolitiker suchen das Gespräch mit den Bürgern. Hier unterhält sich der Oberbürgermeister von München, Dieter Reiter, mit Jugendlichen auf der Veranstaltung „18jetzt" im Münchner Rathaus.

Bürgermeister und Gemeinderäte werden vom Volk auf die Dauer von sechs Jahren gewählt. Die Mitgliederzahl des Gemeinderats hängt von der Einwohnerzahl der jeweiligen Kommune (Gemeinde, Stadt) ab. Jeder Wähler hat so viele Stimmen, wie Gemeinderäte zu wählen sind. Für den Bürgermeister gilt die Mehrheitswahl, d. h., er muss mehr als 50 Prozent der Stimmen auf sich vereinigen.

Auch beim Gemeinderat wird die Persönlichkeitswahl besonders stark betont. Der Wähler kann sich für Kandidaten aus verschiedenen Parteilisten und Wählergruppen entscheiden (Panaschieren). Außerdem kann er Kandidaten seiner Wahl bis zu drei Stimmen geben (Kumulieren).

Alle grundlegenden Entscheidungen in der Gemeinde trifft der Gemeinderat, die Vertretung der Gemeindebürger. Jeder einzelne Gemeinderat muss sich über das Gemeindegeschehen intensiv informieren, um begründet mitreden und mitentscheiden zu können. Es muss eine Entscheidung getroffen werden, die auch für die Minderheit bindend ist. Jedes Gemeinderatsmitglied muss sich an der Abstimmung beteiligen. Eine Stimmenthaltung ist in der Gemeindeordnung nicht vorgesehen. Der Bürgermeister ist auch Mitglied des Gemeinderats und damit auch stimmberechtigt. Man kann nicht immer auf der Durchsetzung der eigenen Vorstellungen beharren. Gerade die räumliche Nähe zwischen den Menschen und den Kommunalpolitikern zwingt zu verantwortungsbewusstem Handeln und im Besonderen auch zum Kompromiss. Mit dem Bürgerbegehren und dem Bürgerentscheid können die Bürger direkt gemeindliche Entscheidungen beeinflussen → 22 f.

A3 Recherchieren/Nachdenken
Nennen Sie die politischen Entscheidungsträger (Bürgermeister, Gemeinderäte) in Ihrer Gemeinde! Welche Parteien und politischen Gruppierungen sind im Gemeinderat vertreten?

A4 Kontakte herstellen
Laden Sie den Bürgermeister in Ihre Klasse ein oder besuchen Sie eine Sitzung des Gemeinderats! Die Gemeindeverwaltung gibt Auskunft darüber, wann ein Besuch möglich ist.

A5 Analysieren/Nachdenken
Bei der letzten Kommunalwahl wurden viele junge Kandidaten in Gemeinderäte gewählt. Warum eignet sich gerade das Kommunalwesen für die junge Generation als günstiger Einstieg in die Politik?

Aufgaben der Landkreise und Bezirke

Was ist ein **Landkreis** und um welche Angelegenheiten muss er sich kümmern?

Die meisten Städte, Märkte und Gemeinden in Bayern gehören zu einem Landkreis. In Bayern gibt es 71 Landkreise. 25 große Städte, wie die Landeshauptstadt München, Nürnberg, Augsburg oder Ingolstadt, sind kreisfrei. Sie führen neben den gemeindlichen Aufgaben auch die Angelegenheiten eines Landkreises aus.

Alle kommunalen Aufgaben, die überregionale Bedeutung haben oder die große Kosten verursachen, werden auf der Ebene der Landkreise, wie z. B. Donau-Ries, oder einer kreisfreien Stadt, wie z. B. Fürth, erledigt. Die Gesetze weisen den Landkreisen eine Vielzahl von Aufgaben zu. Dazu zählen der Bau und der Unterhalt von Krankenhäusern, Alten- und Pflegeheimen, der Straßenbau (Kreisstraßen) und der Feuerschutz bei überregionalen Maßnahmen.

Landkreise kümmern sich auch um die Bedürfnisse von Jugendlichen. Sie finanzieren u. a. die laufenden Kosten für die Realschulen, Gymnasien, Fachoberschulen, für Berufsschulen und andere weiterführende Schulen. Sie unterstützen den Kreisjugendring, die Sportvereine und geben sehr viel Geld für die Jugendhilfe aus. Kinder und Jugendliche, die in ihrer persönlichen Entwicklung Probleme haben, können so Hilfe bekommen. Das soziale Engagement in vielen Bereichen des Alltags ist eine herausragende Aufgabe der Landkreise.

Alle wichtigen politischen Entscheidungen werden vom **Kreistag** beschlossen. Seine Mitgliederzahl richtet sich nach der Einwohnerzahl der Landkreise. So haben Landkreise mit bis zu 80 000 Einwohnern 50 Kreisräte. Den Vorsitz im Kreistag führt der Landrat, der auch die Entscheidungen dieses Gremiums ausführt. Beamte, Angestellte und Arbeiter der Kreisverwaltung unterstützen die Arbeit dieser Behörde.

Mehrere Erweiterungsbauten wurden an der Staatlichen Realschule Rain in den vergangenen Jahren verwirklicht. Die Kosten für den Schulaufwand trägt der Landkreis Donau-Ries. Der Freistaat Bayern unterstützt die Maßnahmen finanziell.

A1 Recherchieren/Sammeln
Informieren Sie sich über die Aufgaben der Landkreise! Geben Sie stichpunktartig wichtige Informationen wieder!

A2 Recherchieren/Sammeln
Erkundigen Sie sich beim Landratsamt über die Höhe der jährlichen Ausgaben für Ihre Realschule und errechnen Sie den Anteil in Prozent der Gesamtausgaben!

A3 Kontakte herstellen
Besuchen Sie mit Ihrer Klasse eine Kreistagssitzung! Geben Sie in Form eines Protokolls die wesentlichen Besprechungspunkte wieder!

A4 Kontakte herstellen
Planen Sie mit Ihrer Klasse beim nächsten Ausflugstag eine Landkreisfahrt! Machen Sie mit den dabei gesammelten Informationen und dem Bildmaterial eine kleine Ausstellung! Markieren Sie dazu auf einer Landkreiskarte die von Ihnen besuchten Punkte!

A5 Recherchieren/Sammeln
Beschaffen Sie sich Informationen über die Einrichtungen Ihres Bezirks! Welche wichtigen Aufgaben stehen derzeit im Vordergrund?

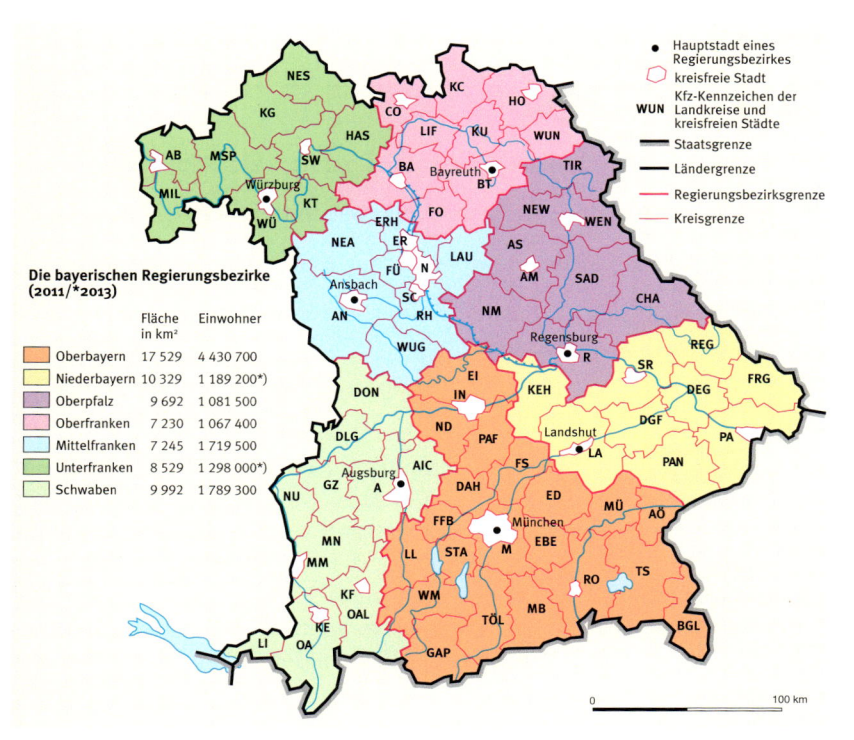

3 Politische Strukturen

Die bayerischen Regierungsbezirke (2011/*2013)

	Fläche in km²	Einwohner
Oberbayern	17 529	4 430 700
Niederbayern	10 329	1 189 200*
Oberpfalz	9 692	1 081 500
Oberfranken	7 230	1 067 400
Mittelfranken	7 245	1 719 500
Unterfranken	8 529	1 298 000*
Schwaben	9 992	1 789 300

Organe des Bezirks sind die von den Bürgern alle fünf Jahre gewählten **Bezirkstage** mit dem Bezirkstagspräsidenten an der Spitze. Sie sind vor allem zuständig für soziale Aufgaben, die überregionale Bedeutung haben und mit sehr hohen Kosten verbunden sind.

Die Bezirkstage kümmern sich in erster Linie um die Schwächsten unserer Gesellschaft: alte Menschen, Behinderte, psychisch Kranke und Pflegebedürftige. Daher spricht man auch von einem „**Sozialparlament**". In den Aufgabenbereich eines Bezirkstags fallen der Bau und die Erhaltung von Einrichtungen der medizinischen Versorgung, vor allem auf dem Gebiet der Psychiatrie, der Suchterkrankungen und der Sprach- und Körperbehinderung. Er ist im Bereich der Sozialhilfe, der Kriegsopferfürsorge und im Förderschulwesen tätig. Wegen der vielen und verantwortungsvollen Aufgaben ist das Ansehen der Bezirke und vor allem der Bezirkseinrichtungen in unserer Gesellschaft entsprechend groß. Sie helfen, Menschen in die Gemeinschaft zu integrieren, und tragen dazu bei, dass viele Betroffene wieder besser ihr Leben in Eigenverantwortung führen können.

Bezirkstage unterstützen im Rahmen von freiwilligen Leistungen Volks- und Heimatkultur auf allen Gebieten. Die Erhaltung und Pflege der zahlreichen Baudenkmäler, die Beratung in Fragen des Ortsbildes der Gemeinden und Städte zählen ebenso dazu wie das landschaftsgebundene Bauen.

Der Bezirk ist Träger eigener Volkskundemuseen.
Hier: Rieser Bauernmuseum in Maihingen (Bezirk Schwaben)

Die Bezirke betreiben kostenintensive, überregionale medizinische Einrichtungen, wie das Bezirkskrankenhaus in Landshut.

Bayern – das politische System

> **ÜBERBLICK**
> - Bayern versteht sich als Freistaat (Bekenntnis zur Republik).
> - Träger der Staatsgewalt ist das Volk (Bekenntnis zur Demokratie).
> - Im Parlament werden die wesentlichen Entscheidungen getroffen.
> - Bayern sieht sich als Rechts-, Kultur- und Sozialstaat, der dem Gemeinwohl zu dienen hat.
> - Einzelheiten regelt die Bayerische Verfassung.

Der **Bayerische Landtag**, die Vertretung der Bürger, bildet das Zentrum der Landespolitik. Er setzt sich aus 180 Abgeordneten zusammen, die auf die Dauer von fünf Jahren vom Volk gewählt werden. An der Spitze des Parlaments steht der Landtagspräsident, der die Sitzungen des Plenums (Vollversammlung aller Abgeordneten eines Parlaments) leitet und für den ordentlichen Ablauf der Landtagsverwaltung sorgt. Der Landtagspräsident kommt in der Regel aus den Reihen der Partei, die die meisten Abgeordneten stellt. Er ist nach dem Ministerpräsidenten der „zweite Mann im Staat". Links und rechts von ihm sitzen die Mitglieder der Bayerischen Staatsregierung.

Das Wappen Bayerns spiegelt die Gliederung des Landes in Regierungsbezirke wider: Der Löwe oben links steht symbolisch für die Oberpfalz; es war ursprünglich das Wappen der Pfalzgrafen bei Rhein und erinnert an die altbayerischen und pfälzischen Gebiete. Die drei silbernen (weißen) Spitzen auf rotem Grund stehen für die drei Teile Frankens, die drei schwarzen Löwen auf goldenem Grund für Schwaben und der blaue Panther auf silbernem (weißem) Grund für Nieder- und Oberbayern. Die silbernen (weißen) und blauen Rauten in der Mitte des Wappens sind das Herrschaftszeichen der Wittelsbacher, die Bayern jahrhundertelang regiert haben.

M1 **Bayerische Verfassung, Artikel 13:**
„(2) Die Abgeordneten sind Vertreter des Volkes, nicht nur einer Partei. Sie sind nur ihrem Gewissen verantwortlich und an Aufträge nicht gebunden."

Blick in den Bayerischen Landtag

3 Politische Strukturen

- politische Erklärungen abgeben
- politische Lösungsvorschläge machen
- politische Probleme diskutieren
- Bayerischen Ministerpräsidenten wählen
- Recht der Gesetzgebung (einschließlich Haushaltsrecht) ausüben
- Zustimmung zur Wahl von Staatsministern und Staatssekretären geben
- Mitglieder des Bayerischen Verfassungsgerichtshofs wählen
- Landesbeauftragten für den Datenschutz wählen
- Regierung und Verwaltung (Exekutive) kontrollieren Kontrollrechte: mündliche Anfrage oder Aktuelle Fragestunde
- Präsidenten des Obersten Bayerischen Rechnungshofs wählen
- Petitionen (Eingaben) von Bürgern bearbeiten/ weiterleiten

Die Aufgaben des Bayerischen Landtags. Foto: Maximilianeum – Sitz des Bayerischen Landtags

A1 Recherchieren/Sammeln

Besuchen Sie zur Bearbeitung der Aufgaben die Internetadresse des Bayerischen Landtags und sammeln Sie aktuelle Meldungen in regionalen und überregionalen Tageszeitungen! Falls Ihnen weitere Publikationen zur Verfügung stehen (z. B. Informationsmaterial des Landtags), sollten Sie diese natürlich ebenso verwenden.

- Besorgen Sie sich Informationen über die Zusammensetzung und die Arbeit des Bayerischen Landtags! Versuchen Sie einige der in der Grafik genannten Aufgaben mit dem gesammelten Material zu veranschaulichen!
- Ermitteln Sie, welchen Anteil die einzelnen Parteien im Bayerischen Landtag haben, und stellen Sie fest, wie hoch der Anteil der Frauen im Landtag ist!
- Wer sind die Landtagsabgeordneten aus Ihrem Stimmkreis? Welcher politischen Partei gehören sie an?
- Suchen Sie in Ihrer Lokalzeitung nach aktuellen Hinweisen auf Aktivitäten Ihrer Abgeordneten!

Bayern – das politische System

Die Bayerische Staatskanzlei leistet Hilfestellung beim „Regieren". Sie unterstützt z. B. den Ministerpräsidenten bei der Bestimmung der Richtlinien der Politik, sie bereitet Anträge und Erklärungen der Staatsregierung an den Landtag vor und nimmt zu Gesetzesentwürfen der Staatsregierung Stellung.

Die Bayerische Regierung tagt in der Münchner Staatskanzlei

Aus der parlamentarischen Mehrheit geht die **Staatsregierung** hervor. Der vom Parlament gewählte **Ministerpräsident** muss bei der Bildung seiner Regierung die politische Zusammensetzung seiner Landtagsmehrheit berücksichtigen. Er bestimmt die Richtlinien der Politik und trägt gegenüber dem Landtag die Verantwortung. Allein daher muss er mit dem Parlament vertrauensvoll zusammenarbeiten. Die Bayerische Verfassung sieht nach Artikel 44 für den Ministerpräsidenten einen Rücktritt vor, „… wenn die politischen Verhältnisse ein vertrauensvolles Zusammenarbeiten zwischen ihm und dem Landtag unmöglich machen".

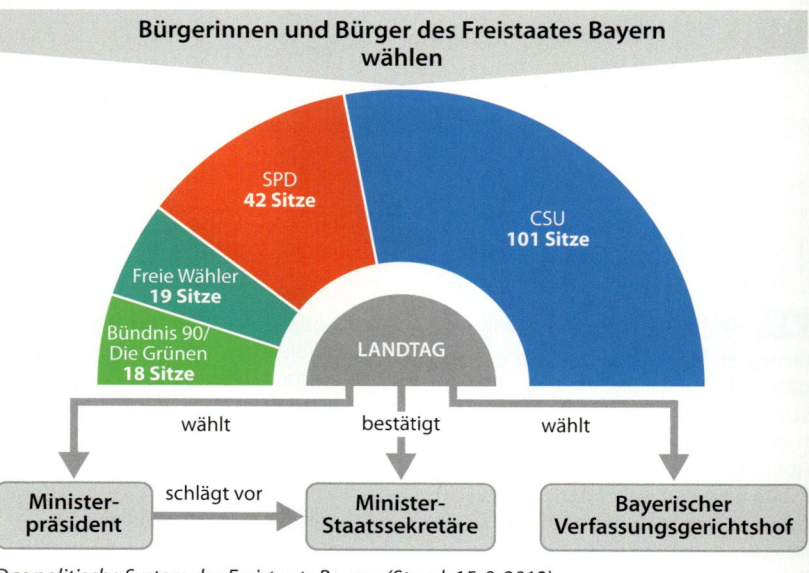

Bayerischer Verfassungsgerichtshof

Das oberste bayerische Gericht mit Sitz in München entscheidet über verfassungsrechtliche Fragen und gilt als „Hüter der Verfassung". Es hat eine herausragende Stellung, denn seine Entscheidungen sind bindend für alle anderen bayerischen Verfassungsorgane sowie für die Gerichte und Behörden. Ihm gehören sowohl Berufsrichter als auch weitere vom Landtag gewählte Mitglieder an.

Bürgerinnen und Bürger des Freistaates Bayern wählen

- CSU 101 Sitze
- SPD 42 Sitze
- Freie Wähler 19 Sitze
- Bündnis 90/Die Grünen 18 Sitze

LANDTAG

- wählt → Ministerpräsident
- bestätigt → Minister-Staatssekretäre
- wählt → Bayerischer Verfassungsgerichtshof

Ministerpräsident schlägt vor Minister-Staatssekretäre

Das politische System des Freistaats Bayern (Stand: 15. 9. 2013)

3 Politische Strukturen

Die Bayerische Staatsregierung ist die oberste leitende und vollziehende Behörde des Staates. Der Ministerpräsident leitet die Sitzungen der Staatsregierung. Dort werden Gesetzesinitiativen beschlossen, Landtagsbeschlüsse umgesetzt, der Entwurf des Haushaltsplans beraten, Rechtsverordnungen erlassen und Einzelheiten über die Leitung der Staatsverwaltung sowie über die Einrichtung von Behörden festgelegt.

Die Staatsregierung hat neben dem Landtag und dem Volk das Recht, Gesetzesvorlagen einzubringen. Die vom Landtag beschlossenen bayerischen Gesetze werden vom Ministerpräsidenten unterzeichnet und danach veröffentlicht.

Die Staatsminister und Staatssekretäre unterstützen ihn bei der Bewältigung seiner Aufgaben. Jeder Minister führt selbstständig ein politisches Aufgabengebiet (Ressortprinzip). Er muss sich allerdings an die Richtlinienvorgabe des Ministerpräsidenten halten.

A1 Recherchieren/Sammeln
Informieren Sie sich über die personelle Zusammensetzung der Staatsregierung und über die Arbeit in den jeweiligen Ministerien!

A2 Kontakte herstellen
Welche politischen Initiativen schlägt die Bayerische Staatsregierung derzeit vor?

A3 Kontakte herstellen
Lernort Staatsregierung: Schülerinnen und Schüler besuchen ein Ministerium. Anmeldung: Landeszentrale für politische Bildungsarbeit, Brienner Str. 41, 80333 München.

A4 Recherchieren/Sammeln
Welche Themen stehen derzeit auf der Tagesordnung des Bayerischen Verfassungsgerichtshofs?

A5 Vertiefen/Verknüpfen
Bayern hat 1949 dem Grundgesetz nicht zugestimmt. Klären Sie im Geschichtsunterricht, wo die Gründe lagen! Warum ist Bayern dennoch Teil der Bundesrepublik Deutschland?

A6 Analysieren/Nachdenken
Erarbeiten Sie mithilfe des nebenstehenden Textes die Aufgaben der Bayerischen Staatsregierung!
Ziehen Sie die Bayerische Verfassung mit heran!

Ministerpräsident Seehofer zu Besuch in China (November 2014). Er führte u. a. Gespräche mit Chinas Premierminister Li Keqiang (re.). Die Vertretung Bayerns nach außen ist eine der wichtigen Aufgaben des Ministerpräsidenten.

Bayern ist ein Teil der **Bundesrepublik Deutschland**. Die Länder können nicht auf allen politischen Gebieten entscheiden. Sie müssen sich an die Vorgaben des Grundgesetzes halten. Die Gesetzgebungskompetenz ist aber zwischen Bund und Ländern aufgeteilt. Es gibt Bereiche, in denen nur der Bund tätig werden darf, z. B. die Landesverteidigung. Auf anderen Gebieten ergänzen sich Bund und Länder. Es gibt aber auch Bereiche, wo die Länder gefordert sind, z. B. im Schul- und Bildungswesen, im Kommunalrecht oder in Polizeiangelegenheiten. Der Freistaat kann aber über den Bundesrat → 82 f. immer auch auf die Bundespolitik einwirken und Einfluss nehmen.

Hauptstadt Berlin – Ort wichtiger politischer Entscheidungen

Das Bundeskanzleramt, politische „Schaltzentrale" der Bundesregierung

Berliner Reichstag, Sitz des Deutschen Bundestags, der Volksvertretung

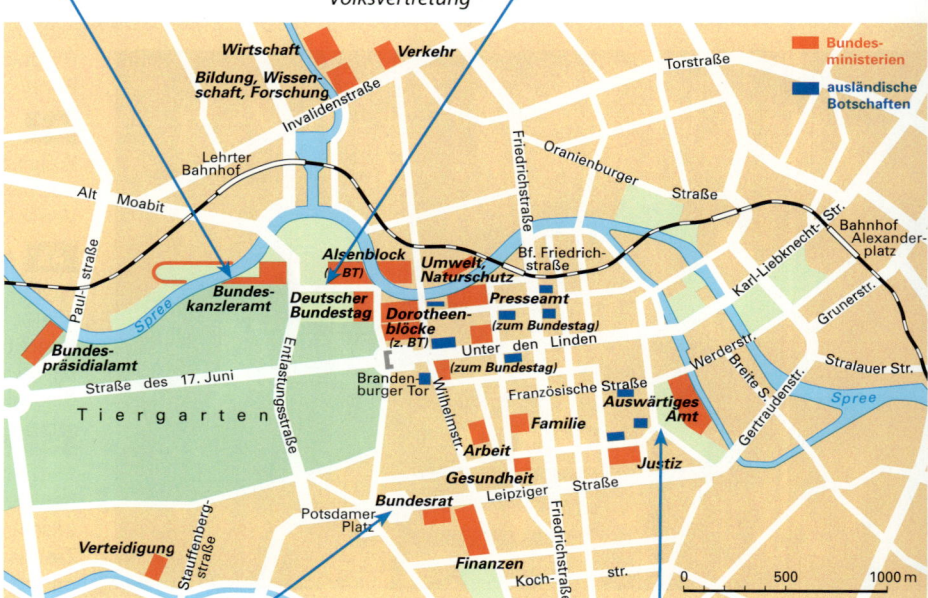

Im Bundesrat geht es um die Interessen der Länder.

Das Auswärtige Amt vertritt die Interessen Deutschlands, fördert den internationalen Austausch und leistet Deutschen im Ausland Schutz und Hilfe.

74

3 Politische Strukturen

M1 Niveauvolle Auseinandersetzung Stammzellendebatte im Bundestag

Berlin. Der Schutz der Menschenwürde stand im Mittelpunkt aller Anträge, über die im Bundestag abgestimmt wurde. Es musste die Frage entschieden werden, ob und gegebenenfalls unter welchen Bedingungen der Import von embryonalen Stammzellen möglich sein soll. Die Parlamentarier beteiligten sich leidenschaftlich und zugleich mit hohem Sachverstand an der Diskussion. Journalisten und andere Parlamentsbeobachter sprachen sogar von einer „Sternstunde des Parlaments". Das Abstimmungsergebnis: 340 der anwesenden 618 Abgeordneten stimmten für einen Kompromiss. Unter strengsten Auflagen können danach in Zukunft deutsche Forscher mit embryonalen Stammzellen arbeiten. Experten sehen darin Möglichkeiten, künftig schwere Krankheiten wie Diabetes, Parkinson oder Herzinfarkte medizinisch besser in den Griff zu bekommen. Die Gesundheitsministerin und die Experten aus ihrem Ministerium warnten jedoch vor zu schnellen Hoffnungen. Es wird noch einige Jahre dauern, bis sich die ersten Erfolge abzeichnen und sie im Alltagsleben Wirkung zeigen. Mit dieser Regelung ist ein wichtiger Schritt getan.

Am Rednerpult des Deutschen Bundestages die Oppositionspolitikerin Katrin Göring-Eckardt, Fraktionsvorsitzende von Bündnis 90/Die Grünen (2015)

M2 Regierungskoalition aus SPD und Bündnis 90/Die Grünen zur Jahrtausendwende: Ausstieg aus der Kernkraft

Berlin. Ist der Ausstieg aus der Kernkraft besiegelt? Zwischen Bundesregierung und Atomwirtschaft jedenfalls ist ein entsprechendes Abkommen unterzeichnet worden. Die Vereinbarung über die geordnete Beendigung der Kernenergie sieht die Opposition jedoch sehr kritisch. Dies gilt auch für Betreiber der Atomkraftwerke. Nach Auffassung des Bundeskanzlers öffnet diese den Weg für eine umweltfreundlichere Energieversorgung. In dem Abkommen ist ein klares Ende der Nutzung der Kernenergie und für die Wiederaufbereitung von Atombrennstoffen geregelt. Die Bundesregierung bekräftigte nochmals ihr Ausstiegsziel, auch wenn die Stromwirtschaft dem nicht folgen kann. Der Koalitionspartner Bündnis 90/Die Grünen sieht sich einem wichtigen politischen Ziel nähergerückt. Die CDU/CSU-Opposition äußerte sich folgendermaßen: Der Atomkonsens ist nicht das letzte Wort. Bei einer entsprechenden Mehrheit kann das Parlament eine andere Entscheidung fällen.

M3 Regierungskoalition aus CDU/CSU und SPD setzt Rente mit 67 Jahren durch

Berlin. Mit deutlicher Mehrheit (408 Abgeordnete) haben die Regierungsparteien im Deutschen Bundestag ein weitreichendes Gesetz beschlossen. Es sieht die schrittweise Anhebung des gesetzlichen Renteneintrittsalters vor. Im Jahr 2029 soll das Renteneintrittsalter dann bei 67 Jahren liegen. Damit sind alle Geburtsjahrgänge ab 1964 voll betroffen. Es stimmten 167 Abgeordnete gegen das Gesetz. Neben den Oppositionspolitikern votierten auch elf Parlamentarier der SPD dagegen. Vertreter der Gewerkschaften und der Sozialverbände sprachen sich mit deutlichen Worten gegen dieses „Rentenkürzungsprogramm" aus. Sie machten deutlich, dass viele Arbeitnehmer aus gesundheitlichen Gründen gar nicht so lange arbeiten könnten und es zudem für ältere Menschen meist nicht ausreichend Arbeitsplätze gibt. Außerdem würde man bei einer längeren Lebensarbeitszeit gerade auch den jungen Menschen Arbeitsplätze wegnehmen. Der damalige Bundesarbeitsminister Franz Müntefering (SPD) hielt dagegen: Allein aus demografischen Gründen ist diese Entscheidung richtig und unausweichlich. Es musste jetzt gehandelt werden.

A1 Analysieren/Nachdenken

Erarbeiten Sie jeweils anhand der Texte die Entscheidungsfindung im Parlament! Nehmen Sie dabei auch das Grundgesetz zu Hilfe!

A2 Vertiefen/Verknüpfen

Informieren Sie sich im Fach Biologie über die embryonale Stammzellenforschung!

A3 Vertiefen/Verknüpfen

Im Fach Physik können Sie Einzelheiten über die Kernenergie erfahren!

A4 Recherchieren/Sammeln

Informieren Sie sich anhand der Medien, wie die derzeitige Bundesregierung die Nutzung der Kernenergie beurteilt und in der Praxis umsetzen will.

A5 Analysieren/Nachdenken

Mit dem Bundestagsbeschluss ist das Gesetz über die Anhebung des Renteneintrittsalters → M3 noch nicht zustande gekommen. Nach dem Grundgesetz (GG) der Bundesrepublik Deutschland müssen weitere Institutionen am Gesetzgebungsprozess beteiligt werden. Die Details finden Sie vor allem in den Artikeln 77, 78 und 82 GG sowie in Ihrem Lehrbuch → 83.

Der Bundestag – die Volksvertretung

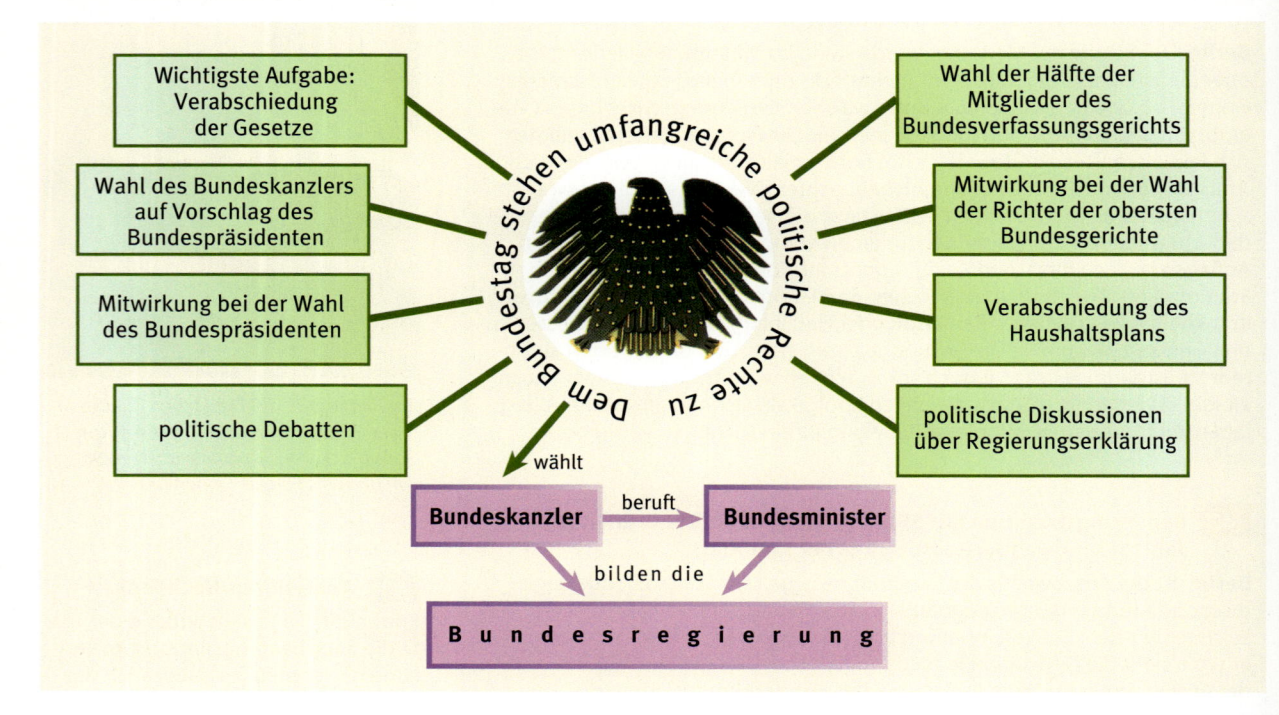

Dem Bundestag stehen umfangreiche politische Rechte zu

- Wichtigste Aufgabe: Verabschiedung der Gesetze
- Wahl des Bundeskanzlers auf Vorschlag des Bundespräsidenten
- Mitwirkung bei der Wahl des Bundespräsidenten
- politische Debatten
- Wahl der Hälfte der Mitglieder des Bundesverfassungsgerichts
- Mitwirkung bei der Wahl der Richter der obersten Bundesgerichte
- Verabschiedung des Haushaltsplans
- politische Diskussionen über Regierungserklärung

Bundeskanzler (wählt) — beruft → **Bundesminister**

bilden die **Bundesregierung**

ÜBERBLICK

- Das wichtigste Staatsorgan in einer Demokratie ist das Parlament.
- In der Regel arbeiten mehrere Parteien zusammen, um eine regierungsfähige Mehrheit zu haben (die sogenannten Regierungsparteien).
- Die Parteien, die nicht an der Regierung beteiligt sind, bilden die Opposition.
- Die Kontrollfunktion über die Regierung übernehmen die Parteien, die nicht an der Regierung beteiligt sind.
- Eine starke Opposition ist in einer Demokratie wichtig.

A1 Recherchieren/Sammeln
Stellen Sie fest, welche Parteien seit dem Jahr 2000 in Deutschland die Regierung gebildet haben! Nehmen Sie dabei auch die Artikel → 75 zu Hilfe!

A2 Recherchieren/Sammeln
Welche politischen Themen werden zurzeit im Bundestag diskutiert? Sie können auch über einen Zeitraum von zwei Wochen die Tageszeitung oder die Nachrichtensendungen im Fernsehen verfolgen, um zu erfahren, welche Themen gegenwärtig in der Bundespolitik eine Rolle spielen.

A3 Analysieren/Nachdenken
Werden die Grenzen zwischen Opposition und Regierung immer eindeutig eingehalten? Wann ist sogar eine Zusammenarbeit zwischen beiden Lagern möglich?

In der Regel bilden die Abgeordneten einer Partei oder Verfechter einer bestimmten politischen Zielsetzung (wie z. B. CDU/CSU) **eine Fraktion**. Steht die Lösung einer politischen Frage im Bundestag an, orientieren die Abgeordneten ihr Abstimmungsverhalten im Parlament an der vorher gefassten Position der Fraktion. Man spricht von Fraktionsdisziplin. Dadurch soll auch der zu einer Einzelfrage nicht umfassend informierte Abgeordnete im Vertrauen auf den Sachverstand von Fachleuten aus der eigenen Partei verantwortungsbewusst abstimmen können.

3 Politische Strukturen

Die Arbeit im Parlament

Die Fraktionen des Bundestags legen zu Beginn der Amtsperiode die Organisation weitgehend fest. Um die Parlamentsarbeit möglichst effektiv zu gestalten, werden für eine Reihe von Fachgebieten **Ausschüsse** gebildet. Bei der Besetzung achten die Fraktionen darauf, dass die sachkundigen Vertreter im jeweiligen Aufgabengebiet tätig sind.

Die Ausschüsse liefern die notwendigen Informationen, geben Ratschläge, schlagen Lösungen vor, die endgültige Beschlussfassung erfolgt jedoch im **Plenum** (Vollversammlung) vor der Öffentlichkeit. Bei der Arbeit in den Ausschüssen tritt oft die Parteipolitik in den Hintergrund, weil die Volksvertreter um eine an der Sache orientierte Zusammenarbeit bemüht sind. Dies ist bei vielen Gesetzesvorhaben auch dringend notwendig.

Die **Koalitionsparteien arbeiten eng mit der Bundesregierung zusammen**. Die meisten Gesetzesvorschläge kommen von der Exekutive. Das hängt vor allem auch damit zusammen, dass die Minister als Mitglieder der Bundesregierung jeweils in ihren Ministerien eine große Zahl von sachkundigen Mitarbeitern und Experten zur Seite haben und damit notwendige Regelungen oft früher erkennen und deswegen auch schneller reagieren können. Viele politische Aufgaben erweisen sich zudem als äußerst kompliziert und vielschichtig. Sie sind ohne Mithilfe von Fachleuten nicht zu bewältigen. Für die Parlamentarier aus der Opposition ergeben sich hier Grenzen. Sie müssen von der personellen Ausstattung her selbst in der Lage sein, die erforderlichen eigenen Initiativen zu ergreifen.

Die Ausschüsse im Bundestag

Der Bundestag hat 23 Fachausschüsse eingerichtet (z. B. Sport, Verteidigung, Wirtschaft und Energie, innere Angelegenheiten, Petitionen, Europa oder Haushalt). In den Ausschüssen sind die Fraktionen entsprechend ihrer Stärke im Parlament vertreten. Es handelt sich also um verkleinerte „Spiegelbilder" des Parlaments. Der größte Teil der parlamentarischen Arbeit erfolgt in den Ausschüssen. Hier sind die Fachleute der politischen Gruppierungen tätig.

Bundestagspräsident Dr. Norbert Lammert

Regierung – Ministerien – Behörden (Exekutive)

Fragestunde
einzelne Abgeordnete verlangen Auskunft zu einem bestimmten Thema

Kleine bzw. Große Anfrage
(durch eine Fraktion oder von mindestens 5% der Abgeordneten) schriftliche Anfrage zu Einzelthemen oder größeren politischen Themen

Aktuelle Stunde
(auf Verlangen einer Fraktion oder mindestens 5% der Abgeordneten) aus aktuellem Anlass wird eine Diskussion im Parlament eingeschoben

Einsetzung eines Untersuchungsausschusses zur Aufklärung eines bestimmten Sachverhalts (Beispiel: Irakkrieg und Bekämpfung des internationalen Terrorismus)

Kontrollrecht des Parlaments (Bundestag)

A4 Recherchieren/Sammeln
Besuchen Sie in Arbeitsgruppen die Internetseite des Deutschen Bundestags und versuchen Sie dort Näheres über die genannten Ausschüsse zu erfahren (Größe, Mitglieder, Parteienverteilung)! Stellen Sie fest, ob Ihnen einzelne Namen der Ausschussmitglieder aus der Berichterstattung der Medien bekannt sind!

A5 Kontakte herstellen
Nehmen Sie Kontakt zum Bundestagsabgeordneten Ihres Wahlkreises auf. Erkundigen Sie sich, wie die Regierung eine Anfrage von ihm beantwortet hat. Auch im Internet finden Sie Informationen zu den Anfragen der Abgeordneten.

A6 Analysieren/Nachdenken
Welche Rechte stehen dem Bundestag zu? Beziehen Sie die Texte → 76/77 und das Schaubild → 76 in Ihre Überlegungen mit ein. Nehmen Sie auch das Grundgesetz zu Hilfe!

Die Aufgaben von Bundestagsabgeordneten

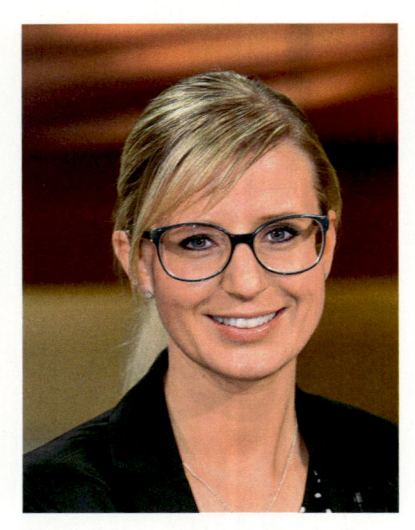

Katrin Albsteiger, geboren 1983, Diplom-Politologin aus Neu-Ulm, Mitglied des Deutschen Bundestages seit 2013. Kreisrätin im Landkreis Neu-Ulm, Studium an der Universität Augsburg und in Australien, ehemalige Landesvorsitzende der Jungen Union, ehemalige Gemeinderätin in Elchingen, Landkreis Neu-Ulm.

Im Bundestag, der Volksvertretung, sollten alle Bevölkerungsteile vertreten sein. In der Realität hat die Zahl der vorher im öffentlichen Dienst Beschäftigten stetig zugenommen. Die Abgeordneten (MdB = Mitglied des Bundestags) aus den freien Berufen, wie z. B. Ärzte oder Handwerker bzw. Gewerbetreibende, werden immer weniger.

Aus dem Terminkalender einer/eines Bundestagsabgeordneten:

7.00 – 8.00	Besprechung mit Mitarbeitern der Bundestagsverwaltung
8.00 – 8.45	telefonische Erledigung von Anliegen verschiedener Bürger aus dem Wahlkreis
9.00 – 11.00	Teilnahme an der Sitzung des Parlamentsausschusses für Frauen und Jugend
11.00 – 12.00	Empfang einer Besuchergruppe aus dem Wahlkreis und Diskussion über ein neues Gesetzesvorhaben
12.00 – 13.00	Mittagessen und Gespräch mit Vertretern der deutschen Sportjugend
13.30 – 14.30	Gespräch mit Fraktionsvorstand über jugendpolitische Initiativen der Partei
15.00	Rückflug nach München
16.30 – 17.30	Pressegespräch mit Vertretern der Heimatzeitung
20.30 – 22.00	Teilnahme an der Vollversammlung des Kreisjugendrings

Die Aufgaben eines Bundestagsabgeordneten sind sehr vielfältig. Eine Schulklasse besuchte den Bundestagsabgeordneten ihres Wahlkreises und stellte ihm folgende Fragen:

Seit wann sind Sie Abgeordneter im Bundestag?

Seit drei Jahren. Das war ein langer, anstrengender Weg, bis ich dahin kam. Schon sehr früh trat ich in die Junge Union ein und arbeitete mit in verschiedenen Gremien bis hinauf in den Landesverband. Zuerst war ich im Gemeinderat und im Kreistag tätig, wo ich vielfältige Erfahrungen sammeln konnte. 1998 wurde ich erstmals auf der Landesliste meiner Partei zur Bundestagswahl platziert. Erst bei der vergangenen Wahl konnte ich den Sprung in den Bundestag schaffen. Ich musste mich zunächst in der Kommunalpolitik bewähren, bevor ich in der Bundespolitik mitarbeiten konnte. Ich habe viel Zeit und Arbeit investiert, um meine Wählerinnen und Wähler von meinem politischen Engagement zu überzeugen. Dazu gehören Gespräche mit den Bürgern genauso wie ehrenamtliche Aufgaben in Vereinen und Mitwirkung bei Entscheidungen in den verschiedenen Gremien.

A1 Recherchieren/Sammeln
Verfolgen Sie in der Tageszeitung, welche politischen Schwerpunkte Ihr Abgeordneter setzt!

A2 Kontakte herstellen
Versuchen Sie, einen Termin bei dem Bundestagsabgeordneten Ihres Wahlkreises zu bekommen! Überlegen Sie in der Klasse, welche Fragen Sie ihm stellen wollen!

A3 Analysieren/Nachdenken
Was sagt das Grundgesetz zur Immunität von Abgeordneten?

A4 Vertiefen/Verknüpfen
Klären Sie im Geschichtsunterricht, warum gerade in der Zeit der Erarbeitung des Grundgesetzes in den Jahren 1948/1949 das Recht der Immunität besonders große Bedeutung für die „Verfassungsväter" und „Verfassungsmütter" hatte!

3 Politische Strukturen

Wo verbringen Sie die meiste Arbeitszeit? In Berlin oder in Ihrem Wahlkreis?

Das hängt ganz von meinem Terminplan ab. Ich bemühe mich stets, so viel Zeit wie möglich in meinem Wahlkreis anwesend zu sein, um vor Ort auch die Probleme erfassen zu können.

Bei Diskussionen im Bundestag geht es oft hoch her. Gibt es da gewisse Regeln?

Natürlich! Der Bundestag hat sich eine Geschäftsordnung gegeben, an die man sich halten muss. Es gelten aber auch die allgemeinen Regeln des „guten Anstands" wie überall. Im Übrigen dürfen die Abgeordneten wegen einer Äußerung oder Abstimmung im Parlament nicht zur Verantwortung gezogen werden (Indemnität), es sei denn, es handelt sich um eine verleumderische Beleidigung.

Entwicklungshilfeminister Gerd Müller im Gespräch mit einem Kommunalpolitiker auf dem Landesparteitag der CSU 2014

Den Abgeordneten steht nach dem Grundgesetz das Recht der Immunität zu. Welche Bedeutung hat es heute noch?

Es ist ein Schutzrecht und soll die Arbeitsfähigkeit des demokratisch gewählten Parlaments erhalten. Der Abgeordnete ist vor einem unberechtigten Freiheitsentzug sicher. In der Vergangenheit wurden oft missliebige Politiker verhaftet, um sie auszuschalten. Daher darf ein Abgeordneter ohne Zustimmung des Bundestags nicht seiner Arbeit in der Volksvertretung entzogen werden. Damit ist die Funktionsfähigkeit des Parlaments gesichert. In der heutigen Parlamentspraxis wird die Immunität eines Abgeordneten aufgehoben, wenn er eine strafbare Handlung begangen hat.

A5 Vertiefen/Verknüpfen

Lesen Sie die Artikel 46–48 Grundgesetz. Sie enthalten weitere wichtige Rechte der Abgeordneten, wie das Zeugnisverweigerungsrecht und das Recht auf Diäten. Auf der Homepage des Deutschen Bundestages können Sie sich diesbezüglich weitere Informationen beschaffen.

Haben Sie als einzelner Abgeordneter überhaupt eine Chance, politisch etwas zu bewegen?

Als Einzelner hätte ich bei der großen Zahl der Abgeordneten kaum die Möglichkeit, politisch wirksam zu werden. Deswegen habe ich mich mit meinen Parteifreunden, die die gleiche Grundüberzeugung wie ich haben, zu einer Fraktion zusammengeschlossen. Trotzdem bin ich an Aufträge und Weisungen nicht gebunden und bei Entscheidungen nur meinem Gewissen unterworfen. Ein imperatives Mandat widerspricht dem Grundgesetz.

Die Vielschichtigkeit der politischen Probleme erfordert von jedem Abgeordneten eine Spezialisierung. Steht die Lösung einer politischen Frage an, bildet sich zunächst die Fraktion eine Meinung. In aller Regel orientieren die Abgeordneten ihr Abstimmungsverhalten im Parlament an der vorweg gefassten Position der Fraktion. Man spricht von Fraktionsdisziplin.

Im Einzelfall kann dies natürlich für einen Abgeordneten zu erheblichen inneren Spannungen führen.

Ein Blick zurück ...

Im Jahre 1952 wurde ein Abgeordneter der damals noch nicht verbotenen rechtsradikalen Sozialistischen Reichspartei – SRP – im Bundestag verhaftet. Hermann Ehlers, damaliger Präsident des Bundestags: „Ich habe Ihnen die Mitteilung zu machen, dass mit meiner Zustimmung der Abgeordnete Dr. Franz Richter vorläufig festgenommen ist unter der Beschuldigung, dass er weder Studienrat noch Doktor ist noch Franz Richter heißt, sondern dass er der ehemalige Gauhauptstellenleiter Fritz Rößler der NSDAP, Gau Sachsen, ist."

Vielen Dank für das Gespräch!

Die Bundesregierung – Spitze der Exekutive

Zur Demokratie gehört der Wechsel in der politischen Führung. Die Bundeskanzler der Bundesrepublik Deutschland:

Konrad Adenauer (1949–1963)

Ludwig Erhard (1963–1966)

Kurt Georg Kiesinger (1966–1969)

Willy Brandt (1969–1974)

Helmut Schmidt (1974–1982)

Helmut Kohl (1982–1998)

Gerhard Schröder (1998–2005)

Angela Merkel (seit 2005)

A1 Analysieren/Nachdenken
Erarbeiten Sie anhand des Grundgesetzes Einzelheiten der Kanzlerwahl! Was geschieht, wenn ein Kandidat im ersten Wahlgang keine absolute Mehrheit bekommt?

A2 Recherchieren/Sammeln
Erstellen Sie eine Übersicht aller Regierungsmitglieder auf Bundesebene und ihrer Geschäftsbereiche (Ressorts)!

A3 Recherchieren/Sammeln
Die einzelnen Ministerien bieten Informationsmaterial aus ihrem Zuständigkeitsbereich. Fordern Sie entsprechende Unterlagen an und erstellen Sie eine Gesamtschau im Klassenzimmer!

A4 Vertiefen/Verknüpfen
Erstellen Sie aus den Informationen auf dieser Doppelseite eine Grafik zur Bundesregierung (Wahl, Aufgaben)!

A5 Analysieren/Nachdenken
Aus welchen Gründen kann es im Parlament zu einem konstruktiven Misstrauensvotum kommen? (Siehe auch Artikel 67 des Grundgesetzes und → 81.)

A6 Analysieren/Nachdenken
Lesen Sie Artikel 68 Grundgesetz. Welche Folgen können eintreten, wenn der Bundestag dem Bundeskanzler das Vertrauen nicht ausspricht? (Siehe auch → 81.)

ÜBERBLICK

▸ Die Bundesregierung setzt sich aus dem Bundeskanzler und den Bundesministern zusammen.

▸ Der Bundeskanzler wird auf Vorschlag des Bundespräsidenten vom Parlament gewählt.

▸ Die wahlberechtigten Bürger entscheiden bei der Kanzlerwahl nur indirekt mit.

▸ Der Kanzler und die Minister sind mit einer umfassenden politischen Entscheidungsgewalt ausgestattet.

▸ Die Minister brauchen aber das Vertrauen des Kanzlers.

Die Aufgaben des Bundeskanzlers

Der Bundeskanzler legt die Anzahl der Minister fest und ordnet ihnen bestimmte Geschäftsbereiche zu. Um die Mehrheit des Parlaments für ihre zukünftige Arbeit hinter sich zu haben, muss der Kanzler auch die Interessen seiner Koalitionspartner berücksichtigen, die am Anfang der Gespräche über eine Koalitionsbildung festgelegt wurden. Bei der Regierungsbildung hat er deshalb nicht nur Abgeordnete aus seiner eigenen Partei, sondern in einem abgewogenen Verhältnis auch Abgeordnete aus den Parteien der Koalitionspartner als Minister aufzunehmen. Nähere Regelungen hierzu enthält das Grundgesetz nicht.

3 Politische Strukturen

Der Bundeskanzler hat in Deutschland herausragende politische Entscheidungsbefugnisse, man spricht auch von einer „Kanzlerdemokratie". Neben dem Recht, die **Bundesminister vorzuschlagen** (der Bundespräsident ernennt sie offiziell), hat er laut Grundgesetz auch die **Richtlinienkompetenz** (Artikel 65). Das heißt, er legt politische Vorgaben fest, die in den einzelnen Ministerien umgesetzt werden müssen. Dies gilt für innen- und außenpolitische Ziele und Entscheidungen. Dafür ist der Bundeskanzler auch dem Bundestag gegenüber verantwortlich.

Die Minister entscheiden selbstständig innerhalb ihres Ressorts **(Ressortprinzip)**, halten sich jedoch an die Vorgaben des Bundeskanzlers. Wenn Minister in einer Sachfrage entscheiden sollen, aber uneinig sind, trifft das Kabinett als Kollegialorgan die Entscheidung **(Kollegialprinzip)**.

Wichtige Aufgaben der Bundesregierung:

- Sie hat das Recht, Gesetzesvorschläge einzubringen. Im politischen Alltag geht die Gesetzesinitiative meist von der Bundesregierung aus.
- Sie trägt als oberste Exekutivbehörde die Verantwortung für die Einhaltung und Ausführung der Gesetze. Erfordern die oft sehr allgemein gehaltenen Gesetzesformulierungen weitere Präzisierungen, kann sie Verordnungen erlassen. Für zahlreiche Gesetze hat die Bundesregierung von ihrem Verordnungsrecht Gebrauch gemacht. Damit erhalten die Ministerien noch größeren Einfluss.
- Der Entwurf des Haushaltsplans wird im Finanzministerium erstellt. Hier werden die finanzpolitischen Weichen gestellt.

Die Bundesregierung tagt. (Karikatur: Erik Liebermann)

M1 Regierungswechsel im demokratischen Staat
Presseschlagzeilen aus der Vergangenheit:

Kanzler Willy Brandt übersteht konstruktives Misstrauensvotum – Rainer Barzel weiterhin Oppositionsführer

Kanzler Helmut Schmidt durch konstruktives Misstrauensvotum gestürzt, neuer Regierungschef ist Helmut Kohl

Die neue Amtsperiode beginnt:
Der Wechsel ist perfekt, Helmut Kohl abgewählt und Gerhard Schröder übernimmt die Regierung

Vertrauensfrage des Bundeskanzlers
Drei Stimmen retten Kanzler Schröder
Koalition bis zuletzt am seidenen Faden. Grund: Einsatz der Bundeswehrsoldaten im Antiterrorkampf

Koalition aus CDU/CSU und FDP löst große Koalition ab:
Angela Merkel weiterhin Kanzlerin

Auch 2013 Große Koalition in Berlin
Angela Merkel (CDU), Kanzlerin, Sigmar Gabriel (SPD), Vizekanzler
Mitgliederstarke Koalition: 504 Abgeordnete

Konstruktives Misstrauensvotum

Der Bundestag wird von einem Teil seiner Mitglieder aufgefordert, dem Bundeskanzler das Misstrauen auszusprechen und gleichzeitig einen neuen Kanzler zu wählen. Dieser wird von den Abgeordneten vorgeschlagen, die den politischen Wechsel wollen. Wird der neue Kanzler gewählt, so muss der Bundespräsident den bisherigen Kanzler entlassen und den neu gewählten ernennen. Falls der Vorgeschlagene nicht die absolute Mehrheit erhält, bleibt der bisherige Bundeskanzler im Amt.

Vertrauensfrage des Bundeskanzlers

Der Bundeskanzler ist nur handlungsfähig, wenn er auf die Unterstützung der Parlamentsmehrheit vertrauen kann. Ist sich der Bundeskanzler dieses Vertrauens nicht mehr sicher, so kann er an den Bundestag den Antrag stellen, ihm das Vertrauen auszusprechen. Er ist politisch gestärkt, wenn die Mehrheit des Bundestags diesem Antrag zustimmt.

Der Bundesrat – Interessenvertretung der Länder

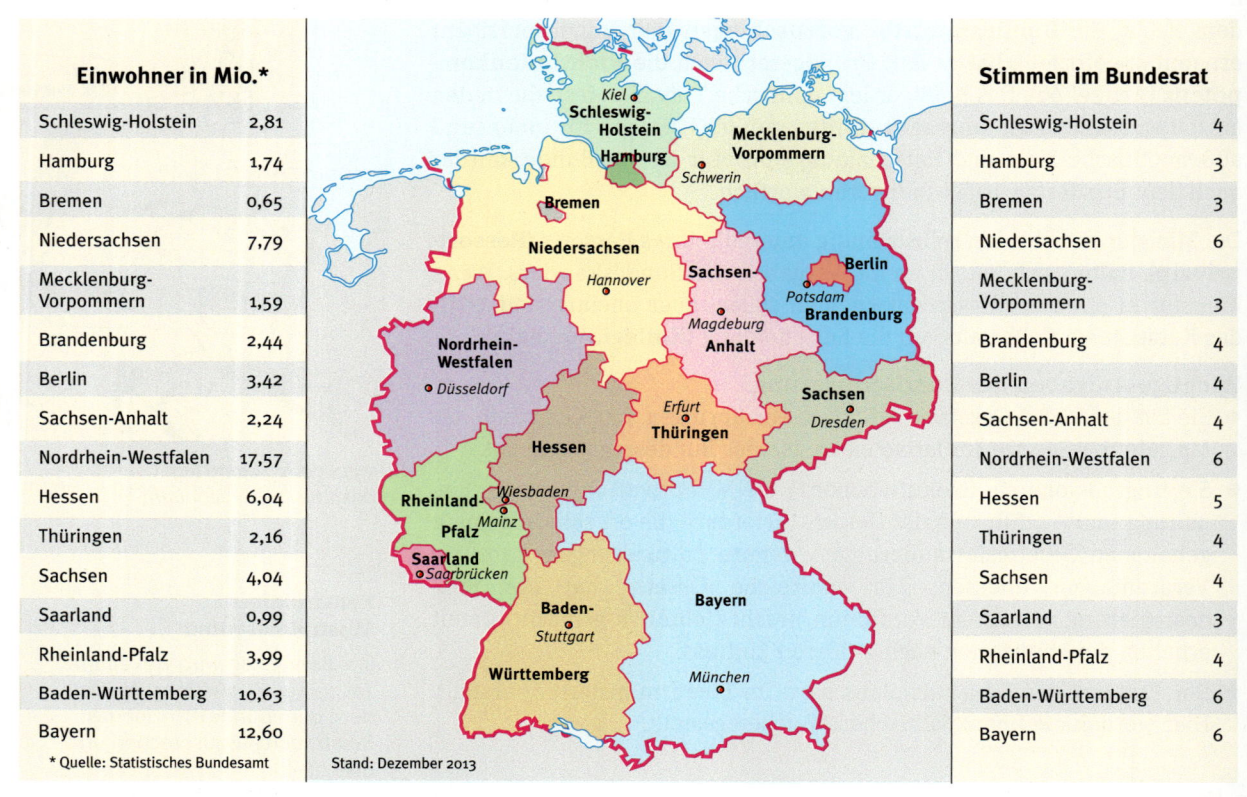

Einwohner in Mio.*	
Schleswig-Holstein	2,81
Hamburg	1,74
Bremen	0,65
Niedersachsen	7,79
Mecklenburg-Vorpommern	1,59
Brandenburg	2,44
Berlin	3,42
Sachsen-Anhalt	2,24
Nordrhein-Westfalen	17,57
Hessen	6,04
Thüringen	2,16
Sachsen	4,04
Saarland	0,99
Rheinland-Pfalz	3,99
Baden-Württemberg	10,63
Bayern	12,60

* Quelle: Statistisches Bundesamt

Stimmen im Bundesrat	
Schleswig-Holstein	4
Hamburg	3
Bremen	3
Niedersachsen	6
Mecklenburg-Vorpommern	3
Brandenburg	4
Berlin	4
Sachsen-Anhalt	4
Nordrhein-Westfalen	6
Hessen	5
Thüringen	4
Sachsen	4
Saarland	3
Rheinland-Pfalz	4
Baden-Württemberg	6
Bayern	6

Stand: Dezember 2013

Länder in der Bundesrepublik Deutschland

A1 Analysieren/Nachdenken
Welche Vorteile bringt der Zusammenschluss zu einem Bundesstaat (z. B. Verteidigungspolitik)?

A2 Analysieren/Nachdenken
Die Länder stehen untereinander auch in einem Wettbewerb. Was bedeutet diese Aussage?

A3 Analysieren/Nachdenken
Artikel 31 des Grundgesetzes besagt: „Bundesrecht bricht Landesrecht". Welche Auswirkungen hat diese Regelung auf die Länder?

A4 Analysieren/Nachdenken
Die Gesetzgebungskompetenz ist zwischen dem Bund und den Ländern aufgeteilt. Lesen Sie dazu die Artikel 70 ff. Grundgesetz.

Deutschland ist ein **Bundesstaat** → 48 f. In der Verfassung wird geregelt, welche Bereiche ihrer Souveränität die Länder an den Bund abtreten und welche sie selbst behalten. Dieses geregelte Neben- und Miteinander der Zuständigkeiten bezeichnet man als Föderalismus (lat. foedus = Bündnis, Vertrag). Die Länder sind aber auch gehalten, untereinander zusammenzuarbeiten. Man spricht deshalb von einem **kooperativen Föderalismus**.

Während ihrer regelmäßigen Treffen stimmen die Ministerpräsidenten der Länder bzw. die jeweiligen Ressortminister ihre Politik dem Bund gegenüber ab und besprechen ihre gemeinsamen Probleme. Für die Dauer eines Jahres übernimmt der Ministerpräsident aus einem Land den Vorsitz im Bundesrat. In dieser Zeit ist er zugleich Stellvertreter des deutschen Staatsoberhaupts, des Bundespräsidenten.

Einerseits verfolgt jedes Land natürlich auch eigene Ziele, andererseits müssen die gemeinsamen Ziele im Bund der Länder vorrangig bleiben. Um die unterschiedlichen Ziele und Vorstellungen auf einen gemeinsamen Nenner zu bringen, ist auch hier Kompromissbereitschaft angesagt.

3 Politische Strukturen

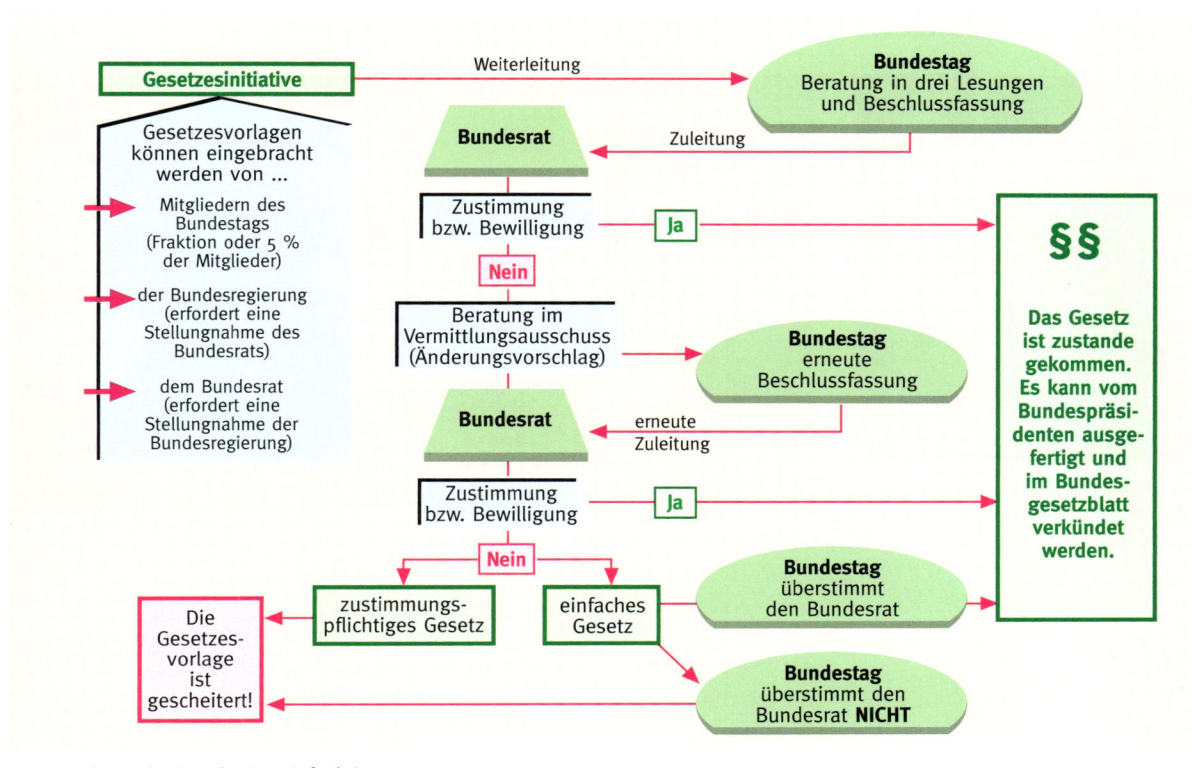

Gesetzgebung des Bundes (vereinfacht)

Im Grundgesetz ist die Beteiligung des Bundesrats an der Gesetzgebung und bei der Verwaltung des Bundes verankert. Gesetzesvorlagen werden in zwei Gruppen eingeteilt: Bei einfachen Gesetzen kann der Bundestag den Bundesrat überstimmen. Dies ist jedoch nicht der Fall bei zustimmungspflichtigen Gesetzen, wie z. B. bei Änderung des Grundgesetzes. Werden bei Gesetzen Belange der Länder berührt, so ist die Zustimmung des Bundesrats erforderlich.

M1 Gesetz „Rente mit 67" nimmt die erste parlamentarische Hürde

Sehr umstritten ist das neue Gesetz, mit dem das Renteneintrittsalter auf 67 Jahre angehoben werden soll. Nicht nur in der Opposition gab es kritische Gegenstimmen, sondern auch im Regierungslager wurde deutliche Kritik laut (s. auch → 75, M3). Das Gesetz, das im Bundesarbeits- und Sozialministerium erarbeitet und von der gesamten Bundesregierung gebilligt wurde, hat der Bundestag am 9. März 2007 mehrheitlich verabschiedet.

M2 Auch Bundesrat stimmt höherem Renteneintrittsalter zu

Der Bundesrat stimmte in Berlin dem Bundestagsbeschluss zur schrittweisen Anhebung des Renteneintrittsalters auf 67 Jahre zu (Online Focus vom 30. März 2007). Der Vermittlungsausschuss muss nicht eingeschaltet werden. Damit steht wohl der Unterzeichnung des Gesetzes durch den Bundespräsidenten nichts mehr im Wege und es kann veröffentlicht werden.

Vermittlungsausschuss

Kommt es im Gesetzgebungsverfahren zwischen Bundestag und Bundesrat zu Meinungsverschiedenheiten, kann der Vermittlungsausschuss angerufen werden. Er soll nach einer politischen Lösung suchen, die von beiden Verfassungsorganen akzeptiert werden kann. Bundestag und Bundesrat haben in diesem Gremium die gleiche Stimmenzahl.

A5 Analysieren/Nachdenken

Erläutern Sie anhand der Grafik einen kurzen und einen langen Weg bis zur Unterzeichnung eines Gesetzes durch den Bundespräsidenten!

A6 Recherchieren/Sammeln

Finden Sie heraus, welche Gesetze derzeit im Bundestag und im Bundesrat diskutiert werden!

Der Bundespräsident – das Staatsoberhaupt

Joachim Gauck wird nach seiner Wahl zum Bundespräsidenten in der Bundesversammlung beglückwünscht.

Schloss Bellevue, Sitz des Bundespräsidenten

Bundespräsidenten
Theodor Heuss 1949–1959
Heinrich Lübke 1959–1969
Gustav Heinemann 1969–1974
Walter Scheel 1974–1979
Karl Carstens 1979–1984
Richard von Weizsäcker 1984–1994
Roman Herzog 1994–1999
Johannes Rau 1999–2004
Horst Köhler 2004–2010
Christian Wulff 2010–2012
Joachim Gauck seit 2012

A1 Analysieren/Nachdenken
Erarbeiten Sie mithilfe des Grundgesetzes die Einzelheiten der Wahl des Bundespräsidenten!

A2 Analysieren/Nachdenken
Das Grundgesetz nennt für die Wahl zum Bundespräsidenten ein Mindestalter von 40 Jahren. Welche Gründe sind hierfür denkbar?

A3 Vertiefen/Verknüpfen
Besprechen Sie im Geschichtsunterricht, warum der Bundespräsident im Gegensatz zum Reichspräsidenten der Weimarer Republik mit wenig politischer Macht ausgestattet wurde!

Die Verfassung schreibt für die Wahl des Bundespräsidenten ein eigens dafür eingerichtetes Gremium vor, dem keine sonstige Aufgabe zugeordnet ist, die **Bundesversammlung**. Sie setzt sich aus allen Mitgliedern des Bundestags und der gleichen Anzahl von Ländervertretern zusammen, die durch die Länderparlamente gewählt werden. Damit kann jeder Bürger in die Bundesversammlung berufen werden. Aus diesem Grund findet man dort oft auch bekannte Namen aus Kultur, Sport oder Showgeschäft.

Der Präsident wird von diesem Gremium in geheimer Wahl mit absoluter Mehrheit für die Dauer von fünf Jahren gewählt. Mit seiner Wahl ist er Bundespräsident für alle Deutschen; eine frühere Parteigebundenheit ruht.

Das **deutsche Staatsoberhaupt** hat im Unterschied zu den Staatsoberhäuptern anderer Länder, z. B. der USA, **geringe politische Kompetenzen**. Der Bundespräsident ist nicht Mitglied der Bundesregierung und verfügt auch nicht über eine Richtlinienkompetenz. Er ernennt und entlässt zwar die Bundesminister auf Vorschlag des Bundeskanzlers, bestimmt diese jedoch nicht. Er macht Gesetze durch seine Unterschrift wirksam, formuliert und beschließt diese jedoch nicht. Politisch bedeutsamer ist die Rolle des Präsidenten bei der Wahl des Bundeskanzlers. Er hat die Macht, einem Kanzlerkandidaten, der die absolute Mehrheit im Bundestag nicht erreichen konnte, das Amt zu verweigern → S. 81.

Der **Bundespräsident** nimmt **in erster Linie repräsentative Aufgaben** wahr. Durch seine Reden und Veröffentlichungen kann er natürlich wertvolle Anstöße für die politische Diskussion geben. Die Bundespräsidenten haben in der Vergangenheit diese Möglichkeit der indirekten Einflussnahme auf die Meinungsbildung und damit auf die Entscheidungsprozesse immer wieder genutzt.

3 Politische Strukturen

Der Bundespräsident (Karl Carstens) übergibt Ernennungsurkunden an den Kanzler und die Bundesminister.

Durch die Unterschrift des Bundespräsidenten (Richard von Weizsäcker) wird ein Gesetz rechtskräftig.

Der Bundespräsident (Gustav Heinemann) auf Staatsbesuch in den Niederlanden; rechts der damalige Außenminister und spätere Bundespräsident Walter Scheel.

Das Staatsoberhaupt (Johannes Rau) äußert sich in vielen aktuellen politischen, kulturellen und sozialen Fragen.

Empfang eines ausländischen Staatsgastes (durch Roman Herzog). Die Ehrenformation der Bundeswehr wird abgeschritten.

Der Bundespräsident (Horst Köhler) hält Kontakte zur Bevölkerung. Hier im Gespräch mit Jugendlichen.

Zusammenfassung – Fachwissen anwenden

Kleines Staatsbürgerquiz

Kommunen

Wer entscheidet innerhalb einer Gemeinde / Stadt?

- Ⓓ Gemeinderat / Stadtrat und Bürgermeister
- Ⓤ Landrat
- Ⓡ Kreistag

Wie können Bürger direkt und erfolgreich gemeindliche Entscheidungen beeinflussen?

- Ⓐ Durch Unterschriftenaktionen
- Ⓣ Durch Protestversammlungen
- Ⓔ Durch Bürgerbegehren und Bürgerentscheid

Wo sind die jährlichen Einnahmen und Ausgaben einer Gemeinde festgelegt?

- Ⓘ Rechnungsprüfungsbericht
- Ⓜ Haushaltsplan
- Ⓐ Steuererklärung

Die Gemeinden haben das Recht der Selbstverwaltung. Was bedeutet dies?

- Ⓢ Die Gemeinden können nach Belieben entscheiden
- Ⓞ Regelung der örtlichen Angelegenheiten im Rahmen der Gesetze
- Ⓥ Die Gemeinde bekommt vom Staat genaue Aufgaben zugewiesen

Welche Aufgaben fallen in den Bereich der Gemeinden?

- Ⓐ Bau von Bundesstraßen
- Ⓜ Einführung der Lohnsteuer für Gemeindebürger
- Ⓚ Versorgung der Menschen mit Wasser und Energie

Länder

Die Gesetzesinitiative haben in Bayern der Landtag und die Staatsregierung. Wer kann noch Gesetze „auf den Weg bringen"?

- Ⓗ Die Verbände
- Ⓞ Der Verwaltungsgerichtshof
- Ⓡ Das Volk

Wer beschließt Gesetze in Bayern?

- Ⓑ Staatsregierung
- Ⓐ Landtag
- Ⓢ Verfassungsgerichtshof

Welche wichtige Aufgabe hat der Bayerische Landtag?

- Ⓣ Kontrolle der Staatsregierung und Verwaltung
- Ⓚ Durchführung von Bürgerbefragungen
- Ⓞ Wahl des Bundespräsidenten

Welche zentrale politische Kompetenz hat der Ministerpräsident?

- Ⓞ Mitwirkung bei der Wahl des Bundeskanzlers
- Ⓛ Misstrauensantrag gegenüber dem Landtag
- Ⓘ Festlegung der politischen Richtlinien

Innerhalb der Staatsregierung gilt das Ressortprinzip. Was bedeutet dies?

- Ⓔ Selbstständige Führung eines politischen Aufgabengebiets durch den Minister
- Ⓝ Alle Entscheidungen werden gemeinsam getroffen
- Ⓢ Rechenschaftspflicht gegenüber dem Volk

Ergänzende Hinweise

Durch Nachschlagen im vorliegenden Kapitel können die Fragen beantwortet werden. Es ist außerdem sinnvoll und notwendig, mit dem Grundgesetz und der Bayerischen Verfassung zu arbeiten. Vor jeder Lösungsmöglichkeit ist ein Buchstabe angegeben. Wenn jeweils der richtige Buchstabe entnommen wird, ergeben die Buchstaben hintereinandergereiht die zwei richtigen Lösungswörter.

WICHTIG: Bearbeiten Sie das Rätsel auf einem eigenen Blatt und schreiben Sie **NICHT** in das Buch.

3 Politische Strukturen

Bund

Wer gehört der Bundesregierung an?
- (V) Bundeskanzler und Bundesminister
- (R) Bundespräsident und Bundeskanzler
- (E) Bundeskanzler und Ministerpräsidenten

Wer wählt auf der Ebene des Bundes den „Regierungschef"?
- (M) Bundespräsident
- (E) Bundestag
- (P) Bundesrat

Welche wichtige Befugnis hat die Bundeskanzlerin / der Bundeskanzler?
- (R) Politische Richtlinienkompetenz
- (H) Wahl des Bundespräsidenten
- (F) Ernennung der Bundesverfassungsrichter

Die Staatsgewalt ist geteilt. Welchen Bereich nimmt die Bundesregierung wahr?
- (U) Legislative
- (P) Exekutive
- (K) Judikative

Welche Aufgabe hat der Bundesrat?
- (N) Bildung der Länderregierungen
- (I) Wahl des Bundeskanzlers
- (F) Mitwirkung der Länder bei der Verwaltung und Gesetzgebung des Bundes

Wer wählt den Bundespräsidenten?
- (P) Das Volk
- (A) Das Parlament
- (L) Die Bundesversammlung

Bund

Wie kann das Staatsoberhaupt, der Bundespräsident, seine Auffassung ins politische Geschehen einbringen?
- (A) Durch das Gesetzesinitiativrecht
- (M) Bei Abstimmungen im Parlament
- (I) Durch fundierte Reden und schriftliche Veröffentlichungen

Die politischen Aufgaben sind zwischen dem Bund und den Ländern aufgeteilt. Bei welchem Bereich handelt es sich ausschließlich um eine Bundesaufgabe?
- (L) Öffentliche Sicherheit und Ordnung
- (C) Verteidigung
- (B) Steuerrecht

Wer beschließt die Gesetze im Bund?
- (T) Bundesregierung und Bundesrat
- (H) Bundestag und Bundesrat
- (A) Bundespräsident und Bundesregierung

Im Gesetzgebungsverfahren haben die Ausschüsse große Bedeutung. Was versteht man darunter?
- (R) Diskussionsrunden der Verbände
- (O) Arbeitsgruppen der Bundesregierung
- (T) Verkleinerte „Spiegelbilder" des gesamten Parlaments

Welches Gericht steht an der Spitze der Gerichtsbarkeit in Deutschland?
- (L) Bundesverwaltungsgericht
- (O) Bundesgerichtshof
- (E) Bundesverfassungsgericht

Welchen Beinamen hat das höchste Gericht?
- (T) Hüterin der Verfassung
- (V) Zentrale Schlichtungsstelle
- (L) Organ der Bundesregierung

Lösung: zwei Lösungswörter

4 Strukturen gesamtwirtschaftlicher Vorgänge

Private Haushalte

Unternehmen

Geldleistung · Sachleistung · Sachleistung · Geldleistung

DER WIRTSCHAFTSKREISLAUF

Staat

„Soziale Marktwirtschaft vollzieht sich nicht in Gesetzbüchern, sondern im Denken und Handeln der Menschen."

Richard von Weizsäcker

Ausland

Volkswirtschaftliche Zusammenhänge sind vielen Menschen nicht bekannt. Durch die natürliche Hinwendung auf wirtschaftliche Vorgänge, die unsere ganz persönlichen Belange betreffen, bleibt uns oft verborgen, welche Wirkung Aktivitäten des Einzelnen auf die gesamte Wirtschaft haben. Dieses Kapitel soll dazu hinführen, den Blick dafür zu schärfen.

Wie stark ist eine Volkswirtschaft?

M1 Hinweise zum Vergleich volkswirtschaftlicher Zahlen

Zur Darstellung von Zusammenhängen ist oft aus den Massen der Daten eine **Auswahl** zu treffen. Das Schaubild rechts beschränkt sich auf vier große Industrienationen und vier Länder in unterschiedlichen Stadien der wirtschaftlichen Entwicklung.

Daten findet man in vielen Quellen. Wenn Sie an anderer Stelle leicht abweichende Zahlen finden, liegt das meist an unterschiedlichen Berechnungsweisen.

Zur **internationalen** Vergleichbarkeit werden Wertangaben oft in US-Dollar ausgedrückt.

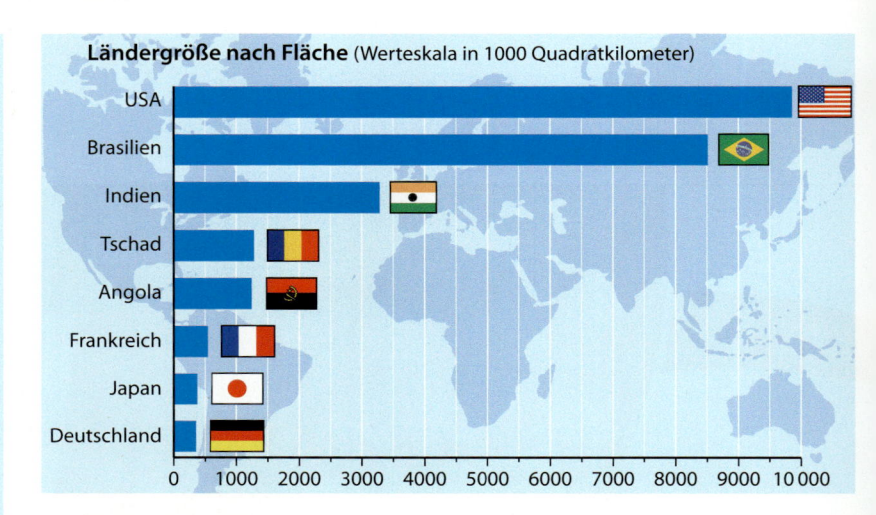

Ländergröße nach Fläche (Werteskala in 1000 Quadratkilometer)

- USA
- Brasilien
- Indien
- Tschad
- Angola
- Frankreich
- Japan
- Deutschland

Wirtschaftskundliche Grundkenntnisse sind Ihnen bereits aus früheren Jahrgangsstufen bekannt. Im Fach Sozialkunde wird nun der Spezialbereich „Volkswirtschaftslehre" behandelt. Hier geht es um gesamtwirtschaftliche Zusammenhänge und um Wirtschaftspolitik → 116 ff.

M2 Die volkswirtschaftliche Bedeutung Jugendlicher
(6–19-Jährige im Jahr 2013)

Jahreseinnahmen 21,5 Mrd. Euro
darunter: regelmäßige Einkommen, Nebenjobs, Taschengeld, Geschenke

Gesamtausgaben: 24,9 Mrd. Euro
darunter:
Kleidung, Mode 4,0 Milliarden
Kneipe, Disco 2,6 Milliarden
Restaurants 1,7 Milliarden
Hobbys 1,7 Milliarden
Eintrittskarten 1,3 Milliarden
Sportartikel 0,9 Milliarden
Lesematerial 0,9 Milliarden

Die Ausgaben sind größer als die Einnahmen. Mancher lebt also schon sehr früh „auf Pump". Im Jahr 2013 hatten z. B. junge Leute unter 25 Jahren allein bei Telekommunikationsfirmen durchschnittlich rund 1350 Euro Schulden (www.destatis.de).

ÜBERBLICK

▸ Jeder Mensch hat viele Bedürfnisse, die er befriedigen will.

▸ Dazu benötigen wir Güter und Dienstleistungen.

▸ Güter und Dienstleistungen sind jedoch knapp, das bedeutet, dass uns nicht alles grenzenlos zur Verfügung steht.

▸ Daraus entsteht ein Spannungsverhältnis, das uns zwingt, unter den folgenden zwei Aspekten wirtschaftlich zu handeln.

▸ Wir versuchen ENTWEDER, mit unseren verfügbaren Mitteln den größten Nutzen zu erzielen, der damit erreichbar ist.
ODER wir versuchen, ein gesetztes Ziel mit dem geringsten Aufwand zu erreichen, der dafür erforderlich wird.

▸ Diese beiden Aspekte nennt man das **„ökonomische Prinzip"**, das alle Wirtschaftsteilnehmer berücksichtigen sollten.

▸ Ist eine Familie oder eine Hausgemeinschaft zu versorgen, so spricht man von **Hauswirtschaft**.

▸ Sind die Belange eines Betriebes zu beachten, spricht man von **Betriebswirtschaft**.

▸ Geht es um die Belange eines ganzen Volkes (einer Nation), spricht man von **Volkswirtschaft**.

▸ Jedes Land (oder auch eine Ländergemeinschaft wie z. B. die EU → 150–157) ist daher gleichzeitig auch eine **Volkswirtschaft**.

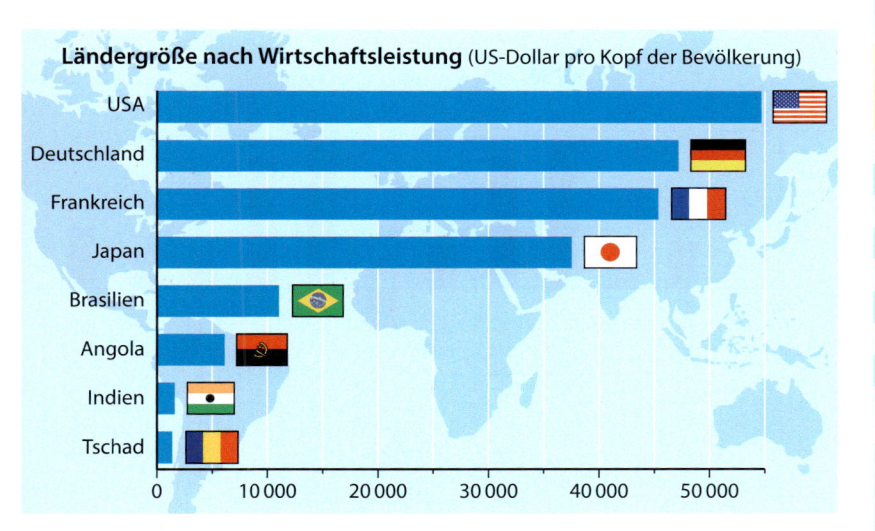

4 Strukturen gesamtwirtschaftlicher Vorgänge

Ländergröße nach Wirtschaftsleistung (US-Dollar pro Kopf der Bevölkerung)

(Balkendiagramm: USA, Deutschland, Frankreich, Japan, Brasilien, Angola, Indien, Tschad – Skala 0 bis 50 000)

M3 Wirtschaftsleistung 2014

Land	US-Dollar pro Kopf der Bevölkerung
USA	54.678
Deutschland	47.201
Frankreich	45.384
Japan	37.540
Brasilien	11.067
Angola	6.128
Indien	1.626
Tschad	1.404

Quelle: Statistisches Bundesamt

Die Volkswirtschaftslehre betrachtet die Aktivitäten aller, die an den wirtschaftlichen Ergebnissen eines Landes in irgendeiner Form beteiligt sind. Dazu gehören viele. Arbeitnehmer, Produktionsbetriebe, Handel, Banken, Dienstleistungsunternehmen und auch der Staat. Auch Jugendliche geben insgesamt massenhaft Geld aus, wie Sie aus M2 ablesen können. Wir werden alle „Wirtschaftsteilnehmer" schrittweise gesamtheitlich betrachten, denn für volkswirtschaftliche Untersuchungen sind individuelle Handlungsweisen nicht bedeutsam. Es ist immer nur die gesamtwirtschaftliche Wirkung ganzer Gruppen wichtig, sofern man ihnen bestimmte einheitliche Verhaltensmuster zuschreiben kann.

Um solche Zusammenhänge durchschauen zu können, muss man mit Zahlen und Daten umgehen können. Betrachten Sie z. B. das Schaubild zur Ländergröße. In geografischer Hinsicht ist die Bundesrepublik Deutschland ein Zwerg. Die Weltkarte zeigt dies noch deutlicher.

Die geografische Größe eines Landes sagt jedoch nichts über die Stärke seiner Volkswirtschaft aus. Die Rangfolge unserer Länderauswahl kehrt sich nämlich nahezu um, wenn man die Wirtschaftsleistung pro Kopf der Bevölkerung betrachtet (= Gesamtwert der Wirtschaftsleistung einer Nation dividiert durch deren Bevölkerungszahl).

Wie misst man nun diese „Wirtschaftsleistung"? Es gibt dafür zwei wichtige Messgrößen, deren Definitionen Sie in der Randspalte finden:

- das Bruttosozialprodukt (BSP)* und
- das Bruttoinlandsprodukt (BIP).

Wie diese Werte berechnet werden, erfahren Sie auf Seite → 104. Die Zahlen dieser beiden Größen ändern sich von Jahr zu Jahr. Wenn sie steigen, spricht man von Wirtschaftswachstum.

---

*Seit 1999 trägt das „Bruttosozialprodukt" (BSP) zwar offiziell die neue Bezeichnung „Bruttonationaleinkommen", in der Umgangssprache ist jedoch der alte Begriff nach wie vor gängiger.

M4 Zum Vergleich volkswirtschaftlicher Zahlen

Das **BSP** einer Volkswirtschaft misst den Marktwert aller Sachgüter und Dienstleistungen, die von Inländern **(also z. B. von Deutschen)** im Laufe eines Jahres erzeugt wurden (soweit dies statistisch nachweisbar ist). Ob dies **im Inland oder im Ausland** geschah, bleibt gleichgültig.
Als Maßstab für den Leistungsvergleich von Volkswirtschaften bevorzugt man aber oft das **BIP**. Es misst den Marktwert aller Sachgüter und Dienstleistungen, die im Laufe eines Jahres **innerhalb eines Landes (z. B. Deutschland)** erzeugt werden. Dabei ist es gleichgültig von wem **(Inländer oder Ausländer)**.

M5 Was gehört wohin in der Volkswirtschaft?

Die Leistung eines deutschen Architekten, der in Indien arbeitet, gehört zu unserem **BSP**, der Architekt ist ja **Deutscher**, jedoch nicht zu unserem BIP, da er seine Leistung im Ausland erbracht hat. Die Leistung eines indischen Architekten, der in Deutschland arbeitet, hat dafür nichts mit unserem BSP zu tun – der Mann ist ja Inder –, jedoch gehört sie zu unserem **BIP**, denn er hat seine Leistung in **Deutschland** erbracht.

Wirtschaftswachstum – ein Begriff auf dem Prüfstand

M1 Welche Rolle spielt das Wirtschaftswachstum für die Beschäftigung?

„Über diese Frage haben schon Generationen von Wissenschaftlern gebrütet. Dass es einen Zusammenhang gibt zwischen einem Plus bei der Wirtschaftsleistung und der Zahl angebotener Arbeitsplätze, darüber besteht Übereinstimmung. […] Die Frage ist aber: Schafft jedes Prozent Wachstum auch gleich neue Jobs – und wenn ja, wie viele? Natürlich haben die Wissenschaftler das Thema eingehend untersucht und Ergebnisse geliefert. Kern aller Analysen: Erst bei einem Wirtschaftswachstum von mehr als zwei Prozent in Deutschland entstehen auch zusätzliche Arbeitsplätze."
(Quelle: „Tagesspiegel", 24.4.2002)

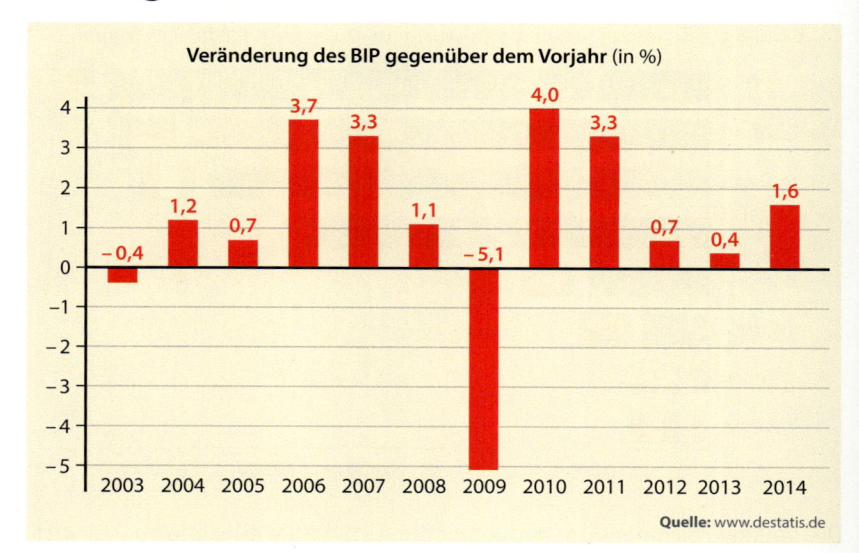

Veränderung des BIP gegenüber dem Vorjahr (in %)

Jahr	2003	2004	2005	2006	2007	2008	2009	2010	2011	2012	2013	2014
%	–0,4	1,2	0,7	3,7	3,3	1,1	–5,1	4,0	3,3	0,7	0,4	1,6

Quelle: www.destatis.de

Unter Wirtschaftswachstum versteht man den prozentualen Anstieg des Bruttoinlandsprodukts (BIP) oder auch des Bruttosozialprodukts (BSP) jeweils im Vergleich zum Vorjahr.

Das Wirtschaftswachstum gilt als wichtiger Maßstab für die Wohlstandsentwicklung einer Volkswirtschaft. Der Zusammenhang erscheint einleuchtend. Eine Steigerung der Wirtschaftsleistung ist mit einer größeren Produktionsmenge verbunden, folglich stehen der Bevölkerung auch mehr Verbrauchsgüter zur Verfügung. Da für deren Produktion auch Arbeitskräfte beschäftigt werden müssen, kommt es zu einem größeren gesamtwirtschaftlichen Einkommen und die Menschen können sich dieses „Mehr" an Gütern auch kaufen.

In der Regel lässt sich also folgender Zusammenhang formulieren: Wirtschaftswachstum ermöglicht

- den Menschen einen höheren Lebensstandard, da die Volkswirtschaft über ein größeres Güterangebot verfügt;
- den Menschen mehr Arbeitsplatzsicherheit, da jede Mehrproduktion auch mehr Beschäftigung mit sich bringt;
- dem Staat eine leichtere Erfüllung seiner Aufgaben, da ihm durch mehr Beschäftigung höhere Steuereinnahmen zufließen und zudem die Ausgaben für Sozialhilfe und dergleichen sinken.

Wachstum bringt also offenbar Bürgern, Unternehmen und dem Staat klare Vorteile. Es stößt jedoch auch an Grenzen. Dies zeigt an einer kleinen Auswahl die folgende Tabelle zur Entwicklung der Geräteausstattung deutscher Haushalte innerhalb von 16 Jahren.

A1 Analysieren/Nachdenken

Fortschreitendes Wirtschaftswachstum erzeugt eine Menge Abfall und damit Entsorgungsprobleme. Suchen Sie anhand von Medienberichten oder im Internet aktuelle Beispiele zu diesem Problem und den vorhandenen Lösungsvorschlägen.

A2 Vertiefen/Verknüpfen

Lesen Sie die in M2 dargestellten Gedanken aufmerksam. Bringen Sie diese Fragen auch in anderen Fächern zur Sprache (z. B. Religion, Biologie, Erdkunde) und suchen Sie gemeinsam mit den Lehrkräften nach Beispielen, die zeigen, dass quantitatives Wachstum von qualitativem Wachstum abweichen kann!
Beispiel für einen Denkansatz:
Was besagen die ständig steigenden Gesundheitskosten für das BIP und für den Volkswohlstand?

4 Strukturen gesamtwirtschaftlicher Vorgänge

Ausstattung privater Haushalte in Deutschland (in Prozent)

Jahr	1998	2003	2008	2014
(1) Kühlschrank, Kühl- /Gefrierkombination	99,0	98,8	98,6	99,8
(2) Fernseher	95,8	94,4	94,1	97,5
(3) Personenkraftwagen	75,1	76,9	77,1	77,1
(4) Mikrowellengerät	50,8	62,7	69,6	72,9
(5) Geschirrspülmaschine	44,8	56,6	62,5	68,3
(6) PC	38,7	61,4	75,4	87,0
(7) Mobiltelefon (Handy, Smartphone)	11,2	72,5	86,3	93,6

Quelle: www.destatis.de

Bei Standardgütern (1–3) zeigt sich, dass hier längst eine gewisse Sättigung erreicht ist. Neue Umsätze gehen nur noch über den Güteraustausch alt gegen neu. Das Gleiche gilt für digitale Produkte (6 und 7), die zwar einen rasanten Zuwachs hatten, mittlerweile aber nur durch ständige Innovation hohe Umsatzzahlen aufrechterhalten können. Bei den Beispielen dazwischen (4 und 5) erhöht sich der Ausstattungsgrad langsamer, aber stetig. Vor etwa 25 Jahren besaßen z. B. nur rund 26 Prozent der Menschen einen Geschirrspüler und nur rund 12 Prozent eine Mikrowelle. Dies alles weist auf einen gestiegenen Lebensstandard hin – man kann also sagen, es geht uns besser als je zuvor, der Wohlstand wächst.

Da das Wachstum von BSP oder BIP aber darauf beruht, dass in diese Messgrößen alles eingerechnet wird, was finanziell messbar ist, muss bedacht werden, dass nicht alles davon dem Wohlergehen dient. Rein quantitatives (mengenmäßiges) Wachstum hat auch Nebenwirkungen. Davor warnen seit Jahrzehnten Zukunftsforscher, aber auch Politiker:

Robert F. Kennedy, US-Politiker. † 1968 (Attentat)

Erhard Eppler, 1968–1974 Bundesminister

Die Aussage, dass Wachstum automatisch Wohlstand bedeutet, ist also mit Skepsis zu betrachten. Wenn mehr auf quantitatives als auf qualitatives Wirtschaftswachstum geachtet wird, besteht das Risiko, dass um des heutigen Wohlstands willen nachrückende Generationen schlechtere Lebensverhältnisse vorfinden werden.

M2 Gedanken kritischer Köpfe

„Das Bruttosozialprodukt […] erfasst den Geldwert vieler Dinge, wie z. B. die Luftverschmutzung und Zigarettenwerbung und die Krankenwagen, die Blutbäder auf unseren Fernstraßen beseitigen. Es erfasst die Sicherheitsverriegelungen unserer Türen und die Gefängnisse für Leute, die trotzdem einbrechen. Es erfasst die Zerstörung […] unserer Naturwunder […]. Es erfasst […] nukleare Sprengköpfe und gepanzerte Polizeiwagen zur Bekämpfung städtischer Unruhen […] und es erfasst gewaltverherrlichende TV-Sendungen, die den Verkauf von entsprechendem Spielzeug fördern.

Das BSP erfasst aber nicht die Gesundheit unserer Kinder, die Qualität ihrer Erziehung und ihre Freude am Spiel. […] Es misst weder unsere geistige Wendigkeit noch unseren Mut, weder unseren Verstand noch unsere Bildung, weder unser Mitgefühl noch die Hingabe für unser Land. Kurzum, es misst alles, bis auf das, was unser Leben lebenswert macht."

(Robert Kennedy, 1968)

„Wenn unsere Felder – ebenso wie das Vieh – mit immer mehr Chemikalien traktiert (angegriffen) werden, so ist dies Wachstum. Wenn dadurch […] mehr Weizen geerntet und mehr Kälber gemästet werden, so schafft dies Wachstum. Wenn dadurch mehr Überschüsse in Kühlhäusern gelagert werden, schlägt sich dies in Wachstum nieder. Wenn für die Kühlhäuser mehr Strom gebraucht wird, ist dies Wachstum, wenn dafür neue Kraftwerke gebaut werden müssen, ist dies noch einmal Wachstum usw."

(Erhard Eppler, 1981)

Wovon hängt volkswirtschaftliche Stärke ab?

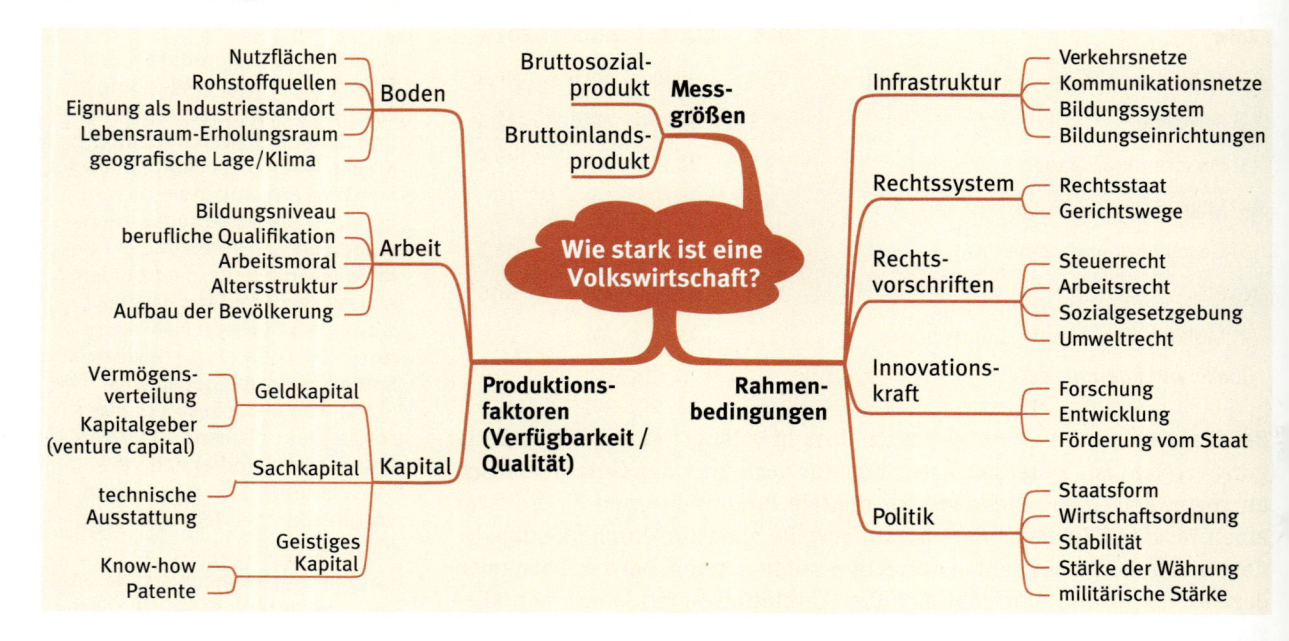

Wie stark ist eine Volkswirtschaft?

- **Messgrößen**
  - Bruttosozialprodukt
  - Bruttoinlandsprodukt

- **Produktionsfaktoren (Verfügbarkeit / Qualität)**
  - **Boden**
    - Nutzflächen
    - Rohstoffquellen
    - Eignung als Industriestandort
    - Lebensraum-Erholungsraum
    - geografische Lage/Klima
  - **Arbeit**
    - Bildungsniveau
    - berufliche Qualifikation
    - Arbeitsmoral
    - Altersstruktur
    - Aufbau der Bevölkerung
  - **Kapital**
    - Geldkapital
      - Vermögensverteilung
      - Kapitalgeber (venture capital)
    - Sachkapital
      - technische Ausstattung
    - Geistiges Kapital
      - Know-how
      - Patente

- **Rahmenbedingungen**
  - **Infrastruktur**
    - Verkehrsnetze
    - Kommunikationsnetze
    - Bildungssystem
    - Bildungseinrichtungen
  - **Rechtssystem**
    - Rechtsstaat
    - Gerichtswege
  - **Rechtsvorschriften**
    - Steuerrecht
    - Arbeitsrecht
    - Sozialgesetzgebung
    - Umweltrecht
  - **Innovationskraft**
    - Forschung
    - Entwicklung
    - Förderung vom Staat
  - **Politik**
    - Staatsform
    - Wirtschaftsordnung
    - Stabilität
    - Stärke der Währung
    - militärische Stärke

A1 Kreativität/Gestalten

Die oben gezeigte Mindmap wurde von Schülern einer 10. Realschulklasse gemeinsam mit der Lehrkraft erarbeitet. Um sich Ihren eigenen Gesamtüberblick über die Leistungsgrundlagen einer Volkswirtschaft zu verschaffen, können Sie diese Map vereinfachen, ergänzen, umgestalten oder mit Ihren eigenen kreativen Ideen eine völlig neue Mindmap erstellen.

A2 Analysieren/Nachdenken

Versuchen Sie, in Arbeitsgruppen möglichst viele Zusammenhänge zwischen den Ästen und Unterästen unserer Mindmap zu finden und zu analysieren.

Beispiel: Rohstoffquellen sind für ein Land sehr nützlich, erfordern zu ihrer Nutzung aber auch die nötige technische Ausstattung.

Präsentieren Sie die Gruppenergebnisse vor der Klasse, indem Sie in einer Projektion dieser Mindmap (Computerscan, Overheadkopie) Ihre Ergebnisse sichtbar machen.

Wie bereits gezeigt, besteht zwischen der wirtschaftlichen und der geografischen Größe von Ländern ein gewaltiger Unterschied.

Das lässt sich an einem konkreten Fall einfach erklären. Nehmen wir Indien: Indien ist etwa neunmal so groß wie Deutschland und hat rund fünfzehnmal so viele Einwohner, dennoch erwirtschaftet es nur ein knappes Drittel dessen, was Deutschland produziert. Pro Kopf betrachtet erwirtschaftet ein Deutscher im Durchschnitt sogar etwa dreißigmal so viel wie ein Inder (Stand: 2014). Nun bemüht sich Indien gewiss ebenso um wirtschaftlichen Erfolg wie Deutschland. Woher kommt also dieser auffällige Unterschied?

Oben sehen Sie eine Mindmap. Sie zeigt, dass sehr viele Faktoren eine Rolle dabei spielen, welchen Umfang die wirtschaftliche Leistung einer Volkswirtschaft erreichen kann. Positive und negative Einflussfaktoren sind dabei nicht in allen Ländern gleich. So ist Deutschland zwar ein rohstoffarmes Land, eignet sich aber bestens als Industriestandort, da es unter anderem über gute technische Ausstattung, eine hervorragende Infrastruktur und außerordentlich viele qualifizierte Arbeitskräfte verfügt.

Jede Volkswirtschaft weist also eine ganze Reihe von sogenannten Standortvorteilen oder Standortnachteilen auf, die die Wirtschaftspolitik des Staates wesentlich beeinflussen. Das Thema „Wirtschaftsstandort" → G haben Sie auch schon im Fach Erdkunde besprochen. Sehen Sie ruhig einmal in Ihren alten Unterlagen nach, sofern Ihnen diese noch verfügbar sind.

4 Strukturen gesamtwirtschaftlicher Vorgänge

Sie sehen schon, Volkswirtschaft kann eine sehr knifflige Angelegenheit sein. Bis jetzt haben wir uns dabei aber nur mit Zahlen und Fakten beschäftigt.

Nun müssen wir die „Wirtschaftssubjekte" unter die Lupe nehmen, die aktiv auf das Wirtschaftsgeschehen einwirken. Volkswirtschaftlich betrachtet interessiert uns dabei nicht, was jedes einzelne Mitglied dieser Wirtschaftssubjekte tut. Uns interessiert wieder nur, welche Wirkungen von der jeweiligen Bündelung ausgehen.

Unten sehen Sie eine kurze Übersicht. Wir werden uns anschließend mit jedem einzelnen Wirtschaftssubjekt genauer befassen → 96–101.

Ein Millionenspiel

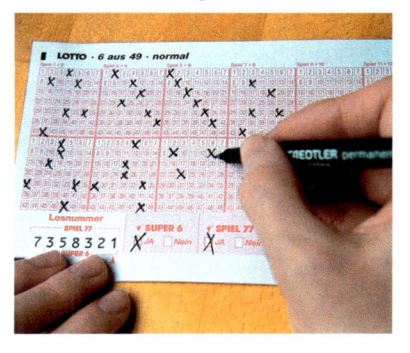

Volkswirtschaftliche Größenordnungen sprengen oft unser Vorstellungsvermögen. Wir lesen gewaltige Zahlen und sind oft gar nicht mehr fähig, diese richtig einzuschätzen. Ein Beispiel soll dies deutlich machen.

Jeder Lottospieler strebt danach, einmal eine Million Euro zu gewinnen. Deutschlands Bruttoinlandsprodukt im Jahr 2014 betrug 2.903.790 Millionen Euro. Ausgeschrieben sieht die Summe so aus:

2.903.790.000.000 €

Wenn ein „Lotto-Glückspilz" nun in jeder Woche seines Lebens wirklich eine Million Euro gewinnen würde, so müsste ihm das 2 903 790 Wochen lang gelingen. Teilen wir nun diese Zahl durch 52 (Wochen) so kommen wir auf rund 55 842 Jahre. So alt müsste der Lottospieler werden, um nur das deutsche Bruttoinlandsprodukt des Jahres 2014 als Gewinnsumme zu erreichen!

Die privaten Haushalte – Orte des Verbrauchs

Zu den privaten Haushalten gehören alle Menschen! Private Haushalte orientieren sich nicht an volkswirtschaftlichen Erfordernissen, sondern verfolgen ihre persönlichen Ziele. Da ihre Mittel begrenzt sind, müssen sie sich jedoch wirtschaftlichen Notwendigkeiten fügen. Die Verwendung ihres Einkommens pendelt dabei zwischen Konsum und Sparen → 96.

Die Unternehmen – Orte der Produktion

Unternehmen haben in jeder Volkswirtschaft die Aufgabe, durch Produktionstätigkeit menschliche Bedürfnisse zu befriedigen. Sie tun dies über Rohstoffgewinnung, Güterverarbeitung und die Bereitstellung von Dienstleistungen. Auch Unternehmen verfolgen dabei ihre eigenen Ziele, z. B. möglichst hohe Gewinne zu erwirtschaften.

Der Staat – Ordnungs- und Steuerungsmacht

Der Staat übernimmt in jeder Volkswirtschaft Ordnungsfunktionen. Er sorgt dafür, dass im Wirtschaftsleben Regeln vorhanden sind und auch eingehalten werden. Zudem organisiert und finanziert er öffentliche Leistungen (Bildung, Sicherheit usw.). Im Rahmen der „Wirtschaftspolitik" übernimmt er auch Steuerungsaufgaben → 98 f.

Das Ausland – Wirtschafts- und Handelspartner

Kein Land lebt für sich allein. Dies gilt für jede Volkswirtschaft. Die internationalen Bindungen aneinander werden ständig enger. Dies ist ein Aspekt der Globalisierung, die inzwischen alle Lebensbereiche erfasst hat → 164–169. Dadurch ist das Ausland längst mehr nur Lieferant und Absatzmarkt, sondern auch Ziel für Investitionen → 100 f. und 107, ausgelagerte Produktionsstätte usw.

A3 Kreativität/Gestalten

Das Lottobeispiel veranschaulicht große Zahlen an einem konkreten Modell. Versuchen Sie auch andere volkswirtschaftliche Zahlen, die Ihnen im Buch noch begegnen werden, auf ähnliche Weise verständlicher darzustellen (z. B. Bundeshaushalt, Steueraufkommen, Exportumfang)!

Private Haushalte und Unternehmen

M1 Sparen galt schon immer als wichtige Tugend

Durch Aufrufe oder Plakate wurden Kinder seit jeher zum Sparen aufgefordert, manchmal für wenig kindgemäße Belange (Bild 3).

Oben: Plakat um 1930; unten: Plakat der DDR, 1950. „Schulsparen" war sehr beliebt in Deutschland.

Während des Ersten Weltkriegs wurden amerikanische Kinder aufgefordert, für einen Quarter (= 25 US-Cent) ihres Taschengeldes Sparmarken für die Kriegsfinanzierung zu kaufen.

Deutsche sind in Kauflaune
Statt zu sparen, geben viele ihr Geld lieber aus — Weniger Arbeitslose

NÜRNBERG — Die Verbraucher erweisen sich weiter als wichtige Stütze der deutschen Konjunktur: Die seit langem ohnehin gute Kauflaune ist im Februar den fünften Monat in Folge gestiegen — ein Grund dafür ist der robuste Arbeitsmarkt. Gleich spürbar gesunkenen Sprit- und Heizölpreise sorgen dafür, dass den Menschen mehr im Geldbeutel bleibt. Dies, gepaart mit den extrem niedrigen Zinsen auf Guthaben, hat die Kauflaune weiter beflügelt — zugleich ist die Sparneigung auf ein historisch niedriges Niveau gefallen. „Die positive Entwicklung hat sich fortgesetzt", so BA-Chef Frank-Jürgen Weise. Insgesamt sind in Deutschland 3,02 Millionen Menschen ohne Job, das sind 121 000 weniger als noch vor einem Jahr. Die Arbeitslosenquote liegt bei 6,9 Prozent.

Ausschnitt aus den „Nürnberger Nachrichten" vom 27. Februar 2015

Die privaten Haushalte – Konsumenten und Sparer

Als private Haushalte bezeichnet man Einzelpersonen oder Familien. Der Begriff soll den Unterschied zu den öffentlichen Haushalten deutlich machen. Die Bundesrepublik Deutschland, das Land Bayern und Ihre Heimatstadt sind z. B. öffentliche Haushalte. Damit befassen wir uns später → 98 f.

Private Haushalte streben nach kurz- und langfristiger Befriedigung ihrer persönlichen Bedürfnisse. Ihr Handeln beschränkt sich daher auf Konsumieren und Sparen.

Im Jahr 2013 gaben die Deutschen insgesamt rund 2113 Milliarden Euro für Konsum aus, 174 Milliarden Euro wurden im gleichen Jahr auf die „hohe Kante" gelegt. Am Gesamteinkommen gemessen sind das zehn Prozent (= Sparquote → G) (Zahlenquelle: Statistisches Bundesamt).

Konsum ist jede Güterverwendung durch den Endverbraucher, egal, ob dies sofort oder erst langfristig geschieht. Der Kauf eines Kühlschranks ist also ebenso Konsum wie der Kauf von Frischobst.

Sparen bedeutet immer Konsumverzicht. Kurz gesagt, jeder Euro, der gespart wird, geht dem Konsum „verloren". Dies kann unterschiedliche Wirkungen auf die Volkswirtschaft haben. Wird zu viel gespart, fehlen der Wirtschaft Aufträge, und Arbeitsplätze geraten in Gefahr. Aber auch zu wenig Konsumverzicht ist ein Problem →106 f.

Wie Jugendliche sparen
Umfrage unter 14- bis 24-Jährigen, Angaben in Prozent

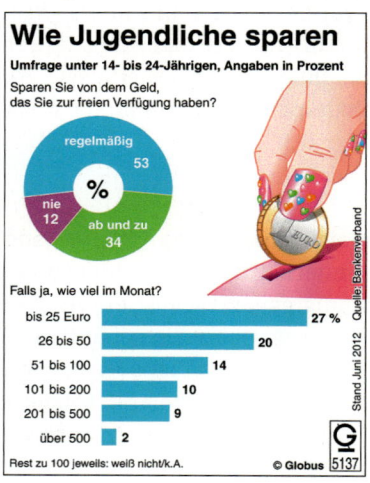

Sparen Sie von dem Geld, das Sie zur freien Verfügung haben?
- regelmäßig 53
- nie 12
- ab und zu 34

Falls ja, wie viel im Monat?
- bis 25 Euro: 27 %
- 26 bis 50: 20
- 51 bis 100: 14
- 101 bis 200: 10
- 201 bis 500: 9
- über 500: 2

Rest zu 100 jeweils: weiß nicht/k.A.
Quelle: Bankenverband, Stand Juni 2012
© Globus 5137

Die Spartätigkeit der privaten Haushalte hat unterschiedliche Motive. Gespart wird

- für einen bestimmten Zweck (z. B. Kauf eines Autos),
- zur Vorsorge für einen gesicherten Lebensabend,
- aus Angst vor ungewissen Entwicklungen (z. B. persönliche Probleme, Arbeitslosigkeit),
- um Erträge (Zinsen) mit dem Geld zu erwirtschaften.

4 Strukturen gesamtwirtschaftlicher Vorgänge

Die Unternehmen – Produzenten und Investoren

Gleich vorweg sind zwei Begriffe klar voneinander zu unterscheiden: Unternehmen und Unternehmer. Ein Unternehmer ist eine Person und gehört als solche zu den privaten Haushalten (auch wenn er ein Unternehmen besitzt, davon lebt und dort Entscheidungen zu treffen hat).

Unternehmen sind „organisatorische Einheiten". Sie stellen Güter und Dienstleistungen für die menschliche Bedürfnisbefriedigung sowie Arbeitsplätze zur Verfügung. Das ist ihre Aufgabe. „Die Wirtschaft ist für den Menschen da, nicht der Mensch für die Wirtschaft!"

Bei der Bewältigung dieser Aufgabe stehen Unternehmen ständig im nationalen und internationalen Wettbewerb und müssen diesem gewachsen sein. Dazu sind Investitionen erforderlich!

Investitionen sind alle Maßnahmen, die auf die Zukunft gerichtet sind. Dazu gehören z. B. der Kauf neuer Betriebsanlagen, aber auch Ausbildungsmaßnahmen und technische oder organisatorische Neuerungen, die alle den Bestand des Unternehmens sichern sollen. Finanziert wird dies durch Gewinne. Erst sie machen Investitionen möglich und vom Gewinn leben der oder die Eigentümer (Unternehmer) schließlich auch.

Die Motive von Investitionen lassen sich in drei Gruppen unterteilen:

- **Ersatzinvestitionen** werden vorgenommen, um die bisherige Leistungskraft zu erhalten. Wenn also z. B. eine Maschine nicht mehr funktionsfähig ist, muss dafür eine neue angeschafft werden.
- **Erweiterungsinvestitionen** vergrößern die derzeitige Leistungskraft. Sie werden erforderlich, wenn ein Unternehmen mit seiner aktuellen Ausstattung vorhandene oder zu erwartende Aufträge nicht mehr erfüllen kann. Volkswirtschaftlich betrachtet sind Erweiterungsinvestitionen deshalb von großem Vorteil, da sie immer auch zu einer höheren Beschäftigung führen, also zusätzliche Arbeitsplätze schaffen. Trotzdem liegt in ihnen auch eine Gefahr: Reagiert ein Unternehmen nämlich zu schnell, kann eine Erweiterungsinvestition auch zu einer Fehlinvestition werden, wenn sich die Erwartungen nicht erfüllen.
- **Rationalisierungsinvestitionen** sollen dazu führen, das vorhandene Leistungspotenzial eines Betriebs besser nutzen zu können und Kosten zu sparen. Dabei kann es sich um technische, aber auch um organisatorische Maßnahmen handeln. Sie sind wichtig für die internationale Wettbewerbsfähigkeit von Unternehmen. Oft stehen Rationalisierungsmaßnahmen in dem Ruf, vorhandene Arbeitsplätze künftig überflüssig zu machen. Andererseits können aber durch sie auch modernere Arbeitsplätze neu entstehen.

Viele Investitionen verfolgen mehrere Motive zugleich. Daneben gibt es Investitionen, die unter dem Druck gesetzlicher Vorschriften durchzuführen sind (z. B. um Umweltschutzauflagen zu erfüllen).

Lesetipp
Miriam Özalps Roman **„COOL, jetzt werden wir Unternehmer"** zeigt an der Entwicklung und Vermarktung eines Computerspiels durch Jugendliche fachkundig und unterhaltsam, wie Unternehmen in der Marktwirtschaft funktionieren.

M2 Deutsche Investitionsziele
Die gesamten Investitionen in Deutschland betrugen im Jahr 2014 knapp **518 Milliarden Euro**.

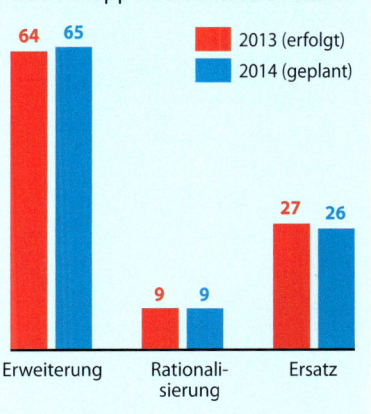

	Erweiterung	Rationalisierung	Ersatz
2013 (erfolgt)	64	9	27
2014 (geplant)	65	9	26

Quelle: ifo Investitionstest, Stand Frühjahr 2014

M3 Auslandsinvestitionen deutscher Unternehmen
In unserer globalisierten Welt → 164 ff. sind Investitionen im Ausland nicht mehr wegzudenken.

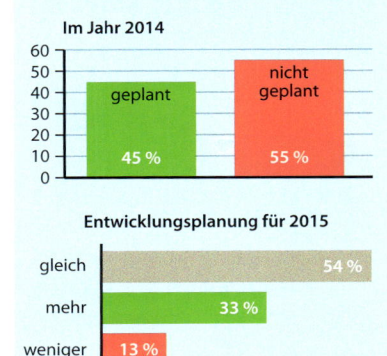

Im Jahr 2014
- geplant: 45 %
- nicht geplant: 55 %

Entwicklungsplanung für 2015
- gleich: 54 %
- mehr: 33 %
- weniger: 13 %

Quelle: DIHK-Umfrage

Der Staat als Wirtschaftsteilnehmer

Was ist das eigentlich, „der Staat"?

In Deutschland tritt der Staat durch den **Bund**, die **Bundesländer** und die **Gemeinden** in Erscheinung. Diese **Ebenen** und ihre Aufgaben wurden in Kapitel 3 genauer behandelt.
Da wir in einer Demokratie leben, wird auch gerne gesagt: Wir alle sind der Staat.

M2 Beispiele von Leistungen für Familie und Jugend

Kinderfreibeträge und Kindergeld
Wer Kinder hat, muss einen Teil seines Einkommens nicht versteuern. Man zahlt also durch diesen „Kinderfreibetrag" weniger Steuern.

Noch attraktiver ist das Kindergeld.

Es wird unabhängig vom Einkommen bezahlt und hat folgende Höhe (Stand 2015):

1. und 2. Kind jeweils 184 Euro

3. und 4. Kind jeweils 190 Euro

ab dem 5. Kind jeweils 215 Euro

Derzeit wird über eine Erhöhung des Kindergeldes politisch diskutiert.

M1 Der Staatsbürger in der sozialen Marktwirtschaft

Ludwig Erhard gilt als „Vater des Wirtschaftswunders", durch das Deutschland sich nach dem Zweiten Weltkrieg unerwartet schnell wirtschaftlich erholte. Für das Verhältnis des Bürgers zum Staat formulierte er folgenden Leitsatz, in dem viel Weisheit liegt:

„Ich will mich aus eigener Kraft bewähren, ich will das Risiko des Lebens selbst tragen, will für mein Schicksal selbst verantwortlich sein. Sorge du, Staat, dafür, dass ich dazu in der Lage bin."

Dieser Satz stellt folgende Forderungen an den Staat in der sozialen Marktwirtschaft → 118. Der Staat darf den Wirtschaftsprozess nicht behindern, muss aber dafür sorgen, dass Privatinteressen nicht über das Gesamtinteresse gestellt werden. Der Staat soll den Menschen die Möglichkeit geben, auf einer soliden sozialen Grundlage leben zu können, und dafür die nötigen Rahmenbedingungen schaffen. Beispiele:

Wichtige Staatsaufgaben in der sozialen Marktwirtschaft:
- Bereitstellung öffentlicher Güter
- Aufbau und Pflege der Infrastruktur
- Formulierung von Rechtsvorschriften
- Sicherung der Sozialsysteme
- Sicherung des Geldwerts
- Sicherung des Wettbewerbs

Öffentliche Güter sind staatliche Angebote, die allen dienen (z. B. Schulen, Sicherheit, Straßen, öffentlicher Nahverkehr). Dafür beschäftigt der Staat Arbeitskräfte im Dienst der Allgemeinheit (z. B. Lehrer, Polizisten). Außerdem sorgt er in gewissem Umfang für eine gerechte Verteilung der volkswirtschaftlichen Gesamtleistung. Dies geschieht in Form von sogenannten **Transferzahlungen** wie Kindergeld, Wohngeld usw. Den Anteil des Staates an der Verwendung des BIP nennt man **Staatsquote** → G.

Jede der politischen Ebenen des Staates benötigt Geld zur Erfüllung ihrer Aufgaben → Kap. 3. Dieses Geld kommt von den Bürgern. Daher muss in Form von Haushaltsplänen Rechenschaft über staatliche Einnahmen und Ausgaben abgelegt werden. Grob vereinfacht sieht das in etwa so aus:

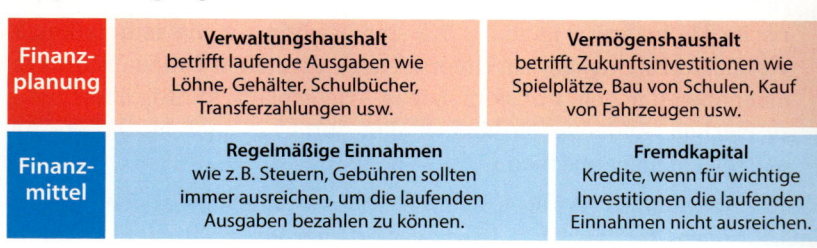

Finanz-planung	**Verwaltungshaushalt** betrifft laufende Ausgaben wie Löhne, Gehälter, Schulbücher, Transferzahlungen usw.	**Vermögenshaushalt** betrifft Zukunftsinvestitionen wie Spielplätze, Bau von Schulen, Kauf von Fahrzeugen usw.
Finanz-mittel	**Regelmäßige Einnahmen** wie z. B. Steuern, Gebühren sollten immer ausreichen, um die laufenden Ausgaben bezahlen zu können.	**Fremdkapital** Kredite, wenn für wichtige Investitionen die laufenden Einnahmen nicht ausreichen.

Den aktuellen Haushaltsplan der Bundesrepublik Deutschland und umfassende Informationen dazu finden Sie auf den Seiten → 136 f.

Kinder- und Jugendhilfe
Ausgaben* von Bund, Ländern und Gemeinden in Milliarden Euro

2000	2002	2004	2006	2008	2010	2012	2013
18,5	20,2	20,7	20,9	24,6	28,9	32,2	35,5

2013 nach Bereichen in Prozent:
- Kindertagesbetreuung: 64,8 %
- Hilfe zur Erziehung, Eingliederungshilfe, Hilfe für junge Volljährige, vorläufige Schutzmaßnahmen: 24,5
- Jugendarbeit: 4,8
- Sonstiges: 5,9

Quelle: Stat. Bundesamt   *brutto   © Globus   10060

4 Strukturen gesamtwirtschaftlicher Vorgänge

Staatsverschuldung Ländervergleich
(in Prozent des BIP)

- Schweden: 41,3
- Deutschland: 71,9
- Dänemark: 84,9
- Großbritannien: 90,1
- Frankreich: 97,1
- Italien: 133
- Griechenland: 170,2

Legende:
- derzeit sinkende,
- derzeit steigende,
- derzeit extrem hohe Staatsverschuldung

Staatsverschuldung Deutschlands
(in Prozent des BIP)

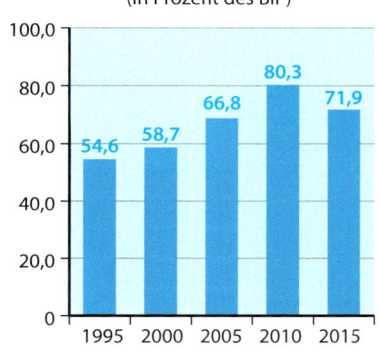

- 1995: 54,6
- 2000: 58,7
- 2005: 66,8
- 2010: 80,3
- 2015: 71,9

Quelle: Monatsbericht des Bundesfinanzministeriums vom Februar 2015

Für öffentliche Haushalte gelten an sich die gleichen Regeln wie für private Haushalte. Erst wenn sichergestellt ist, dass die laufenden Ausgaben bezahlt werden können, kann man an zusätzliche Anschaffungen (bei Unternehmen und Staat sind das Investitionen) denken. Ziel ist immer ein „ausgeglichener Haushalt", das heißt, die Gesamtausgaben sollten die regelmäßigen Einnahmen nicht übersteigen.

Die beiden Diagramme oben zeigen die Verschuldungsraten verschiedener Staaten. Sie sind in Prozent der von den Ländern erwirtschafteten Gesamtleistung (BIP) angegeben. Stellen Sie sich das so vor:

Sie erhalten im Jahr 1000 Euro (durch Taschengeld, Geschenke usw.).

Wenn Sie sich in der gleichen Lage befinden wie Deutschland (2015), dann haben Sie gleichzeitig im Jahr 719 Euro Schulden.
Befinden Sie sich hingegen in der gleichen Lage wie Griechenland, so haben Sie neben Ihren jährlichen Einnahmen von 1000 Euro zugleich Schulden in Höhe von 1702 Euro im Jahr. Eigentlich kann man unter solchen Umständen kaum noch guten Gewissens Geld ausgeben – es bleibt einem aber trotzdem nichts anderes übrig! Allein die laufenden Kosten müssen bezahlt werden.

Bei sehr wichtigen Maßnahmen muss der Staat zudem Kredite aufnehmen. Zukunftsinvestitionen dienen ja schließlich auch künftigen Generationen. So ist eine langfristige Finanzierung durchaus sinnvoll, da auf diese Weise mehrere Generationen daran beteiligt werden. Auch aktuelle Erfordernisse können die Aufnahme von Krediten nötig machen. Nach der Wiedervereinigung musste zur Unterstützung der neuen Bundesländer viel Geld aufgebracht werden, denn nur so ließ sich ein soziales Gefälle zwischen West und Ost verhindern.

Finanzwirtschaftler müssen dabei stets darauf achten, dass die Verschuldung nicht zu hoch wird. Unseren Kindern und Enkelkindern würden sonst unzumutbare Lasten aufgebürdet. Dies betrifft nicht nur die Rückzahlung der Kredite, sondern auch die enorme Höhe anfallender Zinsen! Der Bundesrechnungshof überprüft daher immer wieder das Finanzverhalten des Staates.

DAS SIND DIE LEUTE, VON DENEN ERWARTET WIRD, DASS SIE UNSERE SCHULDEN BEZAHLEN

Plakat von Klaus Staeck, 1998

A1 Klassenfahrten und anderes

Klassenfahrten sind ein tolles Erlebnis, festigen die Klassengemeinschaft und erweitern den Horizont. Für Eltern sind sie aber oft eine große finanzielle Belastung.

Im Schuljahr 2013/2014 gab es in Deutschland ca. 11 Millionen Schüler/-innen. Zugleich zahlten im Jahr 2013 Bund, Länder und Gemeinden ca. 55 Milliarden Euro Kreditzinsen. Nehmen wir an, es würden zehn Prozent dieser Zinsen wegfallen und dafür Klassenfahrten finanziert. Das ergäbe **je Schulbesucher** ein **Jahresguthaben von 500 Euro!**

Überlegen Sie sich selbst anhand recherchierter Zahlen weitere Beispiele.

Wirtschaftsbeziehungen mit dem Ausland

Die größten Exporteure der Welt

Ausfuhren im Jahr 2014 in Milliarden US-Dollar

China	2343
USA	1623
Deutschland	1511
Japan	684
Niederlande	672
Frankreich	583
Südkorea	573
Italien	529
Hongkong	524
Großbritannien	507

Quelle: WTO

Die größten Importeure der Welt

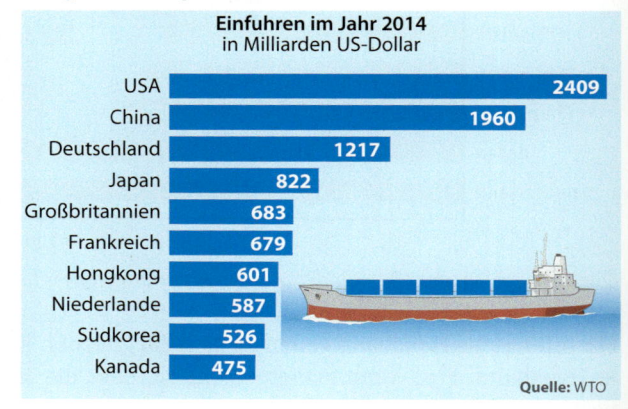

Einfuhren im Jahr 2014 in Milliarden US-Dollar

USA	2409
China	1960
Deutschland	1217
Japan	822
Großbritannien	683
Frankreich	679
Hongkong	601
Niederlande	587
Südkorea	526
Kanada	475

Quelle: WTO

M1 Deutschlands beste Kunden

Deutsche Warenexporte 2013 nach	in Milliarden €
Frankreich	100,0
USA	89,3
Großbritannien	75,5
Niederlande	71,0
VR China	66,9

M2 Deutschlands größte Lieferanten

Deutsche Warenimporte 2013 aus	in Milliarden €
Niederlande	88,7
China	74,5
Frankreich	64,0
USA	48,6
Italien	46,9

Hinweis

Schülerinnen und Schüler aus der Wahlpflichtfächergruppe II dürfen sich Außenwirtschaftsbilanzen wie „T-Konten" vorstellen, auf denen Geldzugänge im Soll und Geldabgänge im Haben erfasst werden.

Die deutsche Volkswirtschaft verfügt über eine beachtliche Produktionskapazität und stellt Jahr für Jahr erheblich mehr her, als die eigene Bevölkerung selbst verbrauchen kann. Daher sind wir auf Absatzmärkte im Ausland angewiesen.

Etwa jeder vierte Arbeitsplatz in Deutschland hängt vom Außenhandel ab. Allein bei Maschinen, Kraftfahrzeugen und chemischen Produkten gingen z. B. im Jahr 2013 deutsche Produkte im Wert von über 450 Milliarden Euro ins Ausland. „Exportgüter" müssen aber nicht unbedingt materielle Güter sein. Auch geistige Leistungen (z. B. Architektur, Erfindungen, Software) sind wichtige „Exportartikel" moderner Volkswirtschaften.

Voraussetzung der Güterproduktion ist die Verfügbarkeit von Rohstoffen. Deutschland ist ein rohstoffarmes Land und damit erneut auf das Ausland angewiesen. So beziehen wir unter anderem Erdöl, Erdgas und landwirtschaftliche Rohprodukte in großen Mengen aus anderen Ländern.

Viele Investitionsgüter und Konsumgüter haben ihre Anbieter und Nachfrager auf den internationalen Märkten. Etliche Güter, die unseren Lebensstandard mit prägen, sind nur durch Importe aus dem Ausland bei uns verfügbar (z. B. exotische Früchte). Dieser internationale Güteraustausch erweitert auch die Freiheit unserer Konsumentscheidungen. Bedenken Sie allein, wie viele Leute in Deutschland ein ausländisches Auto fahren. Ebenso entscheiden sich im Ausland sehr viele Bürger für einen deutschen Wagen.

Um die Wirtschaftsbewegungen mit dem Ausland im Überblick zu behalten, werden diese in jeder Volkswirtschaft statistisch erfasst. Dabei stellt man alle jährlichen Zuflüsse und Abgänge einander gegenüber. Solche Gegenüberstellungen nennt man in der Fachsprache „Außenwirtschaftsbilanzen".

4 Strukturen gesamtwirtschaftlicher Vorgänge

Deutschland und die Welt

- Güterhandel: z.B. Autos
- Kapitalverkehr: z.B. Finanzanlagen
- Dienstleistungen: z.B. Software, Tourismus
- Übertragungen: z.B. Entwicklungshilfe, Geschenke

ZAHLUNGSBILANZ

Hinweis
Das größte Exportland nennt man „Exportweltmeister". Um diesen „Titel" kämpften jahrzehntelang die USA, Deutschland und Japan. Viele Jahre hatte Deutschland diesen Titel. Die Volksrepublik China, die erst seit 2004 zu den Top Drei gehört und Japan aus dieser Gruppe verdrängt hat, konnte im Jahr 2013 mit einem Export von über 2,2 Billionen Dollar die USA und Deutschland weit hinter sich lassen.

M3 Deutscher Außenhandel in Milliarden Euro

(Balkendiagramm: Import und Export für 1990, 2000, 2010, 2013)
Quelle: www.destatis.de

Die wichtigsten Außenwirtschaftsbilanzen heißen:

- **Handelsbilanz:** Hier werden die Einnahmen eines Landes aus Warenexporten mit den Ausgaben für Warenimporte verrechnet.

- **Dienstleistungsbilanz:** Diese Bilanz erfasst alle Einnahmen und Ausgaben, die im Zusammenhang mit Dienstleistungen entstehen. Denken Sie dabei nicht nur an Taxifahrer, Fensterputzer, Kellner usw. Verkauft z.B. ein deutscher Erfinder ein Patent ins Ausland, ist auch dies eine Einnahme in der Dienstleistungsbilanz, geben Deutsche Geld im Urlaub aus, ist dies eine Ausgabe usw.

- **Übertragungsbilanz:** Übertragungen sind Leistungen, die ohne Gegenleistung erfolgen. Ein einfaches Beispiel: Wenn Ihnen eine Tante aus Österreich zum Geburtstag 100 Euro überweist, dann ist dies ein Zugang in der deutschen Übertragungsbilanz. Volkswirtschaftlich bedeutsamer sind natürlich die Beiträge, die Deutschland an die EU bezahlt (Abgang), die Überweisungen von Gastarbeitern in ihre Heimat und die Hilfe, die wir z.B. an Entwicklungsländer geben (soweit dies keine Kredite sind).

Fasst man die Ergebnisse dieser drei Bilanzen zusammen, ergibt sich daraus die sogenannte Leistungsbilanz. Dazu kommen noch Kapitalbewegungen (z.B. Finanzanlagen, Kredite), die auf der Kapitalbilanz erfasst werden. Das Gesamtergebnis aus Leistungs- und Kapitalbilanz ergibt schließlich die sogenannte Zahlungsbilanz.

Dass die Bedeutung des Auslands heute aber noch viel mehr umfasst als reine Wirtschaftsbeziehungen, wird im Abschnitt Globalisierung → 164–169 ausführlich dargestellt.

Das Diagramm M3 zeigt, dass in der deutschen Handelsbilanz seit Jahrzehnten die Exporteinnahmen höher sind als die Importausgaben. Man spricht in einem solchen Fall von einer „aktiven" Bilanz.

Bei der deutschen Übertragungsbilanz überwiegen hingegen die Ausgaben. Man spricht daher von einer „passiven" Bilanz.

A1 Internetrecherche
Ermitteln Sie die aktuellen Import- und Exportzahlen der Bundesrepublik Deutschland und suchen Sie selbst nach weiteren interessanten Informationen zu wirtschaftlichen Beziehungen mit dem Ausland.

Mögliche Quellen:
- Statistisches Bundesamt
- Institut der deutschen Wirtschaft

Bewegungen im Wirtschaftskreislauf

Nachdem Bedeutung und Funktion der einzelnen Wirtschaftssubjekte bereits ausführlich beschrieben wurden, stellen wir nun deren Zusammenwirken in Form einer Kreislaufgrafik in den Mittelpunkt. Solche Abbildungen sind oft sehr kompliziert und schwer zu verstehen, da die dabei denkbaren Aktivitäten ausgesprochen variantenreich sind.

Wir beschränken uns daher auf die häufigsten Verknüpfungen und veranschaulichen Bewegungen zwischen den vier Wirtschaftssubjekten in einem vereinfachten Kreislauf, dem von allen Seiten Geld- und Sachleistungen zugeführt, aber auch wieder entnommen werden. Es handelt sich also um ein funktionierendes System von Geben und Nehmen.

Das Raster auf der rechten Seite zeigt Ihnen solche Bewegungen anhand konkreter Beispiele. Steuern Sie dazu die Felder an, in denen sich waagerechte und senkrechte Koordinaten treffen. „Interne Bewegungen" (hellblaue Felder) bleiben unbeachtet, denn wenn sich z. B. Privatpersonen untereinander Geld zur Verfügung stellen (Eltern geben Taschengeld), so bleibt dieser Betrag innerhalb der privaten Haushalte und wird nur von einer anderen Person verwendet. Volkswirtschaftlich ändert sich nichts.

Für alle anderen „internen Bewegungen" gilt das Gleiche.

A1 Kreativität/Gestalten

Sie selbst sind als Teil der privaten Haushalte am Wirtschaftskreislauf beteiligt.

Erstellen Sie aus Ihren persönlichen Aktivitäten ein Raster wie auf Seite 103, indem Sie sich auf Zeile 1 und Spalte 1 beschränken.

4 Strukturen gesamtwirtschaftlicher Vorgänge

Im folgenden Raster werden Sach- und Geldbewegungen zwischen den vier Wirtschaftssubjekten veranschaulicht. Dabei sind Sachleistungen in blauer Schrift und Geldleistungen in roter Schrift dargestellt.

	Haushalte	Unternehmen	Staat	Ausland
Haushalte	Interne Bewegungen	Private Haushalte statten die Unternehmen mit Produktionsfaktoren aus (z. B. Arbeit, Boden). Die Unternehmen wiederum versorgen die privaten Haushalte mit Konsumgütern.	Auch der Staat bezieht von den privaten Haushalten Produktionsfaktoren (vor allem Arbeit) und versorgt diese wiederum mit öffentlichen Gütern (Schulen, Straßen usw.).	Durch ständiges Anwachsen von Tourismus und internationalem Handel (z. B. über das Internet) nehmen private Haushalte zunehmend Leistungen aus dem Ausland in Anspruch.
Unternehmen	Aus den Unternehmen fließen den privaten Haushalten Einkommen zu (z. B. Löhne, Pacht für Grundstücke). Die Unternehmen erhalten von den privaten Haushalten Geld durch Konsumausgaben.	Interne Bewegungen	Wenn der Staat Güter benötigt (z. B. für Ausstattung von Schulen, Straßenbau), so werden diese von Unternehmen hergestellt. Dafür nutzen aber auch Unternehmen öffentliche Güter (z. B. Infrastruktur, Sicherheit).	Da sich die Welt zunehmend zu einem gemeinsamen Wirtschaftsraum entwickelt, kommt es ständig zu einem regen Austausch von Gütern und Dienstleistungen (z. B. Import von Rohstoffen, Export von Autos).
Staat	Die privaten Haushalte zahlen an den Staat Steuern und sonstige Abgaben. Sie erhalten vom Staat im Gegenzug Arbeitseinkommen und Transferzahlungen (z. B. Kindergeld, Wohnungsbauprämien).	Auch von den Unternehmen fließen dem Staat ständig Steuern und Abgaben zu. Der Staat setzt dagegen auch hohe Finanzmittel zur Wirtschaftsförderung ein.	Interne Bewegungen	Im Rahmen der Katastrophenhilfe, bei Forschungsprojekten, aber auch bei internationalen Konflikten kommt es oft zu einem unmittelbaren Leistungsaustausch zwischen Staat und Ausland.
Ausland	Alle Urlaubsausgaben und alle persönlichen Geschäfte zwischen In- und Ausländern müssen in Geld bezahlt werden. Hier fließen ganz beträchtliche Summen.	Durch Exporterlöse, Importzahlungen, Einnahmen aus Fremdenverkehr und durch Kapitalbewegungen fließen ständig große Geldströme zwischen Unternehmen und dem Ausland.	Die Bundesrepublik Deutschland leistet Jahr für Jahr erhebliche Zahlungen an das Ausland. Dazu gehören z. B. Entwicklungshilfe und Abgaben an internationale Organisationen.	Interne Bewegungen

Die Vermögensbildung wurde nicht in unseren Kreislauf aufgenommen. Die durch die internationale Bankenkrise (um 2008) offenbar gewordenen Ungereimtheiten verbieten es, in einem Lehrbuch herkömmliche Standardzusammenhänge als Normalität zu präsentieren. Grundsätzlich gilt jedoch, dass Geschäftsbanken noch immer eine „Kapitalausgleichsfunktion" wahrnehmen, indem sie die Einlagen von Sparern für Anschaffungspläne anderer (z. B. Investitionen) durch Kreditvergaben verfügbar machen.

Die volkswirtschaftliche Gesamtleistung

M2 Verwendung der deutschen Wirtschaftsleistung 2014 (vereinfacht)

Verwendung	in Milliarden Euro
Private Konsumausgaben	1.604,34
Konsumausgaben des Staates	562,31
Bruttoanlageinvestitionen	581,25
Exporte	1.325,03

Quelle: www.destatis.de

M1 Die deutsche Bruttowertschöpfung nach Wirtschaftsbereichen (Werte in Milliarden Euro)

Wirtschaftsbereiche (Auswahl)	2012	2013	2014
Land- und Forstwirtschaft; Fischerei	21,581	21,657	19,624
Produzierendes Gewerbe ohne Baugewerbe	645,948	659,165	677,071
Baugewerbe	111,984	116,493	124,428
Handel, Verkehr, Gastgewerbe	389,987	393,363	404,145
Information und Kommunikation	117,214	117,975	122,22
Öffentliche Dienstleister, Erziehung, Gesundheit	441,751	458,389	477,179

Quelle: www.destatis.de

Hinweise:
Zum leichteren Verständnis wird unten die volkswirtschaftliche Gesamtrechnung kurz durchgespielt. Feinheiten mussten dabei natürlich außer Acht gelassen werden. Der Zusammenhang wird dadurch nicht beeinträchtigt.

Begriffsklärungen, Abkürzungen
Wertschöpfung (WS) drückt aus, was tatsächlich an Werten neu geschaffen wurde.

Vorleistungen (VL) sind Teilwerte eines Produkts, die bereits in einer Vorstufe des Produktionsprozesses verrechnet wurden.

Marktpreise (MP) drücken den Wert aus, der am Markt für ein Produkt verlangt wird.

Zwei kleine Rechenmodelle

	MP	– VL	= WS
Holz	100	–	100
Bretter	200	100	100
Möbel	350	200	150
Summen	650	300	350

	Löhne	Gewinne
Holz	60	40
Bretter	60	40
Möbel	90	60
Teilsummen	210	140
Gesamtsumme		350

Der Begriff BIP als Maßstab für die volkswirtschaftliche Gesamtleistung wurde bereits definiert → 91 und ist uns seitdem ständig wieder begegnet. Nun gehen wir der Berechnungsmethode auf den Grund.

Dazu gibt es drei Denkansätze, die alle zum gleichen Ergebnis führen.

Das Grafikbeispiel, das wir dazu verwenden, beschränkt sich auszugsweise auf einen einzigen Wirtschaftsbereich von Zigtausenden. Das Prinzip bleibt aber auch bei einer Gesamtrechnung gleich.

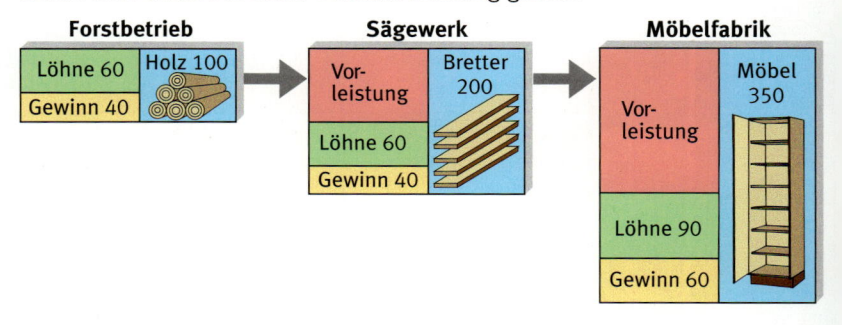

Forstbetrieb — Löhne 60, Gewinn 40, Holz 100
Sägewerk — Vorleistung, Löhne 60, Gewinn 40, Bretter 200
Möbelfabrik — Vorleistung, Löhne 90, Gewinn 60, Möbel 350

1. Entstehungsrechnung (Wie kommt das BIP zustande?)
Zählt man die Wertschöpfung aller Wirtschaftsbereiche zusammen, erhält man als Summe den Wert aller produzierten Güter und Dienstleistungen.

2. Verteilungsrechnung
Durch die Güter- und Dienstleistungsproduktion entstehen Einkommen (z. B. Löhne, Gewinne). Die Gesamtsumme hat wieder den Wert des BIP.

3. Verwendungsrechnung (Wofür wird das BIP verwendet?)
Alles, was produziert wird, wird auch irgendwo von irgendjemandem verwendet oder verbraucht. Es kann dabei konsumiert oder investiert werden oder es wird ins Ausland exportiert. Zählt man diese Werte zusammen, kommt man auf das gleiche Ergebnis wie oben.

In Deutschland verbrauchte Importgüter müssen wieder abgezogen werden! Sie gehören ja zur Leistung einer fremden Volkswirtschaft.

4 Strukturen gesamtwirtschaftlicher Vorgänge

Drastischer als in dem rechts stehenden Zitat kann man es kaum ausdrücken: Die Leistungskraft jeder Volkswirtschaft ist einer **Kapazitätsgrenze** unterworfen. Man muss entscheiden, wie mit den volkswirtschaftlichen **Ressourcen** (für einen bestimmten Zweck vorhandene Mittel, z. B. Bodenschätze, Arbeitskräfte) umgegangen wird. Wir wollen uns diesen Zusammenhang am Beispiel von M3 kurz verdeutlichen:

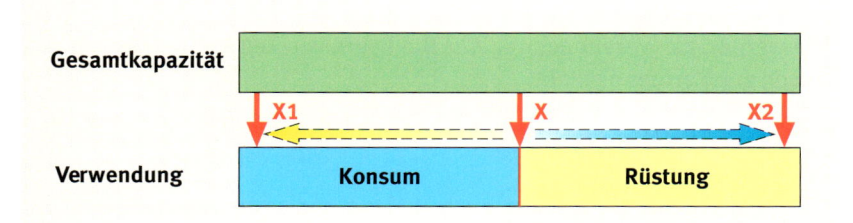

In der oben stehenden Grafik stellt der grüne Balken die gesamte wirtschaftliche Leistungsfähigkeit (Kapazität) dar. Die darunter liegenden Felder in blauer und gelber Farbe zeigen uns zwei Produktionsbereiche, nämlich Rüstungsgüter und Konsumgüter. Der rote Pfeil X kann als eine Art „Schieberegler" betrachtet werden, mit dem die Kapazität zwischen den genannten Produktionsbereichen aufgeteilt wird. Stellen wir uns nun Folgendes vor:

Entscheidet sich unsere Volkswirtschaft für die Möglichkeit X, so werden durch die Aufteilung der wirtschaftlichen Leistungskraft sowohl Konsumgüter als auch Rüstungsgüter produziert.

Wenn wir nun den Pfeil von X aus nach links oder nach rechts verschieben, stellen wir fest, dass eine Mehrproduktion der einen Sache immer eine Produktionseinschränkung der anderen Sache zur Folge hat.

Wir sehen, dass bei X1 schließlich fast nur noch Kriegsgüter, bei Variante X2 hingegen fast nur noch Konsumgüter produziert werden würden.

Da wir uns kurzfristig nur im Bereich der gegenwärtigen Kapazitätsgrenze bewegen können, ist es also nicht möglich, die Produktion einer Sache zu erhöhen, ohne auf der anderen Seite Einbußen in Kauf zu nehmen. Dieser Zwiespalt gilt auch für zivile Produktionsentscheidungen.

Der Text und die Schaubilder in der Randspalte veranschaulichen auf bedrückende Weise die Wirkungen, die die Kapazitätsgrenze für die Verwendung der volkswirtschaftlichen Leistungskraft hat. Immer mehr wirtschaftliches Potenzial wurde zu Kriegszwecken verwendet und die Konsummöglichkeiten sanken entsprechend. Die Entwicklung der Panzerproduktion ist nur ein Beispiel. Bei Geschützen, Kampfflugzeugen usw. war die Entwicklung ähnlich. Werfen Sie in diesem Zusammenhang kurz einen Blick zurück auf den Begriff des Wachstums → 92 f.

Im folgenden Abschnitt wird der Zusammenhang von Kapazität, Konsum und Investitionen weiter vertieft.

M3 „Wollt ihr Butter oder Kanonen?"

Die oben zitierte Frage stammt aus einer Rede von Hermann Göring. Er stellte sie im Jahr 1936 als Wirtschaftsbeauftragter Hitlers, um das deutsche Volk von der „Notwendigkeit" zu überzeugen, zugunsten der Kriegsgüterproduktion auf Konsumgüter zu verzichten. Sie erlangte durch die Entscheidung für „Kanonen" eine traurige Berühmtheit.

Die Folgen:

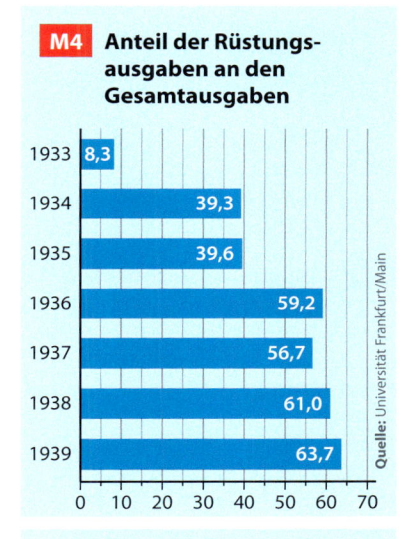

M4 Anteil der Rüstungsausgaben an den Gesamtausgaben

Jahr	%
1933	8,3
1934	39,3
1935	39,6
1936	59,2
1937	56,7
1938	61,0
1939	63,7

Quelle: Universität Frankfurt/Main

M5 Produktion von Panzerwagen

in Prozent, bezogen auf Jan./Feb. 1942

Jahresproduktion Panzerwagen
1941: 5 200
1944: 27 300

Quelle: Wikipedia, Artikel Wirtschaft im Nationalsozialismus

Investitionen und ihre Wirkung

Lesetipp

Daniel Defoe schrieb seinen weltberühmten Roman **„Robinson Crusoe"** im Jahre 1719. Er handelt von dem jungen Engländer Robinson Crusoe, der nach einem Schiffbruch allein auf einer einsamen Insel strandet. Fern von jeder Zivilisation muss er versuchen zu überleben.

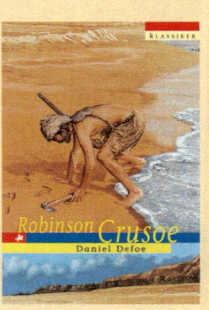

A1 Analysieren/Nachdenken

Das Beispiel von Robinson Crusoe verdeutlicht das volkswirtschaftliche Problem des Zusammenhangs von Kapazitätsgrenze, Konsum und Investitionen.
Ordnen Sie die rechts beschriebenen Investitionen von Robinson Crusoe den Investitionszielen von Seite R 97 zu und überlegen Sie sich weitere Beispiele dazu.

A2 Kreativität/Gestalten

Versuchen Sie, diesen Zusammenhang auf Beispiele aus Ihrem eigenen Lebensbereich zu übertragen (z. B. die begrenzte Zeit bis zur Abschlussprüfung in Verbindung mit Ihren Pflichten und Wünschen).
Bedenken Sie dabei, welche Tätigkeiten immer Teile Ihrer Tageskapazität (24 Stunden) beanspruchen:
Sie müssen z. B. schlafen, zur Schule gehen, Hausarbeiten erledigen, lernen und wollen aber auch z. B. spielen, lesen, Filme ansehen, Sport treiben, auf Partys gehen.
Erstellen Sie Ihr persönliches Raster.

Was hat ein Schiffbrüchiger mit Volkswirtschaftslehre zu tun?

Sehr viel, wie wir sehen werden, denn auch ein einsamer Insulaner muss wirtschaften, und er ist dabei einer Beschränkung unterworfen, die auch in jeder Volkswirtschaft besteht – er hat eine Kapazitätsgrenze (→ 105). Wir werden zur Vereinfachung nur die begrenzte Zeit betrachten, die Robinson zur Verfügung steht.

Robinsons Tag hat – wie der eines jeden anderen – 24 Stunden. Diese Zeit muss er sich einteilen.

Er braucht Schlaf, er braucht auch Freizeit und er muss unbedingt Zeit aufwenden, um sein Überleben zu sichern. Er muss dafür sorgen, dass ihn Nachtkälte, stürmisches Wetter und wilde Tiere nicht gefährden. Er muss aber auch fischen, jagen und Früchte sammeln, um sich auf diese Weise zu ernähren.

Wie produktiv er dabei ist, hängt aber nicht nur von der verfügbaren Arbeitszeit ab, sondern auch von seinen persönlichen Fähigkeiten und von den Hilfsmitteln, die ihm zur Verfügung stehen.

Wenn Robinson mit der Hand fischt und mit einem Stock hinter Kaninchen herhetzt, wird er viel Arbeitskraft aufwenden, ohne große Erträge zu erwirtschaften.

Nehmen wir an, Robinson braucht mindestens acht Stunden Schlaf und kann anfangs bei zwölf Stunden täglicher Arbeitszeit gerade genug Nahrung zusammenbringen, um einigermaßen satt zu werden. In diesem Fall bleiben ihm nur noch vier Stunden Freizeit, um sich zu erholen.

Wenn Robinsons Nahrungsansprüche nun steigen oder wenn er sich mehr Freizeit wünscht, muss er sich etwas überlegen. Er könnte zum Beispiel ein Netz für den Fischfang knüpfen, er könnte Fallen bauen, um Tiere zu fangen, er könnte Speere und „Pfeil und Bogen" herstellen, um leichter zu jagen. Dies alles kostet jedoch Zeit und wir wissen, da hat Robinson eine „Kapazitätsgrenze".

Wenn er auf Schlaf verzichten würde oder mit noch weniger Freizeit auskommen müsste, wäre er vermutlich schon bald total erschöpft. Um es künftig leichter zu haben, muss er also seine Arbeitszeit anders verteilen. So kann es Tage geben, an denen er seinen Hunger nicht vollständig stillen kann.

Dafür aber hat Robinson „investiert". Dies war aber nur durch vorübergehenden Verzicht möglich, da er seine Kapazität von 24 Stunden nicht erweitern konnte. Mithilfe dieser Investitionen (Netz, Fallen, Speere usw.) wird er hinterher sicher mehr erbeuten als zuvor und dazu vermutlich nicht mehr zwölf Stunden, sondern weniger Zeit brauchen. Er gewinnt also am Ende an Wohlstand, an Freizeit und an Lebensqualität.

4 Strukturen gesamtwirtschaftlicher Vorgänge

Was lernen wir aus diesem Beispiel? Investitionen ermöglichen es uns, unsere Produktivität zu steigern oder (wenn wir vom Zeitbeispiel weggehen) unsere Produktionskapazität zu erweitern. Wenn wir jedoch Investitionen durchführen wollen, können wir nicht gleichzeitig alle anderen Ansprüche in vollem Umfang aufrechterhalten. Wir müssen also vorübergehend z. B. auf Konsum verzichten, um unser Ziel zu erreichen.

Betrachten wir diesen Effekt am Verhalten zweier Länder:

Volkswirtschaftliches Verhalten im Jahr 1: Im ersten Jahr haben beide Länder die gleiche Kapazitätsgrenze. Während Land A fast alles für Konsum einsetzt und nur Ersatzinvestitionen durchführt, setzt Land B auf Erweiterungsinvestitionen.

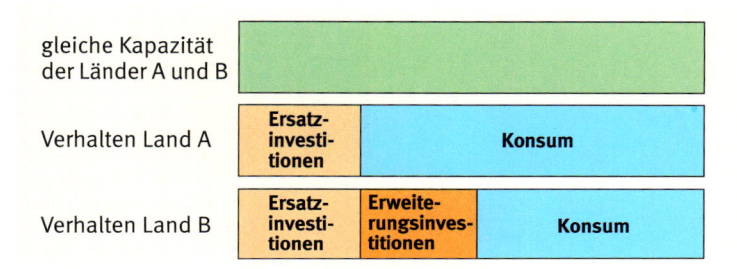

Volkswirtschaftliches Ergebnis im Jahr 2: Im Folgejahr ist die Kapazität von Land A gleich geblieben. Klar, sie haben nur ersetzt, was zu ersetzen war. Land B hatte zunächst weniger konsumiert, konnte aber durch sein Investitionsverhalten seine Kapazität erweitern. Ihm steht so mehr Wirtschaftskraft zur Verfügung. Es ist nun in der Lage, ähnlich zu konsumieren wie A und trotzdem weiter in die Zukunft zu investieren.

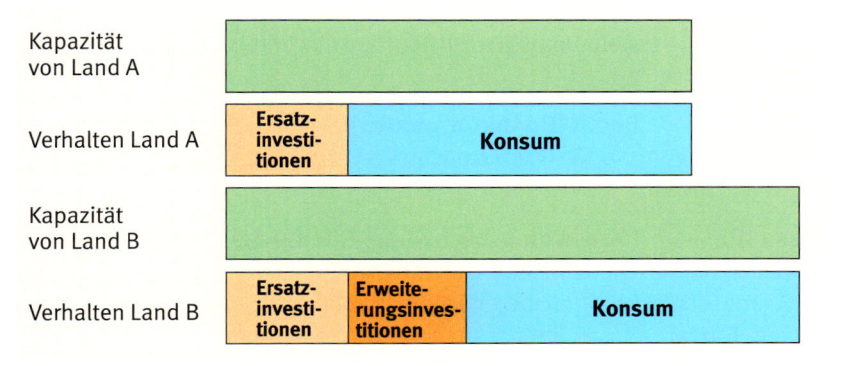

Ein ideales Verhältnis zwischen Investitionen und Konsum in einer Volkswirtschaft kann niemand präzise vorhersagen. Daher gibt es in der Marktwirtschaft auch keine staatliche Institution, die das Recht hätte, Konsum- und Investitionsverhalten festzusetzen. Die Wirtschaftsteilnehmer müssen selbst entscheiden.

Auch der Flüchtlingszustrom ab 2015 → 133 machte Kapazitätsgrenzen spürbar. Dies betraf nicht nur die staatlichen Ebenen, sondern insbesondere auch die Leistungskraft der vielen freiwilligen Helfer.

M1 Warum werden reiche Länder oft reicher und arme oft ärmer?

Reiche Industrieländer produzieren deutlich mehr, als sie konsumieren können. So bleiben nach den hier gewonnenen Erkenntnissen stets hohe Investitionsspielräume. Konsumverzicht beschränkt sich auf Fragen wie: „Kaufen wir uns ein zusätzliches Fernsehgerät?" oder „Muss ich meine Garderobe wechseln, da sich der Modetrend geändert hat?" In solcher Lage fällt der „Konsumverzicht" relativ leicht.

In vielen anderen Ländern ist das BIP sehr niedrig → 91, → 94 und alles, was erwirtschaftet wurde, reicht gerade aus, um die Existenzbedürfnisse zu decken. Diese Länder haben kaum Investitionschancen, denn wo sollten sie denn noch Konsum einschränken?

Ähnlich argumentierten viele in der griechischen Bevölkerung, als der Staatsbankrott (um 2010) zu immer mehr Sparauflagen führte. Die griechische Situation hat aber eine zweite Komponente. Sehr viele Oligarchen → G, die in dem Land leben, hatten über Jahre hinweg eine starke Position im Staat. Sie zahlten kaum Steuern und trugen damit wenig bis gar nichts zur Gesundung des Staates bei.

A3 Analysieren/Nachdenken

Diskutieren Sie zu den beiden Grafiken links folgende Fragen:
- In welcher der beiden Volkswirtschaften (A oder B) geht es der Bevölkerung im ersten Jahr besser?
- Wie schätzen Sie die Entwicklung ab Jahr 3 ein?
- Welche Wirkung auf die Kapazität würde entstehen, wenn eine der beiden Volkswirtschaften im ersten Jahr unter den Ersatzinvestitionen geblieben wäre?

Konjunkturzyklus

Die Wirtschaft eines Landes ist immer Schwankungen unterworfen. Diese Auf- und Abwärtsbewegungen insgesamt werden als **Konjunktur** bezeichnet.

Wenn Sie die rechts stehende Grafik betrachten, stellen Sie fest, dass auf der X-Achse der Zeitverlauf und auf der Y-Achse das prozentuale Wachstum des Bruttoinlandsprodukts dargestellt werden.

Die blaue Linie repräsentiert die langfristige Entwicklung des BIP. Sie zeigt uns, dass die Wirtschaftsleistung im Laufe der Jahre zunimmt (Fachbegriff „Wachstumspfad"). Diese Zunahme geht jedoch nicht so gleichmäßig vonstatten, wie es der Wachstumspfad darstellt. Die rote Kurve stellt das „Auf und Ab" des Konjunkturverlaufs, den sogenannten „Konjunkturzyklus", dar. Er ist in vier Konjunkturphasen unterteilt.

Jedem Aufschwung folgt ein Abschwung. Häufig wird allerdings in der Literatur und in Zeitungen nur der Wirtschaftsaufschwung als „gute Konjunktur" beschrieben. Erstrebenswert wäre eine stetige Aufwärtsentwicklung im Lauf der Zeit („Wachstumspfad"). Dies ist offensichtlich nicht zu verwirklichen.

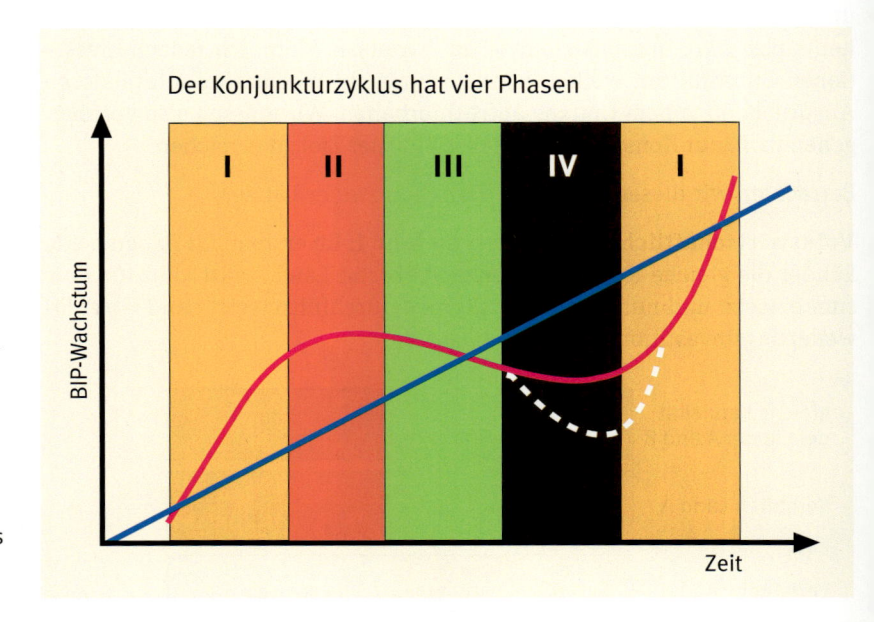

Der Konjunkturzyklus hat vier Phasen

Im oben stehenden Diagramm sind die vier Konjunkturphasen farblich dargestellt. Man kann bereits erkennen, dass Phase IV wieder von Phase I abgelöst wird. Alle vier Konjunkturphasen tragen Fachbezeichnungen und sind an bestimmten Begleiterscheinungen (unten folgen einige Beispiele) zu erkennen.

Phase I: **Expansion (Aufschwung/Erholung)**
Wirtschaftliche Zuversicht, wachsende Auftragseingänge, bessere Kapazitätsauslastung, zunehmende Investitionsbereitschaft, steigende Lohnsummen

Phase II: **Boom (Hochkonjunktur)**
Vollbeschäftigung, volle Kapazitätsauslastung, hohe Preissteigerungen, hohes Zinsniveau

Phase III: **Rezession (Abschwung/Rückgang)**
Sinkende Nachfrage, sinkende Gewinne und sinkende Wachstumsraten, Rückgang der Investitionsbereitschaft, kaum Spielraum für Lohnsteigerungen, Kurzarbeit und Entlassung von Arbeitskräften

Phase IV: **Depression (Tiefpunkt)**
Massenarbeitslosigkeit, Investitionsstillstand, sinkendes BIP, großer Zukunftspessimismus, niedrige Zinssätze

Die gestrichelte Linie in der Depressionsphase soll andeuten, dass es keineswegs immer zu einer Depression kommen muss. In der Regel wird der Staat versuchen, rechtzeitig gegenzusteuern → 138–141. Ist er dabei erfolgreich, so wird die Volkswirtschaft nach Erreichen einer sogenannten **„Talsohle"** wieder expandieren.

A1   Recherchieren/Sammeln

In welcher Konjunkturphase befindet sich Deutschland gegenwärtig? Begründen Sie Ihre Aussage! Der Wirtschaftsteil der Tageszeitung, aber auch das Statistische Bundesamt in Wiesbaden liefern entsprechende Zahlen. Einen Überblick gibt auch der nebenstehende Konjunkturbericht → 109.

4 Strukturen gesamtwirtschaftlicher Vorgänge

Konjunkturbericht zum Jahreswechsel 2014/2015

Die Printmedien, aber auch die Analysten von Rundfunk und Fernsehen kommen in der überwiegenden Zahl zu übereinstimmenden Ergebnissen.

Die positive Nachricht lautet: 2014 war wirtschaftlich betrachtet ein positives Jahr. Deutschland ist der Wachstumsmotor Europas. Die gute Konjunkturentwicklung wird nicht nur vom Export gestützt. Der Konsum im Inland legt zu und die Investitionsbereitschaft steigt. Noch nie waren so viele Menschen in Deutschland beschäftigt. Die Arbeitslosenquote ist weiter rückläufig. Die Verbraucherpreise sind stabil. Die Eckwerte der konjunkturellen Entwicklung bilden ein solides Fundament für einen weiteren Aufschwung. Optimismus ist sehr wohl angebracht.

Ein Wirtschaftswachstum von ein bis zwei Prozent ist möglich. Die Fachleute rechnen mit einer weiteren Zunahme der Beschäftigung. Es wird ein Aufwärtstrend bei Dienstleistungen und ein steigender Bedarf an Fachkräften erwartet. Die extrem niedrige Inflationsrate entlastet Verbraucher und Unternehmer. Mitverantwortlich dafür ist der niedrige Ölpreis zur Jahreswende. Zusätzliche Wachstumsimpulse werden aus südeuropäischen Ländern, aber auch aus Irland erwartet.

Skeptiker warnen allerdings vor Gefahren. Die vielen Krisenherde in der Welt belasten zahlreiche Absatzmärkte und schwächen damit die deutsche Exportwirtschaft. Deutsche Unternehmer werden deswegen in ihrer Investitionsbereitschaft eher zurückhaltend sein, befürchten manche Medienvertreter. Ein klarer wirtschaftspolitischer Kurs ist dringend geboten.

Allgemeine Gründe für Konjunkturschwankungen

Beispiele:
- allgemeine politische und wirtschaftliche Unsicherheiten,
- Einflüsse des Auslands,
- Zurückhaltung in der Investitionsbereitschaft,
- Änderungen in den Neigungen der Millionen Verbraucher,
- gewaltige Naturereignisse

Aus dem Wirtschaftsteil einer Zeitung:

Deutsche Autos haben Konjunktur in China
Alle großen deutschen Autohersteller profitieren davon und wollen ihr „Asiengeschäft" ausbauen.

Die langen Wellen der Weltkonjunktur

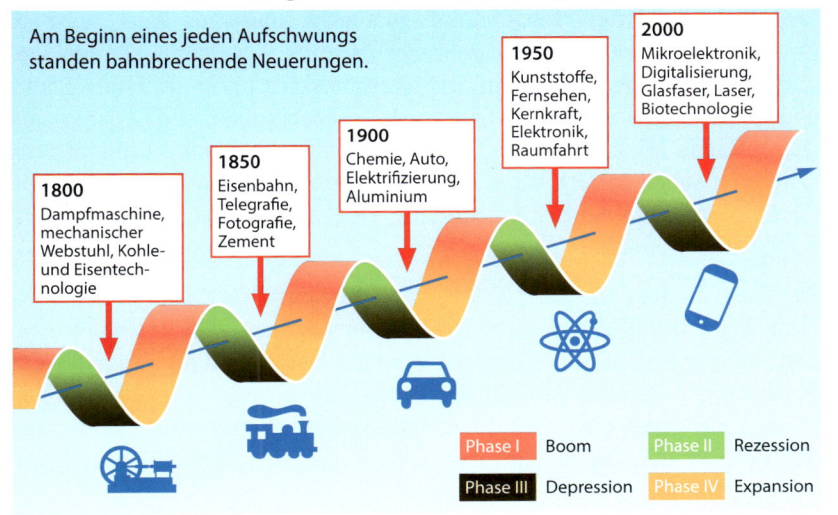

Am Beginn eines jeden Aufschwungs standen bahnbrechende Neuerungen.

- **1800** Dampfmaschine, mechanischer Webstuhl, Kohle- und Eisentechnologie
- **1850** Eisenbahn, Telegrafie, Fotografie, Zement
- **1900** Chemie, Auto, Elektrifizierung, Aluminium
- **1950** Kunststoffe, Fernsehen, Kernkraft, Elektronik, Raumfahrt
- **2000** Mikroelektronik, Digitalisierung, Glasfaser, Laser, Biotechnologie

Phase I Boom — Phase II Rezession — Phase III Depression — Phase IV Expansion

Der russische Wirtschaftswissenschaftler Nikolai D. Kondratieff (1892–1938) stellte 1926 sein Konjunkturmodell vor. Danach verläuft die Weltkonjunktur seit Beginn der Industrialisierung in langen Wellen, die von tief greifenden technischen Neuerungen angetrieben werden. Befinden wir uns seit 2000 wieder in einer Aufschwungphase?

A2 Analysieren/Nachdenken
Wieso spricht man von einem Konjunkturzyklus?

A3 Vertiefen/Verknüpfen
Wie sind die Übergänge von einer Konjunkturphase zur nächsten erklärbar? Die Erläuterungen zu den vier Phasen liefern wichtige Informationen.

A4 Vertiefen/Verknüpfen
Welche Zusammenhänge werden mit der nebenstehenden Grafik aufgezeigt?

Geld und Inflation

Aufgaben des Geldes

- **Allgemeines Tauschmittel** (z. B. der Euro in der Schweiz)
- **Wertübertragungsmittel** (z. B. Geldgeschenke)
- **Wertaufbewahrungsmittel** (z. B. Sparbuch/sonstige Geldanlagen)
- **Gesetzliches Zahlungsmittel** (z. B. der Euro in Deutschland)
- **Wertmesser** (Preise von Gütern und Dienstleistungen)

Wirtschaftliche Güter werden in der heutigen Zeit nicht gegen andere Güter getauscht. Der Naturaltausch ist nicht mehr vorstellbar und nicht zeitgemäß. Moderne Volkswirtschaften könnten auf dieser Basis nicht existieren. Waren werden gegen Geld getauscht und ihr Wert wird in Geldeinheiten zum Ausdruck gebracht. Mithilfe des Geldes können Vermögenswerte bequem und langfristig aufbewahrt und auf andere Personen übertragen werden. Der Staat oder eine überstaatliche Organisation (Europäische Wirtschafts- und Währungsunion) legen die Geldordnung fest und machen damit Geld (z. B. den Euro) zum gesetzlichen Zahlungsmittel. Die Menschen werden verpflichtet, Geld als Gegenwert für eine Leistung anzunehmen.

Die Europäische Zentralbank → 142 f. steuert das Geldwesen in der Eurozone. Der tatsächliche Geldwert kann aber letztlich nicht verordnet werden, denn er liegt allein in der Kaufkraft des Geldes und im Vertrauen der Menschen in dessen Funktionsfähigkeit. Waren oder Dienstleistungen werden nur gegen Geld getauscht, wenn sicher ist, dass andere Menschen das Geld annehmen und ihrerseits wieder entsprechend Waren gegen Geld tauschen.

Besonders wichtig ist, dass der Geldwert stabil bleibt. Bei massiven Störungen kommt es sehr schnell auch zu Turbulenzen in der staatlichen Gesamtordnung. Die Deutschen sind nach zwei Geldentwertungen (Inflationen) – jeweils nach den beiden Weltkriegen – besonders gewarnt und kritisch.

A1 Vertiefen/Verknüpfen
Im Wirtschafts- und Rechtslehreunterricht wurde das Geldwesen bereits besprochen. Wiederholen Sie diese Themenbereiche!

A2 Vertiefen/Verknüpfen
Im vergangenen Jahrhundert mussten die Menschen in Deutschland mit zwei Geldentwertungen fertig werden. Wiederholen Sie, was Sie im Geschichtsunterricht darüber gelernt haben!

4 Strukturen gesamtwirtschaftlicher Vorgänge

Von Inflation spricht man immer dann, wenn ein langfristiger Prozess anhaltender Preissteigerungen vorliegt. Dadurch wird die Kaufkraft einer Währungseinheit (z. B. eines Euro) ständig kleiner, denn man erhält ja dafür nicht mehr das Gleiche wie zuvor.

Wie problematisch dies ist, hängt vom Ausmaß und von der Geschwindigkeit ab, mit der das Geld an Wert verliert.

Eine sogenannte „Hyperinflation" wie im Jahr 1923 (auch „galoppierende Inflation" genannt) zerstört den Geldwert und alle vier Funktionen des Geldes gehen verloren. Fast niemand ist mehr bereit gegen Geld etwas einzutauschen. Preisauszeichnungen erübrigen sich damit. Niemand hat noch Interesse daran, Geld zu sparen, und wer jemandem Geld schenkt, tut ihm keinen Gefallen, denn der kann sich ja nichts dafür kaufen.

Wie kann es dazu kommen? Der Geldwert beruht auf dem Vertrauen in seine Kaufkraft. Dazu muss Geld jedoch „knapp" sein. Wenn jeder so viel hat, dass er ohne Probleme damit herumwerfen kann, dann braucht es keiner mehr, er hat ja selbst genug.

Wie viel Geld ist also volkswirtschaftlich „richtig"? Dies hängt von der Produktionskraft dieser Volkswirtschaft ab. Wenn die Menge des Geldes auf eine entsprechend große Gütermenge trifft, die man damit kaufen kann, dann behält das Geld seinen Wert.

In Kriegszeiten wird das ausgewogene Verhältnis zwischen Geldmenge und Gütermenge meist gestört (siehe Randspalte). Aber auch, wenn ein Land sehr viele Güter ins Ausland verkauft (Export), von dort aber kaum etwas einkauft (Import), entsteht ein Ungleichgewicht. Die Gütermenge im Inland schrumpft, aber die Geldmenge ist da und erzeugt Nachfrage nach Gütern, die fehlen.

Niedrige Preissteigerungen in Deutschland

Ist die Gefahr der Inflation besiegt? In den vergangenen Jahren war die Währungspolitik in der Eurozone und damit auch in Deutschland erfolgreich. Die Preissteigerungsraten sind sehr niedrig → 128. Preise sind aber immer in Bewegung und deren Entwicklung muss von der nationalen Wirtschaftspolitik und der EZB genau beobachtet werden.

Die Preissteigerungsquote ist allerdings eine Durchschnittsziffer. Ihr liegen bestimmte ausgewählte Produkte zugrunde. Der einzelne Verbraucher kann also durchaus den Eindruck haben, dass die Preise der von ihm benötigten Produkte angestiegen sind.

Kann Deflation gefährlich sein?

Geht das Preisniveau anhaltend deutlich zurück, besteht die Gefahr einer Deflation. Sinkende Preise sind zwar auf den ersten Blick positiv für die Verbraucher. Sie können aber in eine Abwärtsspirale führen, wenn Unternehmen und die öffentliche Hand (Bund, Länder, Gemeinden) durch rückläufige Einnahmen zu einem drastischen Sparkurs gezwungen werden.

Warum hängen Inflationen oft mit Kriegen zusammen?

Im Fach Geschichte wurden Zeiten großer Inflationen bereits behandelt (Weimarer Republik, Nachkriegszeit 1945). Stets gingen den Inflationen Kriege voraus. Warum ist das so?

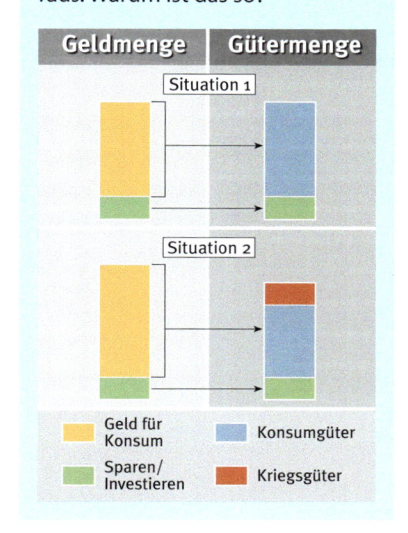

Geldmenge	Gütermenge
	Situation 1
	Situation 2

Geld für Konsum — Konsumgüter
Sparen/Investieren — Kriegsgüter

Situation 1: Solange eine bestimmte Geldmenge einer bestimmten Gütermenge gegenübersteht, herrscht Gleichgewicht und der Geldwert bleibt stabil.

Situation 2: Wird nun ein Teil der Produktionskapazität für die Rüstungsproduktion verwendet, werden weniger Konsumgüter produziert (→ 105). Das Geld für geplante Konsumausgaben ist aber da. Wird zudem die Rüstung durch den Druck zusätzlichen Geldes finanziert, so steht einer gesunkenen Konsumgütermenge eine erhöhte Geldmenge gegenüber, mit der nachgefragt wird. Die Preise steigen.

Arbeitsmarkt – Arbeitslosigkeit

Arbeitslose in Deutschland
Februar 2015

Region	Quote
Gesamt: 3,2 Millionen	6,9 %
Mecklenburg-Vorpommern	12,2 %
Sachsen-Anhalt	11,3 %
Bremen	11,2 %
Berlin	11,2 %
Brandenburg	9,8 %
Sachsen	9,4 %
Thüringen	8,4 %
Nordrhein-Westfalen	8,3 %
Hamburg	7,8 %
Saarland	7,5 %
Schleswig-Holstein	7,1 %
Niedersachsen	6,7 %
Hessen	5,8 %
Rheinland-Pfalz	5,7 %
Bayern	4,2 %
Baden-Württemberg	4,1 %

Quelle: Bundesagentur für Arbeit

Auf den Arbeitsmärkten gelten nicht die gleichen Regeln wie auf den Gütermärkten. Es wäre fatal, wenn nach dem „freien Spiel" von Angebot und Nachfrage vorgegangen würde. Aus wichtigen Gründen ist der Arbeitsmarkt besonders geschützt.

Zahlreiche gesetzliche Regelungen (z. B. Kündigungsschutz, Streikrecht Mitbestimmungsrechte, gemeinschaftliche Form der Lohnfindung – Arbeitgeberverbände und Gewerkschaften –, Erstellung von Sozialplänen, Lohnfortzahlung im Krankheitsfall, Jugendarbeitsschutz) zeigen die Bedeutung, die der Staat dem Arbeitsmarkt einräumt. Die innere Ordnung des Staates und das Sozialstaatsgebot des Grundgesetzes verlangen dies.

Arbeitslosigkeit in größerem Umfang ist eine besonders tief greifende Störung des gesamtwirtschaftlichen Gleichgewichts und hat weit reichende politische und soziale Folgen. Die Verantwortlichen in Staat und Gesellschaft sind zum Handeln verpflichtet. Gleichwohl ist festzuhalten, dass es wohl immer eine bestimmte Zahl von Menschen gibt, die keine für sie entsprechende Arbeit finden können. Es geht darum, dass die Arbeitslosenquote möglichst gering gehalten wird.

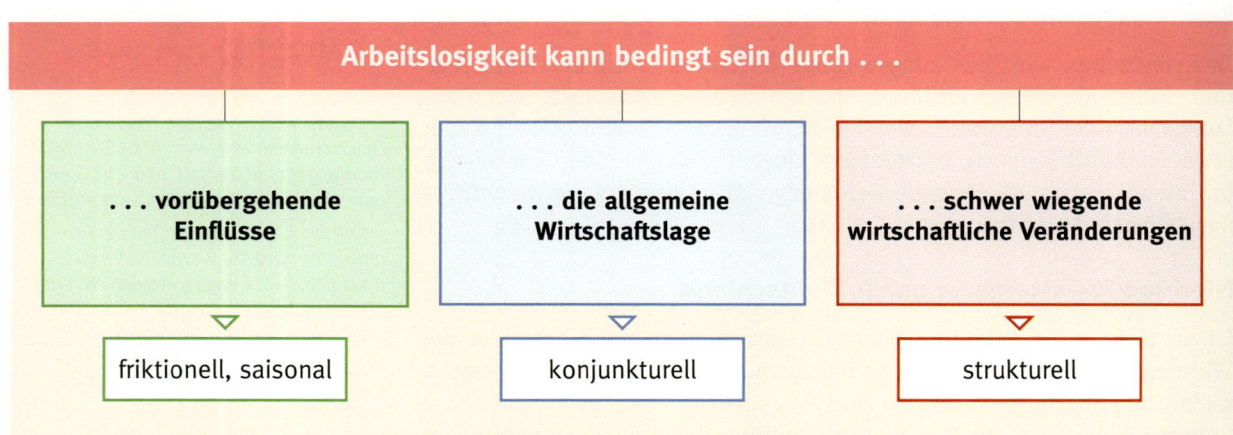

Arbeitslosigkeit kann bedingt sein durch ...

... vorübergehende Einflüsse	... die allgemeine Wirtschaftslage	... schwer wiegende wirtschaftliche Veränderungen
▽	▽	▽
friktionell, saisonal	konjunkturell	strukturell

Friktionelle Arbeitslosigkeit entsteht, wenn es beim Arbeitsplatzwechsel zu zeitlichen Verzögerungen kommt. Sie ist in der Regel ebenso wenig problematisch wie die saisonale Arbeitslosigkeit, die durch eine jahreszeitlich bedingte unterschiedliche Auslastung mancher Branchen entsteht (z. B. Bauindustrie, Tourismus). Beide Formen beheben sich häufig von selbst.

Konjunkturelle Arbeitslosigkeit liegt vor, wenn eine Wirtschaftsflaute eintritt, die meist alle Wirtschaftsbereiche betrifft. Die allgemeine Nachfrage reicht dann nicht aus, um die Betriebe auszulasten. Dem Staat stehen hier relativ gute Eingriffsmöglichkeiten zur Verfügung → 108 f. und 125.

Besonders kritisch ist die **strukturelle Arbeitslosigkeit**, da ihr ein wirtschaftlicher Wandel zugrunde liegt, der nicht so leicht zu beheben ist. Dies kann in technischen Entwicklungen und neuen Qualifikationsanforderungen begründet sein, aber auch im Bedeutungsverlust einzelner Branchen (z. B. Kohlebergbau) und Regionen. Ein besonderes Problem ist die damit oft verbundene Jugendarbeitslosigkeit.

4 Strukturen gesamtwirtschaftlicher Vorgänge

Die **Folgen von Arbeitslosigkeit** sind für eine Volkswirtschaft weit reichend und schwer wiegend:

Allgemeine Folgen

- Steuereinnahmen gehen zurück, da weniger Menschen über ein steuerpflichtiges Einkommen verfügen. Dadurch hat der Staat weniger Geld, um seine Aufgaben zu erfüllen.
- Die Sozialversicherungskassen werden belastet, da aus bisherigen Beitragszahlern nun Leistungsempfänger werden. Dies gilt nicht nur für die Arbeitslosenversicherung, sondern betrifft alle Sozialversicherungsbereiche, weil durch die Arbeitslosigkeit weniger Sozialabgaben abgeführt werden.
- Die Konsumquote kann sinken, da die privaten Haushalte über weniger Mittel verfügen und eher dazu neigen, etwas Geld auf „die hohe Kante" zu legen → 96. Dadurch wiederum sinkt die Nachfrage, was zu einem weiteren Stellenabbau führt.

Persönliche Folgen

- Wirtschaftliche Folgen der Arbeitslosigkeit werden im Rahmen der Arbeitslosenversicherung zu einem gewissen Teil aufgefangen. Arbeitslose haben für eine bestimmte Zeit Anspruch auf Versicherungsleistungen, die auf der Grundlage des bisherigen Einkommens, des Familienstands und weiterer Kriterien berechnet werden. Grundsätzlich kann man sagen, dass durch das Arbeitslosengeld etwa 60 bis 67 Prozent des letzten Nettoverdienstes ausgeglichen werden.
- Die Inanspruchnahme dieser Versicherungsleistungen wird gelegentlich als „Schmarotzertum" dargestellt. Der großen Mehrheit der Arbeitslosen (Ausnahmen gibt es hier wie überall) wird damit bitter unrecht getan. Ebenso wie bei einem Autounfall die Kfz-Versicherung beansprucht wird, ist auch bei entstandener Arbeitslosigkeit der „Versicherungsfall" eingetreten.

M1 Die seelischen Belastungen der Menschen stellen oft ein größeres Problem dar als wirtschaftliche Folgen

Dazu der Arzt Volker Faust: „Arbeitslosigkeit ist eine besondere Form der psychologisch-sozialen Zermürbung. Das ist den wenigsten bewusst, die sich eines sicheren Arbeitsplatzes erfreuen können. Denn Untätigkeit ist nicht Freizeit. Man kann nicht gegen seinen Willen ‚ausspannen' – und zwar endlos. Sonst droht man körperlich inaktiv, geistig träge, seelisch instabil zu werden und schließlich sogar Kontaktfähigkeit und Selbstachtung zu verlieren."

Die **Arbeitslosenquote**, die monatlich von der Bundesagentur für Arbeit bekannt gegeben wird, ist eine Durchschnittsziffer, die sich auf das gesamte Land bezieht.

$$\text{Arbeitslosenquote} = \frac{\text{Arbeitslose} \times 100}{\text{Erwerbstätige} + \text{Arbeitslose}}$$

Jugendarbeitslosigkeit in einigen EU-Staaten
Arbeitslosenquote unter den 15- bis 24-Jährigen
2009 | 2014

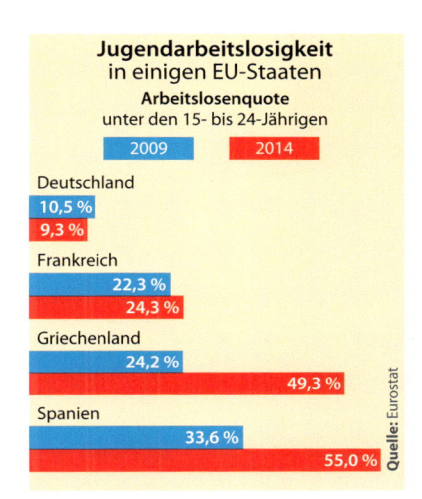

Deutschland: 10,5 % | 9,3 %
Frankreich: 22,3 % | 24,3 %
Griechenland: 24,2 % | 49,3 %
Spanien: 33,6 % | 55,0 %

Quelle: Eurostat

A1 Vertiefen/Verknüpfen
Warum ist es nicht nur aus wirtschaftlicher Sicht, sondern gerade auch aus psychologischen Gesichtspunkten wichtig, dass Menschen Arbeit haben?
Beziehen Sie Ihr Wissen aus dem Wirtschafts- und Rechtslehre- sowie dem Religionsunterricht mit in Ihre Überlegungen ein!

A2 Recherchieren/Sammeln
Ermitteln Sie die Daten zur Berechnung der gegenwärtigen Arbeitslosenquote!

A3 Kontakte herstellen
Laden Sie eine Fachkraft Ihrer Agentur für Arbeit ein und besprechen Sie Probleme des regionalen Arbeitsmarktes (einschließlich der Jugendarbeitslosigkeit)!

Zusammenfassung – Fachwissen anwenden

Spaziergang durch den Grafikwald

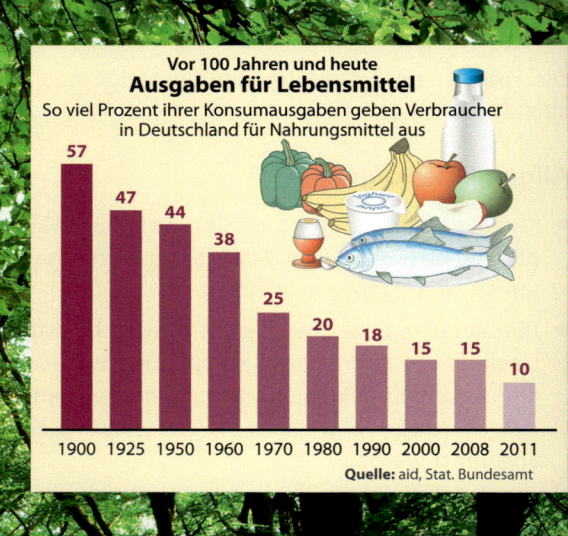

Dafür geben die Privathaushalte Geld aus
Konsumausgaben in Deutschland in Prozent

1991 – 882,6 Mrd. €
2013 – 1572,4 Mrd. €

davon in Prozent:

Kategorie	1991	2013
Wohnung, Wasser, Strom, Heizung	19,2	24,4
Nahrungs- und Genussmittel	17,7	15,2
Auto, Verkehr	15,0	13,4
Freizeit, Unterhaltung, Kultur	9,5	8,9
Möbel, Haushaltsgeräte	8,3	6,2
Kleidung, Schuhe	7,9	4,9
Hotels, Restaurants	5,7	6,0
Gesundheitspflege	2,7	5,1
Sonstiges	14,0	16,0

Quelle: Statistisches Bundesamt

Vor 100 Jahren und heute
Ausgaben für Lebensmittel
So viel Prozent ihrer Konsumausgaben geben Verbraucher in Deutschland für Nahrungsmittel aus

Jahr	Prozent
1900	57
1925	47
1950	44
1960	38
1970	25
1980	20
1990	18
2000	15
2008	15
2011	10

Quelle: aid, Stat. Bundesamt

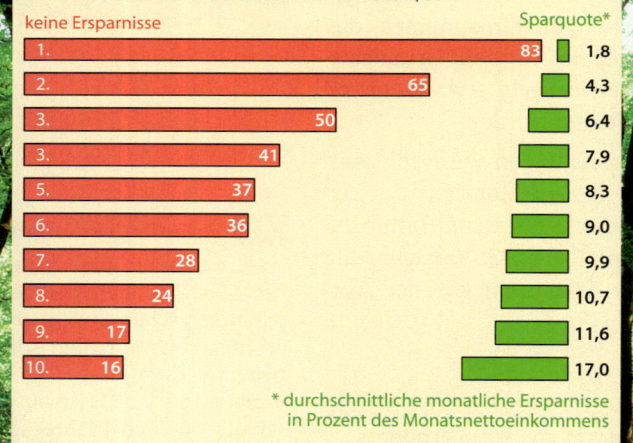

Sparverhalten nach Einkommen
Haushalte nach Einkommenszehnteln, Anteil der Ersparnisse am monatlichen Haushaltseinkommen in Prozent, 2011

Einkommenszehntel	keine Ersparnisse	Sparquote*
1.	83	1,8
2.	65	4,3
3.	50	6,4
3.	41	7,9
5.	37	8,3
6.	36	9,0
7.	28	9,9
8.	24	10,7
9.	17	11,6
10.	16	17,0

* durchschnittliche monatliche Ersparnisse in Prozent des Monatsnettoeinkommens

Quelle: SOEPv28; Wirtschaftsdienst, 93. Jahrgang, Heft 2, 02/2013

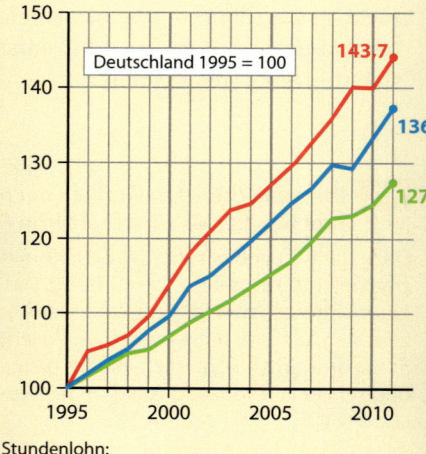

Der Wohlstand wächst
- Stundenlohn im Produzierenden Gewerbe
- Verfügbares Einkommen je Einwohner
- Verbraucherpreise

Deutschland 1995 = 100

Stundenlohn: 143,7
Verfügbares Einkommen: 136,9
Verbraucherpreise: 127,1

Stundenlohn: Bruttolöhne und -gehälter je geleistete Stunde
Quelle: Statistisches Bundesamt

Sparen – wofür?
Sparverhalten im Sommer 2011
Von je 100 Sparern nennen

Altersvorsorge	62
Konsum	56
Erwerb und Renovierung von Wohneigentum	51
Kapitalanlage	37
Ausbildung der Kinder	5
Notgroschen	3

Quelle: Verband der Privaten Bausparkassen, Infratest

114

4 Strukturen gesamtwirtschaftlicher Vorgänge

Arbeitslosenquoten in Deutschland
Erwerbsbevölkerung insgesamt und Jugendliche

- Erwerbsbevölkerung
- Jugendliche (unter 20 Jahre)
- Jugendliche altes Bundesgebiet
- Jugendliche neue Länder

Wissensspiel Volkswirtschaft

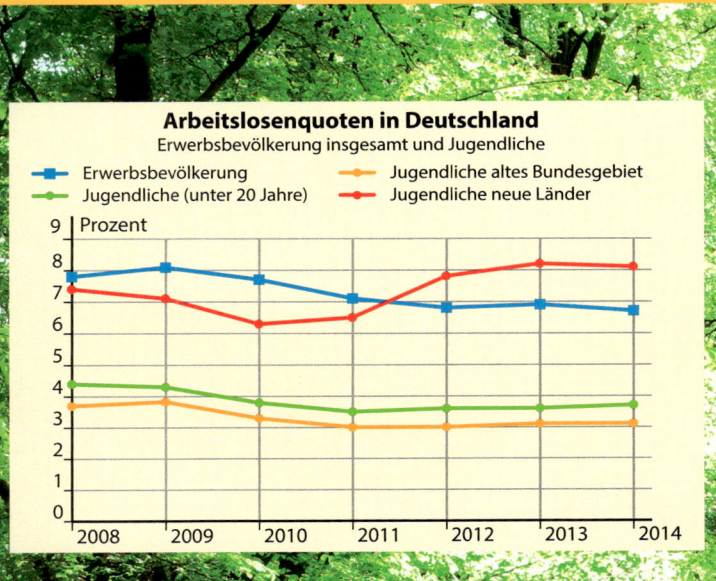

Arbeitshinweise:

1. Betrachten Sie die Grafiken auf Seite 114 und stellen Sie dann Zusammenhänge zwischen jeweils zwei oder mehr Grafiken her, z. B.: Aus welchem Grund könnten trotz wachsendem Wohlstand die Ausgaben für Lebensmittel so stark gesunken sein?

2. Auf dieser Seite sehen Sie Liniendiagramme zur allgemeinen Arbeitslosigkeit und zur Jugendarbeitslosigkeit. Analysieren Sie diese Grafik und diskutieren Sie über denkbare Probleme.

Spielanleitung zum Wissensspiel:

Nehmen Sie einen blauen und einen roten Würfel. Würfeln Sie mit einem davon oder mit beiden. Erklären Sie dann mit eigenen Worten, was sich hinter den gewürfelten Ziffern versteckt.

Heben Sie einen Schatz:

Besuchen Sie die Internetseite des Statistischen Bundesamtes. Scrollen Sie auf der Startseite so weit nach unten, bis Sie auf „STATISTIK ANSCHAULICH" stoßen. Sie können dort interaktiv mit Diagrammen und Schaubildern umgehen. Das kann sehr viel Spaß machen!

5 Ziele und Maßnahmen der Wirtschaftspolitik

„Die Wirtschaft ist nicht Selbstzweck. Sie hat den Menschen zu dienen."

Der Export von Gütern überwiegt in Deutschland. Viele Produkte müssen aber auch eingeführt werden.

Stabilitätsgesetz (1967):
„Bund und Länder haben bei ihren wirtschafts- und finanzpolitischen Maßnahmen die Erfordernisse des gesamtwirtschaftlichen Gleichgewichts zu beachten. Die Maßnahmen sind so zu treffen, dass sie im Rahmen der marktwirtschaftlichen Ordnung gleichzeitig zur Stabilität des Preisniveaus, zu einem hohen Beschäftigungsstand und außenwirtschaftlichem Gleichgewicht bei stetigem und angemessenem Wirtschaftswachstum beitragen."

Das Kapitel vertieft das Wissen über die Ziele der sozialen Marktwirtschaft, die zugrunde liegenden ethischen Wertvorstellungen und die wirtschafts- und finanzpolitischen Möglichkeiten des Staates.

Investitionen führen zu mehr Wachstum in der Wirtschaft.

Möglichst viele Menschen sollen einen Arbeitsplatz haben.

GESAMTWIRTSCHAFTLICHES GLEICHGEWICHT

Auf den Märkten regelt sich der Preis.

Soziale Marktwirtschaft in Deutschland

Ludwig Erhard (1897–1977) wird auch der „Vater der sozialen Marktwirtschaft" in Deutschland genannt. Er war von 1949–1963 Bundeswirtschaftsminister und von 1963–1966 Bundeskanzler. Alfred Müller-Armack (deutscher Nationalökonom, 1901–1978), auf dessen Idee die Formulierung „soziale Marktwirtschaft" zurückgeht, galt als sein wichtigster Mitstreiter.

ÜBERBLICK

▶ Die Wirtschaftsordnung eines Staates muss geregelt werden.

▶ Man kann zwischen staatlicher gelenkter Wirtschaft oder marktwirtschaftlicher Ordnung unterscheiden.

▶ Die soziale Marktwirtschaft wird oft als „dritter Weg" angesehen.

▶ Wirtschaftliche Freiheit und soziale Gerechtigkeit sollen verwirklicht werden. In diesen Zielvorgaben liegt ein Spannungsverhältnis.

▶ Es ist zum einen ein aktiver Staat gefordert, zum anderen muss sich der Staat mit Eingriffen in die Wirtschaft zurückhalten.

▶ Die Einhaltung von grundlegenden Werten im Wirtschaftsleben ist unverzichtbar.

In der sozialen Marktwirtschaft ...

- steuern unzählige Märkte das Wirtschaftsgeschehen (möglichst viele Anbieter, möglichst viele Nachfrager).
- können sich alle am Wirtschaftsleben Beteiligten frei entfalten.
- muss der Wettbewerb funktionieren. Es ist eine Wettbewerbsordnung zu schaffen.
- müssen Unternehmer und Arbeitgeber – trotz unterschiedlicher Interessen – zusammenwirken.
- ist es notwendig, dass die wirtschaftlich Schwachen geschützt und unterstützt werden.
- kann der Staat zur Verwirklichung seiner wirtschaftspolitischen Ziele in das Wirtschaftsgeschehen eingreifen.

Ein Blick zurück ...

Der Zweite Weltkrieg (1939–1945) hat in Deutschland ein Chaos hinterlassen. Beim Neuaufbau (1945–1949) wurde eine soziale Marktwirtschaft errichtet. CDU/CSU und FDP setzten sich damals gegenüber den Sozialdemokraten knapp durch. Auch die Gewerkschaften wollten eher eine staatlich gelenkte Wirtschaft.

A1 Vertiefen/Verknüpfen

Lesen Sie im Geschichtsbuch nach, wie es 1949 zur Einführung der sozialen Marktwirtschaft in der Bundesrepublik Deutschland kam! Welche Argumente wurden für bzw. gegen diese Wirtschaftsordnung vorgebracht?

Der Staat muss einen Ausgleich zwischen wirtschaftlich Starken und wirtschaftlich Schwachen schaffen. Er ist die Grundlage für den sozialen Frieden im Land.

5 Ziele und Maßnahmen der Wirtschaftspolitik

Das Grundgesetz garantiert

freie Entfaltung der Persönlichkeit
- Gewerbefreiheit
- Produktionsfreiheit
- Wettbewerbsfreiheit
- Handelsfreiheit
- Konsumfreiheit

Freizügigkeit

Recht auf Eigentum
(auch an Produktionsmitteln)

W I R T S C H A F T (Kreuzworträtsel-Darstellung mit WIRTSCHAFT horizontal und vertikal)

Gleichheitsgrundsatz

Möglichkeit der Sozialisierung

Vereinigungsfreiheit
- Gewerkschaftsbildung (z. B. auch Streikrecht)
- Arbeitgeberverbände

Recht auf freie Wahl des Berufs, der Arbeitsstätte, des Ausbildungsplatzes

Bekenntnis zum sozialen Staat
- soziale Sicherung
- soziale Teilhabe

Märkte sind „Nervenzentren" der Wirtschaft. Sie steuern und lenken mittels freier Preisbildung das Wirtschaftsgeschehen. Angebot, Nachfrage und Preis stehen in einem engen wechselseitigen Zusammenhang. Nicht nur Angebot und Nachfrage bestimmen den Preis, sondern auch Preis und Angebot bestimmen die Nachfrage, und Preis und Nachfrage bestimmen das Angebot. Die unterschiedlichen Interessen von Anbietern und Nachfragern werden durch den Marktpreis (Preiskompromiss) einander angepasst.

Ein altes Sprichwort sagt: „Konkurrenz belebt das Geschäft." Ein großer **Wettbewerb** wirkt belebend auf die Wirtschaft, vergrößert die Nachfrage, schafft somit mehr Produktion und Arbeitsplätze und bietet damit günstige Voraussetzungen für den Wohlstand breiter Bevölkerungsschichten.

Wettbewerber wollen sich verständlicherweise dem Wettbewerbsdruck entziehen. Unternehmenszusammenschlüsse, sogenannte Monopolbildungen (nur ein Anbieter oder Nachfrager) oder Kartelle (Zusammenschlüsse von mehreren Unternehmen, die z. B. gemeinsam Preise festlegen) führen zu einem Abbau der Konkurrenz.

Der Staat muss durch entsprechende Gesetze für einen fairen Wettbewerb sorgen. Unlauterer Wettbewerb, wie z. B. Täuschung oder irreführende Angaben, verzerren die Wirklichkeit und sind deshalb nicht zulässig. Nur durch eine bessere Leistung darf die Konkurrenz „ausgeschaltet" werden.

A2 Analysieren/Nachdenken
Das Grundgesetz setzt für die wirtschaftliche Betätigung einen Rahmen. Lesen Sie die entsprechenden Artikel im Grundgesetz, besonders Artikel 2, 9, 11, 14 und 20!

A3 Recherchieren/Sammeln
Es gibt immer wieder Initiativen, die soziale Marktwirtschaft den aktuellen wirtschaftlichen und sozialen Zuständen anzupassen bzw. sie zu verbessern. Schauen Sie im Internet nach unter „Chancen für alle – Initiative Neue Soziale Marktwirtschaft" und finden Sie die wesentlichen Reformvorschläge heraus!

A4 Analysieren/Nachdenken
Warum versuchen immer mehr Staaten weltweit, das Ordnungsmodell der sozialen Marktwirtschaft zu übernehmen?

Vertrauen in die Wirtschaft ist unverzichtbar

Wirtschaftliche Ethik
Die Ethik ist die Wissenschaft vom Wesen und den Grundlagen des Sittlichen. Sie legt auch Maßstäbe fest für ein gutes und gerechtes Handeln der am politischen und wirtschaftlichen Leben Beteiligten.

Aus dem Bürgerlichen Gesetzbuch
§ 138 Sittenwidriges Rechtsgeschäft, Wucher
Ein Rechtsgeschäft, das gegen die guten Sitten verstößt, ist nichtig.
§ 242 Leistung nach Treu und Glauben
Der Schuldner ist verpflichtet, die Leistung so zu bewirken, wie Treu und Glauben mit der Rücksicht auf die Verkehrssitte es erfordern.

Digitale Revolution verändert das Leben der Menschen
Eine Umfrage hat eindeutig ergeben, dass viele Menschen – jüngere und ältere – Angst haben vor der fortschreitenden Technisierung unserer Gesellschaft. Vor allem die digitale Revolution, bei der sich die Entwicklung erst am Anfang befindet, bringt gewaltige Herausforderungen mit sich. Die Menschen sehen sich Großorganisationen (Stromversorgung, Telefon, Internet, Versicherungen u. a.) gegenüber, die sie nicht mehr durchschauen können. Sie müssen sich schlicht und einfach darauf verlassen, dass es korrekt ist, was ihnen vorgegeben wird.

A1 Analysieren/Nachdenken
Warum berühren der oben stehende Artikel und die nebenstehenden Ereignisse ethische Fragen?

A2 Vertiefen/Verknüpfen
Fügen Sie weitere Beispiele aus Ihrem Leben hinzu!

Das Menschenbild

Sozialität	Individualität
Einbindung in die Gemeinschaft, Pflicht zum Miteinander	Selbstverantwortung, freie Entfaltung der Persönlichkeit

Die Entfaltung der Persönlichkeit gelingt nur im menschlichen Miteinander. Trotz des berechtigten Bedürfnisses nach gelegentlicher Abgeschiedenheit braucht der Mensch immer auch die Gemeinschaft und die Unterstützung der Mitmenschen, um existieren zu können.

Ereignisse aus dem täglichen Leben

Beispiel 1:
Ein 19-Jähriger verkauft sein gebrauchtes Auto als „unfallfrei", obwohl er erst vor einigen Wochen einen größeren Schaden hatte, der jedoch so repariert wurde, dass er nicht mehr sichtbar ist.

Beispiel 2:
Ein Bauunternehmer erstellt die Abrechnung über viele Einzelbestellungen beim Hausbau eines Kunden. Jeder einzelne Gegenstand, der geliefert wurde, ist genau aufgezeichnet und wird präzise und korrekt in Rechnung gestellt. Dem Bauunternehmer ist klar, dass der Kunde nicht alle Lieferungen genau kennen kann.

Beispiel 3:
Ein Handwerker hat die Wasserleitung bestens repariert. Der Kunde ist zufrieden. Er bezahlt aber die Rechnung nicht.

Beispiel 4:
Eine Jugendgruppe kümmert sich um die Beseitigung des Mülls im Stadtpark. In einer groß angelegten Aktion tragen die Jugendlichen viele Säcke Unrat zusammen und entsorgen sie ordnungsgemäß.

Beispiel 5:
Ein mittelständischer Unternehmer verdoppelt wegen der hohen Jugendarbeitslosigkeit die Zahl der Ausbildungsplätze in seinem Betrieb.

Beispiel 6:
Der Mitarbeiter eines erfolgreichen Betriebs möchte nach der Geburt seines Kindes in die Elternzeit gehen. Der Personalchef: „Das geht bei uns nicht!"

Beispiel 7:
Vier Schüler einer Realschule beschädigen den „Fußballkicker" in der Schule erheblich. Der Sachschaden beträgt 300 Euro. Niemand hat sie gesehen, niemand hat sie ausfindig gemacht. Sie melden sich trotzdem und begleichen den Schaden gemeinsam.

5 Ziele und Maßnahmen der Wirtschaftspolitik

Password + Fishing = Phishing

Betrüger versuchen, mit gefälschten E-Mails von Banken und anderen Finanzdienstleistern an die Daten der Nutzer zu gelangen.

Ein Phishing-Angriff:

Betrüger schickt **E-Mail** mit Link auf gefälschte Internetseite, mit verstecktem Schadprogramm oder mit der Bitte um Antwort.

Betrüger → Nutzer sendet vertrauliche Daten. ← Nutzer

Betrüger baut gefälschte Internetseite, sog. „Spoofing" (Verschleierung) — www.bank.de — Nutzer gibt seine vertraulichen Daten wie Passwörter und Kreditkartennummer ein.

☐ Passwort
☐ PIN

Phishing-Fälle im Onlinebanking
- 2008: 1 778
- 2009: 2 923
- 2010: 5 331
- 2011: 6 422
- 2012: 3 440

Quelle: Bitkom, BKA, BSI © Globus

Zehn Werte, die das Wirtschaftsleben bestimmen sollten:
- Verlässlichkeit
- Ehrlichkeit
- Selbstdisziplin
- Verantwortung für die Umwelt
- Gemeinsinn
- Verständnis
- Gerechtigkeit
- Fairness
- Verantwortung
- Rücksichtnahme

Wirtschaft ist nicht Selbstzweck

Sie hat vor allem auch höherrangigen Werten zu dienen, d. h., sie muss das Dasein ermöglichen und das Zusammenwirken der Menschen fördern. Der Mensch mit seiner Würde steht dabei im Mittelpunkt. Dabei wird es immer Menschen mit besseren Ideen, mehr Glück, stabilerer Gesundheit, größerer Leistungskraft und damit mit mehr wirtschaftlichem Erfolg geben. Wirtschaftlich Schwache bedürfen deshalb der Hilfe von wirtschaftlich Stärkeren. Der Erfolg des Einzelnen darf nicht zum Schaden eines anderen oder gar der Gemeinschaft führen. Das Wohlverhalten der Menschen kann aber nicht als selbstverständlich vorausgesetzt werden, da nicht selten Egoismus und überzogener Ehrgeiz vorherrschen.

Ein **faires Miteinander im Arbeitsleben** ist unbedingt notwendig. In einer sozialen Marktwirtschaft sind Unternehmer und Arbeitnehmer als Sozialpartner zu sehen, die zwar durchaus unterschiedliche Interessen verfolgen können, sich aber der gemeinsamen Aufgabe und Verantwortung bewusst sein sollten. Durch ihre Leistungen soll den Menschen eine möglichst angenehme Existenz geschaffen werden. Soziale Partnerschaft erfordert gegenseitiges Verständnis, Toleranz, Gerechtigkeit und ein realitätsbezogenes Bild vom jeweiligen Gegenüber.

Die Tatsache, dass der Arbeitnehmer im Wesentlichen nur mit seiner Arbeitskraft Einkommen erzielen kann, ist ebenso zu berücksichtigen wie die besondere Einsatz- und Risikobereitschaft eines verantwortungsbewussten Unternehmers. Ein Unternehmen kann seine Funktion nur erfüllen, wenn Gewinne erzielt werden. Eine erfolgreiche Wirtschaft hängt sowohl von der Tatkraft der Arbeitgeber als auch der Arbeitnehmer ab.

Lesetipp

Der Zwiespalt zwischen wirtschaftlichen Interessen und ethischen Grundsätzen ist oft auch Gegenstand von Romanen.

In Carl Hiaasens viel gelobtem Jugendbuch **„Eulen"** wird der Konflikt zwischen einer Fastfood-Kette und drei Jugendlichen, denen der Artenschutz am Herzen liegt, auf spannende und zugleich humorvolle Weise erzählt.

Das Buch **„Perfect Copy"** von Andreas Eschenbach setzt sich fesselnd und ideenreich mit den brisanten Themen Gen-Technologie und Klonen von Menschen auseinander. Ein toller Krimi zum Nachdenken.

A3 Analysieren/Nachdenken

Formulieren Sie zu den oben genannten Werten jeweils eine Lebenssituation aus dem Alltag.

A4 Vertiefen/Verknüpfen

Versuchen Sie, weitere Werte hinzuzufügen.

A5 Recherchieren/Sammeln

Informieren Sie sich, was über die Computerkriminalität berichtet wird!

Vertrauen in die Wirtschaft ist unverzichtbar

M1 Das Wirtschaftsgeschehen in Deutschland, in Europa und der Welt
Schlagzeilen aus Presse und Medien:

Staat gibt Garantie für alle Spareinlagen

Verantwortung in der Wirtschaft – Manchem fehlt die Sensibilität

Vernichtung von Existenzen durch schlechte Geldanlagen

Bundesregierung plant Rettungsschirm für Banken

Preise sind das Ergebnis von Knappheiten, nicht von Gerechtigkeitsüberlegungen

Wut auf Manager

Viele Menschen haben das Vertrauen in die Wirtschaft verloren

Immer öfter werden Vorstände von Unternehmen zur Verantwortung gezogen

Zocker wetten auf Griechenlands Staatsbankrott

Ohne Gewinn ist alles nichts

EU-Finanzminister suchen dringend nach Lösungen

Kapitalismus pur – das funktioniert nicht

Komplexität der Wirtschaft nimmt zu

Wirtschafts- und Finanzkrise noch nicht bewältigt

A1 Analysieren/Nachdenken
Die gewaltige, weltweite Wirtschafts- und Finanzkrise hat vor allem auch eine ethische Dimension. Begründen Sie diese Aussage mittels der Veröffentlichungen in den Medien!

A2 Recherchieren/Sammeln
Verfolgen Sie anhand der Tageszeitung und der Nachrichtensendungen die europaweite und weltweite Entwicklung der Volkswirtschaften und achten Sie darauf, welche Konsequenzen gezogen werden.

„… wenigstens mittragen könntest du!"

Finanzminister Schäuble (CDU) nimmt die Banken in Zeiten der Wirtschafts- und Finanzkrise in die Pflicht. (Karikatur: Horst Haitzinger, 2010)

5 Ziele und Maßnahmen der Wirtschaftspolitik

M2 In der Wirtschaft geht es nicht nur um Gewinne!

Bereits 1955 schrieb ein Wissenschaftler:
„Wir dürfen nicht glauben, es genüge, an die wirtschaftliche Vernunft zu appellieren. […] Es muss höhere ethische Werte geben, die wir anrufen: Gerechtigkeit, Verantwortung für das Ganze, Wohlwollen und Sympathie. So ergibt sich, dass auch die nüchterne Welt des reinen Geschäftslebens aus sittlichen Reserven schöpft, mit denen sie steht und fällt und die wichtiger sind als alle wirtschaftlichen Gesetze und nationalökonomischen (volkswirtschaftlichen) Prinzipien. Wettbewerb und das Spiel von Angebot und Nachfrage erzeugen diese Reserven nicht, sondern sie verbrauchen sie und müssen sie von Bereichen jenseits des Marktes beziehen. Auch kein Lehrbuch der Nationalökonomie kann sie ersetzen. Selbstdisziplin, Gerechtigkeitssinn, Ehrlichkeit, Fairness, Ritterlichkeit, Maßhalten, Gemeinsinn, Achtung vor der Menschenwürde des Anderen, feste sittliche Normen – das alles sind Dinge, die die Menschen bereits mitbringen müssen, wenn sie auf den Markt gehen."

M3 Die Menschen müssen von der Globalisierung profitieren

„Der Generaldirektor der Internationalen Arbeitsorganisation (ILO, eine UN-Organisation), Juan Somavá, übte 2000 heftigste Kritik an der Entwicklung der Weltwirtschaft in den vergangenen Jahren. Die Globalisierung habe eine *Zocker-Ökonomie* hervorgebracht, in der Unsummen von Finanzplatz zu Finanzplatz geschoben würden. Das Geld müsse aber in Waren und Arbeitsplätze investiert werden; Finanzpolitik und Handel müssten den einfachen Menschen dienen. Die gegenwärtige Form der Globalisierung werde scheitern, weil sie der Mehrheit der Weltbevölkerung keine Vorteile bringe."

M4 Managergehälter und Mindestlohn

Der Deutsche Katholikentag in Regensburg (2014) befasste sich u. a. mit Fragen der wirtschaftlichen Ethik. Die Augsburger Allgemeine berichtete darüber am 2. Juni:

„Managergehälter, die heute das 200- oder sogar 1000-fache eines durchschnittlichen Lohns eines Beschäftigten betragen, hält Bundeswirtschaftsminister Sigmar Gabriel (SPD) für *teilweise obszön*. Sollte sich diese Entwicklung fortsetzen, müsse die Politik überlegen, ob sie eingreifen kann. So sollten Bonuszahlungen künftig nicht mehr als Betriebsausgaben steuerlich abgesetzt werden können. *Sonst bezahlt der Steuerzahler einen Teil dieser hohen Managergehälter.*

Auch der Vorsitzende der Deutschen Bischofskonferenz, Kardinal Reinhard Marx, nannte die Entwicklung bei den Managergehältern bedenklich. *Es gibt schon Löhne, da sagt man sich: Das kann doch nicht wahr sein*. Für ihn sind die dahinterliegenden Anreizsysteme das eigentlich Gefährliche.

Honoriert werde die Bedienung von Kapitalinteressen, *und zwar in einer ziemlich beschleunigten Weise*. Die Börse liefere nicht die vollständige Auskunft, wie es der Wirtschaft geht. Bewertet werden müssen die Managerleistungen, *was auch den Arbeitnehmern dient*, sagte Marx. Der Kardinal begrüßte die Einführung eines gesetzlichen Mindestlohns. *Er ist eine Notwendigkeit, wo keine Tarifparteien da sind …*

Der Mindestlohn von 8,50 € könne noch nicht die Lösung der sozialen Probleme in Deutschland sein, mahnte Marx. Den Bedarf einer ganzen Familie werde er nicht abdecken, der Staat werde weiterhin ihr Einkommen aufstocken müssen."

Experten der Wirtschaftsethik sind sich einig, dass dem wirtschaftlichen Aufschwung bzw. dem wirtschaftlichen Erfolg eine ethische Verantwortung zugrunde liegen muss.

Bundeskanzlerin Merkel und ihr damaliger Finanzminister Steinbrück versicherten während der Wirtschaftskrise 2008: „Die Spareinlagen sind sicher."

A3 Recherchieren/Sammeln

M2 enthält grundlegende Aussagen zur Ethik der sozialen Marktwirtschaft. Versuchen Sie den schwierigen Text zu vereinfachen und dabei wesentliche Aussagen festzuhalten! Erläutern Sie diese in der Klasse! Sie können dabei auch die darstellenden Texte und die Grafiken zu Hilfe nehmen!

A4 Recherchieren/Sammeln

Lesen Sie auf Seite 164 nach, was man unter „Globalisierung" versteht, und beziehen Sie M3 mit ein!

A5 Analysieren/Nachdenken

Welche wichtigen Probleme der Wirtschaftsordnung in Deutschland werden in M4 angesprochen?

A6 Analysieren/Nachdenken

Experten fordern ein international geltendes Regelwerk zur Wahrung ethischer Grundsätze. Wer könnte es realisieren? Diskutieren Sie diese Überlegungen in der Klasse!

Ziele der Wirtschaftspolitik

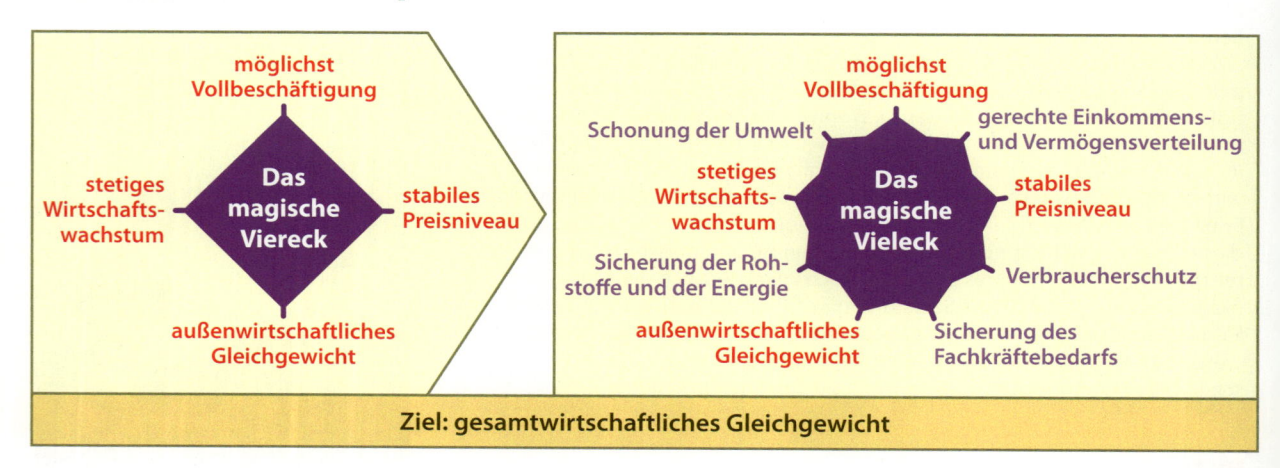

Das magische Viereck:
- möglichst Vollbeschäftigung
- stetiges Wirtschaftswachstum
- stabiles Preisniveau
- außenwirtschaftliches Gleichgewicht

Das magische Vieleck:
- möglichst Vollbeschäftigung
- gerechte Einkommens- und Vermögensverteilung
- stabiles Preisniveau
- Verbraucherschutz
- Sicherung des Fachkräftebedarfs
- außenwirtschaftliches Gleichgewicht
- Sicherung der Rohstoffe und der Energie
- stetiges Wirtschaftswachstum
- Schonung der Umwelt

Ziel: gesamtwirtschaftliches Gleichgewicht

Stabilitätsgesetz

Unter dem Eindruck der ersten ungünstigen Wirtschaftsentwicklung nach dem Zweiten Weltkrieg hat der Bundestag im Jahre 1967 das Gesetz zur Förderung der Stabilität und des Wachstums der Wirtschaft beschlossen → 116. Darin wurde festgelegt, welche wirtschaftspolitischen Pflichten der Staat im Rahmen der marktwirtschaftlichen Ordnung hat. Das Gesetz wurde von der damals regierenden Großen Koalition (CDU/CSU und SPD) eingebracht und beschlossen.

Ein möglicher Zielkonflikt …

Engpässe auf der Angebotsseite führen zu Preissteigerungen. Durch die starke Nachfrage kommt es zu einem Anstieg der Importe und dies wiederum gefährdet das außenwirtschaftliche Gleichgewicht.

A1 Analysieren/Nachdenken

Ein bedeutender Politiker hat einmal geäußert, dass für ihn Vollbeschäftigung an erster Stelle stehe. Wenn es nicht anders ginge, so würde er dafür auch eine höhere Preissteigerungsrate in Kauf nehmen. Welche Gründe haben den Politiker wohl zu dieser Aussage bewogen?

ÜBERBLICK

▶ Der Bund hat sich wirtschaftspolitische Ziele gegeben.

▶ Das Stabilitätsgesetz schreibt vier Ziele fest.

▶ Alle vier Ziele können offensichtlich nicht gleichzeitig erreicht werden. Es liegt ein Zielkonflikt vor.

▶ Man spricht deswegen vom „magischen Viereck".

▶ Alle vier Ziele sind aber gleichermaßen von Bedeutung.

▶ Neue Ziele sind möglich. Die Vorgaben des Grundgesetzes müssen eingehalten werden.

Obgleich im Stabilitätsgesetz lediglich vier Ziele genannt werden, sind mit zunehmendem Wachstum und Wohlstand weitere wirtschafts- und sozialpolitische Ziele hinzugekommen. Aus dem „magischen Viereck" ist ein „magisches Vieleck" geworden. So muss der Staat u. a. auf eine gerechtere Einkommens- und Vermögensverteilung hinwirken, er muss für die wachsende Wirtschaft Energie und Rohstoffe sichern. Angesichts der zunehmenden Zerstörung der Umwelt hat die Erhaltung des ökologischen Gleichgewichts an Bedeutung gewonnen. Mit der Ausweitung der Ziele nehmen auch die Zielkonflikte zu.

Jede Bundesregierung setzt bei ihrer Wirtschaftspolitik Schwerpunkte. In einem föderativen Staat wirken aber auch die Länder und die Kommunen mit ihren Entscheidungen über Einnahmen und Ausgaben in das Wirtschaftsgeschehen hinein. Es gibt deshalb keine einheitliche Wirtschaftspolitik. Dem Stabilitätsgesetz liegt allerdings der Gedanke zugrunde, dass sich **Bund, Länder und Gemeinden möglichst einheitlich den wirtschaftspolitischen Zielen verpflichtet** fühlen.

5 Ziele und Maßnahmen der Wirtschaftspolitik

Die Bekämpfung der Arbeitslosigkeit – eine politische Daueraufgabe

Seit Jahrzehnten wurde in Deutschland das Teilziel „möglichst Vollbeschäftigung" nicht erreicht. Für Regierungen sind hohe Arbeitslosenzahlen Alarmsignale, die politisches Engagement erfordern. Die Politik kann allerdings nur die Rahmenbedingungen verändern. Die Arbeitsplätze müssen in einer sozialen Marktwirtschaft von den Unternehmen geschaffen werden → 112 f.

Es ist in der Wirtschaftspolitik umstritten, wann in einem Land von einer Vollbeschäftigung gesprochen werden kann. Manche Fachleute gehen davon aus, wenn die Arbeitslosenquote bei drei Prozent liegt; andere akzeptieren hierfür sogar fünf Prozent. Es ist allerdings eine allgemein gängige Tatsache, dass es immer eine gewisse Zahl von Arbeit suchenden Menschen gibt, die nicht vermittelt werden können.

Die Bundesagentur für Arbeit in Nürnberg hat auch die Aufgabe, den Arbeitsmarkt in Deutschland zu beobachten und die jeweilige arbeitsmarktpolitische Situation zu analysieren. Monatlich wird ein Bericht zur Arbeitsmarktlage herausgegeben. Zahlreiche Agenturen für Arbeit in den größeren Städten unterstützen die Zentrale in ihrer Tätigkeit. Viele Schülerinnen und Schüler machen erste Erfahrungen mit der Arbeitsverwaltung beim Besuch des BIZ (Berufsinformationszentrum).

Ursachen für Arbeitslosigkeit

- fehlende Mobilität
- ALTER DES ARBEITNEHMERS
- gesundheitliche Situation
- zu geringer Konsum
- ungenügende oder fehlende fachliche Ausbildung
- fehlende Investitionsbereitschaft
- STEUERRECHT
- internationaler Wettbewerb
- zu viel Bürokratie
- Globalisierung
- AUTOMATISIERUNG
- fehlende Infrastruktur
- hohe Lohnkosten
- Sättigung des Marktes
- Finanz- und Wirtschaftskrise
- fehlende Nachfrage
- Finanzspekulationen
- RATIONALISIERUNG

A2 Recherchieren/Sammeln

Ermitteln Sie die aktuellen Arbeitslosenzahlen und vergleichen Sie diese mit den Werten der vergangenen Jahre! Stellen Sie fest, welches Land besonders hohe und welches besonders niedrige Arbeitslosenzahlen hat!

A3 Recherchieren/Sammeln

Die Gründe für Arbeitslosigkeit sind vielschichtig. Sie sind bei den Betrieben, beim Staat und bei den arbeitenden Menschen zu suchen. Erstellen Sie mit den in der Grafik genannten Begriffen eine Mindmap! Ergänzen Sie weitere Begriffe!

Ziele der Wirtschaftspolitik

Jährlicher Anstieg des realen Bruttoinlandsprodukts (in Prozent)
- Welt
- Entwicklungsländer
- Eurozone
- Deutschland
- USA

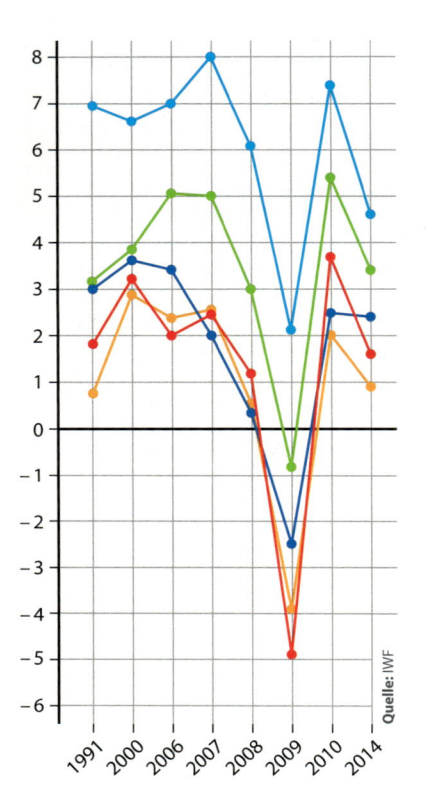

Quelle: IWF

A1 Recherchieren/Sammeln
Analysieren Sie die Wachstumsraten in obiger Grafik! Ermitteln und vergleichen Sie die aktuellen Wachstumsraten in Deutschland, der Eurozone und in den USA!

M1 Berichte aus Tageszeitungen:

Wirtschafts- und Arbeitsminister erhofft Aufbruchstimmung
„Der neue Ressortminister hat seine erste Rede im Bundestag gehalten und die Gelegenheit genützt, einen eindringlichen Appell an die Menschen im Land zu richten. Ziel muss es sein, dass die Wirtschaft im Land wieder vorankommt und damit die Beschäftigungschancen wieder besser werden. Dafür brauchen alle am Wirtschaftsleben Beteiligten mehr Mut und Zuversicht. Die Regierungsparteien gehen davon aus, dass weitere Steuersenkungen und der Abbau der bürokratischen Hemmnisse die Aufbruchstimmung in der Wirtschaft beflügeln."

Ein Arbeitgebervertreter
„Die Wirtschaft ist bereit, verstärkt zu investieren, wenn Anreize dafür geboten werden. Appelle allein genügen da nicht. Taten müssen folgen, d. h., Regierung und Parlament müssen ihre Politik danach ausrichten."

Ein Gewerkschaftsvertreter
„Wirtschaftliches Wachstum setzt eine Stärkung der Kaufkraft der Arbeitnehmer voraus. Unsicherheit, vor allem auch im Bereich der sozialen Sicherheit, ist Gift für die notwendige Konsumbereitschaft."

Teilziel: Wirtschaftswachstum – mehr Beschäftigung

Wirtschaftliches Wachstum gilt fast überall in der Welt als eines der Hauptziele staatlicher Wirtschaftspolitik. Das Wachstum erhöht den Lebensstandard der Bevölkerung, schafft Arbeitsplätze, erleichtert einen Strukturwandel (moderne Technologien), hilft darüber hinaus, soziale Konflikte zu lösen, und ermöglicht es, mehr Geld in Aufgaben wie z. B. den Umweltschutz zu investieren.

Wachstum kann mit der realen Zunahme des **Bruttoinlandsprodukts** → 92, → 104 f. gegenüber dem Vorjahr gemessen werden.

Welche **Wachstumsrate** angemessen ist, wird unterschiedlich beurteilt und hängt von den jeweiligen Erwartungen ab. Eine stärkere Wachstumsphase hat positive Rückwirkungen auf den Arbeitsmarkt und auf das gesamte wirtschaftliche Klima. Gerade in der Zeit des wirtschaftlichen Einbruchs 2008/2009 wurde deutlich, welche dramatischen Auswirkungen ein Rückgang des Wachstums für das gesamte gesellschaftliche Leben hat, wenn der hohe Wohlstand der Menschen beibehalten werden soll.

Die im Parlament vertretenen Parteien und deren führende Repräsentanten setzen auf dieses wirtschaftspolitische Ziel. Allerdings sind unterschiedliche Akzente sichtbar. In den offiziellen Stellungnahmen wird meist von einem qualitativen Wirtschaftswachstum gesprochen. Die Notwendigkeit des Umweltschutzes bejahen alle politischen Gruppen. Bei der konkreten Umsetzung des Wachstumsziels gehen aber die Meinungen auseinander. Was getan werden muss, um es zu realisieren, ist umstritten → 93, → 138.

5 Ziele und Maßnahmen der Wirtschaftspolitik

Standort Buchdorf (Bayern)

www.gemeinde-buchdorf.de

Buchdorf, Landkreis Donau-Ries, Bayern, mitten in Süddeutschland – eine Gemeinde, 1680 Einwohner, im ländlichen Raum, aber auch ein attraktiver Wirtschaftsstandort mit 600 Arbeitsplätzen.

Buchdorf bietet:

- Gewerbeflächen (günstige Grundstückspreise)
- Energie- und Wasserversorgung
- moderne Kommunikationstechnologien
- Nähe zu wirtschaftlichen Zentren (Augsburg, Nürnberg, Ingolstadt, München)

- Wohnraum, Bauplätze
- Kindergarten und Grundschule
- Geschäfte der Grundversorgung
- Banken
- Gaststätten mit Übernachtungsmöglichkeiten
- Freizeiteinrichtungen
- intakte Umwelt am Rande des Naturparks Altmühltal

Eine moderne **Infrastruktur** ist Voraussetzung für Wohlstand und Wachstum einer Volkswirtschaft. Um dies zu ermöglichen, müssen Bund, Länder, Städte und Gemeinden ein engmaschiges Netz von öffentlichen Einrichtungen zur Verfügung stellen und erhalten. Je mehr der Staat in die Infrastruktur investiert, desto mehr können Unternehmer davon profitieren. Sie investieren dann auch mehr, weil es sich lohnt. Zugleich erhöht sich damit auch die Wirtschaftskraft eines Landes.

„Die Attraktivität von Regionen für Familien wird nicht nur durch die kommunalpolitischen Handlungsfelder beeinflusst. Für Eltern ist ebenfalls entscheidend, welche wirtschaftlichen Rahmenbedingungen und insbesondere beruflichen Perspektiven ihnen eine Region bieten kann."
(Deutscher Familienatlas 2012)

Verkehrsanbindung:
Bundesstraße 2 (direkt)
Autobahn 38 km
Bahnanschluss 10 km
Rhein-Main-Donau-Kanal 80 km
Regionalflughafen 38 km
internationaler Flughafen 100 km

Schulen:
Realschule, Gymnasium, Wirtschaftsschule, Fachoberschule, Berufsoberschule
(alle Donauwörth) 9 km

Universitäten:
Augsburg 40 km
Eichstätt 50 km

Fachhochschulen:
Augsburg 40 km
Eichstätt 50 km
Aalen 50 km

Medizinische Versorgung:
Ärzte 3 km
Donau-Ries-Klinik 9 km

Sehenswertes:
Meteoritenkrater Ries,
Klöster, Schlösser, Museen 10–25 km

A3 Analysieren/Nachdenken

Ein großer amerikanischer Autoproduzent soll einmal gesagt haben: „Meine Mitarbeiter müssen so viel verdienen, dass sie die von uns hergestellten Autos auch kaufen können." Was wollte er damit sagen?

A4 Recherchieren/Sammeln

Informieren Sie sich über wesentliche Infrastruktureinrichtungen in Ihrer Stadt/Gemeinde und erstellen Sie ein Standortprofil für Ihre Gemeinde! Warum ist eine leistungsfähige „Datenautobahn" ein wichtiger Standortfaktor?

A5 Analysieren/Nachdenken

Der Chef eines großen Unternehmens: „Deutschland muss mehr für den Standortfaktor ‚menschlicher Geist' tun! Dies gilt insbesondere auch für die junge Generation."
Diskutieren Sie diese Aussage!

Ziele der Wirtschaftspolitik

Das Statistische Bundesamt in Wiesbaden beobachtet die Entwicklung der Preise in Deutschland. Zu diesem Zweck wurde ein **Warenkorb** mit 750 Gütern und Dienstleistungen zusammengestellt, die in einem durchschnittlichen Haushalt konsumiert bzw. in Anspruch genommen werden. Ein ausgewählter Personenkreis macht regelmäßig Aufzeichnungen über die Preise der Güter und Dienstleistungen und meldet sie nach Wiesbaden, wo dann der Preisindex ermittelt werden kann.

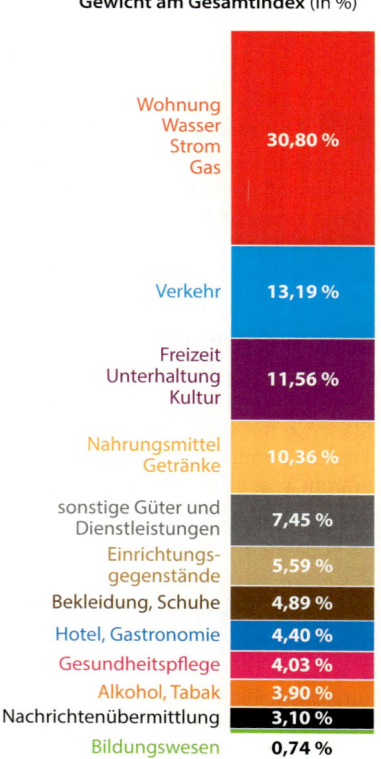

Teilziel: Stabiles Preisniveau

Die Herstellung, Verwendung und Verteilung von Gütern wird über die Preise gesteuert. Ständig treffen sich unzählige Anbieter und Nachfrager von wirtschaftlichen Gütern und Dienstleistungen, um Kauf- und Verkaufsentscheidungen zu fällen. Über die **Märkte** regeln sich die Preise. Die Anbieter wollen natürlich möglichst hohe Preise erzielen, bei deren Kalkulation sie ihre Kosten und ihre Gewinnerwartungen berücksichtigen müssen. Je nach Marktsituation haben sie bessere oder weniger gute Chancen.

Die Preise in einer Volkswirtschaft sind niemals starr, sondern immer in Bewegung. In einer Marktwirtschaft darf der **Staat** nicht direkt in die Preisbildung eingreifen. Gleichwohl muss er ein großes Interesse daran haben, dass das Preisniveau im Land insgesamt möglichst stabil bleibt, da das Wohlergehen der Menschen auch davon abhängt. Der Staat muss aber zugleich darauf achten, dass er durch seine Steuer- und Ausgabenpolitik keine preistreibende Wirkung hervorruft.

Extreme Preiserhöhungen nützen vielleicht kurzzeitig den unmittelbar betroffenen Unternehmen, schaden aber letztlich allen am Wirtschaftsleben Beteiligten: Eine **Inflation** → 110f. führt zur Benachteiligung der Sparer und begünstigt Kreditnehmer. Löhne und Gehälter können meist nicht in gleichem Tempo steigen. Deswegen sind gerade auch Arbeitnehmer verstärkt von inflationären Entwicklungen negativ betroffen.

In der Geschichte wurden viele negative Erfahrungen in Perioden starken Preisanstiegs gemacht. Auch gegenwärtig gibt es noch Länder wie Russland oder Brasilien mit sehr hohen, inflationären Preissteigerungen. Die Staaten der EU haben sich verpflichtet, für stabile Verhältnisse in den Mitgliedsländern zu sorgen.

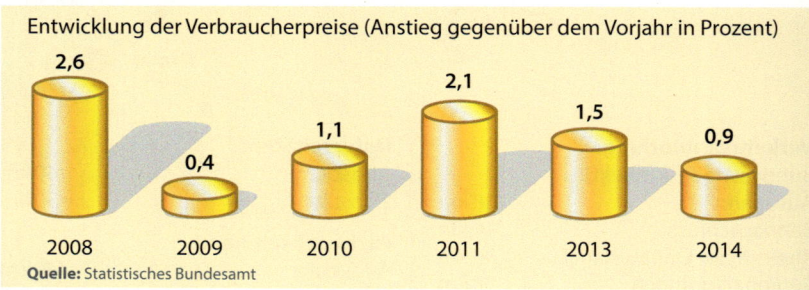

M1 Warenkorb (Preisindex 2010)

Gewicht am Gesamtindex (in %)

Kategorie	%
Wohnung, Wasser, Strom, Gas	30,80 %
Verkehr	13,19 %
Freizeit, Unterhaltung, Kultur	11,56 %
Nahrungsmittel, Getränke	10,36 %
sonstige Güter und Dienstleistungen	7,45 %
Einrichtungsgegenstände	5,59 %
Bekleidung, Schuhe	4,89 %
Hotel, Gastronomie	4,40 %
Gesundheitspflege	4,03 %
Alkohol, Tabak	3,90 %
Nachrichtenübermittlung	3,10 %
Bildungswesen	0,74 %

Entwicklung der Verbraucherpreise (Anstieg gegenüber dem Vorjahr in Prozent)

2008	2009	2010	2011	2013	2014
2,6	0,4	1,1	2,1	1,5	0,9

Quelle: Statistisches Bundesamt

Eine besondere Bedeutung im Bezug auf die Stabilisierung des Preisniveaus kommt der **Geldpolitik durch die Europäische Zentralbank** zu → 144f., die ohne staatlichen Einfluss arbeitet. Wird die Geldmenge „knapp" gehalten, hat dies bremsende Wirkung auf das Nachfrageverhalten der Konsumenten und wirkt damit preisstabilisierend. Die Ausweitung der Geldmenge führt zu einer stärkeren Nachfrage und meist auch zu höheren Preisen, d. h. der Wert des Geldes sinkt.

5 Ziele und Maßnahmen der Wirtschaftspolitik

Teilziel: Außenwirtschaftliches Gleichgewicht

Der Außenhandel war als Motor für den Konjunkturaufschwung in Deutschland immer schon von entscheidender Bedeutung. In vielfältiger Weise bestehen wirtschaftliche Verflechtungen mit dem Ausland; Geld- und Güterströme sind ständig in Bewegung. Beispielhaft sollen hier nur die Ein- und Ausfuhr von Gütern, der Auslandsreiseverkehr, die Transport- und Versicherungskosten, Zahlungen für die Nutzung von Patenten, die Beiträge an die internationalen Organisationen (EU, UNO, NATO u. a.), Erträge aus Geldanlagen, Löhne und Gehälter sowie Überweisungen ausländischer Arbeitnehmer in ihre Heimatländer genannt sein.

Der Waren-, Dienstleistungs- und Kapitalverkehr mit dem Ausland wird in der **Zahlungsbilanz** erfasst → 101. Das außenwirtschaftliche Gleichgewicht gilt als erreicht, wenn die aus Waren- und Dienstleistungsexporten resultierenden Kapitalzuflüsse einerseits und die auf Waren- und Dienstleistungsimporte zurückzuführenden Kapitalabflüsse andererseits gleich groß sind.

Die **Handelsbilanz** der Bundesrepublik weist in der Regel einen Überschuss auf. Deutschland gehört zu den großen Exportnationen (neben China und den USA). Ein starker Exportüberschuss ist Ausdruck einer starken, leistungsfähigen Volkswirtschaft. Die dafür eingegangene Geldmenge kann im Inland als kaufkräftige Nachfrage wirken. Überwiegen in einer Volkswirtschaft dagegen wegen Importüberschüssen eindeutig die Zahlungen an das Ausland, so ist dies ein Zeichen für eine schwächere Volkswirtschaft. Den inländischen Betrieben fehlen möglicherweise diese Aufträge.

Beispiel für einen Zielkonflikt:

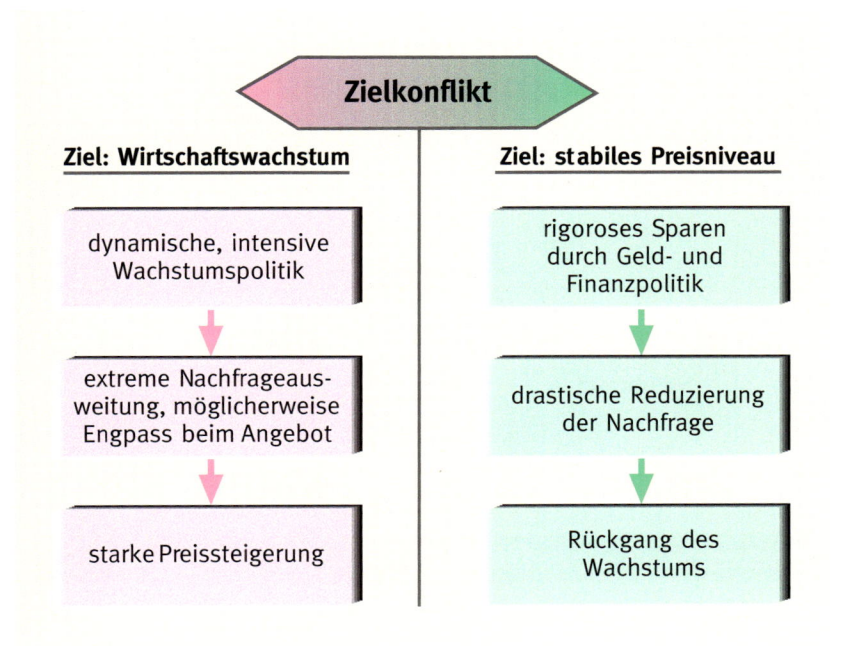

Zielkonflikt

Ziel: Wirtschaftswachstum	Ziel: stabiles Preisniveau
dynamische, intensive Wachstumspolitik	rigoroses Sparen durch Geld- und Finanzpolitik
extreme Nachfrageausweitung, möglicherweise Engpass beim Angebot	drastische Reduzierung der Nachfrage
starke Preissteigerung	Rückgang des Wachstums

Ökologie – was ist das? → *92 f.*
(Karikatur: Gerhard Mester)

A1 Recherchieren/Sammeln
Ermitteln Sie die gegenwärtige Preissteigerungsrate (Statistisches Bundesamt)!

A2 Analysieren/Nachdenken
Ein Bürger im Gespräch: „Ich habe den Eindruck, die Preise sind um zehn Prozent gestiegen." Wie ist diese Aussage zu bewerten, wenn ihr der offizielle Preisanstieg gegenübergestellt wird?

A3 Analysieren/Nachdenken Vertiefen/Verknüpfen
Warum sind dem wirtschaftlichen Wachstum Grenzen gesetzt? Beziehen Sie in Ihre Überlegungen auch die oben stehende Karikatur und Ihr Wissen aus dem Biologieunterricht mit ein.

A4 Analysieren/Nachdenken
Diskutieren Sie den Vorschlag eines Professors, ehrenamtliche Aufgaben zu bezahlen (z. B. ehrenamtliche Arbeit für alte Menschen, Behinderte, Aidskranke) und damit weniger Arbeitslose zu haben! Erstellen Sie eine Pro-und-Kontra-Übersicht!

Soziale Sicherheit für alle

Die Wechselfälle des Lebens treffen Alt und Jung:

Erzieherinnen und Erzieher streiken für mehr Anerkennung und Gehalt.

Arbeitnehmer sind von Kündigung bedroht.

Die Bayerische Bergwacht rettet Bergsteiger, wenn sie verunglücken.

Ein Handwerker ist berufsunfähig nach Unfall am Arbeitsplatz.

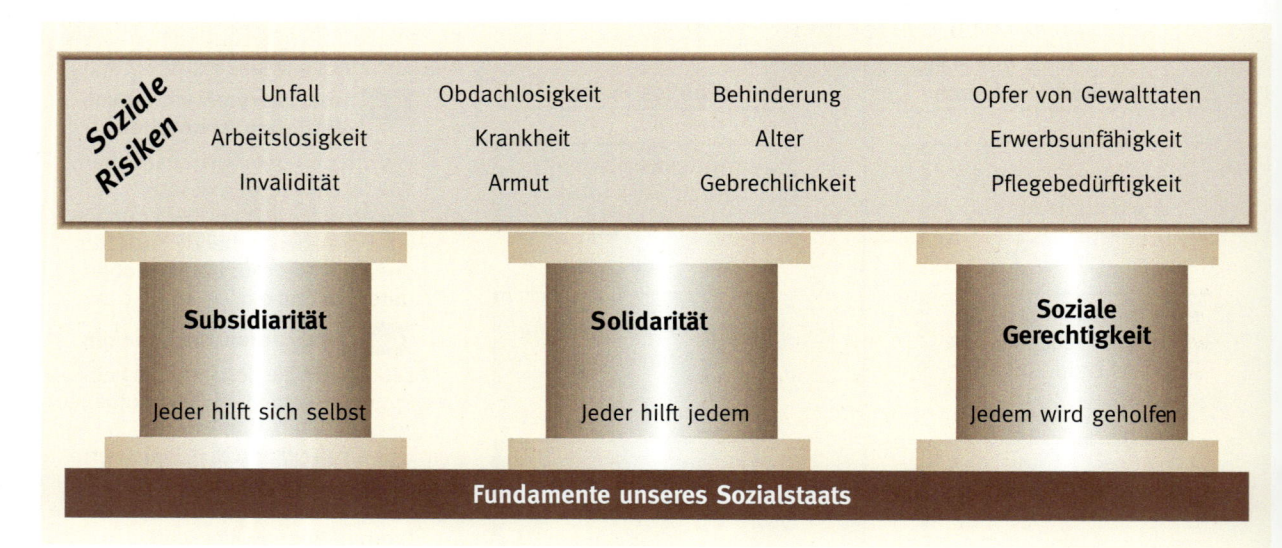

Soziale Risiken			
Unfall	Obdachlosigkeit	Behinderung	Opfer von Gewalttaten
Arbeitslosigkeit	Krankheit	Alter	Erwerbsunfähigkeit
Invalidität	Armut	Gebrechlichkeit	Pflegebedürftigkeit

Subsidiarität — Jeder hilft sich selbst

Solidarität — Jeder hilft jedem

Soziale Gerechtigkeit — Jedem wird geholfen

Fundamente unseres Sozialstaats

5 Ziele und Maßnahmen der Wirtschaftspolitik

Grundsätze des Sozialstaates

Der Sozialstaat in Deutschland baut zunächst auf die Leistungsbereitschaft der Bürger. Jeder hat gegenüber der Gemeinschaft die Pflicht, durch eigene Leistung für seinen Lebensunterhalt zu sorgen.

Gesetzliche Verpflichtung

Beitragszahlungen durch den Arbeitnehmer → Arbeitslosenversicherung, Krankenversicherung, Rentenversicherung, Pflegeversicherung ← Beitragszahlungen durch den Arbeitgeber

„Solidarkasse" (= Gemeinschaftskasse)

Hier wird bereits offenkundig, dass die Leistungsmöglichkeiten der Solidargemeinschaft umso größer sind, je mehr Menschen zusammenwirken. Deshalb ist es gerade auch aus dieser Sicht sehr wichtig, für möglichst viele arbeitsfähige Menschen Arbeit zu schaffen.

Daneben kann jeder Bürger mit der Unterstützung der Gemeinschaft rechnen, wenn er Hilfe benötigt. Der Einzelne ist berechtigt, Leistungen des Staates zu beanspruchen, wenn er in eine Notlage kommt, aus der er sich nicht selbst befreien kann.

Daher wurde als „letztes Netz" die **Sozialhilfe** geschaffen. Staatliche Hilfe wird jedoch erst dann gezahlt, wenn vorher alle anderen Hilfsmöglichkeiten ausgeschöpft sind. Es müssen zunächst das eigene Einkommen und Vermögen herangezogen werden und auch geprüft werden, ob nahe Verwandte (Eltern, Ehegatte, Kinder) helfen können. Außerdem ist zu klären, ob andere staatliche Hilfen, z. B. Leistungen aus der gesetzlichen Unfallversicherung, möglich sind. Damit wird dem Grundsatz der Subsidiarität (Nachrangigkeit der Sozialhilfe) Rechnung getragen.

Bei einer Umfrage zum Thema „Sozialstaat" wurden unter anderem folgende Meinungen geäußert:
- Seit Jahren zahle ich Beiträge, habe aber noch nie etwas vom Staat bekommen.
- Hoffentlich ist meine Rente in zwanzig Jahren noch finanzierbar!
- Viele machen „Schwarzarbeit" und stellen sich damit finanziell besser.
- Die Sozialbeiträge sind einfach zu hoch.
- Viele Arbeitslose wollen auch gar nicht arbeiten, weil sie mit der Arbeitslosenunterstützung zufrieden sind.
- Durch die hohen Arbeitslosenzahlen werden die Sozialsysteme ruiniert.
- Der Staat müsste mehr in die Sozialkassen zahlen!

M1 Wichtige rechtliche Grundlagen für die soziale Sicherheit

a) Grundgesetz, Artikel 20:
„Die Bundesrepublik Deutschland ist ein demokratischer und sozialer Bundesstaat."

b) Bayerische Verfassung:
„Artikel 3: Bayern ist ein Rechts-, Kultur- und Sozialstaat."

c) Sozialgesetzbuch:
„Durch Sozialleistungen soll soziale Gerechtigkeit und soziale Sicherheit verwirklicht werden.
Ziele: Menschenwürdiges Dasein, freie Entfaltung der Persönlichkeit, vor allem auch für junge Menschen, Schutz der Familie, Erwerb des Lebensunterhalts durch frei gewählte Tätigkeit, Hilfe zur Selbsthilfe bei besonderen Belastungen."

A1 Recherchieren/Sammeln
Auf der linken Seite sind „Schicksalsschläge" dargestellt. Diskutieren Sie, welche sozialen Probleme daraus entstehen können.

A2 Recherchieren/Sammeln
Sammeln Sie Zeitungsausschnitte, in denen über ähnliche Schicksalsschläge berichtet wird!

A3 Kontakte herstellen
Laden Sie einen Experten von der Sozialverwaltung oder einer Krankenkasse in die Klasse ein und besprechen Sie die Möglichkeiten der sozialen Absicherung!

A4 Recherchieren/Sammeln
Diskutieren Sie die Ergebnisse der Befragung unter Mitbürgern zum Thema „Sozialstaat"!

Soziale Sicherheit für alle

Der Generationenvertrag: Menschen verschiedener Altersgruppen sind aufeinander angewiesen. Die Erwerbstätigen sind dabei besonders gefordert.

Soziale Leistungen im Überblick

Arbeitslosenversicherung Arbeitnehmer, die vorübergehend nicht beschäftigt sind, haben Anspruch auf Arbeitslosenunterstützung. Sie wird zunächst als Arbeitslosengeld I, dann als Arbeitslosengeld II gezahlt. Vor der Bewilligung von Arbeitslosengeld II wird die Einkommens- und Vermögenssituation des Arbeitslosen geprüft.	**Ausbildungsförderung** Studierende können nach dem Bundesausbildungsförderungsgesetz Leistungen beziehen. Schülern steht unter bestimmten Voraussetzungen eine Förderung zu, wenn sie nicht bei den Eltern wohnen.
Kindergeld Familien erhalten für jedes Kind einen Beitrag. Damit sollen sowohl Kinder als auch die Familien gefördert werden.	**Krankenversicherung** Sie tritt zum Schutz des Versicherten und seiner Familie ein, wenn die Gesundheit zu erhalten oder wiederherzustellen ist. Die Beiträge zahlen anteilig Arbeitgeber und Arbeitnehmer.
Pflegeversicherung Personen, die der Pflege bedürfen, können aus dieser Versicherung Leistungen beziehen. Die Höhe richtet sich nach der Pflegeintensität.	**Rentenversicherung** Alle Arbeitnehmer (Arbeiter und Angestellte) sind in die gesetzliche Rentenversicherung aufgenommen. Anspruch besteht, wenn mindestens für 60 Monate Beiträge entrichtet wurden und Erwerbsunfähigkeit eintritt. Altersruhegeld wird mit Beginn des Rentenalters bezahlt, wenn für mindestens 180 Monate Beiträge entrichtet wurden.
Sozialhilfe Wer seinen Lebensunterhalt nicht selbst bestreiten kann oder sich in einer schwierigen Lebenslage befindet, die er selbst nicht meistern kann, hat Anspruch auf Sozialhilfe.	**Unfallversicherung** Hier werden vor allem Leistungen bei Arbeitsunfällen und Berufskrankheiten gewährt. Die Beiträge entrichten Unternehmer und zum Teil auch der Staat. Versichert sind auch Schüler auf dem Schulweg und in der Schule.
Lohnfortzahlung Arbeitern wird bei Arbeitsunfähigkeit infolge Krankheit das Arbeitsentgelt bis zu sechs Wochen weitergezahlt.	**Wohngeld** Zu den Aufwendungen für eine angemessene Wohnung (z. B. Miete) zahlt der Staat in bestimmten Fällen einen Zuschuss.

Die soziale Sicherung wurde über Generationen hinweg mühsam erkämpft. Das Augenmerk sollte daher auf die Erhaltung dieser großen sozialen Errungenschaften gerichtet sein.

A1 Vertiefen/Verknüpfen
Wiederholen Sie, was Sie im Geschichtsunterricht über die Einführung der Sozialversicherungen ab 1883 gelernt haben!

A2 Recherchieren/Sammeln
Bilden Sie Arbeitsgruppen und beschaffen Sie sich in Arbeitsteilung weitere Informationen zu verschiedenen Sozialleistungen, z. B. Kurzarbeitergeld, „Hartz IV"-Leistungen (Internet, Stadtverwaltung, Landratsamt, Versicherungen, Krankenkassen u. a.)!

A3 Analysieren/Nachdenken
Welche Abhängigkeit symbolisiert die Karikatur auf Seite → 133?

A4 Analysieren/Nachdenken
Die Bevölkerungsstruktur verändert sich in den nächsten Jahrzehnten wesentlich. Analysieren Sie die Folgen, die sich daraus für den Sozialstaat ergeben!

A5 Recherchieren/Sammeln
Welchen Anteil hat gegenwärtig der Sozialhaushalt am Gesamthaushalt der Bundesrepublik Deutschland? Hat sich der Ansatz gegenüber dem Vorjahr verändert? Worin könnten die Gründe liegen?

5 Ziele und Maßnahmen der Wirtschaftspolitik

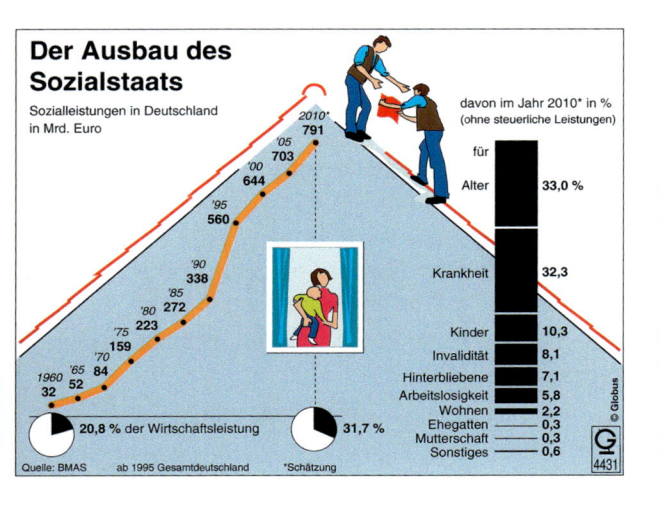

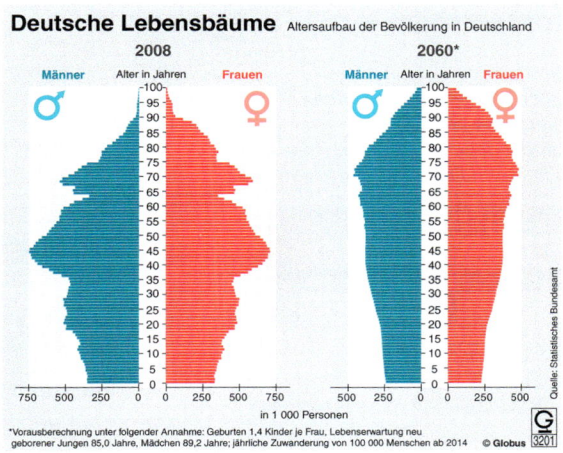

Sind Sozialleistungen künftig noch bezahlbar?

Staatliche Leistungen müssen finanziert werden, d. h., der Staat muss Gesetze erlassen, durch die vor allem die arbeitenden Bürger verpflichtet werden, bestimmte Beiträge abzuführen. Er kann aber auch Steuern und sonstige Abgaben umverteilen, sie zum Beispiel für die Bezahlung von sozialen Leistungen verwenden.

Je besser die Wirtschaft funktioniert, je mehr Menschen einen Arbeitsplatz haben, desto höher sind die Beitrags- und Steuereinnahmen und desto weniger werden Sozialleistungen in Anspruch genommen. Kommt eine Periode schwächerer Wirtschaftstätigkeit, so gehen auch die Einnahmen des Staates zurück und der finanzielle Spielraum für die Umverteilung an sozial Bedürftige verringert sich. Gerade aber in solchen Zeiten besteht eine gesteigerte Notwendigkeit für staatliche Hilfen.

Mit wenigen Ausnahmen ist die Wirtschaft der Bundesrepublik Deutschland in den vergangenen Jahrzehnten ständig gewachsen (→ 92 f.). Selbst in der Wirtschaftskrise 2008/09 konnten die hohen Sozialleistungen gehalten und gelegentlich sogar noch ausgeweitet werden. Allerdings spricht man immer häufiger von einer „**Sozialpolitik am Scheideweg**". In der Rentenversicherung haben die gestiegene Lebenserwartung, die niedrigere Kinderzahl und das gesunkene Renteneintrittsalter die finanzielle Belastung der arbeitenden Bevölkerung deutlich erhöht. Im Gesundheitswesen hat es eine Kostenexplosion gegeben. Moderne, sehr aufwändige Techniken erlauben das Heilen von Krankheiten, deren Behandlung noch vor wenigen Jahren als aussichtslos galt. Sowohl bei der Arbeitslosenversicherung als auch bei der Sozialhilfe steigen die Kosten. Deshalb fordern viele Politiker, dass der Einzelne mehr Eigenverantwortung für die vielen Risiken des Lebens übernehmen sollte. Um die private Vorsorge zu verstärken, müsste der Staat aber auch mehr Anreize schaffen. Auch die Flüchtlinge, die nach Deutschland kommen, können einen positiven Beitrag zur wirtschaftlichen und sozialen Entwicklung unseres Landes leisten, wenn sie in unser Gesellschaftssystem integriert sind.

Karikatur: Wilfried Poll

Viele Menschen aus Krisenregionen (z. B. Syrien, Irak, Afghanistan, Eritrea) flüchten nach Deutschland, müssen integriert werden und erhalten soziale Leistungen → 171.

133

Einnahmen und Ausgaben des Staates

Schuldenuhr
Auf der Internetseite des Bundes der Steuerzahler zeigt eine „Schuldenuhr" sekundengenau die aktuelle Höhe der Staatsverschuldung in Deutschland an.

Staatsverschuldung in Deutschland
2.027.361.643.142 €
Zuwachs / Sekunde: 165 €
Schulden / Kopf: 25.004 €

Der Screenshot wurde am 02.12.2015 um 17:10 Uhr gemacht.
Quelle: http://www.steuerzahler.de

Ein historischer Moment: Bundesfinanzminister Wolfgang Schäuble legt den Bundeshaushalt 2015 ohne neue Schulden vor – zum ersten Mal nach 46 Jahren.

ÜBERBLICK

▶ Der Staat braucht Einnahmen, um seine Aufgaben erfüllen zu können.

▶ Sind außergewöhnliche politische Herausforderungen zu meistern, können zusätzliche Steuern oder Abgaben eingeführt werden (z. B. Solidaritätszuschlag nach der Wiedervereinigung).

▶ In den vergangenen Jahren konnten außergewöhnlich hohe Steuereinnahmen verwirklicht werden.

▶ Einnahmen und Ausgaben sollten ausgeglichen sein.

▶ Sind die Ausgaben höher als die Einnahmen, müssen Kredite aufgenommen werden.

▶ Alle Schulden müssen zurückgezahlt werden.

Wesentliche Einnahmequellen des Staates

Steuern: Der Staat ist ein wichtiger Wirtschaftsfaktor. Er beansprucht mit rund 500 Milliarden Euro weit mehr als ein Viertel der gesamtwirtschaftlichen Leistung für sich. Hinter dieser Summe verbergen sich unzählige Steuern, die Bund, Ländern und Gemeinden sowie der EU zufließen. Damit kann der Großteil der öffentlichen Aufgaben und Ausgaben bestritten werden. Steuern dienen aber nicht nur diesem Zweck. Der moderne Staat setzt diese Mittel auch zur Konjunktursteuerung ein, als Instrument der Einkommens- und Verteilungspolitik und seit neuester Zeit als Lenkungsmittel, um Konsumverhalten zu beeinflussen (z. B. Ökosteuer).

Steuern sind Zwangsabgaben, die kraft staatlicher Finanzhoheit erhoben werden. Wer Steuern zahlt, hat jedoch keinen Anspruch auf eine direkte Gegenleistung des Staates, wie dies z. B. bei Gebühren der Fall ist. Nach der Art der Erhebung werden direkte von indirekten Steuern unterschieden. Während die direkten Steuern (z. B. Einkommensteuer, Gewerbesteuer oder Lohnsteuer) unmittelbar von den Bürgern erhoben werden, müssen die indirekten Steuern meist über Produkte (z. B. Tabaksteuer, Biersteuer oder Kaffeesteuer) entrichtet werden.

Gebühren: sind Zahlungen für staatliche Leistungen (z. B. Ausstellung des Führerscheins, Besichtigung eines staatseigenen Schlosses)

Geldbußen: müssen bei geringeren Verfehlungen (Ordnungswidrigkeiten) gezahlt werden (z. B. bei überhöhter Geschwindigkeit)

Kredite: werden von der öffentlichen Hand (Bund, Länder, Städte und Gemeinden) am Kapitalmarkt aufgenommen, falls die Einnahmen für notwendige Investitionen nicht ausreichen. Bei jeder Schuldenaufnahme muss man sich jedoch darüber im Klaren sein, dass Zins- und Tilgungszahlungen anfallen. Deswegen sind hier enge Grenzen gesetzt → 136 f.

A1 Analysieren/Nachdenken
Bei niedrigeren Steuern haben die Menschen mehr Geld, um es wiederum auszugeben, was die Wirtschaft belebt und letztlich über höhere Gewinne vermehrt Steuern einbringt. Einige Parteien vertreten diese Position.
Andere Parteien sagen: Der Staat braucht ausreichend Steuern, um seine vielfältigen Aufgaben sicher erfüllen zu können.
Diskutieren Sie diese Ansichten im Unterricht!

5 Ziele und Maßnahmen der Wirtschaftspolitik

Wie hoch dürfen Steuern sein?

Steuererhöhungen bringen dem Staat auf den ersten Blick mehr Geld in die Kassen, das auch wirtschaftlich wirksam werden kann. Sie entziehen jedoch den Bürgern und den Betrieben Kaufkraft und mindern deren Nachfrage an den Märkten. Hinzu kommt ein psychologischer Effekt. Menschen wollen und müssen für eine Leistungssteigerung belohnt werden, ansonsten sind sie auf Dauer nicht bereit, sich vermehrt anzustrengen. Deswegen sind dem Staat für Steuererhöhungen enge Grenzen gesetzt.

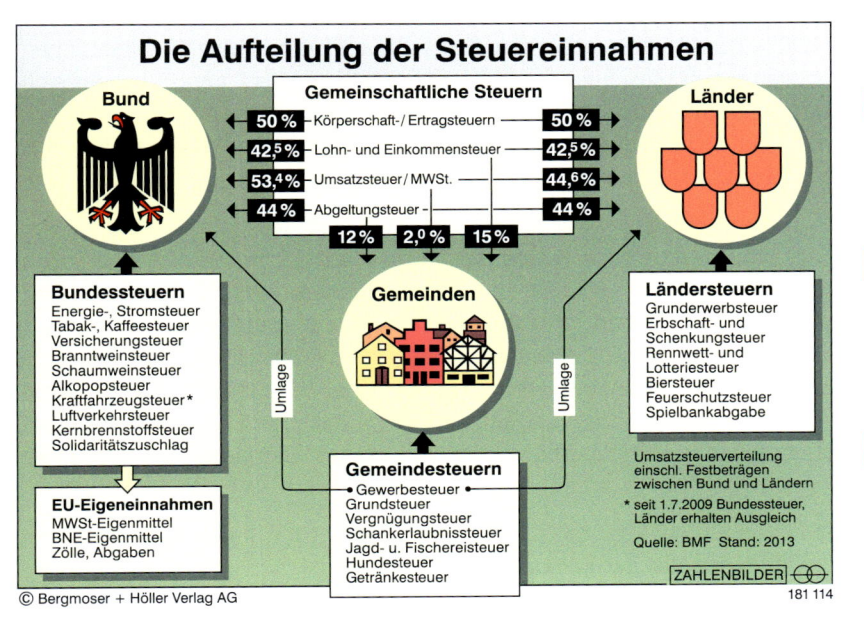

Die ertragreichsten Steuerarten

- Mehrwertsteuer/Einfuhrumsatzsteuer (+2%): 194,6 Mrd €
- Lohn- und Einkommensteuer (+8%): 186,3
- Gewerbesteuer (+5%): 42,3
- Energiesteuer (-2%): 39,3
- Körperschaftsteuer (+8%): 16,9
- Solidaritätszuschlag (+7%): 13,6
- Kapitalertragsteuer auf Dividenden (+11%): 20,1
- Versicherungsteuer (+4%): 11,1
- Tabaksteuer (-2%): 14,1
- Grundsteuern (+3%): 12,0
- Abgeltungsteuer (+3%): 8,2
- Kfz-Steuer (+0%): 8,4
- Grunderwerbsteuer (+16%): 7,4
- Erbschaftsteuer (+1%): 4,3
- Stromsteuer (-4%): 7,0

Quelle: Destatis (in Klammern: Veränderung zu 2011 in %)

Steuereinnahmen 2012 insgesamt **600,0 Mrd €** (+5%)

Die Aufteilung der Steuereinnahmen

Gemeinschaftliche Steuern (Bund / Länder)
- Körperschaft-/Ertragsteuern: 50% / 50%
- Lohn- und Einkommensteuer: 42,5% / 42,5%
- Umsatzsteuer/MWSt.: 53,4% / 44,6%
- Abgeltungsteuer: 44% / 44%
- Gemeinden: 12% | 2,0% | 15%

Bundessteuern:
Energie-, Stromsteuer
Tabak-, Kaffeesteuer
Versicherungsteuer
Branntweinsteuer
Schaumweinsteuer
Alkopopsteuer
Kraftfahrzeugsteuer*
Luftverkehrsteuer
Kernbrennstoffsteuer
Solidaritätszuschlag

EU-Eigeneinnahmen:
MWSt-Eigenmittel
BNE-Eigenmittel
Zölle, Abgaben

Gemeindesteuern:
- Gewerbesteuer
- Grundsteuer
- Vergnügungsteuer
- Schankerlaubnissteuer
- Jagd- u. Fischereisteuer
- Hundesteuer
- Getränkesteuer

Ländersteuern:
Grunderwerbsteuer
Erbschaft- und Schenkungsteuer
Rennwett- und Lotteriesteuer
Biersteuer
Feuerschutzsteuer
Spielbankabgabe

Umsatzsteuerverteilung einschl. Festbeträgen zwischen Bund und Ländern
* seit 1.7.2009 Bundessteuer, Länder erhalten Ausgleich
Quelle: BMF Stand: 2013

Lohn- und Einkommensteuer

Die Menschen beziehen Einkommen aus unterschiedlichen Quellen (z. B. durch berufliche Tätigkeiten oder Vermietung). Diese unterliegen der Steuerpflicht und werden durch Zahlung von Lohn- bzw. Einkommensteuer beglichen.

Umsatzsteuer

Besteuert werden die Umsätze aus Lieferungen und Leistungen. Die Umsatz- bzw. Mehrwertsteuer wird letztlich vom Endverbraucher, z. B. vom Kunden im Lebensmittelgeschäft oder dem Käufer eines Autos, bezahlt.

A2 Analysieren/Nachdenken

Experten warnen: Die extrem hohe Staatsverschuldung erweist sich in der Zukunft vor allem für die gegenwärtig junge Generation als ein großes Problem.
Diskutieren Sie diese Aussage!

A3 Analysieren/Nachdenken

Zahlen Schüler/-innen bereits Steuern? Nehmen Sie zur Beantwortung der Frage auch die beiden Schaubilder zu Hilfe!

A4 Analysieren/Nachdenken

Aus welchen Gründen zählen die Lohn- und Einkommensteuer sowie die Mehrwertsteuer zu den ertragreichsten Steuern?

A5 Recherchieren/Sammeln

Welche Steuereinnahmen hat Ihre Stadt/Gemeinde? Rufen Sie bei der Finanzverwaltung (Kämmerei) im Rathaus an oder recherchieren Sie im Internet!

A6 Recherchieren/Sammeln

Welche Steuern sind derzeit im Gespräch? In welchem Bereich plant man Änderungen? Lesen Sie dazu Presseberichte oder schauen Sie im Internet nach!

Einnahmen und Ausgaben des Staates

Wichtige Aufgaben des Staates		Wofür gibt der Staat sein Geld aus?
Bundesrepublik:	soziale Leistungen Verteidigung Europäische Union zwischenstaatliche Beziehungen Verkehr Wohnungsbau Subventionen Bildung, Forschung	Die meisten Staatsausgaben stehen fest. Durch Gesetze und vertragliche Verpflichtungen entstehen Ansprüche, die erfüllt werden müssen. Unaufschiebbare Projekte müssen realisiert werden. Dafür gibt der Staat sein Geld aus (einige Beispiele): ● Beim Staat sind viele Beamte und Angestellte beschäftigt. Die Gehaltszahlungen müssen jeden Monat erfolgen. ● Der Straßenunterhalt und der Winterdienst auf den Autobahnen müssen gewährleistet sein. ● Die Sozialleistungen (z. B. Kindergeld, Wohngeld) werden bei Vorliegen der Voraussetzungen bezahlt. ● Wenn der Staat Kredite aufgenommen hat, sind dafür Zinsen fällig. ● Der Wohntrakt einer Bundeswehrkaserne bedarf einer grundlegenden Sanierung. Ein weiteres Hinauszögern der Maßnahme ist unmöglich. ● Die Beiträge für die Mitgliedschaft in internationalen Organisationen müssen regelmäßig erfolgen.
Länder:	Bildung Kultur Sicherheitsangelegenheiten Gesundheitswesen Subventionen Sozial- und Jugendhilfe Verkehr	
Kommunen:	Einrichtungen der Daseinsvorsorge (Ver- und Entsorgung) Ortsstraßen Bildungseinrichtungen Einrichtungen des Gesundheitswesens	

Staatsquote in Deutschland (in %)

1991	1996	2000	2005	2010	2012
46,2	49,1	47,6	46,9	47,7	45,1

Quelle: www.destatis.de

Im internationalen Vergleich liegt die deutsche Staatsquote relativ hoch. Der Staat ist in vielfältiger Weise zum Handeln verpflichtet.

Staatsquote
gesamte Staatsausgaben (einschließlich Sozialversicherung) in Prozent des Bruttoinlandsprodukts

Die finanziellen Spielräume für die Verantwortlichen im Staat sind durch die hohen laufenden Verpflichtungen nicht sehr groß. Falls neue Vorhaben umgesetzt werden sollen, müssen entsprechende Sparmaßnahmen ergriffen werden. Hier verhält es sich ähnlich wie bei Steuererhöhungen. Die Kürzungen von Staatsleistungen bereiten aber in der politischen Umsetzung große Schwierigkeiten. Seit Jahren wird versucht, die staatlichen Subventionen (Zuschüsse) abzubauen; der Erfolg lässt allerdings auf sich warten. Subventionen verzerren den Wettbewerb und sind in einer marktwirtschaftlichen Ordnung problematisch, da sie nur einige wenige begünstigen.

Insgesamt gesehen sind in den vergangenen Jahrzehnten die Staatsausgaben ständig gewachsen. Dies ist u. a. auf das verstärkte sozial- und wirtschaftspolitische Engagement des Staates zurückzuführen. Wirtschaftswissenschaftler sprechen gar von einem kaum mehr zu bremsenden „Mechanismus". Gerade auch nach der Wiedervereinigung Deutschlands hat die Sanierung der Infrastruktur in den ostdeutschen Ländern und die Eingliederung der Menschen in die „West"-Sozialsysteme die Staatsquote nochmals erhöht. Gegenwärtig werden massive Anstrengungen unternommen, um die Staatsquote zu senken.

In Zeiten wirtschaftlicher Krisen allerdings werden staatliche Aktivitäten von allen gesellschaftlichen Gruppen eingefordert.

5 Ziele und Maßnahmen der Wirtschaftspolitik

Die Haushaltspolitik in der Bundesrepublik Deutschland

Für ein Jahr im Voraus wird die voraussichtliche Höhe aller Einnahmen und Ausgaben errechnet. Dieser „Blick in die Zukunft" ist natürlich immer auch mit gewissen Unsicherheiten verbunden. Der Entwurf wird im Finanzministerium erstellt. Er muss vom Bundestag als Gesetz genehmigt werden. Er ist dann das „Regiebuch" für die politische Arbeit der Staatsorgane.

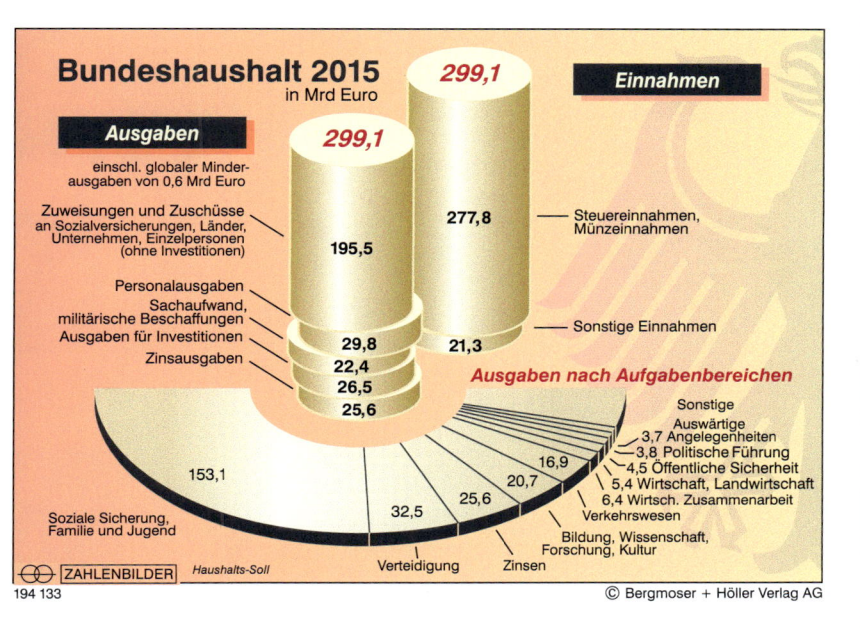

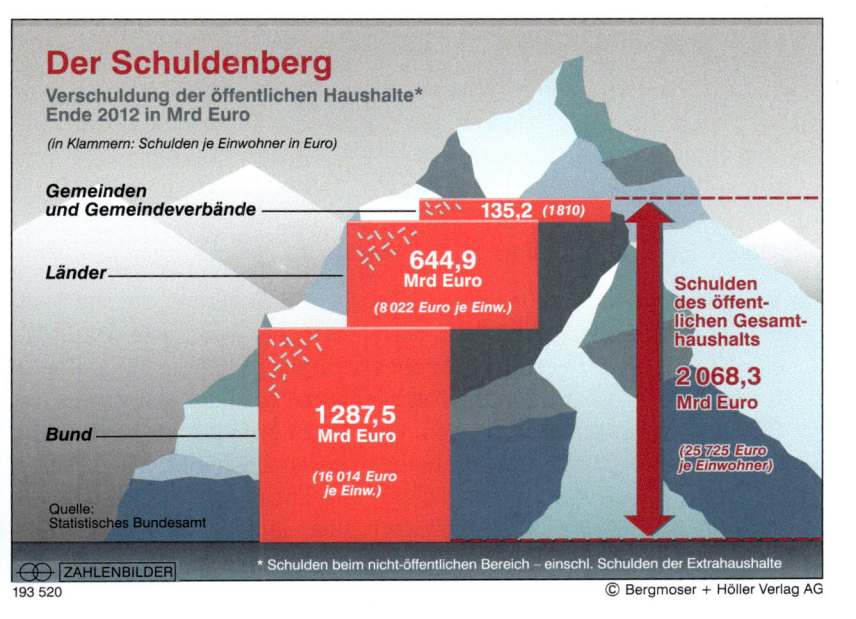

Haushaltsgrundsätze
- Aufnahme aller Einnahmen und Ausgaben, soweit vorhersehbar
- möglichst präzise Haushaltsansätze, keine ungenauen Schätzungen
- Einnahmen und Ausgaben in genau gleicher Höhe
- zentraler Haushaltsplan für alle politischen Bereiche des Bundes, keine „Nebenpläne"

Bundeshaushalt 2015 in Mrd Euro

Ausgaben: 299,1
- einschl. globaler Minderausgaben von 0,6 Mrd Euro
- Zuweisungen und Zuschüsse an Sozialversicherungen, Länder, Unternehmen, Einzelpersonen (ohne Investitionen): 195,5
- Personalausgaben: 29,8
- Sachaufwand, militärische Beschaffungen: 22,4
- Ausgaben für Investitionen: 26,5
- Zinsausgaben: 25,6

Einnahmen: 299,1
- Steuereinnahmen, Münzeinnahmen: 277,8
- Sonstige Einnahmen: 21,3

Ausgaben nach Aufgabenbereichen
- Soziale Sicherung, Familie und Jugend: 153,1
- Verteidigung: 32,5
- Zinsen: 25,6
- Bildung, Wissenschaft, Forschung, Kultur: 20,7
- Verkehrswesen: 16,6
- Wirtsch. Zusammenarbeit: 6,4
- Wirtschaft, Landwirtschaft: 5,4
- Öffentliche Sicherheit: 4,5
- Politische Führung: 3,8
- Auswärtige Angelegenheiten: 3,7
- Sonstige

Haushalts-Soll

Der Schuldenberg
Verschuldung der öffentlichen Haushalte* Ende 2012 in Mrd Euro
(in Klammern: Schulden je Einwohner in Euro)

- Gemeinden und Gemeindeverbände: 135,2 (1810)
- Länder: 644,9 Mrd Euro (8 022 Euro je Einw.)
- Bund: 1287,5 Mrd Euro (16 014 Euro je Einw.)
- Schulden des öffentlichen Gesamthaushalts: 2 068,3 Mrd Euro (25 725 Euro je Einwohner)

Quelle: Statistisches Bundesamt
*Schulden beim nicht-öffentlichen Bereich – einschl. Schulden der Extrahaushalte

A1 Vertiefen/Verknüpfen
Ergänzen Sie die Beispiele für bereits feststehende, nicht änderbare Staatsausgaben!

A2 Analysieren/Nachdenken
Ermitteln Sie die prozentualen Anteile verschiedener Einzelpläne (Etats) am Gesamthaushalt und versuchen Sie anschließend in Gruppenarbeit die politischen Schwerpunkte des Bundeshaushalts herauszuarbeiten!

A3 Analysieren/Nachdenken
Warum belasten nicht nur die Schulden des Bundes die Bürger, sondern auch die Schulden der jeweiligen Bundesländer sowie der Kommunen?

Erkunden Sie im Internet die Höhe der Verschuldung des Freistaates Bayern und Ihrer Gemeinde/Stadt sowie des Landkreises und der Bezirke!

A4 Recherchieren/Sammeln
Wie hoch sind die Steuereinnahmen im Verhältnis zu den Gesamteinnahmen (in Prozent)?

A5 Analysieren/Nachdenken
Warum muss die Erfüllung politischer Aufgaben durch einen hohen Anteil an Verschuldung auf allen politischen Ebenen überdacht und geändert werden?

Antizyklische Finanzpolitik

Viele Menschen – viele Meinungen. Besonders laut wird die Kritik in der Bevölkerung, wenn sich die Wirtschaft eines Landes in einer ungünstigen Entwicklung befindet.

Monetarismus

Die Vertreter dieser volkswirtschaftlichen Denkweise glauben – im Gegensatz zu Keynes – an die „Selbstheilungskräfte" der Märkte und fordern eine weitgehende Zurückhaltung des Staates. Die Gefahr einer Inflation soll durch die Geldmengenpolitik → 144 f. gemindert werden.
Der bekannteste Vertreter des Monetarismus ist der amerikanische Ökonom Milton Friedman (1912–2006). Er erhielt 1976 den Nobelpreis für Wirtschaftswissenschaften.

Bekanntlich verläuft das Wirtschaftsgeschehen in **Konjunkturzyklen** → 108 f. Jedem Hoch folgt ein Tief und umgekehrt. Der britische Nationalökonom John Maynard **Keynes** (1883–1946) forderte bereits unter dem Eindruck der Weltwirtschaftskrise in den 1930er-Jahren, dass der Staat mit seinen politischen Maßnahmen der jeweiligen Wirtschaftslage entgegenwirken soll (= **antizyklische Finanzpolitik**).

Für die Wirtschafts- und Finanzpolitik stellt sich die Frage, welche Maßnahme jeweils zielführend ist, und vor allem auch, wann was zu tun ist, um eine Trendwende zu erreichen. Politisch lassen sich diese Maßnahmen relativ leicht durchsetzen, da die Notwendigkeit eindeutig ist. Inwieweit die Bevölkerung aber bereit ist, den Konsum zu erhöhen oder Investitionen zu tätigen, zeigt sich erst zu einem späteren Zeitpunkt. Die privaten Haushalte und die Unternehmen richten ihre Entscheidungen nach mehreren Gesichtspunkten aus. Es spielen vor allem längerfristige Überlegungen eine große Rolle. In schlechten Zeiten sind zudem Wagemut und Risikobereitschaft gefordert.

5 Ziele und Maßnahmen der Wirtschaftspolitik

Probleme beim „Gegensteuern"

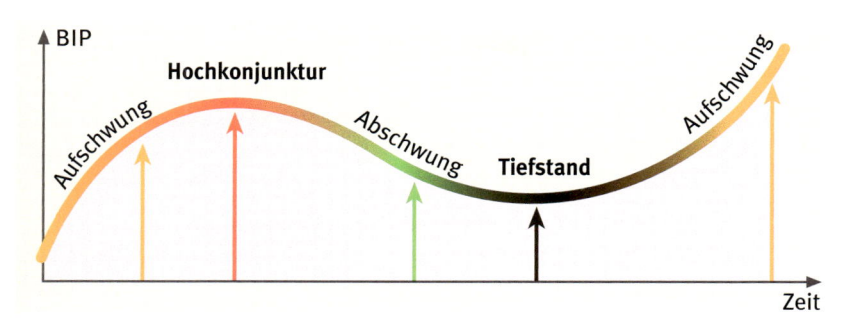

Der Konjunkturverlauf → 108 f.
Die roten Pfeile deuten an, wann die öffentliche Hand, vor allem der Bund, bremsend auf die Wirtschaft einwirken soll. Die grünen Pfeile signalisieren die Zeitspanne, in der der Staat die Wirtschaft intensiv unterstützen soll. Um den Konsum in Zeiten eines Abschwungs bzw. Tiefstands zu erhöhen, kann die Regierung ein Haushaltsdefizit („deficit spending") in Kauf nehmen und dafür in Zeiten der Hochkonjunktur Rücklagen bilden → 140 f.

Das **richtige „Timing"** für das Gegensteuern ist besonders wichtig. Trotz umfangreicher Wirtschaftsbeobachtung ist es nicht möglich, einen bestimmten Zeitpunkt oder zumindest eine eingeengte Zeitspanne präzise vorauszuberechnen. Der Erfolg einer antizyklischen Maßnahme hängt aber von der zuverlässigen Einschätzung der Lage ab. Nur dann können die richtigen Mittel wohldosiert eingesetzt werden.

Es gibt noch **weitere Hemmnisse**, die zu bedenken sind. Bund, Länder sowie die vielen Städte und Gemeinden müssen in ihrem wirtschaftspolitischen Handeln möglichst einig sein. Diese Übereinstimmung ist meist nur schwer zu erreichen. Dazu kommt, dass rund 90 Prozent der Staatsausgaben feststehen und kaum ein Spielraum für finanz- und wirtschaftspolitische Maßnahmen bleibt (→ 98 f., → 134–137). In Wahlzeiten sind Politiker eher ausgabefreudig. Muss aber der Finanzminister gerade in dieser Zeit sparen, kommt es oft zum Konflikt mit seinen Kollegen. Die antizyklische Finanzpolitik gerät deshalb häufig auch in den Streit der um die Gunst der Wähler konkurrierenden Parteien und Interessenverbände. Hierin liegt die Gefahr, dass die notwendigen Entscheidungen nicht zur richtigen Zeit durchgesetzt werden können.

Auch die **Tarifpolitik** hat konjunkturpolitische Auswirkungen. Die Lohn- und Arbeitsbedingungen werden ohne Einmischung des Staates ausgehandelt (Tarifautonomie).

Unternehmer (Arbeitgeberverbände)
- Kostensteigerung
- geringere Gewinne
- weniger Investitionen

höhere Löhne bessere Arbeitsbedingungen

Arbeitnehmer (Gewerkschaften)
- Verbesserung der Einnahmen
- Erhöhung des Konsums
- Erhöhung der Sparquote

Genaue Beobachtung des Wirtschaftsgeschehens durch:
- Bundesfinanzministerium
- Bundeswirtschaftsministerium
- Sachverständigenrat zur Begutachtung der gesamtwirtschaftlichen Entwicklung. Der „Rat der fünf Weisen" setzt sich aus Wirtschaftsprofessoren zusammen, die jährlich mindestens ein umfangreiches Gutachten zur wirtschaftlichen Lage und Entwicklung vorlegen.
- Statistisches Bundesamt
- Private wirtschaftswissenschaftliche Institute, z. B. das Institut der deutschen Wirtschaft in Köln

A1 Analysieren/Nachdenken
Diskutieren Sie über die in der Gesprächsrunde (Grafik links) geäußerten Meinungen! Welche sind für das Thema „antizyklische Finanzpolitik" von Bedeutung?

A2 Analysieren/Nachdenken
Warum brauchen die wirtschaftspolitischen Entscheidungen meist einen gewissen zeitlichen Vorlauf?

A3 Recherchieren/Sammeln
In den Massenmedien wird über die Ergebnisse der Tarifverhandlungen berichtet. Stellen Sie fest, ob sie in die aktuelle konjunkturpolitische Lage passen!

A4 Recherchieren/Sammeln
Informieren Sie sich über Berichte und Stellungnahmen der wirtschaftswissenschaftlichen Institute.

Welche Gründe sind denkbar, warum die Auffassungen der Wissenschaftler mit der tatsächlichen Wirtschaftspolitik der Regierung nicht übereinstimmen?

Antizyklische Finanzpolitik

Kettenreaktion eines Konjunkturprogramms

z. B. steuerliche Anreize, Zuschüsse durch den Staat bei wirtschaftlichem Tiefstand:

↓

Bereitschaft zu neuen Investitionen wächst, vorgezogene Projekte, z. B. für den Bau einer Montagehalle mit Lagerfläche

↓

Vergabe von Aufträgen an Hoch- und Tiefbaufirmen sowie Zulieferfirmen

↓

steigende Produktion

↓

zusätzlicher Bedarf an Arbeitskräften, Überstunden und Neueinstellungen

↓

höheres Einkommen bei den privaten Haushalten

↓

geringere Sozialleistungen zusätzlicher finanzieller Spielraum des Staates

↓

Steigerung der Nachfrage in vielen wirtschaftlichen Branchen

↓

positive Grundstimmung in der Wirtschaft

↓

Bereitschaft zu neuen, zusätzlichen Investitionen

↓

neue Arbeitskräfte, mehr Einkommen, erhöhte Nachfrage, weitere Investitionen usw.

Was ist in Zeiten einer Rezession zu tun?

Wirtschaftslage:
In der Wirtschaft hat sich Pessimismus breitgemacht. Es zeichnet sich kein wirtschaftliches Wachstum mehr ab; die Arbeitslosigkeit steigt stark an. Bei den Preisen zeichnet sich zunächst noch keine Veränderung ab.

Entscheidungssituation der Wirtschafts- und Finanzpolitik:
Die verantwortlichen Politiker müssen dafür sorgen, dass diese Phase von möglichst kurzer Dauer ist. Deswegen wird in der Praxis bereits in Zeiten des Abschwungs mit dem „Gegensteuern" begonnen. Alle Maßnahmen müssen aber finanziert werden, und in Zeiten eines wirtschaftlichen Tiefstandes sind die Steuereinnahmen des Staates ebenfalls stark rückläufig. Soweit in „guten" Zeiten Rücklagen gebildet wurden, können diese jetzt aufgebraucht werden. Dies ist aber oft nicht der Fall, da der Staat schwer verschuldet ist. Nachdem Steuererhöhungen in dieser Periode auf keinen Fall in Frage kommen, bleibt eigentlich nur noch die Möglichkeit, zusätzliche Kredite aufzunehmen.

Konkrete Maßnahmen:
- Senkung der Lohn- und Einkommensteuer für maximal ein Jahr
- Subventionen (Investitionszuschüsse)
- zusätzliche öffentliche Ausgaben (Konjunkturprogramme), ggf. durch Kredite finanziert („deficit spending")
- Verstärkung der Finanzhilfen vom Bund an Länder bzw. von Ländern an Gemeinden

Begleitende (flankierende) Maßnahmen:
Die wirtschaftlich bedeutsamen Entscheidungen, sowohl der Anbieter als auch der Nachfrager, hängen nicht nur von rein vernunftmäßigen Überlegungen ab. Allgemeine Unsicherheit, Vorsicht, Angst, fehlende Risikobereitschaft wirken sich gerade in Zeiten einer Rezession hinderlich aus. Deswegen ist es notwendig, dass Politiker mit hohem Ansehen im Lande, Repräsentanten der Arbeitgeber oder der Gewerkschaften versuchen, durch Reden, Veröffentlichungen und Handeln eine positive Grundstimmung zu erzeugen.

Die **staatliche Wirtschaftspolitik kann** sowohl **nachfrage-** als auch **angebotsorientiert** sein. **Wichtige Maßnahmen der Angebotspolitik** sind z. B. die Senkung der Unternehmenssteuern, die Schaffung und Förderung eines unternehmerfreundlichen Klimas, der Abbau staatlicher Regelungen oder die Lockerung der Bedingungen im Bereich der Arbeitsbeziehungen, z. B. flexiblere Vorschriften bei Kündigung, Leiharbeit, befristete Beschäftigung, relativ niedriger Mindestlohn. Derartige Maßnahmen werden vor allem in Zeiten eines ungünstigen Wirtschaftsverlaufs gefordert. Welche Schwerpunkte gesetzt werden, entscheidet die Regierung.

5 Ziele und Maßnahmen der Wirtschaftspolitik

Muss auch in der Hochkonjunktur (Boom) etwas getan werden?

Wirtschaftslage:
Die Wirtschaft boomt. Die Unternehmensverbände und wirtschaftswissenschaftlichen Institute melden hohe Auftragszahlen. Die Arbeitslosigkeit geht deutlich zurück. Die Außenwirtschaftsbeziehungen sind günstig. Die Preise ziehen allerdings an. Insgesamt herrscht eine positive Stimmung in der Wirtschaft. Am liebsten wäre es allen, wenn es so weiterlaufen würde.

Entscheidungssituation der Wirtschafts- und Finanzpolitik:
Nach den Erfahrungen, die in der Vergangenheit gemacht wurden, kommt unaufhaltsam der Abschwung. Es geht nun darum, den Übergang abzufedern. Der Staat muss versuchen, das Wirtschaftsgeschehen „zu bremsen" und bereits jetzt seine eigenen wirtschaftlich bedeutsamen Vorhaben zurückzunehmen oder sie zeitlich auseinanderzuziehen. Es erweist sich als sehr kompliziert, den richtigen Zeitpunkt herauszufinden. Selbst die Experten in den Bundestagsfraktionen, aber auch die Fachleute im Finanz- oder Wirtschaftsministerium liegen in ihren Einschätzungen oft nicht richtig.

Konkrete Maßnahmen:
- Erhöhung der Lohn- und Einkommensteuer für maximal ein Jahr
- Einführung einer zusätzlichen Steuer (Investitionssteuer)
- Reduzierung der Staatsausgaben (vor allem keine weiteren Investitionen)
- möglichst wenig neue Kredite
- Rücklagen bilden

Begleitende (flankierende) Maßnahmen:
Auch in Zeiten eines Booms ist es notwendig, das rechte Augenmaß zu bewahren und rechtzeitig auf die Schwierigkeiten hinzuweisen, die jeder Hochkonjunktur folgen. Allerdings stoßen die Politiker und führende Personen der Wirtschaft, die auch in dieser Zeit verantwortungsbewusst handeln, auf wenig Verständnis. Man will nicht wahrhaben, dass wieder schlechtere Zeiten kommen können, und begegnet diesen „Maßhalteappellen" mit großen Zweifeln. Es bedarf einer starken Überzeugungskraft, die Menschen für dieses Anliegen zu gewinnen.

Ein Blick zurück ...
Anfang der 1960er-Jahre befand sich die Bundesrepublik Deutschland in einem gewaltigen Konjunkturaufschwung. Da forderte der damalige Bundeswirtschaftsminister Prof. Dr. Ludwig Erhard → S. 118 die Bevölkerung und die politisch Verantwortlichen mit eindringlichen Appellen auf, wirtschaftlich kürzerzutreten, um eine „Überhitzung" der konjunkturellen Entwicklung zu vermeiden.
Erhard stieß seinerzeit auf wenig Verständnis. Die Menschen wollten nicht wahrhaben, dass auf jeden wirtschaftlichen Boom ein Abschwung folgt. Der Wirtschaftsminister musste sich sogar harsche Kritik gefallen lassen. Die spätere wirtschaftspolitische Entwicklung Mitte der 1960er-Jahre gab ihm allerdings Recht. Der konjunkturelle Abschwung war nicht aufzuhalten.

> Wir führen zur Halbzeit 5:0. Lasst es etwas kontrollierter angehen und nicht leichtsinnig werden.

Halbfinale der Fußballweltmeisterschaft 2014, Brasilien : Deutschland (1:7). Bundestrainer Joachim „Jogi" Löw spricht mit Mesut Özil. Übrigens, Özil ist in Gelsenkirchen geboren, seine Großeltern kamen aus der Türkei nach Deutschland. Als Özil volljährig wurde, nahm er die deutsche Staatsbürgerschaft an.

A1 Recherchieren/Sammeln
Wie wird die wirtschaftliche Entwicklung gegenwärtig beurteilt? Verfolgen Sie die Meldungen im Wirtschaftsteil der Tageszeitung!

A2 Analysieren/Nachdenken
Wirtschaftliche Vorgänge und Entwicklungen haben nicht nur mit Vernunft zu tun; auch die Psychologie hat einen wichtigen Anteil. Was ist mit dieser Aussage gemeint?

A3 Analysieren/Nachdenken
Welche staatlichen Maßnahmen wirken direkt auf das Wirtschaftsgeschehen und wann besteht nur ein indirekter Einfluss?

A4 Analysieren/Nachdenken
Die Vergangenheit hat gezeigt, dass es sehr schwierig ist, die Menschen in Zeiten des Booms von der Notwendigkeit des „Maßhaltens" und der wirtschaftlichen Zurückhaltung zu überzeugen. Warum ist dies den Menschen so schwer einsichtig zu machen?

Europäische Zentralbank in der Verantwortung

Über 10 000 Menschen feierten am Neujahrstag 2002 in Frankfurt die europäische Gemeinschaftswährung, den „Euro". Die Versorgung von 300 Millionen Menschen mit neuem Geld war eine gewaltige organisatorische Herausforderung für alle Euro-Länder. Die „Drehscheiben" für den Geldtausch bildeten die Banken. Über sie wurden die Menschen mit neuen gesetzlichen Zahlungsmitteln versorgt. Gleichzeitig wurde der Einzug des alten Geldes eingeleitet und durchgeführt. Während einer Übergangszeit von mehreren Monaten konnte man in beiden Währungen zahlen.
Es sind immer noch einige Milliarden Deutsche Mark (DM) in Umlauf.
In den meisten Ländern der Erde ist es eine rein nationale Aufgabe, für eine stabile Währung zu sorgen. Mit der Einführung des Euro ist dies grundlegend geändert worden. Zum ersten Mal in der Geschichte verbindet gegenwärtig 19 Länder eine gemeinsame Währung. Sie haben keinen gemeinsamen Staat und keine von der Bevölkerung mehrheitlich akzeptierte Regierung. Die „Währungshüter" in Frankfurt haben eine gewaltige geldpolitische Herausforderung zu bewältigen.

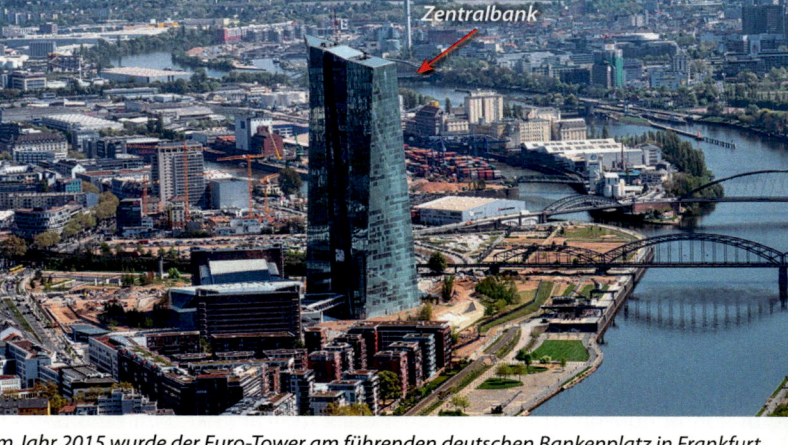

Im Jahr 2015 wurde der Euro-Tower am führenden deutschen Bankenplatz in Frankfurt eingeweiht.

ÜBERBLICK

▶ In der der EZB werden alle geldpolitischen Entscheidungen der Eurozone vorbereitet, getroffen und umgesetzt.

▶ Politisch unabhängig von Weisungen jeglicher Art wird daran gearbeitet, die Geldwertstabilität sicherzustellen.

▶ In den Kreis der Euroländer können nur EU-Mitglieder aufgenommen werden, die wirtschaftlich genau festgelegte Stabilitätsanforderungen erfüllen.

Die Wahl der Stadt Frankfurt als Sitz der europäischen Währungshüter hat einen hohen symbolischen Wert. In derselben Stadt hat seit Jahrzehnten die Deutsche Bundesbank ihren Sitz, deren Arbeit von den Bürgern in Deutschland, aber auch von den internationalen Experten sehr geschätzt wurde, da sie sehr konsequent und politisch unabhängig von Weisungen jeglicher Art die Geldwertstabilität sichergestellt hatte. Es entstand ein über Jahrzehnte gewachsenes Vertrauen. Die geldpolitischen Entscheidungen waren an den sachlichen Notwendigkeiten orientiert. Natürlich konnten die politisch Verantwortlichen (z. B. Bundesfinanzminister) beratend mitwirken.

Die Europäische Zentralbank wird von einem Direktorium (Präsident, Vizepräsident und vier weitere Mitglieder) geleitet, dessen Mitglieder für eine Amtszeit von acht Jahren gewählt sind. Das Direktorium bildet zusammen mit den 19 Präsidenten der Nationalen Zentralbanken der Eurozone den Europäischen Zentralbankrat. Dieser entscheidet über alle Fragen der Geldpolitik.

A1 Recherchieren/Sammeln
Stellen Sie fest, wer zurzeit Mitglied des Direktoriums der Europäischen Zentralbank ist!

5 Ziele und Maßnahmen der Wirtschaftspolitik

Die EZB – eine politisch unabhängige Notenbank

M1 **Artikel 108 des Europäischen Gemeinschaftsvertrages:**
„Bei der Wahrnehmung der ihnen durch diesen Vertrag und die Satzung des ESZB übertragenen Befugnisse, Aufgaben und Pflichten darf weder die EZB noch eine nationale Zentralbank noch ein Mitglied ihrer Beschlussorgane Weisungen von Organen oder Einrichtungen der Gemeinschaft, Regierungen der Mitgliedsstaaten oder anderen Stellen einholen oder entgegennehmen. Die Organe und Einrichtungen der Gemeinschaft sowie die Regierungen der Mitgliedstaaten verpflichten sich, diesen Grundsatz zu beachten und nicht zu versuchen, die Mitglieder der Beschlussorgane der EZB oder der nationalen Zentralbanken bei der Wahrnehmung ihrer Aufgaben zu beeinflussen."

Der Präsident der Europäischen Zentralbank Mario Draghi (Italien) spricht mit dem Präsidenten der Deutschen Bundesbank, Jens Weidmann (li.).

In den meisten Mitgliedsstaaten waren vor der Wirtschafts- und Währungsunion die Notenbanken nicht frei von politischen Einflüssen. Man einigte sich bei den Vertragsverhandlungen zur Einführung der gemeinsamen Währung darauf, dass das Europäische System der Zentralbanken (ESZB) den Status der politischen Unabhängigkeit bekommen soll. Die Beschlussorgane sind an keine Weisungen der Regierungen der Mitgliedsländer oder anderer europäischer Institutionen gebunden. Die Erfahrung zeigt, dass starke politische Einflussnahmen von Regierungen der Geldwertstabilität nicht immer förderlich waren. Deutschland hat mit der rechtlich unabhängigen Deutschen Bundesbank gute Erfahrungen gemacht.

Europäisches System der Zentralbanken (ESZB)
Die nationalen Notenbanken bestehen auch nach der Einführung des Euro fort. Natürlich haben sie wesentlich weniger Einfluss als früher. Sie sind mit der Europäischen Zentralbank „zusammengebunden" und bilden gemeinsam das ESZB.

Deutsche Bundesbank
Bis zur Einführung des Euro war sie allein für die Geldsteuerung in Deutschland verantwortlich. Sie genoss hohes Ansehen. Nunmehr ist sie Bestandteil des ESZB. Aufgrund entsprechender Leitlinien und Vorgaben führt sie die Geldpolitik der EZB in Deutschland durch. Sie ist zuständig für die Bankenaufsicht und die Abwicklung des bargeldlosen Zahlungsverkehrs. Die nationalen Währungsreserven müssen von ihr verwaltet werden. Zudem hält sie enge Kontakte zur Bundesregierung.

Für die Europäische Zentralbank (EZB) stellen sich folgende Herausforderungen:
- Steuerung der Geldmenge
- Devisenhandel (Handel und Verkauf von anderen Währungen)
- Geldversorgung
- Förderung und Unterstützung der Zusammenarbeit zwischen den EU-Mitgliedsländern im Bereich der Wirtschafts- und Finanzpolitik
- Förderung des zwischenstaatlichen Zahlungsverkehrs
- keine Finanzierung von öffentlichen Haushaltsdefiziten (z. B. um den spanischen Staatshaushalt auszugleichen)
- Überwachung der Währungsreserven der Mitgliedsstaaten

Spitzenziel: Aufrechterhaltung der Geldwertstabilität

A2 **Analysieren/Nachdenken**
Erklären Sie, warum die Europäische Zentralbank keine politischen Weisungen beachten und sich nur an wirtschaftspolitischen Notwendigkeiten orientieren soll.

Geldpolitik der Europäischen Zentralbank

M1 **Theo Waigel, in den 1990er-Jahren deutscher Finanzminister, setzte den Stabilitäts- und Wachstumspakt im Eurosystem durch**

Aus einer Tageszeitung:
„Die Länder der Eurozone sollen hinsichtlich ihrer Haushalts- und Finanzpolitik rechtzeitig Fehlentwicklungen erkennen und beseitigen. Hohe Haushaltsdefizite und Staatsverschuldung müssen vermieden werden.
Die EU-Institutionen können beratend, aber auch mit Sanktionen (Strafmaßnahmen) eingreifen. Der Stabilitäts- und Wachstumspakt greift massiv in den Handlungsbereich der Mitgliedsstaaten ein. Er ist aber im Interesse des notwendigen Gleichlaufs der Volkswirtschaften im Euroland unverzichtbar. Dazu ein hoher Bankenvertreter: ‚Die Grundlage für einen stabilen Euro ist damit gelegt.'"

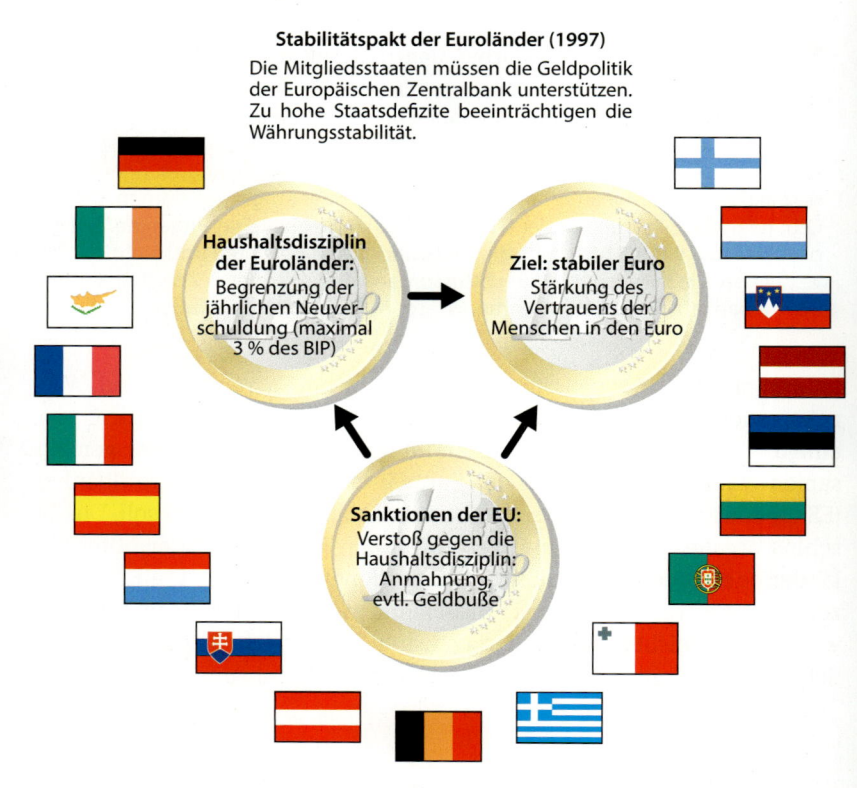

A1 **Analysieren/Nachdenken**
Mit der gemeinsamen Währung und der zentralen Notenbank ist das Eingangstor zu den Vereinigten Staaten von Europa bereits durchschritten. Bewerten Sie diese Meinung!

A2 **Recherchieren/Sammeln**
Welche aktuellen Mitteilungen finden sich in der Tagespresse oder im Internet über die EZB? Berichten Sie darüber!

Stabilitätspakt der Euroländer (1997)
Die Mitgliedsstaaten müssen die Geldpolitik der Europäischen Zentralbank unterstützen. Zu hohe Staatsdefizite beeinträchtigen die Währungsstabilität.

- **Haushaltsdisziplin der Euroländer:** Begrenzung der jährlichen Neuverschuldung (maximal 3 % des BIP)
- **Ziel: stabiler Euro** Stärkung des Vertrauens der Menschen in den Euro
- **Sanktionen der EU:** Verstoß gegen die Haushaltsdisziplin: Anmahnung, evtl. Geldbuße

Bedeutung und Steuerung der Geldmenge

Die Europäische Zentralbank hat die Aufgabe, die Geldmenge in den Euro-Mitgliedsstaaten zu beobachten. Wenn nämlich die Geldmenge nicht der Gütermenge entspricht, dann ist die **Preisstabilität** nicht mehr gesichert. Werden daher mehr Güter- und Dienstleistungen hergestellt (in einer Wachstumsphase der Wirtschaft), muss auch die im Euroland sich bewegende Geldmenge angepasst werden.

Das Eurosystem verlangt von allen Banken der Währungsunion, dass sie einen bestimmten Prozentsatz ihrer Kundeneinlagen bei der Zentralbank hinterlegen. Je nachdem, ob dieser Prozentsatz höher oder niedriger angesetzt wird, steht dem Wirtschaftskreislauf mehr oder weniger Geld zur Verfügung. Mit diesem Instrument kann die EZB lenkend in das Wirtschaftsgeschehen eingreifen. Man spricht auch von der **Mindestreservenpolitik**.

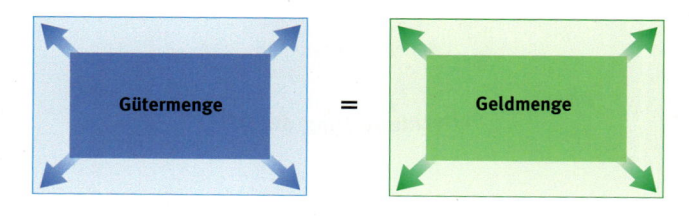

Gütermenge = Geldmenge

5 Ziele und Maßnahmen der Wirtschaftspolitik

Die Bedeutung der Zinspolitik

Die Georg Holzwoll GmbH, Hersteller von Türen und Fenstern, plant die Erweiterung ihrer Produktionsanlagen. Dann könnte auf eine günstige Auftragslage schnell reagiert und zugleich neue Arbeitsplätze geschaffen werden. Aber die Geldmittel reichen nicht aus. Die Firma benötigt einen Kredit. Das Projekt kostet nach genauen Planungen 1.300.000 Euro. Dem Unternehmen stehen hierfür nur 400.000 Euro eigene Mittel zur Verfügung. Bei verschiedenen Banken holt sich die Firma Kreditangebote über 900.000 Euro ein. Als maximal höchste jährliche Zinsbelastung wurden 30.000 Euro errechnet. Das günstigste Angebot liegt bei 4 Prozent Jahreszins. Bei voller Ausschöpfung des Kredits bedeutet dies jedoch eine jährliche Zinsbelastung von 36.000 Euro. Deshalb stellt die Firma das Vorhaben zurück.

Nach drei Monaten wurden erneute Anfragen bei verschiedenen Banken gestartet. Eine Bank machte ein Angebot von 3,3 Prozent Jahreszins. Der Unternehmer will wissen, was der Grund für die Zinssenkung sei.

Ein Telefongespräch mit einem leitenden Angestellten der Bank bringt Aufklärung:

Bankfachmann:
Die Europäische Zentralbank hat den sogenannten Leitzinssatz deutlich gesenkt. Wir müssen, um unseren Kunden größere Kredite gewähren zu können, selbst Kredite aufnehmen. Unsere eigenen Geldmittel, wie zum Beispiel die Spareinlagen der Kunden, reichen dazu nicht aus. Wir können aber von der Europäischen Zentralbank Geld gegen Zinsen beschaffen. Wenn die Banken günstigere Kredite bekommen, dann geben wir diesen Zinssatz natürlich auch an unsere Kunden weiter.

Unternehmer:
Kann denn die Europäische Zentralbank beliebig die Zinsen verändern?

Bankfachmann:
Nein! Ihr geht es vorrangig um die Geldwertstabilität. Die Menschen müssen Vertrauen in die Währung haben. Zugleich unterstützt die EZB mit ihrer Zinspolitik die wirtschaftliche Entwicklung der Euroländer. Bei ungünstigem Wirtschaftsverlauf, wie wir ihn derzeit haben, wird durch niedrige Zinsen die Nachfrage angekurbelt. In guten Zeiten kann gegengesteuert werden. Die Zinsen werden erhöht.

Unternehmer:
Wie gut, dass ich gewartet habe! Wann können wir den Kreditvertrag abschließen?

Bankfachmann:
Sobald die persönlichen Unterlagen vorliegen und geklärt ist, welche Sicherheiten vorhanden sind. Jeder Bankkredit muss gesichert werden.

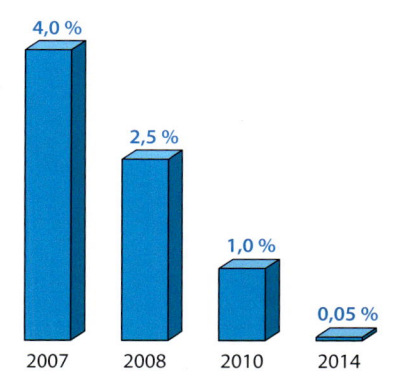

Leitzinssätze der EZB am Jahresende

2007: 4,0 %
2008: 2,5 %
2010: 1,0 %
2014: 0,05 %

M2 Leitzinssatz auf Rekordtief

Die Verantwortlichen der EZB haben den Leitzinssatz auf einen historischen Tiefstand gesenkt.

Als Begründung wurde u. a. angeführt: Es besteht im Euroraum eine extrem niedrige Inflation und das Wirtschaftswachstum muss gestärkt werden, damit die Konjunktur wieder Schwung gewinnt. Angesprochen wurden besonders die südeuropäischen Krisenländer, die massiv verschuldet sind.

Von Fachleuten wird aber auch bezweifelt, ob die weitere Zinssenkung noch einen positiven Effekt für die Unternehmen hat. Andere Finanzexperten kritisieren, dass mit der Entscheidung der EZB die Sparer noch weniger Zinsen für ihr Geld bekommen und damit die Sparquote zurückgeht. Sparen ist aber ein unverzichtbares Element in der sozialen Marktwirtschaft.

A3 Recherchieren/Sammeln
Ermitteln Sie den aktuellen Leitzinssatz der Europäischen Zentralbank! Vergleichen Sie diesen mit den Zahlen in der Grafik! Welche Entwicklung sehen Sie?

A4 Analysieren/Nachdenken
Warum wirkt sich die Senkung des Leitzinssatzes in verschiedenen wirtschaftlichen Bereichen aus → M2?

Zusammenfassung – Fachwissen anwenden

SOZIALE MARKTWIRTSCHAFT

STAAT WIRTSCHAFT

vom MAGISCHEN VIERECK zum MAGISCHEN VIELECK

| Schutz des Arbeitnehmers | Schutz der Verbraucher | Konjunkturpolitik zur Erhaltung des wirtschaftlichen Gleichgewichts – stabile Preise – Vollbeschäftigung – ausgeglichener Außenhandel – Wirtschaftswachstum |

Globalsteuerung der gesamtwirtschaftlichen Nachfrage (antizyklische Finanzpolitik, Stabilitätsgesetz)

Strukturpolitik zum Abbau regionaler Ungleichheiten

Ausbau und Aufrechterhaltung

gerechte Einkommens- und Vermögensverteilung

Europäische Zentralbank, Eurosystem, Geldpolitik

Maßnahmen zum Schutz der Umwelt

Tarifautonomie

Märkte „Nervenzentren der Wirtschaft"

Angebot → Preis → Nachfrage → Angebot

| freie wirtschaftliche Betätigung (vom Grundgesetz garantiert) | möglichst freier Wettbewerb (Gesetz gegen Wettbewerbsbeschränkungen) | Sozialordnung (Kranken-, Renten-, Unfall-, Pflege-, Arbeitslosenversicherung, Sozialhilfe) | Privateigentum (auch an Produktionsmitteln) |

Die Baustelle der sozialen Marktwirtschaft

5 Ziele und Maßnahmen der Wirtschaftspolitik

Wettbewerb so weit wie möglich – Planung so weit wie nötig!

Die soziale Marktwirtschaft ist ein offenes System, das nie abgeschlossen ist. Dazu sagt Alfred Müller-Armack (deutscher Nationalökonom): „Neue Entwicklungen legen auch die Sicht auf neue Aufgaben frei."

Die Staaten müssen ihre Verschuldung abbauen, alle Schulden sind Lasten für kommende Generationen.

Nicht nur der Markt, sondern auch der Staat kann versagen. Gegen beide Gefahren müssen wir angehen.

Eine gerechte Einkommensverteilung sorgt für sozialen Ausgleich und schafft zusätzlich Nachfrage und damit Arbeitsplätze.

„Sozial ist …, wer sich nicht nur auf andere verlässt." (Wolfgang Schäuble, Bundesfinanzminister)

Wir dürfen der Natur nur abverlangen, was sie uns ohne nachhaltige Schäden liefert. Wir müssen Güter herstellen und verwenden, die dem Stoffkreislauf der Natur angepasst sind.

Deutschland braucht Zuwanderung allein schon deswegen, um ausreichend Fachkräfte zu gewinnen.

Es ist die Pflicht eines demokratischen und sozialen Rechtsstaats, für Vollbeschäftigung zu sorgen.

Wiederholung und Präsentation

„Bausteine der sozialen Marktwirtschaft"

1. Auf welchen wesentlichen Säulen basiert die soziale Marktwirtschaft?
2. Warum ist die wirtschaftliche Leistungsfähigkeit eines Staates die wesentliche Voraussetzung für einen funktionsfähigen Sozialstaat?
3. Eine marktwirtschaftliche Ordnung kann nur bei einem möglichst intensiven Wettbewerb funktionieren. Welche Aufgabe stellt sich dabei dem Staat?
4. Warum hat sich der Staat wirtschaftspolitische Ziele gesetzt?
5. Welche Beiträge kann er direkt erbringen, um sie zu verwirklichen?
6. Das Stabilitätsgesetz nennt bekanntlich vier wirtschaftspolitische Ziele. Vom Schutz der Umwelt ist nicht die Rede. Wo liegt der Grund hierfür? Warum ist dieses Ziel dennoch äußerst wichtig und verdient besondere Beachtung?
7. Projektvorschlag: Auf der linken Seite werden die Bausteine der sozialen Marktwirtschaft wiedergegeben. Rechts dazu finden Sie Aussagen zu einzelnen Bausteinen. Ordnen Sie diese den jeweiligen Elementen zu! Suchen Sie in Gruppen passende Texte, Bilder, Karikaturen zu den Bausteinen und präsentieren Sie das gesammelte Material!

Projekt „Soziale Marktwirtschaft und Ethik"

Das Ordnungsmodell der sozialen Marktwirtschaft basiert auf elementaren ethischen Grundsätzen. Dies bedeutet vor allem, dass die **Rechte und Pflichten** aller am Wirtschaftsleben Beteiligten sowie auch der nicht arbeitenden Menschen geachtet werden müssen.
Bereiten Sie in Ihrer Klasse (oder für die gesamte 9. und 10. Jahrgangsstufe) eine Diskussion vor, in der wichtige Gruppierungen ihre Meinung darlegen können. Sie können dazu externe Vertreter einladen. Es ist aber ebenso möglich, dass sich Schülerinnen und Schüler in die verschiedenen Positionen einarbeiten und sie in der Diskussion vertreten. Eine knappe schriftliche Ausarbeitung der Stellungnahmen ist sehr zu empfehlen.
Folgende gesellschaftliche Gruppen sollten ihre Auffassungen darlegen können: Gewerkschaften, Kirchen, Unternehmer, Repräsentanten karitativer Einrichtungen (Sozialverbände), ein Bankenvertreter, ein Vertreter aus der politische Führung „vor Ort" (z. B. Landrat, Bürgermeister), Vertreter der jungen Generation.
Nachdem die Positionen vorgetragen wurden, folgt die Diskussion. Die Teilnehmer erhalten die wichtigsten Ergebnisse schriftlich.

6 Die Bundesrepublik Deutschland in Europa

Kroatien, ein beliebtes Urlaubsland der Deutschen, ist seit 1. Januar 2013 das 28. Mitglied der Europäischen Union.

Die Bundeswehr beteiligt sich am Einsatz der Vereinten Nationen zur Vernichtung der syrischen Chemiewaffen.

und der Welt

Papst Franziskus spricht im Europäischen Parlament über Probleme beim Schutz der Menschenwürde, bei der Einwanderung und beim Umweltschutz. Europa muss „seine Seele wieder entdecken".

„Zusammenkunft ist ein Anfang.
Zusammenhalt ist ein Fortschritt.
Zusammenarbeit ist der Erfolg."

Henry Ford

Fast alle Staaten der Erde sind Mitglied der Vereinten Nationen – Der deutsche Außenminister Frank-Walter Steinmeier spricht vor der UN-Vollversammlung.

Die Staaten der Erde sind zu Beginn des 21. Jahrhunderts in vielfältiger Weise miteinander verbunden und mehr denn je voneinander abhängig. Viele Probleme können nur global gelöst werden. Internationale Organisationen verwirklichen und regeln die Zusammenarbeit der Staaten. Deutschland ist Mitglied in zahlreichen internationalen Bündnissen (z. B. in der Europäischen Union – EU, in den Vereinten Nationen – UNO und im Nordatlantik-Pakt – NATO). Daraus ergeben sich Chancen, aber auch Verpflichtungen.
So leistet die Bundeswehr für die NATO und die UNO Dienst in verschiedenen Ländern, um Frieden und Wiederaufbau zu fördern. Das Kapitel vermittelt einen Einblick in die Rolle Deutschlands in Europa und in der Welt.

Der lange Weg nach Europa

1949 Europarat
Schutz der Menschenrechte, Stärkung der demokratischen Institutionen

1951 Europäische Gemeinschaft für Kohle und Stahl (EGKS) = Montanunion
Frankreich, Bundesrepublik Deutschland, Beneluxländer und Italien unterstellen ihre Kohle- und Stahlindustrie einer gemeinsamen Aufsicht.

1957 Europäische Wirtschaftsgemeinschaft (EWG)
Italien, Frankreich, Belgien, Bundesrepublik Deutschland, Luxemburg und Niederlande schaffen einen gemeinsamen Markt.
Die „Römischen Verträge" bilden die Basis für einen späteren gesamteuropäischen Binnenmarkt und den Abbau von Zöllen.

1957 Europäische Atomgemeinschaft (Euratom)
Verpflichtung zur friedlichen Nutzung von Kernenergie

1959 Beginn des Zollabbaus

- Sprachenvielfalt
- Agrarüberschüsse
- unterschiedliche wirtschaftliche Gefälle
- geteiltes Deutschland
- Zölle
- verschiedene Währungen
- mangelnde Kompromissbereitschaft
- Abstimmungsprobleme zwischen den Staaten
- Kriegsfolgen
- Misstrauen
- geteiltes Deutschland
- Handelsbeschränkungen
- Marktordnung in der Landwirtschaft (kein freier Markt, festgelegte Preise)
- Zölle
- nationaler Egoismus, fehlender Gemeinschaftssinn
- geteiltes Deutschland
- Kriegsfolgen

1962 Europäischer Agrarfonds (Vertrag über finanzielle Unterstützung)

1967 EWG, Euratom und EGKS schließen sich zusammen = **Europäische Gemeinschaft (EG)**

1968 Vollendung der Zollunion

1972 EG-Gipfelkonferenz in Paris: außenpolitische Zusammenarbeit soll intensiviert werden

1973 Dänemark, Irland und Großbritannien neue Mitglieder der EG

1975 EG und AKP-Staaten (Afrika, Karibik und Pazifik-Länder) = Handels- und Entwicklungsabkommen; wird mehrmals verlängert

1979 erste Direktwahl der Abgeordneten zum **Europäischen Parlament**
Einführung des Europäischen Währungssystems (EWS)

1981 Griechenland neues EG-Mitglied

6 Die Bundesrepublik Deutschland in Europa und der Welt

1986 Spanien und Portugal neue EG-Mitglieder

1990 deutsche Wiedervereinigung
fünf neue Bundesländer auch Teil der EG

1992 Vertrag von Maastricht
Verwirklichung der **Wirtschafts- und Währungsunion (WWU)**
Ziel: eine europäische Währung
Aus EG wird **Europäische Union (EU)**, da nicht nur wirtschaftliche, sondern auch politische und soziale Ziele verfolgt werden.
Gemeinsame Außen- und Sicherheitspolitik (GASP) seit 1993
Einführung der Unionsbürgerschaft

A1 Vertiefen/Verknüpfen
Welche wichtigen Stationen auf dem Weg der europäischen Integration sind Ihnen bereits aus dem Geschichtsunterricht bekannt?

A2 Recherchieren/Sammeln
In dieser Grafik wird auf zahlreiche Schwierigkeiten hingewiesen. Welche sind bis heute noch nicht ausgeräumt und stellen sich immer wieder?

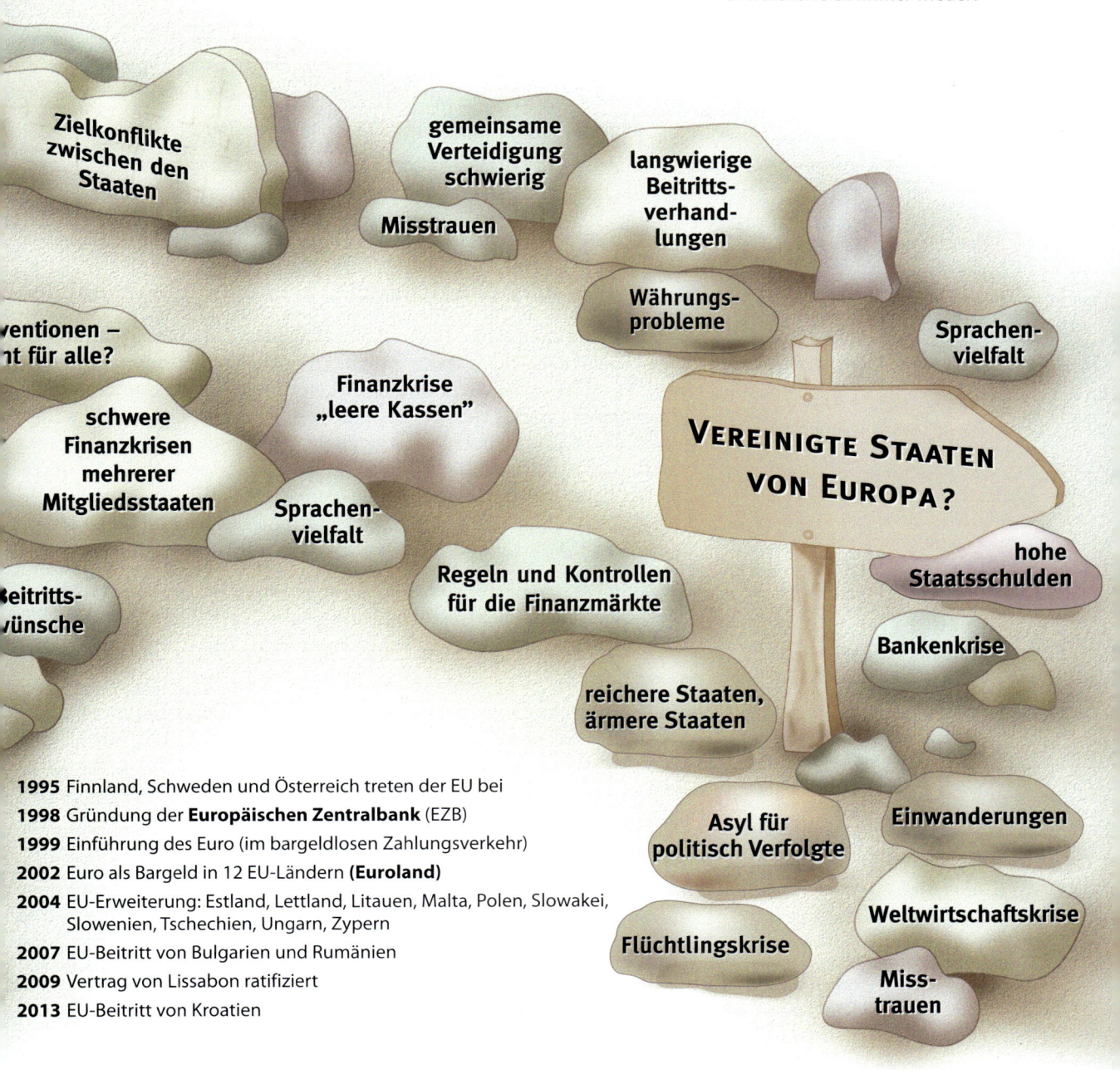

- Zielkonflikte zwischen den Staaten
- gemeinsame Verteidigung schwierig
- Misstrauen
- langwierige Beitrittsverhandlungen
- Währungsprobleme
- Sprachenvielfalt
- ventionen – nt für alle?
- schwere Finanzkrisen mehrerer Mitgliedsstaaten
- Finanzkrise „leere Kassen"
- Sprachenvielfalt
- **VEREINIGTE STAATEN VON EUROPA?**
- hohe Staatsschulden
- Beitrittswünsche
- Regeln und Kontrollen für die Finanzmärkte
- Bankenkrise
- reichere Staaten, ärmere Staaten
- Asyl für politisch Verfolgte
- Einwanderungen
- Flüchtlingskrise
- Weltwirtschaftskrise
- Misstrauen

1995 Finnland, Schweden und Österreich treten der EU bei
1998 Gründung der **Europäischen Zentralbank** (EZB)
1999 Einführung des Euro (im bargeldlosen Zahlungsverkehr)
2002 Euro als Bargeld in 12 EU-Ländern **(Euroland)**
2004 EU-Erweiterung: Estland, Lettland, Litauen, Malta, Polen, Slowakei, Slowenien, Tschechien, Ungarn, Zypern
2007 EU-Beitritt von Bulgarien und Rumänien
2009 Vertrag von Lissabon ratifiziert
2013 EU-Beitritt von Kroatien

Grundlagen europäischer Politik

Der frühere deutsche Bundeskanzler Schröder und frühere Außenminister Fischer unterzeichneten in Rom die EU-Verfassung (2004).

ÜBERBLICK

- In der Europäischen Union, abgekürzt EU, arbeiten 28 Staaten wirtschaftlich, politisch, kulturell und in vielen anderen gesellschaftlichen Bereichen eng zusammen.
- Sie haben einen Teil ihrer Souveränität an die EU abgetreten.
- Alle fünf Jahre wird das Europäische Parlament gewählt.
- Es gibt keine gemeinsame Verfassung. Viele Verträge regeln die Erfüllung der politischen Aufgaben.
- EU-Bürger können innerhalb der EU frei leben, reisen, arbeiten.
- Im gemeinsamen Binnenmarkt gibt es keine Zollgrenzen.
- Immer mehr Mitgliedsländer führen die gemeinsame Währung, den Euro, ein. Sie müssen aber hohe Anforderungen erfüllen.
- Die Europäische Kommission ist das Exekutivorgan der EU.

M1 Eine Verfassung für die EU?

Der erste Versuch ist gescheitert. Am 29. Oktober 2004 wurde in Rom der EU-Verfassungsentwurf feierlich unterzeichnet. Er sollte die EU nach innen und nach außen festigen und einen stabilen Rahmen für die Bewältigung der politischen Aufgaben geben.
Für das Inkrafttreten wäre allerdings die Ratifizierung (Genehmigung) aller damaligen Mitgliedsstaaten erforderlich gewesen. Frankreich und die Niederlande sprachen sich in Volksabstimmungen allerdings dagegen aus.
Damit wird es wohl in nächster Zeit keine gemeinsame EU-Verfassung geben.

A1 Recherchieren/Sammeln
Verfolgen Sie in den Massenmedien die Berichterstattung über die Europäische Union! Zeigen Sie auf, welche Themen im Vordergrund stehen!

A2 Analysieren/Nachdenken
In der EU sind gegenwärtig 28 Staaten eng miteinander verbunden. Welche Verpflichtungen ergeben sich daraus bei Krisensituationen? Der EU-Vertrag regelt Einzelheiten.

Der Vertrag von Lissabon (2007)

Eine Staatengemeinschaft braucht grundlegende Regeln, um politisch arbeiten zu können. Gibt es keine gemeinsame Verfassung, müssen die Rahmenbedingungen für die politische Arbeit durch Vertragswerke der Mitgliedsstaaten geregelt werden. Der Europäische Rat beschloss daher 2007, die wichtigsten Bestandteile der geplanten Verfassung in einem Vertrag festzulegen. Aber auch dieser Vertrag konnte zunächst nicht in Kraft treten, da Irland und Tschechien ihn ablehnten. Erst nach einer zweiten, erfolgreichen Volksabstimmung in Irland gab auch Tschechien seine Bedenken auf. Seit Dezember 2009 ist der Lissabon-Vertrag in Kraft.

Wesentliches Ziel dieses Vertrages ist es, das nunmehr auf 28 Staaten angewachsene Bündnis bürgernäher und politisch effektiver zu führen. Er enthält u. a. folgende wichtige Neuerungen → 154 f.:

Die Unterschriften von mindestens einer Million Bürger aus verschiedenen Mitgliedsstaaten sind notwendig, um über ein Bürgerbegehren direkt auf die europäische Politik Einfluss nehmen zu können. Das europäische Parlament als Vertretung der Bürger wurde gestärkt, indem es das Recht erhielt, zusammen mit dem Ministerrat Gesetze zu beschließen und den Haushalt zu verabschieden.

Die Posten des Präsidenten des Europäischen Rates und des „Hohen Vertreters für Außen- und Sicherheitspolitik" wurden neu geschaffen. Der „EU-Außenminister" koordiniert die Außenpolitik der Mitgliedsstaaten und vertritt die EU in internationalen Organisationen.

Um die Entscheidungsverfahren im Ministerrat zu erleichtern, wurden neue Regeln für Mehrheitsentscheidungen eingeführt (seit 2014).

6 Die Bundesrepublik Deutschland in Europa und der Welt

Die Entstehung der Europäischen Union

Gründung 1958:
Belgien, Deutschland*, Frankreich, Italien, Luxemburg, Niederlande
(* Die DDR gehörte nicht zu den Gründerstaaten.)

(West-)Erweiterung:
Beitritt 1973: Dänemark, Irland, Großbritannien
Beitritt 1981: Griechenland
Beitritt 1986: Portugal, Spanien
Beitritt 1995: Finnland, Österreich, Schweden

Osterweiterung:
Beitritt 2004: Estland, Lettland, Litauen, Malta, Polen, Slowakei, Slowenien, Tschechien, Ungarn, Zypern
Beitritt 2007: Bulgarien, Rumänien
Beitritt 2013: Kroatien

A3 Recherchieren/Sammeln

Der EU gehören zurzeit 28 Staaten an. Welche weiteren Staaten streben die Mitgliedschaft an?

A4 Analysieren/Nachdenken

Manche Fachleute warnen vor einer zusätzlichen Erweiterung der EU, da sie dann kaum mehr politisch geführt werden könne. Äußern Sie sich zu diesem Argument!

Europäische Institutionen

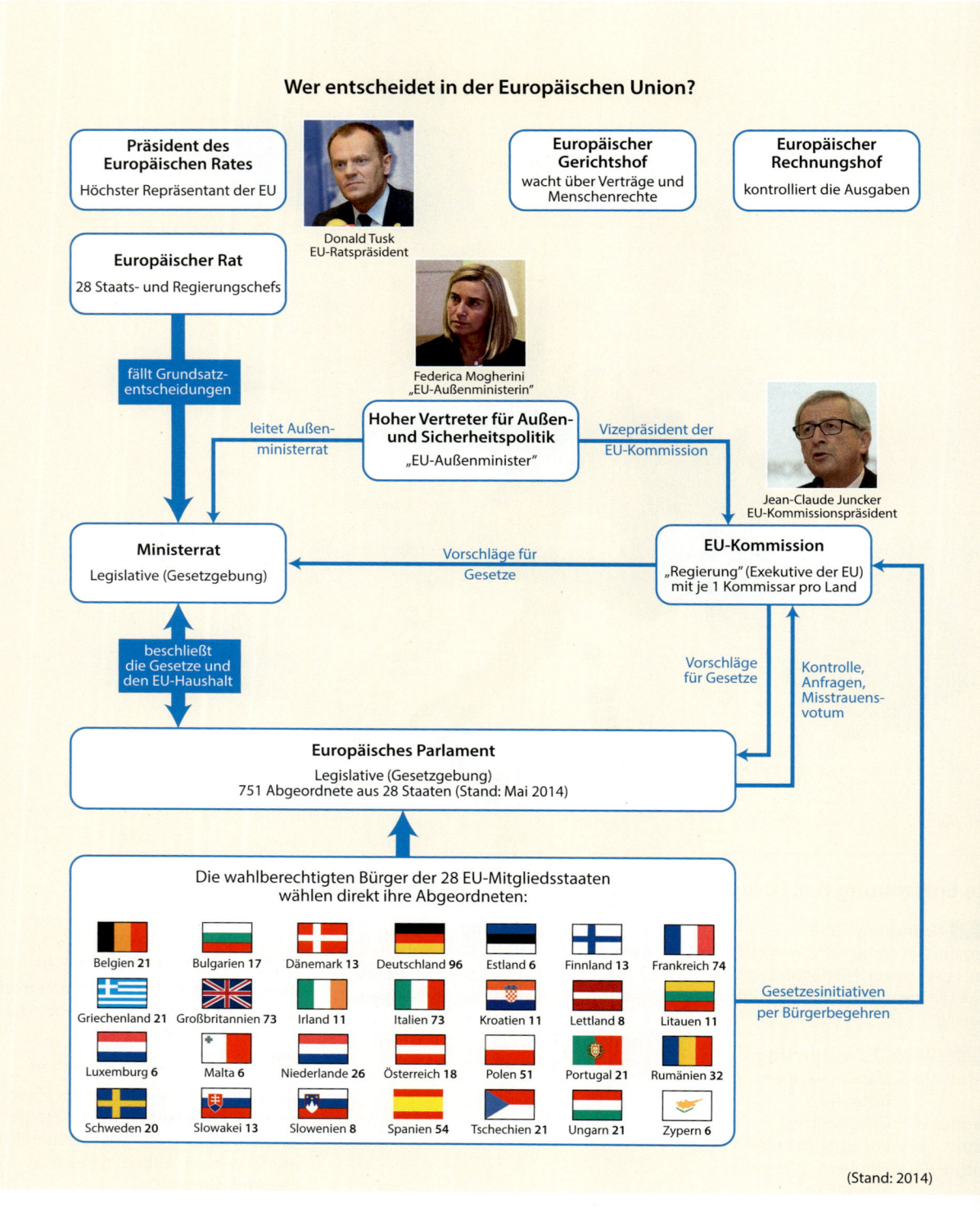

Wer entscheidet in der Europäischen Union?

Präsident des Europäischen Rates
Höchster Repräsentant der EU

Donald Tusk
EU-Ratspräsident

Europäischer Gerichtshof
wacht über Verträge und Menschenrechte

Europäischer Rechnungshof
kontrolliert die Ausgaben

Europäischer Rat
28 Staats- und Regierungschefs

fällt Grundsatzentscheidungen

Federica Mogherini
„EU-Außenministerin"

leitet Außenministerrat

Hoher Vertreter für Außen- und Sicherheitspolitik
„EU-Außenminister"

Vizepräsident der EU-Kommission

Jean-Claude Juncker
EU-Kommissionspräsident

Ministerrat
Legislative (Gesetzgebung)

Vorschläge für Gesetze

EU-Kommission
„Regierung" (Exekutive der EU) mit je 1 Kommissar pro Land

beschließt die Gesetze und den EU-Haushalt

Vorschläge für Gesetze

Kontrolle, Anfragen, Misstrauensvotum

Europäisches Parlament
Legislative (Gesetzgebung)
751 Abgeordnete aus 28 Staaten (Stand: Mai 2014)

Die wahlberechtigten Bürger der 28 EU-Mitgliedsstaaten wählen direkt ihre Abgeordneten:

Belgien 21 · Bulgarien 17 · Dänemark 13 · Deutschland 96 · Estland 6 · Finnland 13 · Frankreich 74
Griechenland 21 · Großbritannien 73 · Irland 11 · Italien 73 · Kroatien 11 · Lettland 8 · Litauen 11
Luxemburg 6 · Malta 6 · Niederlande 26 · Österreich 18 · Polen 51 · Portugal 21 · Rumänien 32
Schweden 20 · Slowakei 13 · Slowenien 8 · Spanien 54 · Tschechien 21 · Ungarn 21 · Zypern 6

Gesetzesinitiativen per Bürgerbegehren

(Stand: 2014)

6 Die Bundesrepublik Deutschland in Europa und der Welt

Europäischer Rat: Er besteht aus den Staats- und Regierungschefs sowie den Präsidenten des Europäischen Rates und der Kommission. Der Hohe Vertreter für Außen- und Sicherheitspolitik nimmt an den Sitzungen teil. Der Europäische Rat tagt viermal jährlich, legt die politischen Ziele der EU fest und trifft Grundsatzentscheidungen.

Präsident des Europäischen Rates: Er koordiniert die Arbeit im Europäischen Rat, bereitet die EU-Gipfelkonferenzen vor und vertritt die EU gegenüber anderen Staaten. Er wird vom Europäischen Rat für zweieinhalb Jahre gewählt, eine einmalige Wiederwahl ist möglich.

Ministerrat: Er übt zusammen mit dem Europäischen Parlament die gesetzgebende Gewalt in der EU aus. Er koordiniert die Wirtschaftspolitik, die Außen- und Sicherheitspolitik sowie die Zusammenarbeit von Polizei und Justiz in der EU.
Im Ministerrat treffen sich die jeweiligen Fachminister der EU-Staaten, z. B. bei Wirtschaftsfragen die Wirtschaftsminister. Viele Beschlüsse werden einstimmig gefasst. Bei Beschlüssen mit qualifizierter Mehrheit haben die Länder je nach Einwohnerzahl unterschiedliches Stimmgewicht. Gesetze, die der Ministerrat beschließt, stehen über dem nationalen Recht und müssen von den Mitgliedsstaaten umgesetzt werden.

Europäische Kommission: Sie übt die exekutive Gewalt in der EU aus. Sie führt die Gesetze des Ministerrats aus, verwaltet den Haushaltsplan und erarbeitet Gesetzesvorlagen. In der Kommission hat jeder Mitgliedsstaat einen Vertreter. Deutschland stellt seit 2014 den Kommissar für das Ressort Digitale Wirtschaft. Die 28 „Minister Europas" werden von über 20000 Beamten und Angestellten unterstützt. Die Europäische Kommission wird von einem Präsidenten geleitet, seit 2014 hat dieses Amt Jean-Claude Juncker inne.
Die Kommission muss sich vor dem Europäischen Parlament verantworten und kann durch ein Misstrauensvotum gestürzt werden.

Hoher Vertreter für die Außen- und Sicherheitspolitik: Er leitet als „Europäischer Außenminister" die gemeinsame Außen- und Sicherheitspolitik der EU. Er hat den Vorsitz im Außenministerrat (des Ministerrats) und ist Vizepräsident der EU-Kommission.

Europäisches Parlament: Es ist zusammen mit dem Ministerrat das Gesetzgebungsorgan der EU. Es kontrolliert die Arbeit der Kommission und beschließt zusammen mit dem Ministerrat den Haushalt der EU. Seine 751 Abgeordneten werden in freier, gleicher, geheimer und direkter Wahl auf fünf Jahre gewählt. Die Abgeordneten sind Interessenvertreter ihres jeweiligen Landes, aber auch aller EU-Bürger. Im EU-Parlament gibt es keine nationalen Gruppierungen, sondern multinationale Fraktionen und Parteien (z. B. Sozialdemokratische Partei Europas, Europäische Volkspartei).

Günther Oettinger, ehemaliger Ministerpräsident des Landes Baden-Württemberg, ist nunmehr EU-Kommissar für Digitale Wirtschaft.

A1 Kontakte herstellen
Ermitteln Sie, wer Ihre Region im Europäischen Parlament vertritt! Laden Sie die Abgeordnete bzw. den Abgeordneten in die Schule ein.

A2 Recherchieren/Sammeln
Informieren Sie sich über die Zusammensetzung des derzeitigen Europäischen Parlaments! Welche Fraktionen sind vertreten?

A3 Kreativität/Gestalten
Erstellen Sie eine Übersichtstafel für das Klassenzimmer mit den Entscheidungsträgern der EU!

A4 Recherchieren/Sammeln
Finden Sie heraus, welche Bereiche innerhalb der EU in welcher Höhe Geldmittel erhalten (z. B. Agrarpolitik, Außen- und Sicherheitspolitik)! Erstellen Sie aus den gesammelten Informationen ein Tortendiagramm → 179 zum Haushaltsplan der EU!

A5 Recherchieren/Sammeln
Wer hat gegenwärtig das Amt des EU-Ratspräsidenten, des EU-Kommissionspräsidenten und des „EU-Außenministers" inne?

Europa – ein Wirtschaftsraum

EU-Wirtschaftsförderung: Sanierung der Altstadtbrücke in Görlitz

Grenze zwischen Belgien und Frankreich

Arbeitsvermittlung für das EU-Ausland

Vier Freiheiten im Binnenmarkt:
- Freier Personenverkehr
- Freier Warenverkehr
- Freier Dienstleistungsverkehr
- Freier Kapitalverkehr

M1 Die größten Volkswirtschaften in Europa

Land	BIP 2014 in Milliarden Euro
EU gesamt	13.921
Deutschland	2.904
Großbritannien	2.222
Frankreich	2.142
Italien	1.616
Spanien	1.058

Quelle: Eurostat

A1 Recherchieren/Sammeln
Welche Staaten gehören zur Eurozone?

A2 Analysieren/Nachdenken
„Der Euro bedeutet für viele international tätige Unternehmen eine enorme Erleichterung der Geschäftsabwicklung." Begründen Sie diese Aussage eines Managers!

A3 Analysieren/Nachdenken
Welche Chancen bieten sich für Deutschland im EU-Binnenmarkt?

Am 1. Januar 1993 trat der **europäische Binnenmarkt** in Kraft. Dieses große Gebiet umfasst alle 28 EU-Staaten. Ihm gehören rund 500 Millionen Menschen an. Innerhalb dieses Marktes dürfen Waren frei gehandelt werden. Grenzkontrollen oder Zölle gibt es nicht mehr. Auch Dienstleistungen dürfen überall angeboten werden. EU-Bürger können sich in jedem EU-Land niederlassen und dort arbeiten. Die Transport- und Telekommunikationsmärkte sind geöffnet. Eine große Erleichterung für die Wirtschaft bietet der EU-weite freie Geld- und Kapitalverkehr (Investitionen, Anlagen).
Die Einreisebestimmungen in die EU sind vereinheitlicht und die Außengrenzen der EU werden stark kontrolliert.

Kern des Binnenmarktes ist die **Eurozone**. Damit sind alle 19 Staaten gemeint, die den Euro als gesetzliches Zahlungsmittel eingeführt haben → 142. Die gemeinsame Währung fördert das Zusammenwachsen der Güter- und Finanzmärkte.

Die vier großen Wirtschaftsräume

	Eurozone	USA	Japan	China
Anteil an Weltbevölkerung in %	4,7	4,4	1,8	19,1
Produktion (Anteil an der Weltwirtschaftsleistung in %)	17,4	22,2	6,5	12,2
BIP pro Kopf in US-Dollar	39.116	53.042	38.634	6.807
Export (Waren und Dienstleistungen) in % des BIP	42,7	13,5	16,2	26,4
Erwerbstätige in % der 15- bis 64-Jährigen	63	63	59	71

Quelle: Weltbank; Daten 2013.

6 Die Bundesrepublik Deutschland in Europa und der Welt

M2 Der Binnenmarkt in Schlagzeilen

- Portugiesische Firma erhält Auftrag für den Bau der Stadthalle
- Europaweite Ausschreibung bei großem Bauprojekt erforderlich
- Deutsches Unternehmen verlegt Produktion nach Tschechien
- Versicherungskonzern bietet seine Dienste in 15 EU-Staaten an
- Unternehmer fordern: Freie Märkte brauchen einheitliches Steuerrecht
- Italienischer KFZ-Meister Oronzo W. eröffnet Tankstelle auf Kreta
- Polnische Konkurrenz: Deutsche Bauarbeiter fürchten um ihre Arbeitsplätze
- Krankenscheine in allen EU-Ländern gültig

Demonstration gegen das geplante Freihandelsabkommen TTIP → 167 zwischen den USA und der EU

Der gemeinsame Binnenmarkt bedeutet Wettbewerb zwischen Waren, Dienstleistungen, Unternehmen und Arbeitskräften EU-weit. Innerhalb der EU bestehen aber nicht nur zwischen den Mitgliedsstaaten, sondern auch zwischen den Regionen erhebliche Unterschiede im Lebensstandard und der Einkommensentwicklung. Waren die Unterschiede schon früher z. B. zwischen Baden-Württemberg und Sizilien gewaltig, so wurden sie durch die Erweiterungen der EU nach Osten (z. B. Polen, Slowakei, Rumänien, Bulgarien) noch verschärft. Unternehmen nutzen diese Situation und verlegen ihre Produktion in Länder mit niedrigerem Lohnniveau. In den reichen Regionen hingegen gehen Arbeitsplätze verloren.

Mit einer gezielten Strukturpolitik versucht die EU dieses Gefälle abzubauen. Dabei stehen nicht Staaten, sondern Regionen im Mittelpunkt der Aufmerksamkeit, wie z. B. Sachsen oder Wales, die in ihrer Eigenständigkeit gefördert werden. Die Hilfen erstrecken sich vor allem auf den Ausbau der Infrastruktur, die Förderung von Bildungsvorhaben und die Schaffung von Arbeitsplätzen. Gebiete an den Landesgrenzen können bei der Verwirklichung grenzüberschreitender Projekte mit besonderer EU-Unterstützung rechnen. Ziel ist es, die strukturellen Schwächen der Grenzgebiete abzubauen, bürokratische Hindernisse zu beseitigen und politische, wirtschaftliche sowie kulturelle Kontakte zu fördern.

Auf Unverständnis und Verärgerung stößt immer noch die gemeinsame EU-Agrarpolitik, da die Agrarüberschüsse und Agrarsubventionen Milliarden verschlingen. Bauern und Verbraucher können manche Entscheidung nicht nachvollziehen. Harte Verhandlungen enden oft in Kompromissen, die keine Seite recht hinnehmen will. Die ständig zunehmende Bürokratie hemmt natürlich die wirtschaftliche Entwicklung und muss daher abgebaut werden.

M3 Was ist eine Euregio?

Der Begriff „Euregio" (auch „Euroregion") ist eine Kurzform für „Europäische Region". Euregios sind freiwillige regionale Zusammenschlüsse über Staatsgrenzen hinweg und meist durch eine Initiative „von unten" entstanden. Bayern ist an mehreren Euregios beteiligt, z. B. Euregio Bayrischer Wald – Böhmerwald. Informationen dazu finden Sie im Internet (Suchwort: Euregio).

Lesetipp

„Europa neu erfinden" ist ein lesenswertes Buch des ehemaligen Bundespräsidenten Roman Herzog.

A4 Analysieren/Nachdenken

Warum können soziale Ungleichheiten in einer Gemeinschaft auf Dauer nicht hingenommen werden?

A5 Recherchieren/Sammeln

Viele Politiker fordern ein „Europa der Regionen". Was versteht man darunter?

A6 Vertiefen/Verknüpfen

Finden Sie heraus, welche Finanzmittel in EU-Strukturmaßnahmen fließen und welche Gebiete besonders gefördert werden.

Internationale Bündnisse – die Vereinten Nationen

ÜBERBLICK

▶ Deutschland arbeitet in vielen international, oft weltweit agierenden Bündnissen mit.

▶ Die Vereinten Nationen (UNO) und der Nordatlantikpakt (NATO) sind dabei besonders wichtig.

▶ Bündnisse bieten Schutz und Hilfe, bringen aber auch Pflichten.

▶ Die UNO will Frieden schaffen und ihn aufrechterhalten sowie Menschenrechte schützen.

▶ Die NATO ist ein Verteidigungsbündnis mit gegenseitiger Unterstützungsgarantie.

▶ NATO-Mitglied kann nur ein Staat werden, der sich zu den Werten der wesentlichen Demokratien bekennt.

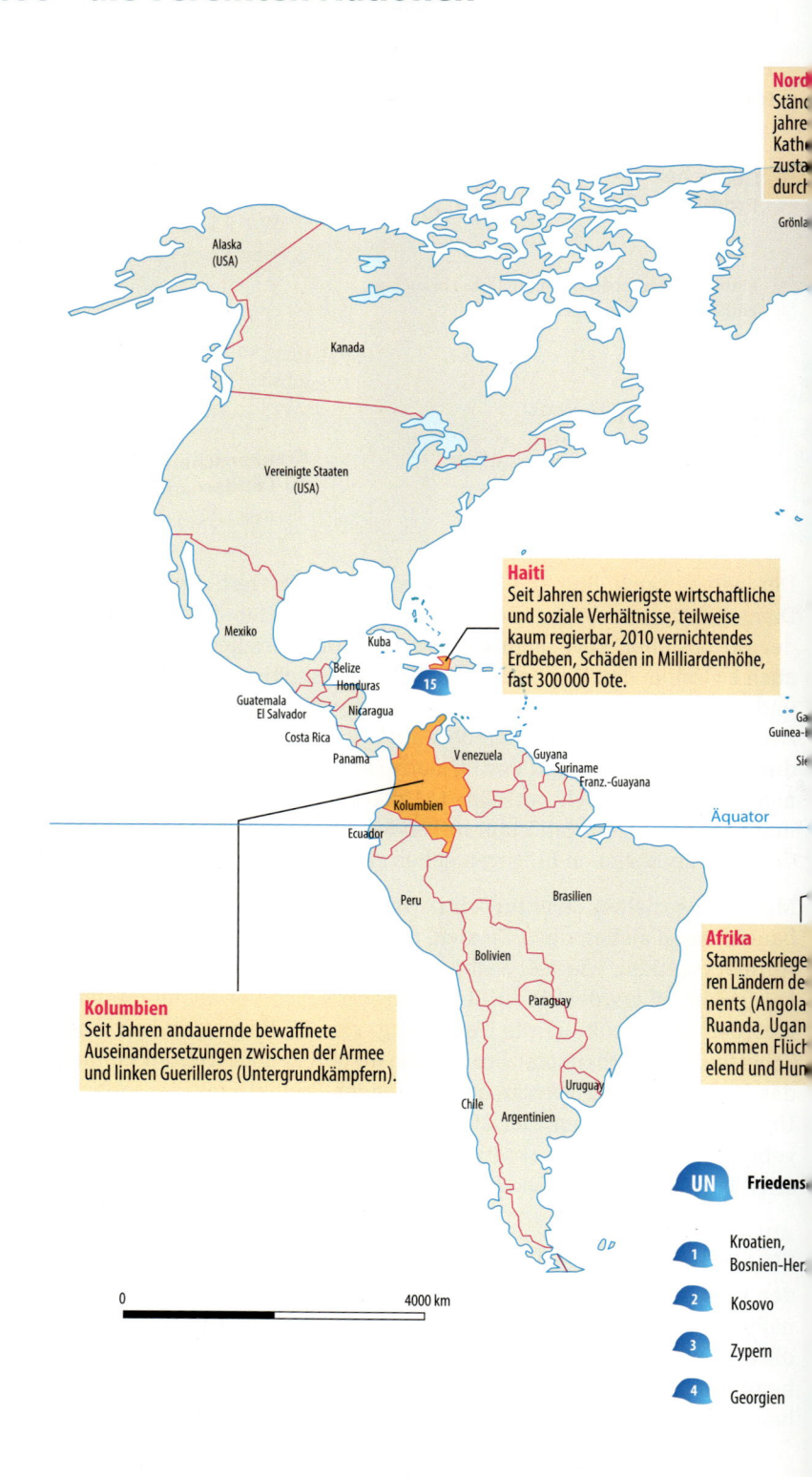

A1 Recherchieren/Sammeln

Wählen Sie eines der Krisengebiete in der Karte aus! Finden Sie die Ursache des Krieges heraus und stellen Sie fest, seit wann die UNO ihren Auftrag in diesem Gebiet durchführt!

A2 Recherchieren/Sammeln

Derzeit sind deutsche Soldaten an mehreren Auslandseinsätzen beteiligt. Recherchieren Sie, in welchen Ländern sie ihren Dienst versehen und welche Aufgaben sie dort ausführen! Machen Sie mit dem gefundenen Material eine Dokumentation mit Bildern und Texten!

Nord...
Stän...
jahre...
Kath...
zusta...
durch...

Haiti
Seit Jahren schwierigste wirtschaftliche und soziale Verhältnisse, teilweise kaum regierbar, 2010 vernichtendes Erdbeben, Schäden in Milliardenhöhe, fast 300 000 Tote.

Kolumbien
Seit Jahren andauernde bewaffnete Auseinandersetzungen zwischen der Armee und linken Guerilleros (Untergrundkämpfern).

Afrika
Stammeskriege...
ren Ländern de...
nents (Angola...
Ruanda, Ugan...
kommen Flüch...
elend und Hun...

UN Friedens...

1 Kroatien, Bosnien-Her.
2 Kosovo
3 Zypern
4 Georgien

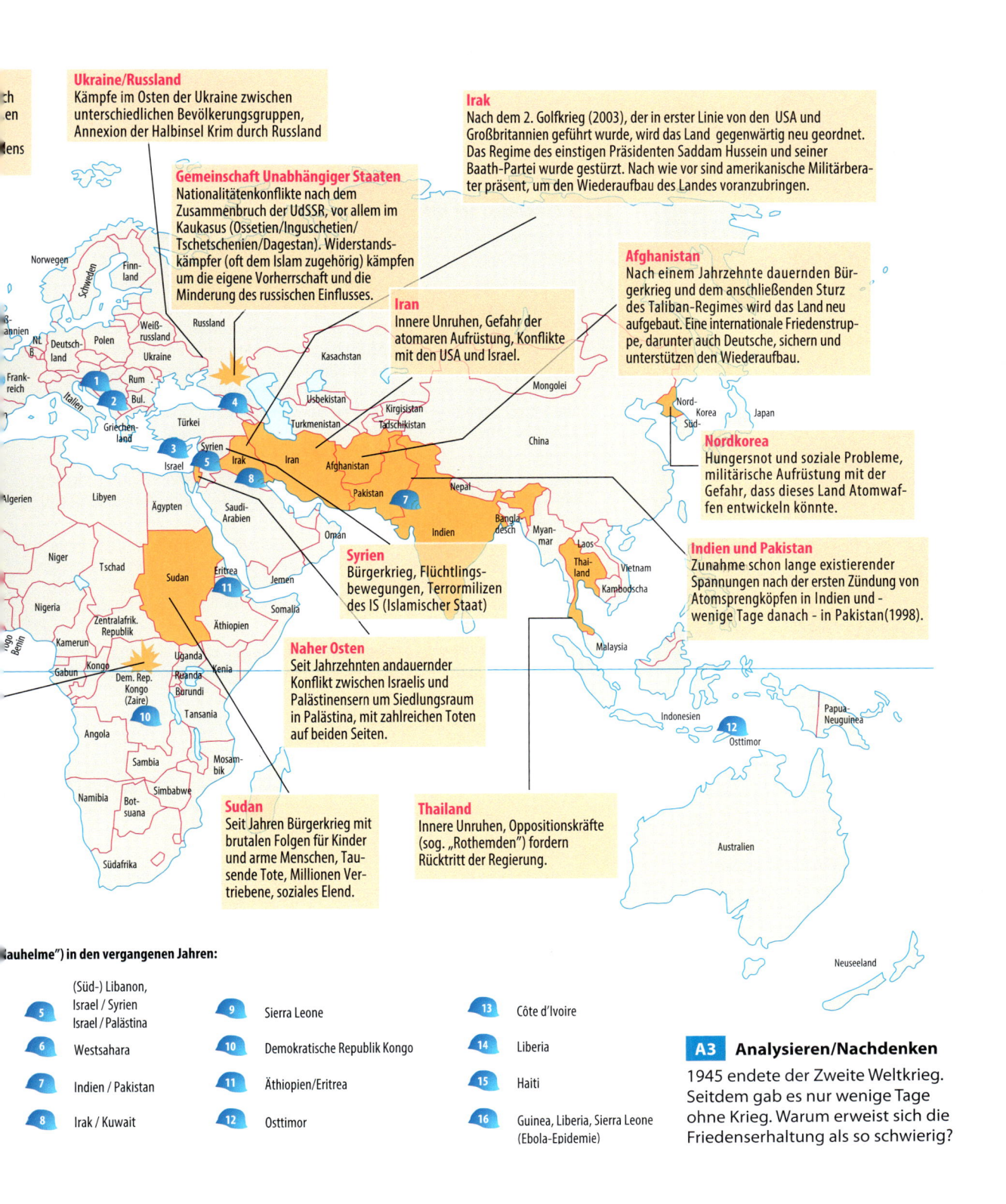

6 Die Bundesrepublik Deutschland in Europa und der Welt

Ukraine/Russland
Kämpfe im Osten der Ukraine zwischen unterschiedlichen Bevölkerungsgruppen, Annexion der Halbinsel Krim durch Russland

Irak
Nach dem 2. Golfkrieg (2003), der in erster Linie von den USA und Großbritannien geführt wurde, wird das Land gegenwärtig neu geordnet. Das Regime des einstigen Präsidenten Saddam Hussein und seiner Baath-Partei wurde gestürzt. Nach wie vor sind amerikanische Militärberater präsent, um den Wiederaufbau des Landes voranzubringen.

Gemeinschaft Unabhängiger Staaten
Nationalitätenkonflikte nach dem Zusammenbruch der UdSSR, vor allem im Kaukasus (Ossetien/Inguschetien/Tschetschenien/Dagestan). Widerstandskämpfer (oft dem Islam zugehörig) kämpfen um die eigene Vorherrschaft und die Minderung des russischen Einflusses.

Afghanistan
Nach einem Jahrzehnte dauernden Bürgerkrieg und dem anschließenden Sturz des Taliban-Regimes wird das Land neu aufgebaut. Eine internationale Friedenstruppe, darunter auch Deutsche, sichern und unterstützen den Wiederaufbau.

Iran
Innere Unruhen, Gefahr der atomaren Aufrüstung, Konflikte mit den USA und Israel.

Nordkorea
Hungersnot und soziale Probleme, militärische Aufrüstung mit der Gefahr, dass dieses Land Atomwaffen entwickeln könnte.

Syrien
Bürgerkrieg, Flüchtlingsbewegungen, Terrormilizen des IS (Islamischer Staat)

Indien und Pakistan
Zunahme schon lange existierender Spannungen nach der ersten Zündung von Atomsprengköpfen in Indien und - wenige Tage danach - in Pakistan (1998).

Naher Osten
Seit Jahrzehnten andauernder Konflikt zwischen Israelis und Palästinensern um Siedlungsraum in Palästina, mit zahlreichen Toten auf beiden Seiten.

Sudan
Seit Jahren Bürgerkrieg mit brutalen Folgen für Kinder und arme Menschen, Tausende Tote, Millionen Vertriebene, soziales Elend.

Thailand
Innere Unruhen, Oppositionskräfte (sog. „Rothemden") fordern Rücktritt der Regierung.

"auhelme") in den vergangenen Jahren:

- 5 (Süd-) Libanon, Israel / Syrien, Israel / Palästina
- 6 Westsahara
- 7 Indien / Pakistan
- 8 Irak / Kuwait
- 9 Sierra Leone
- 10 Demokratische Republik Kongo
- 11 Äthiopien/Eritrea
- 12 Osttimor
- 13 Côte d'Ivoire
- 14 Liberia
- 15 Haiti
- 16 Guinea, Liberia, Sierra Leone (Ebola-Epidemie)

A3 Analysieren/Nachdenken
1945 endete der Zweite Weltkrieg. Seitdem gab es nur wenige Tage ohne Krieg. Warum erweist sich die Friedenserhaltung als so schwierig?

Internationale Bündnisse – die Vereinten Nationen

Sitz der UNO

Hauptsitz der Vereinten Nationen ist New York. In verschiedenen anderen Städten der Welt, z. B. in Genf, befinden sich Niederlassungen.

UN-Generalsekretär Ban Ki Moon (Südkorea)

Die UNO wurde unmittelbar nach dem Ende des Zweiten Weltkrieges am 26. Juni 1945 gegründet. 51 Staaten waren Gründungsmitglieder. Inzwischen gehören 193 Staaten dieser weltumspannenden Organisation an. Die Bundesrepublik Deutschland und die DDR wurden 1973 in die UNO aufgenommen.

M1 Aufgaben der UNO

In der Charta (= grundlegende Urkunde) der UNO sind deren wichtigste Tätigkeitsfelder festgelegt.

„Artikel 1: Die Vereinten Nationen setzen sich folgende Ziele:

1. den Weltfrieden und die internationale Sicherheit zu wahren und zu diesem Zweck wirksame Kollektivmaßnahmen zu treffen, um Bedrohungen des Friedens zu verhüten und zu beseitigen; Angriffshandlungen und andere Friedensbrüche zu unterdrücken und internationale Streitigkeiten oder Situationen, die zu einem Friedensbruch führen könnten, durch friedliche Mittel nach den Grundsätzen der Gerechtigkeit und des Völkerrechts zu bereinigen oder beizulegen;

2. freundschaftliche, auf der Achtung vor dem Grundsatz der Gleichberechtigung und Selbstbestimmung der Völker beruhende Beziehungen zwischen den Nationen zu entwickeln und andere geeignete Maßnahmen zur Festigung des Weltfriedens zu treffen;

3. eine internationale Zusammenarbeit herbeizuführen, um internationale Probleme wirtschaftlicher, sozialer, kultureller und humanitärer Art zu lösen und die Achtung vor den Menschenrechten und Grundfreiheiten für alle ohne Unterschied der Rasse, des Geschlechts, der Sprache oder der Religion zu fördern und zu festigen;

4. ein Mittelpunkt zu sein, in dem die Bemühungen der Nationen zur Verwirklichung dieser gemeinsamen Ziele aufeinander abgestimmt werden."

M2 Die UNO im Spiegelbild der Meinungen:

Ein Soldat:
„Die UNO braucht dringend eine eigene Armee. Sie kann nicht wirksam für den Frieden tätig sein, wenn sie ständig die Mitgliedsländer um militärische Hilfe bitten muss."

Ein Friedensaktivist:
„Es ist gut, dass es die UNO gibt. Manchmal würde man sich mehr Erfolge wünschen, aber die Mitgliedsstaaten unterschreiben die UN-Charta und halten sich selbst nicht immer daran."

Ein Jugendlicher:
„Die UNO ist ein zahnloser Tiger. Sie kann nicht wirkungsvoll bei Konflikten eingreifen. Es gibt zu viele Abstimmungsfragen, die erst geklärt werden müssen."

Ein Asylbewerber:
„Eine Organisation wie die UNO ist für die Menschen, die in Not sind, unverzichtbar. Sie ist gleichermaßen Ansprechpartner und Sprachrohr für die Schwachen, vor allem auch für die vielen Kinder, deren Zukunft durch Entscheidungen von heute bedroht ist."

A1 Analysieren/Nachdenken
Welche wichtigen Aufgaben hat die UNO zu erfüllen? Nehmen Sie dabei die UN-Charta zu Hilfe!

A2 Vertiefen/Verknüpfen
War die UNO in den vergangenen Jahrzehnten bei der Ausführung ihrer Aufgaben erfolgreich? Beziehen Sie Ihr Wissen aus dem Geschichtsunterricht mit ein!

A3 Recherchieren/Sammeln
Informieren Sie sich in Gruppen über das Wirken von einzelnen UN-Organisationen! Machen Sie mit dem gefundenen Material eine Dokumentation! Zeigen Sie auf, welche unterschiedlichen Aufgaben die UNO erfüllt!

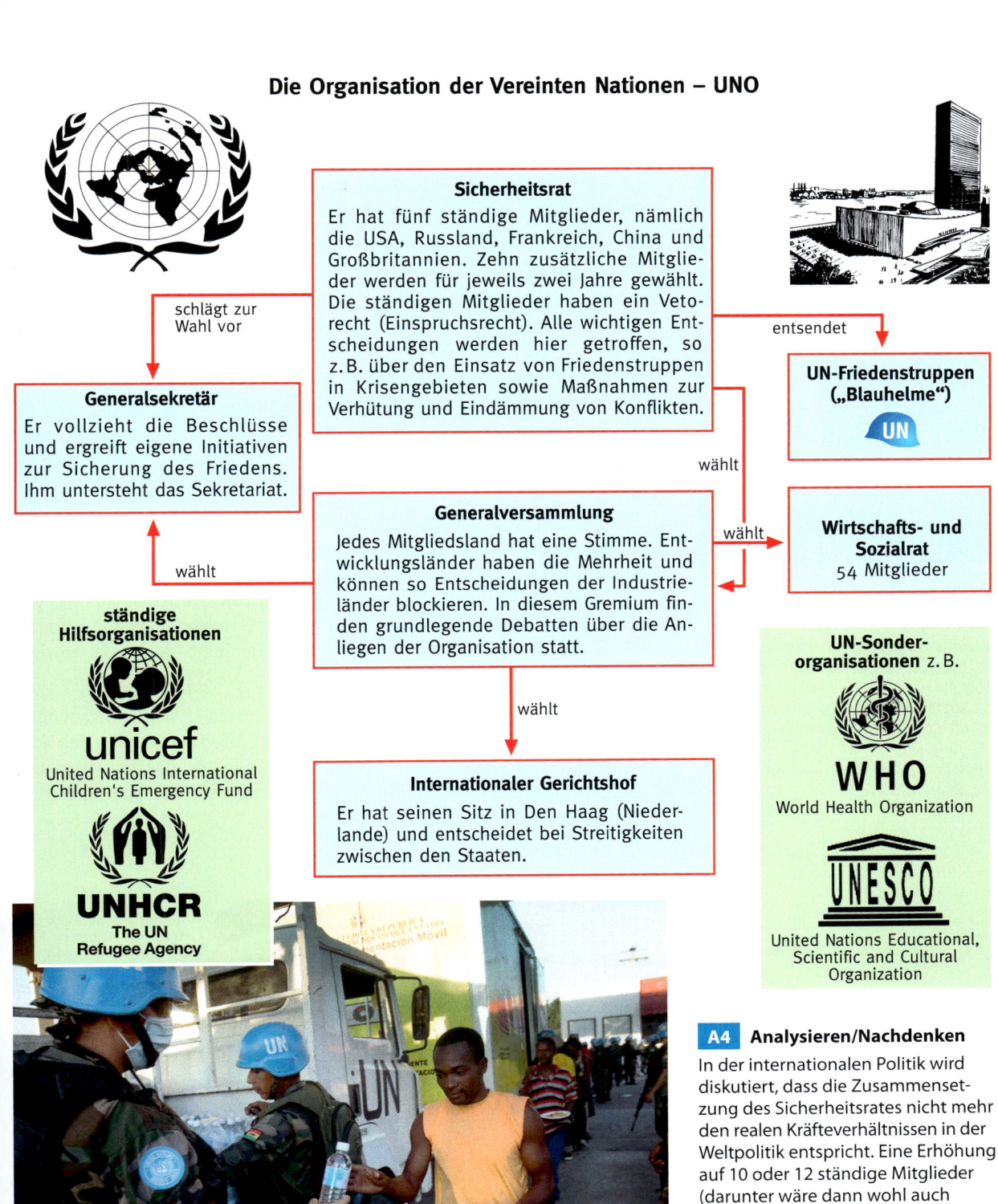

6 Die Bundesrepublik Deutschland in Europa und der Welt

Die Organisation der Vereinten Nationen – UNO

Sicherheitsrat
Er hat fünf ständige Mitglieder, nämlich die USA, Russland, Frankreich, China und Großbritannien. Zehn zusätzliche Mitglieder werden für jeweils zwei Jahre gewählt. Die ständigen Mitglieder haben ein Vetorecht (Einspruchsrecht). Alle wichtigen Entscheidungen werden hier getroffen, so z. B. über den Einsatz von Friedenstruppen in Krisengebieten sowie Maßnahmen zur Verhütung und Eindämmung von Konflikten.

schlägt zur Wahl vor → **Generalsekretär**
Er vollzieht die Beschlüsse und ergreift eigene Initiativen zur Sicherung des Friedens. Ihm untersteht das Sekretariat.

entsendet → **UN-Friedenstruppen („Blauhelme")**

Generalversammlung
Jedes Mitgliedsland hat eine Stimme. Entwicklungsländer haben die Mehrheit und können so Entscheidungen der Industrieländer blockieren. In diesem Gremium finden die grundlegenden Debatten über die Anliegen der Organisation statt.

wählt → **Wirtschafts- und Sozialrat** 54 Mitglieder

wählt → **Internationaler Gerichtshof**
Er hat seinen Sitz in Den Haag (Niederlande) und entscheidet bei Streitigkeiten zwischen den Staaten.

ständige Hilfsorganisationen
- unicef – United Nations International Children's Emergency Fund
- UNHCR – The UN Refugee Agency

UN-Sonderorganisationen z. B.
- WHO – World Health Organization
- UNESCO – United Nations Educational, Scientific and Cultural Organization

UN-Blauhelmsoldaten helfen kurz nach dem Erdbeben in Haiti, Januar 2010

A4 Analysieren/Nachdenken

In der internationalen Politik wird diskutiert, dass die Zusammensetzung des Sicherheitsrates nicht mehr den realen Kräfteverhältnissen in der Weltpolitik entspricht. Eine Erhöhung auf 10 oder 12 ständige Mitglieder (darunter wäre dann wohl auch Deutschland) wird ins Gespräch gebracht.
Wie würde sich die Rolle Deutschlands in der Weltpolitik dadurch verändern?

Internationale Bündnisse – die NATO

Die Zusammenarbeit im **Nordatlantikpakt** – **NATO** (North Atlantic Treaty Organization) – basiert auf dem Vertrag von 1949. Er enthält ein System der kollektiven Verteidigung. Ein Angriff zu Lande, zu Wasser oder in der Luft gegen einen oder mehrere Bündnispartner ist als Angriff gegen alle Mitglieder zu sehen. Alle 28 Mitgliedsstaaten haben sich verpflichtet, Truppen für einen Einsatz zur Verfügung zu stellen.

Der **Nordatlantikrat** oder auch **NATO-Rat** mit Sitz in Brüssel ist das wichtigste Gremium. Der NATO-Generalsekretär führt die Organisation und vertritt sie nach außen. Alle Mitgliedsstaaten sind durch ihre Botschafter vertreten. Die Beschlüsse müssen einstimmig sein. Mehrmals jährlich finden Konferenzen statt, an denen auch die Außen- und Verteidigungsminister der NATO-Länder teilnehmen.

Gemeinsamkeiten der NATO-Staaten

In der Präambel (Einleitung) des NATO-Vertrages wird festgestellt, dass die Mitglieder die Ziele und die Grundsätze der Vereinten Nationen → 160 akzeptieren und mit allen Völkern und allen Regierungen in Frieden leben wollen. „Sie sind entschlossen, die Freiheit, das gemeinsame Erbe und die Zivilisation ihrer Völker, die auf den Grundsätzen der Demokratie, der Freiheit der Person und der Herrschaft des Rechts beruhen, zu gewährleisten."

Mit diesen Aussagen ist die NATO mehr als nur ein Verteidigungsbündnis im nordatlantischen Bereich. Ursprünglich geschaffen zur Abwehr des Kommunismus, ist sie heute eine Gemeinschaft von Staaten, die ihre Werte und Sicherheitsinteressen auch außerhalb des Bündnisterritoriums verteidigt.

Am 11. September 2001 rasten zwei entführte Flugzeuge in das World Trade Center in New York. Die beiden über 400 Meter hohen Türme stürzten in sich zusammen und begruben tausende von Menschen. Nicht nur Amerika, sondern die ganze Welt war schockiert. Die USA werteten diesen Angriff islamischer Terroristen als Kriegserklärung. Die NATO stellte aus diesem Anlass zum ersten Mal in ihrer Geschichte den „Bündnisfall" fest.

A1 Analysieren/Nachdenken
Die NATO fühlt sich den Werten der westlichen Demokratien verpflichtet. Nennen Sie einige wichtige Bestandteile → 28–31!

A2 Analysieren/Nachdenken
Der ehemalige Verteidigungsminister Leber (SPD) sagte einmal: „Unsere Aufgabe ist es, mit militärischer Vorsorge dazu beizutragen, Krieg zu verhindern." Ein Friedensaktivist meinte dagegen: „Militär ist die Vorbereitung auf eine kriegerische Auseinandersetzung." Was spricht für bzw. gegen diese Argumente?

Aufgaben der NATO

- Friedenssicherung durch militärische Stärke und Kooperation
- Verteidigungsbündnis mit gegenseitiger Beistandsverpflichtung
- Krisenbewältigung außerhalb der Bündnisstaaten (Out-of-area-Einsätze)
- Unterstützung der UNO in Krisengebieten
- Zusammenarbeit mit Russland und den anderen Staaten Mittel- und Osteuropas
  • Partnerschaft für den Frieden
  • Gemeinsamer NATO-Russland-Rat (gegenwärtig ausgesetzt)

6 Die Bundesrepublik Deutschland in Europa und der Welt

Nach den Terroranschlägen vom 11. September 2001 führten die USA Krieg gegen Afghanistan. Der im Land vermutete Urheber der Anschläge, Osama bin Laden, wurde am 2. Mai 2011 in Pakistan erschossen. Nach dem Krieg übertrug der UN-Sicherheitsrat der NATO die Aufgabe, bei der Bekämpfung des Terrors, der Errichtung einer demokratischen Regierung und beim Wiederaufbau des Landes zu helfen.

Seit 2002 schickt die Bundesrepublik Soldatinnen und Soldaten nach Afghanistan; 2010 erhöhte sie deren Zahl auf bis zu 5350. In den vergangenen acht Jahren gab es auf den Gebieten der Gesundheitsversorgung, der Grundschulbildung und beim Ausbau der Infrastruktur (Straßen, Brunnen, Stromversorgung) deutliche Fortschritte. Allerdings kam es auch zu Rückschlägen. In den letzten Jahren wurden die deutschen Soldaten zunehmend in Kampfhandlungen verwickelt, viele erlitten Verletzungen oder sind gefallen. Mit Ablauf des Jahres 2014 zog sich die Bundeswehr weitgehend zurück. Es bleibt lediglich eine gewisse Zahl von Ausbildungskräften vor Ort.

Organisation für Sicherheit und Zusammenarbeit in Europa (OSZE):
Diese internationale Organisation entstand 1994. Ihr Ziel ist es, zwischen- und innerstaatliche Konflikte zu verhindern bzw. einzudämmen, den Aufbau demokratischer Einrichtungen zu ermöglichen und Menschenrechtsfragen zu erörtern. 55 Staaten der Erde, darunter USA und Kanada, sind Mitglieder der OSZE, die meisten europäischen Staaten gehören dazu wie auch die vielen Republiken der ehemaligen Sowjetunion.

Westeuropäische Union (WEU):
Ein Sicherheitsbündnis, dem die meisten Mitgliedsstaaten der EU sowie Island, Norwegen und die Türkei angehören. Sie ist der „europäische Pfeiler" der NATO. Die WEU hat seit dem Maastrichter Vertrag die Aufgabe, eine künftige gemeinsame Verteidigungspolitik der EU vorzubereiten. Erste Umsetzungen erfolgten mit der Aufstellung und dem Einsatz einer EU-Eingreiftruppe.

Aufgaben der Bundeswehr:
- Beitrag zur Funktionsfähigkeit der NATO
- Beitrag zum Zusammenwachsen Europas
- Einsatz bei humanitären Aktionen
- Hilfe bei Katastrophen
- Förderung des Friedens durch militärische Vorsorge
- Schutz der Menschen im eigenen Land vor inneren und äußeren Gefahren

A3 Vertiefen/Verknüpfen
Beschreiben Sie die Aufgaben der NATO in den vergangenen Jahrzehnten, als die Ostblockstaaten noch im Warschauer Pakt organisiert waren. Beziehen Sie Ihr Wissen aus dem Geschichtsunterricht mit ein!

A4 Recherchieren/Sammeln
Die allgemeine Wehrpflicht ist in Deutschland seit 1. Juli 2011 ausgesetzt. Welche Probleme ergeben sich bei der Gewinnung von Soldaten?

Globalisierung – Chancen und Herausforderungen

M1 Globale Herausforderungen

Bildungssituation
- Noch immer erhält die Hälfte aller Kinder keine Vorschulbildung etwa im Kindergarten.
- Noch immer gehen 57 Millionen Kinder nicht zur Grundschule.
- Noch immer können trotz mehrjährigem Schulbesuch 250 Millionen Kinder kaum lesen, schreiben und rechnen.
- Noch immer fehlen weltweit insgesamt 5,2 Millionen Lehrer, um allen Kindern eine Grundschulbildung zu ermöglichen.

Quelle: Weltbildungsbericht der UNESCO 2013/2014.

Durchschnittseinkommen pro Kopf (2013)
Noch immer gibt es drastische Einkommensunterschiede. Unten sehen Sie das durchschnittliche Jahreseinkommen im ärmsten und reichsten Land und zum Vergleich in Deutschland.
Republik Kongo   382,00 $
Deutschland   39.468,00 $
Katar   103.401,00 $
Quelle: Internationaler Währungsfonds (IWF)

Unterernährung
1842 Millionen Menschen auf der Welt haben nicht genug zu essen. An Unterernährung sterben jährlich 2,9 Millionen Kinder unter fünf Jahren.
Quelle: „Hunger weltweit – Zahlen und Fakten"; UN World Food Programme (WFP) © 2014

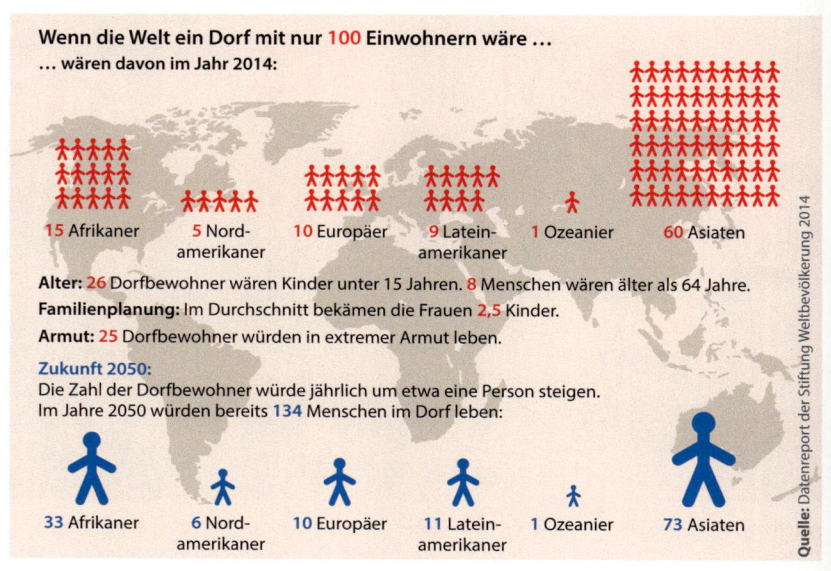

Wenn die Welt ein Dorf mit nur 100 Einwohnern wäre …
… wären davon im Jahr 2014:

15 Afrikaner   5 Nordamerikaner   10 Europäer   9 Lateinamerikaner   1 Ozeanier   60 Asiaten

Alter: 26 Dorfbewohner wären Kinder unter 15 Jahren. 8 Menschen wären älter als 64 Jahre.
Familienplanung: Im Durchschnitt bekämen die Frauen 2,5 Kinder.
Armut: 25 Dorfbewohner würden in extremer Armut leben.

Zukunft 2050:
Die Zahl der Dorfbewohner würde jährlich um etwa eine Person steigen. Im Jahre 2050 würden bereits 134 Menschen im Dorf leben:

33 Afrikaner   6 Nordamerikaner   10 Europäer   11 Lateinamerikaner   1 Ozeanier   73 Asiaten

Quelle: Datenreport der Stiftung Weltbevölkerung 2014

Das Schaubild veranschaulicht unsere Welt als Dorfgemeinschaft.

Zu Beginn des Jahres 2014 lebten auf der Erde rund 7,2 Milliarden Menschen und es werden ständig mehr. Diese Menschen leben in sehr unterschiedlichen Verhältnissen. Wohlstand, Bildungschancen, Sicherheit und politische Verhältnisse vieler Länder sind mit unserer westlichen Lebenswelt nicht zu vergleichen. Viele Menschen sind von Hunger, Seuchen, Epidemien, undemokratischer Herrschaft → 24 und bewaffneten Konflikten → 158 f., 168 bedroht. Dies geht uns alle an, da sich instabile Verhältnisse in einer globalisierten Welt auch auf andere Länder auswirken.

ÜBERBLICK

▶ Die Entwicklung der Welt zwingt uns, „global" zu denken.

▶ Dies betrifft längst nicht mehr nur wirtschaftliche Aktivitäten.

▶ Auch auf den Feldern Politik, Kultur, Bildung, Umwelt und Technologie arbeiten Staaten zusammen.

▶ Darin liegt einerseits eine große Chance, da das enge Zusammenwirken vieler Menschen das Bewusstsein für die Notwendigkeit zur gemeinsamen Problembewältigung stärkt.

▶ Andererseits stellen sich neue Herausforderungen, da das globale Miteinander auch international gültige Regeln erfordert. Dies verlangt viel Diplomatie und Fingerspitzengefühl.

▶ Mittlerweile sind dafür komplizierte, eng verknüpfte Netzwerke entstanden. Diesen Prozess nennt man „Globalisierung". Kein Ort der Welt ist heute mehr „weit entfernt"!

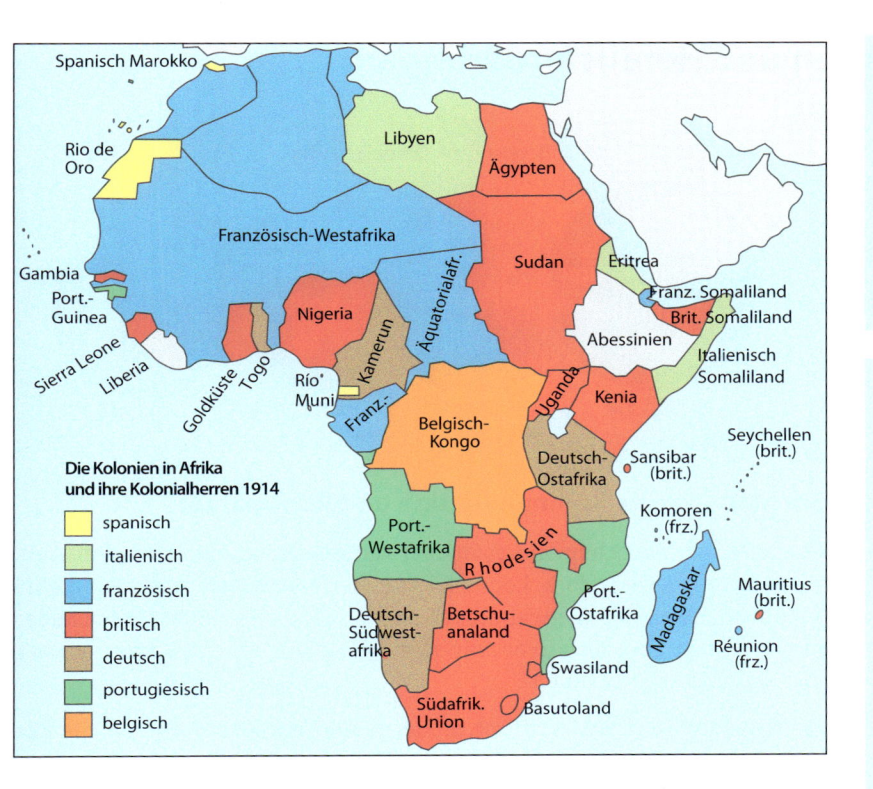

6 Die Bundesrepublik Deutschland in Europa und der Welt

Die Kolonien in Afrika und ihre Kolonialherren 1914
- spanisch
- italienisch
- französisch
- britisch
- deutsch
- portugiesisch
- belgisch

Hinweis zum Kolonialismus
Der Begriff geht zurück bis zur Entdeckung Amerikas. Die damaligen Großmächte (Kolonialherren) nahmen fremde Gebiete (meist durch militärische Aktionen auf anderen Kontinenten) in ihren Besitz, um diese wirtschaftlich, militärisch und politisch zu beherrschen.

Hinweise zu einigen Weltwirtschaftsorganisationen
Der **IMF (IWF)**, International Monetary Fund (= Internationaler Währungsfonds), fördert die Zusammenarbeit bei Finanzen, Währung und Entwicklungshilfe.

Die **WELTBANK** hilft vor allem ärmeren Ländern finanziell und berät sie wirtschaftlich und technisch (s. Logo links unten).

Die **OECD** (Organization for Economic Cooperation and Development = Organisation für wirtschaftliche Zusammenarbeit und Entwicklung) stimmt die Wirtschaftspolitik wichtiger Industrieländer aufeinander ab (s. Logo).

Die **WTO** (World Trade Organization = Welthandelsorganisation) ist eine Sonderorganisation der UNO zur Förderung und Überwachung des Welthandels (s. Logo).

Auch die **ILO** (International Labour Organization = Internationale Arbeitsorganisation) ist eine Sonderorganisation der UNO. Sie soll Standards für menschenwürdige Arbeit durchsetzen (s. Logo).

Erste Anzeichen von Globalisierung gab es bereits im Kolonialismus. Die damaligen Verflechtungen waren aber noch längst keine wirkliche Kooperation. Erst die Entwicklungen der etwa letzten 30 Jahre haben das ermöglicht, was heute den Begriff „Globalisierung" ausmacht. Das sind neue Verkehrswege, moderne Verkehrsmittel, Möglichkeiten weltweiter Standortbestimmung (GPS → G), weltweit erreichbare Medien und vor allem die rasante Entwicklung der digitalen Kommunikation. All diese Dinge SIND NICHT „die Globalisierung", aber es sind Instrumente, die sie begünstigen.

Vor Jahren galt die Globalisierung vorwiegend als wirtschaftliches Ereignis. Dadurch entstanden wichtige Weltwirtschaftsorganisationen, die auch heute noch große Bedeutung haben. Unten finden Sie Logos einiger Institutionen, die in der Randspalte kurz erklärt werden.

Mittlerweile hat die Globalisierung alle Lebensbereiche erfasst und wir müssen uns dieser Herausforderung stellen. Dabei darf man nicht nur an den eigenen kurzfristigen Vorteil denken. Zur Zukunftssicherung (auch unserer eigenen) müssen wir die menschlichen Belange „der Welt" erkennen und gemeinsam nach Lösungen suchen.

A1 Recherchieren/Sammeln
Ermitteln Sie zu den fünf oben genannten Weltwirtschaftsorganisationen Standort (= Sitz), Gründungsjahr, Tätigkeit, Mitglieder etc.

A2 Kreativität/Gestalten
Erstellen Sie zu den Denkanstößen dieser Doppelseite und zu anderen globalen Sachverhalten Wandkarten, die jeweils bestimmte Zusammenhänge aufzeigen.

Globalisierung – Chancen und Herausforderungen

M1 Familie Müller plant eine Reise nach London

Den Flug bucht Vater Alexander online auf der Webseite einer großen Fluggesellschaft. 24 Stunden vor Abflug kann er sogar Sitzplätze auswählen und die Bordkarte steht schon vor Reiseantritt digital zum Ausdruck bereit.

So läuft es auch beim Hotel. Als das Passende gefunden ist, wird über Streetview die Umgebung begutachtet. Auch U-Bahn-Stationen, Restaurants und Sehenswürdigkeiten sind sehr schnell am Computer recherchiert.

Tochter Franzi wirft über ein Videoportal schon mal einen Blick in den London Dungeon, Tochter Chrissi betrachtet auf einer Webcam Londons „Shoppingzonen".

Karten für das Musical „Billy Elliot" werden online beim Victoria Palace gebucht.

In London angekommen macht man zu Fuß eine Stadterkundung. Hat man sich verlaufen, hilft das Smartphone mit GPS → G.

Ein Freund hat der Familie erzählt, dass er kürzlich bei einem Urlaub in Lappland über GPS-Koordinaten ein Geocache → G gefunden hat, das dort von einem Südamerikaner hinterlegt war. Mutter Elke will dies nun in London versuchen.

A1 Analysieren/Nachdenken
Wie man sieht, beschränken sich weltweite Kontakte und Kommunikation nicht auf große Unternehmen. Prüfen Sie, wie weit auch Sie im eigenen Alltag daran beteiligt sind.

Bereiche der Globalisierung: Kommunikation Information | Wirtschaft | Politik | Umwelt Kultur

Die globalisierte Kommunikation und Information

Kontakte mit Menschen verschiedener Nationen sind in den großen Weltmetropolen wie New York, London, Paris, Berlin usw. seit vielen Jahrzehnten üblich, aber noch nie war dies so normal. Auch Reisen in ferne Länder gab es immer, aber nie zuvor war es möglich, sich die Welt schon vorher „ins Wohnzimmer zu holen".

Ermöglicht wird dies alles durch moderne Informationstechniken, die alle Globalisierungsbereiche überlagern – allem voran das Internet. Genau genommen reicht die zugrunde liegende Technik zurück bis in die 1950er-Jahre. Sie konnte damals aber nur für den Informationsaustausch innerhalb des Militärs und zwischen den Universitäten genutzt werden.

Auftrieb erlebte das Internet mit seiner Kommerzialisierung um das Jahr 1990. Nun war es zwar öffentlich nutzbar, aber sehr, sehr langsam. Scherzhaft wurde damals die Abkürzung „www" (World Wide Web) mit „warten, warten, warten" übersetzt. Noch im Jahr 1993 schätzte man die Zahl der Internet-User nur auf etwa ein Prozent der Computerbesitzer.

Mittlerweile ist das Internet schnell und wird von (fast) allen Menschen mehr oder minder intensiv genutzt → M1. Dabei sind gewaltige mediale Netzwerke entstanden, die noch vor wenigen Jahren unvorstellbar waren, heute aber längst Standard sind. So schlagen wir ganz selbstverständlich in kostenfreien Lexika (z. B. Wikipedia) nach, Filmberichte von Nachrichten sind weltweit verfügbar, kostenfreie Videoportale (z. B. YouTube) werden von Menschen aller Nationen bestückt und die persönliche Kommunikation kennt über Messaging-Apps (z. B. WhatsApp) und soziale Netzwerke (z. B. Facebook) keine Grenzen mehr, auch wenn dort oft nur Banalitäten ausgetauscht werden.

Sie als Jugendliche gehören zu den „digital natives" → 52 und wissen aus Ihrem Alltag sehr gut, wie schnell und problemlos Informationen, Bilder einzelner Ereignisse usw. zwischen allen Winkeln dieser Erde digital ausgetauscht werden können. Das ist alles sehr nützlich, birgt aber auch Risiken für den Erhalt der Privatsphäre in sich (z. B. NSA-Affäre → G).

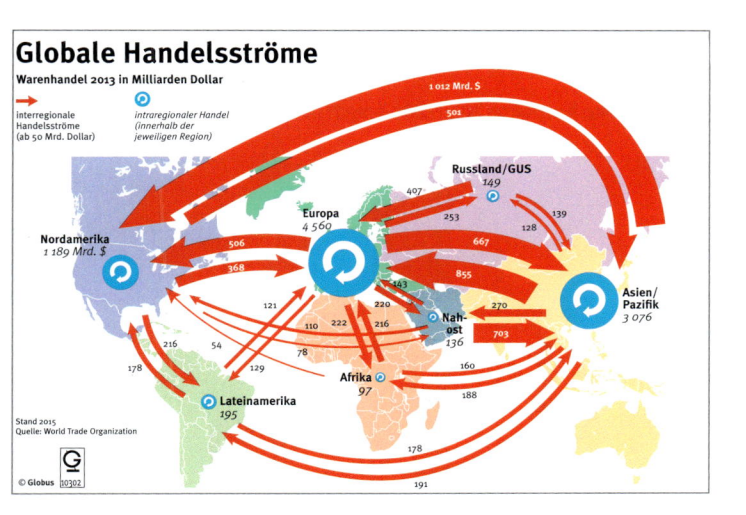

6 Die Bundesrepublik Deutschland in Europa und der Welt

Globale Handelsströme
Warenhandel 2013 in Milliarden Dollar

Die globalisierte Wirtschaft

Das obige Schaubild zeigt, wie stark heutige Märkte über alle Grenzen hinausgewachsen sind. Hersteller und auch deren Zulieferer kaufen Bauteile weltweit ein oder lassen sie im Ausland eigens für sich fertigen. Diese Verflechtungen bestimmen immer deutlicher die Weltproduktion.

Im Zeitalter der Globalisierung geht es daher längst nicht mehr allein um internationale Handelsbeziehungen (diese gibt es schon lange), sondern um die internationale Arbeitsteilung (siehe Randspalte).

Auch viele deutsche Firmen haben Niederlassungen auf mehreren Kontinenten, um auf dem Weltmarkt erfolgreich handeln zu können. Solche Unternehmen nennt man „Global Player" → G. Sie stehen natürlich im eigenen Land und international auch wieder im Wettbewerb mit anderen Global Playern aus allen Branchen (z. B. Computer, Autos, Maschinen).

Um auf den globalisierten Märkten bestehen zu können, streben viele Staaten nach Wirtschaftsbündnissen, um ihre Position zu stärken. Da solche Bündnisse oft miteinander konkurrieren, kommt es manchmal auch zu politischen Konflikten. So entzündete sich die Ukraine-Krise nicht zuletzt an der Frage, an wen sich das Land stärker binden sollte, an die EU → 150 ff. oder an die geplante Eurasische Wirtschaftsunion (EAWU → G).

Aktuell (2015) wird auch über das TTIP-Abkommen → G heftig diskutiert. Viele Europäer befürchten nämlich, dass das Abkommen nicht nur den freien Handel zwischen der EU und den USA fördert, sondern auch europäische Qualitätsstandards und Rechtsgrundsätze aushöhlt.

Aus all dem resultieren auch riesige internationale Kapitalströme. Bei der Finanzkrise 2009/10 wurden durch Spekulationen weltweit ungeheure Werte vernichtet. Banken, Unternehmen und selbst ganze Staaten standen vor dem Bankrott. Dies hat gezeigt, dass auch Märkte einen rechtlichen Ordnungsrahmen brauchen, der ihren Aktivitäten Schranken setzt. Hier kommen Forderungen an die Politik ins Spiel.

**M2 Globale Arbeitsteilung
Wie entstehen Bluejeans?**

- Ein deutsches Textilunternehmen bietet Bluejeans an. Sie waren lange unterwegs.
- In Kasachstan wurde die Baumwolle geerntet …,
- … die in türkischen Spinnereien versponnen wurde.
- Daraus erstellten taiwanische Webereien den Stoff, der
- mit polnischer Indigofarbe blau eingefärbt wurde.
- Dieser Vorgang fand jedoch in Tunesien statt.
- Der fertige Stoff wurde in Bulgarien weich gemacht
- und dann in China vernäht und
- mit Knöpfen und Nieten aus Italien versehen sowie
- mit Futterstoff aus der Schweiz ausgefüttert.
- Die fast fertigen Jeans wurden in Frankreich gesäubert und erhielten
- mit griechischem Bimsstein den „Stone-washed-Effekt"
- Die fertigen Jeans erhalten nun in Deutschland das Etikett „Made in Germany", werden hier verpackt und verkauft.

Chancen der globalen Arbeitsteilung:

Industrieländer können auf riesige Rohstoff-, Absatz- und Arbeitsmärkte zugreifen. Ärmere Länder können zu Investitionsstandorten werden und dadurch ihre Infrastruktur und ihre Arbeitsmärkte verbessern.

A2 Recherchieren/Sammeln

Das oben gezeigte Beispiel zeichnet ein realitätsnahes Bild globaler Produktion.
Suchen Sie nach weiteren Beispielen aus anderen Branchen.

Globalisierung – Chancen und Herausforderungen

Bürgerkrieg in der Ukraine, 2015

Bürgerkrieg in Syrien, 2015

Die Karte unten zeigt, dass die genannten Konfliktgebiete geografisch weit von uns entfernt sind:

Weltweite Konflikte 2012/2013 nach ihrer Intensität

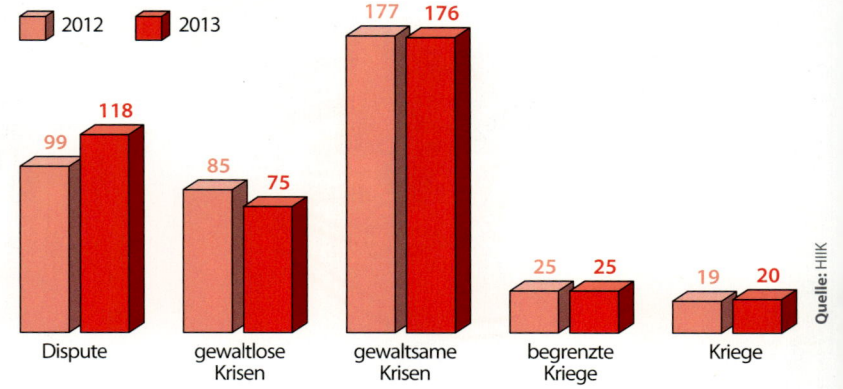

	2012	2013
Dispute	99	118
gewaltlose Krisen	85	75
gewaltsame Krisen	177	176
begrenzte Kriege	25	25
Kriege	19	20

Quelle: HIIK

Trotzdem gehen davon weltpolitische Wirkungen aus, die auch uns betreffen. Manchmal greifen in solche Gefechte (z. B. in Syrien) auch Staatsbürger aus anderen Ländern (auch Deutsche) als Kämpfer ein.

A1 Kreativität/Gestalten
Die globale Bedeutung vieler Konflikte ist bedrohlich, setzt aber auch internationale Diplomatie in Bewegung. Erstellen Sie Wandplakate zu aktuellen Beispielen.

Die globalisierte Politik

Für die Politik gilt Ähnliches wie für die Wirtschaft. Außenpolitik gab es immer. Während diese aber früher vor allem die Interessen des eigenen Landes nach außen zu vertreten hatte, geht es heute um weiterreichende Aufgaben, nämlich darum, sich an internationalen Problemlösungen zu beteiligen. Daher bemühen sich Regierungen und deren Botschaften, Wege der Zusammenarbeit anzubahnen und politisch abzusichern.

Aufgaben, wie Friedenssicherung, Versorgung der Menschen mit sauberem Wasser, Gewinnung erneuerbarer Energien, Bekämpfung der Wirtschaftskriminalität und der Internetkriminalität, Bekämpfung von Armut und Unterernährung, Schutz von Umwelt und Klima – all diese Dinge erfordern internationale Vereinbarungen, deren Einhaltung überwacht werden kann und deren Nichteinhaltung Sanktionen nach sich zieht.

Das ist nicht einfach, denn es gibt schließlich keine Weltregierung. Auch die UNO → 158 ff. ist als solche weder gedacht, noch könnte sie diese Aufgabe auch nur annähernd leisten. Fachleute fordern daher eine Weltordnung, die internationale Regeln und Schranken verbindlich festlegt. Man spricht hier von „Global Governance" → G.

Aber auch nichtstaatliche Gruppierungen haben in der internationalen Politik großen Einfluss. Dies sind Interessenverbände → 46, internationale Parteiorganisationen → 36 ff., Kirchen, die Vertreter der Menschenrechts- und Ökologiebewegung (z. B. Amnesty international oder Greenpeace) und natürlich auch die bereits angesprochenen Global Player einschließlich der Großbanken.

Die Globalisierungsprozesse haben inzwischen Ausmaße erreicht, die vielen Menschen Angst machen, weil sie die Vorgänge nicht mehr überschauen können und sich ihnen hilflos ausgesetzt fühlen. Diese Empfindungen sind zwar verständlich, lassen aber die vielen Chancen, die mit der Globalisierung eben auch verbunden sind, oft außer Acht.

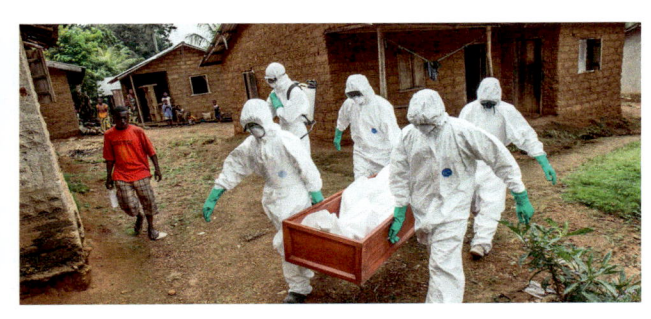

6 Die Bundesrepublik Deutschland in Europa und der Welt

Die globalisierte Gesellschaft

Auch Schwierigkeiten in fernen Ländern gehen uns heute alle an. Dies wirkt beklemmend, lässt aber auch ein globales Problembewusstsein entstehen, um gemeinsam nach Lösungen zu suchen.

Die Folgen der Nuklearkatastrophe 2011 im japanischen Fukushima konnten von den nationalen Kräften nicht mehr allein bewältigt werden. Internationale Hilfe war nötig.

Wenn Naturkatastrophen (z. B. Waldbrände, Überflutungen) einzelne Regionen betreffen, helfen wir oft aus humanitärem Pflichtgefühl mit Spenden. Da solche Vorfälle aber auch weltweite ökologische, wirtschaftliche und politische Folgen haben können, helfen wir uns auch selbst.

Das gilt auch für Seuchen wie der Ebola-Epidemie 2014 in Afrika. Seit Menschen keine Grenzen mehr kennen, gibt es auch keine mehr für Infektionen. Doch selbst daraus eröffnen sich Chancen. In internationalen Forschungsprojekten werden neue Impfstoffe und Behandlungsmethoden entwickelt und viele Mediziner leisten weltweit Nothilfe (z. B. Ärzte ohne Grenzen).

Kulturelle Verflechtungen

Manchmal verbirgt sich die Globalisierung in Bereichen, in denen man sie zunächst gar nicht vermutet. Das Bild links zeigt Hosen, die zum Trocknen aufgehängt sind. Wo dieses Bild aufgenommen wurde, lässt sich aus dem Motiv nicht erschließen – überall auf der Welt tragen Menschen inzwischen Bluejeans.
Ein perfektes Sinnbild für kulturelle Globalisierung sind Jugendliche, die eine Pizzaschnitte in der Hand halten, mit Smartphones kommunizieren, und dabei über Headphones Pop-Musik hören.

Der internationale Jugendaustausch, Sportveranstaltungen, Welt-Tourismus, ein Studium im Ausland usw. fördern das Verständnis für andere Gesellschaften und deren Art zu leben.

Was letztlich überwiegen wird, Chancen oder Probleme der Globalisierung, wird noch oft und lange diskutiert werden. Eines aber steht schon fest: Aufzuhalten ist die Globalisierung nicht mehr.

Zusammenfassung – Fachwissen anwenden

*Der 17-jährigen Malala Yousafzi aus Pakistan wurde 2014 der Friedensnobelpreis verliehen. Sie setzt sich besonders für Kinder- und Jugendrechte ein, insbesondere für weltweite Bildung der jungen Menschen.
Malala wäre beinahe getötet worden, als ihr vor einiger Zeit Taliban auf dem Weg von der Schule nach Hause lebensgefährliche Schussverletzungen zufügten.*

Frieden durch Zusammenarbeit

In vielfältigster Weise stehen Menschen unterschiedlicher Länder „in der kleinen und in der großen Welt" in Kontakt zueinander, bauen Vertrauen auf und arbeiten zusammen.

Politik

Zwischen den Ländern besteht ein umfangreiches Netz von Beziehungen, das immer dichter wird.

Staaten
- sind Mitglieder in verschiedensten internationalen Organisationen wie UNO, NATO, EU. Sie tauschen Erfahrungen aus und suchen für Probleme gemeinsame Lösungen.
- schließen Verträge (bilateral = zwischen zwei Ländern, multilateral = zwischen mehreren Ländern).
- tauschen Botschaften aus, die die Interessen ihrer Länder vertreten.
- laden Regierungsvertreter anderer Länder zu Staatsbesuchen ein.

Auch die Parteien arbeiten über Ländergrenzen hinweg zusammen.

Wirtschaft

Das enge Netz weltweiter wirtschaftlicher Beziehungen erfordert Absprachen und Regelungen über Grenzen hinweg. Billige Kredite als Aufbauhilfe für Entwicklungsländer sind wichtige Beiträge für ein friedliches Miteinander. Viele Unternehmen haben Fabriken in mehreren Ländern der Welt; internationale Messen ermöglichen den Aufbau von Wirtschaftskontakten.

Internationaler Gipfel der G7-Staaten auf dem Schloss Elmau in Bayern, Juni 2015. Die sieben Regierungschefs besprachen grundlegende Probleme der Weltpolitik, z. B. weltweiten Klimaschutz, das geplante Freihandelsabkommen TTIP, Vorgehen gegen die Terrororganisation IS im Nahen Osten sowie den Ukraine-Russland-Konflikt. Mit dabei waren die beiden führenden Vertreter der Europäischen Union → 154.

UNO zieht Zwischenbilanz bei Millenniumszielen

Rodung des Regenwaldes im Amazonasgebiet schadet allen Menschen

„Ärzte ohne Grenzen" bei Einsatz in Afrika

Millionen Menschen sind auf der Flucht – viele wollen nach Deutschland

6 Die Bundesrepublik Deutschland in Europa und der Welt

Sport
Auch in diesem Bereich gibt es Zusammenschlüsse, wie das Internationale Olympische Komitee oder die FIFA, der internationale Fußballverband. Sportler verschiedener Nationen messen sich bei Wettkämpfen. Gleichzeitig lernen sie einander kennen und verstehen.

Kultur
Staaten, Länder, Gemeinden sind um den Austausch von Informationen auch auf kultureller Ebene bemüht. Nicht nur das Erlernen von Sprachen wird gefördert, sondern auch das Verständnis für den „Anderen". Städte- und Schulpartnerschaften gehören ebenso dazu wie das Veranstalten von Kulturtagen oder internationalen Künstlertreffen.

Technik / Wissenschaft / Umwelt
Universitäten und Forschungsteams arbeiten über mehrere Länder hinweg zusammen. Neueste Erkenntnisse zum Beispiel auf dem Gebiet der Medizin werden auf internationalen Kongressen vermittelt und ausgetauscht. Umweltorganisationen wie Greenpeace sind weltweit tätig.

Humanitärer Bereich
Hilfsorganisationen wie „Misereor", „Brot für die Welt", das Rote Kreuz oder UNICEF sind rund um den Globus tätig. Sie helfen bei Katastrophen, kümmern sich um Flüchtlinge und um bessere Lebensbedingungen für die Menschen in den Entwicklungsländern. Amnesty International setzt sich weltweit für Menschenrechte ein.

Einzug der deutschen Sportler bei den Olympischen Spielen in London 2012

Engere Kontakte USA/Kuba – Vermittelte Papst Franziskus?

NATO Streitschlichter

Deutsche Städte haben Partnerstädte auf der ganzen Erde

Terror – eine weltweite Gefahr, besonders auch in den Staaten der EU

Die Welt ist aus den Fugen geraten

Millionen von Menschen verlassen ihre Heimat wegen des Bürgerkriegs in Syrien. Auch in weiteren Ländern des „Nahen Ostens" treten erhebliche Probleme auf. Manche sprechen gar vom „Pulverfass Nah-Ost". Millionen Menschen flüchten aus den Armutsgebieten dieser Welt und suchen im sicheren Europa, vor allem auch in Deutschland Hilfe. Die Zahl der Asylbewerber nimmt deutlich zu.

Studien zeigen aber auch, dass trotz der finanziellen Belastungen, die damit auf die deutsche Bevölkerung zukommen, keine steigende Fremdenfeindlichkeit zu verzeichnen ist. Die Deutschen sind viel aufgeschlossener als früher.

A1 Analysieren/Nachdenken
Ordnen Sie die Beispiele auf dieser Doppelseite den jeweiligen Bereichen zu!

A2 Recherchieren/Sammeln
Suchen Sie in den Tageszeitungen Berichte, die zum Thema „Internationale Zusammenarbeit" passen! Welchen Bereichen sind sie jeweils zuzuordnen?

A3 Analysieren/Nachdenken
Welche große Chance liegt im weltweiten Zusammenwirken?

A4 Analysieren/Nachdenken
Welche großen Probleme, aber auch Chancen ergeben sich durch die großen Flüchtlingsbewegungen für Deutschland und Europa?

A5 Kontakte herstellen
Sucht den Kontakt zu Flüchtlingen. Welchen Beitrag können gerade junge Menschen zur Eingliederung von Flüchtlingen leisten?

171

Methoden

Kompetent recherchieren

Grundüberlegungen zu Recherchen

Noch nie war es so einfach, sich mit Informationen zu versorgen, zugleich aber war es auch noch nie so schwierig, diese zu ordnen, einzuschätzen und zu bewerten.

Verbunden mit der „digitalen Revolution" →52 wurde die Suche nach Informationen zu einer Art neuem „Volkssport". Dies ist grundsätzlich erfreulich, da es zeigt, dass die Menschen mehr wissen wollen. Auf der anderen Seite offenbart die Art und Weise, wie dies geschieht, auch eine neue Oberflächlichkeit. Viele nennen ihre Datensammlung auch dann „Recherche", wenn nur ganz kurz Fachbegriffe, Namen, Jahreszahlen usw. nachgeschlagen werden.

Zu einer wirklich guten Recherche wird die Datensammlung erst in Verbindung mit Zusammenhängen und Hintergründen.

Recherchieren in Printmedien

Printmedien sind bedrucktes Papier (z. B. Zeitungen, Bücher, Broschüren). Sie werden in unserer digitalen Welt bei Recherchen oftmals vernachlässigt. Dies wird ihrer Bedeutung nicht gerecht.

Gerade Bücher (dazu gehören auch Lehrbücher) und Zeitschriften haben große Vorteile. Sie können zum einen meist leichter (weil überall) gelesen werden, zum anderen vereinfachen sie durch klare Herkunftsangaben auch die Einschätzung der Sachkompetenz ihrer Autoren.

Fundstellen für Printmedien gibt es viele. Ihre Schulbibliothek und Ihre Stadtbibliothek sind voll davon. Zudem können Sie auf eigene Literatur oder solche von Freunden und Verwandten zurückgreifen. Weitere Quellen finden Sie im Archiv Ihrer Lokalzeitung und in Publikationen von Institutionen (z. B. Verwaltungseinrichtungen, Verbände, Parteien und Unternehmen).

Nachteilig ist natürlich, dass sich Rechercheergebnisse ungleich schwerer in eigene Konzepte übernehmen lassen als bei digitalen Medien.

Ein Brückenglied könnten die E-Books werden. Sie sind nahe an den Printmedien, haben aber gerade bei Fachtexten den Vorteil, dass sich Teile davon leicht markieren, kommentieren und hinterher auf den Computer übertragen lassen. Geben Sie bei allen Fremdtexten stets die Quelle an.

Recherchieren durch Umfragen

Schon immer wollten Menschen gerne wissen, was andere denken. Daher sind auch Umfrageergebnisse so beliebt.
Folgende Tipps helfen Ihnen, eigene Umfragen durchzuführen, und schärfen zugleich Ihren Blick für die Beurteilung fremder Umfrageergebnisse.

Denkbare Umfrageformen in der Schule:

- Beginnen wir mit **Zufallsumfragen** (z. B. im Fernsehen, auf Straßen oder Internetseiten). Ihre Aussagekraft ist sehr gering, da die Befragten willkürlich ausgewählt sind. Wenn zudem nur eine bestimmte Auswahl von Antworten präsentiert wird, verlieren diese „Umfrageergebnisse" vollends an Wert und sind als Beleg für getroffene Aussagen ungeeignet. Immerhin lockern sie aber einen Vortrag auf.

- Bei **Massenumfragen** wird jeder Einzelne befragt. Daher ist es organisatorisch kaum machbar, die Ansichten großer Bevölkerungsteile zu erforschen. An der Schule sind solche Umfragen möglich, wenn es nur um die Meinung einer Klasse oder maximal einer Jahrgangsstufe geht. Vollständige Schulumfragen sind meist zu aufwändig. Wenn Sie jedoch vereinbaren, dass jede Klasse ihr Ergebnis selbst auswertet, ist diese Form trotzdem denkbar, da Sie nur noch die Teilergebnisse zusammenfügen müssen.

- Als Ersatz für Massenumfragen verwenden Meinungsforscher die Methode der **Stichprobe**. Die Befragten werden dabei so ausgewählt, dass ihre Zusammensetzung ein verkleinertes Spiegelbild der Gesamtheit ergibt. Dadurch ermöglichen Stichproben meist gute Rückschlüsse auf das Meinungsbild aller.

An der Schule müssten Sie dabei z. B. Jahrgangsstufen, Geschlechter und ausländische Mitschüler entsprechend ihrem Anteil an der Gesamtheit berücksichtigen.

Praktische Hinweise für die Durchführung

- Gestalten Sie Ihren Fragebogen übersichtlich und nicht allzu umfangreich und informieren Sie zu Beginn der Umfrage über den Zweck und die Freiwilligkeit der Teilnahme.
- Stellen Sie grundsätzlich die Anonymität sicher. Dazu gehören gleiche Fragebögen, die Möglichkeit des verdeckten Ausfüllens und der Einwurf in einen geschlossenen Karton.
- Fragen Sie daher nicht nach persönlichen Merkmalen, wenn sich daraus Rückschlüsse auf Befragte ableiten lassen. Wenn in einer Klasse nur ganz wenige Jungen bzw. Mädchen sind, könnte z. B. die Frage nach dem Geschlecht solche Rückschlüsse zulassen. Anderenfalls ist die Frage kein Problem.

Wichtige Hinweise zur Fragestellung

- Das Wichtigste ist, dass Sie sich viel Zeit für die Formulierung sinnvoller Fragen nehmen! Zu komplizierte Fragen oder solche, die dem Untersuchungsgegenstand nicht wirklich dienen, verwirren die Befragten nur und beeinträchtigen die Qualität Ihres Ergebnisses.
- Vermeiden Sie Verneinungen in der Fragestellung (z. B. falsch: „Auf Bundesebene sollte es KEINE Volksentscheide geben." Mögliche Antwortfelder: JA – NEIN). Der Befragte weiß meist nicht, wie er antworten soll.
- Formulieren Sie jede Frage eindeutig und vermeiden Sie die Begriffe UND bzw. ODER (z. B. falsch: „Halten Sie Ehrenämter für wichtig UND würden Sie persönlich eines übernehmen?"). Befragte könnten zum einen Teil JA, zum anderen Teil aber NEIN sagen wollen.
- Achten Sie darauf, dass vom Befragten Eindeutigkeit gefordert wird. Wahlmöglichkeiten wie „teils, teils" sind schlecht, denn diese Antwort kann man fast immer geben!
- „Offene" Fragen (bei denen die Antwort frei formuliert werden darf) erschweren die Auswertung; gehen Sie also sparsam damit um!

> **Hinweis:**
> Schulen steht mit dem Programm „GrafStat" ein sehr gutes Hilfsmittel für die Umfrageerstellung, die Computerauswertung und die Präsentation von Ergebnissen kostenlos zur Verfügung. Besprechen Sie eine eventuelle Beschaffung des Programms mit Ihrer Informatik-Lehrkraft.

Recherchieren durch Interviews

Bei Interviews soll von einer bestimmten Person deren **persönlicher** Standpunkt hinterfragt werden oder der Standpunkt einer von ihr repräsentierten Institution.

Interviews haben daher mit Umfragen wenig zu tun und es gelten für sie andere Regeln:

- Das Wichtigste ist wiederum eine kompetente Fragestellung! Diesmal kommt es aber darauf an, dass auch der Interviewer bis zu einem gewissen Grad sachverständig ist. Nur dann kann er ein gutes Interview führen.
- Erstellen Sie für sich einen Stichwortzettel, aber lesen Sie nie den vorgefertigten Fragenkatalog nur herunter. Ihr Interview wird dadurch absolut langweilig. Versuchen Sie, wann immer es geht, Ihre nächste Frage mit der vorher erhaltenen Antwort zu verknüpfen.
- Versuchen Sie nicht, Ihren Interviewpartner „in die Enge zu treiben". Wenn dieser „abblockt", erfahren Sie gar nichts mehr.
- Beachten Sie wichtige Formalitäten:

  Übergeben Sie Ihrem Interviewpartner vorher eine Stichwortliste zum Inhalt des Interviews.

  Sprechen Sie den Interviewpartner mit dem richtigen Namen (und evtl. Titel) an.

  Schauen Sie dem Interviewpartner in die Augen und nicht nur auf Ihr Konzeptblatt.

  Bedanken Sie sich am Ende für das Gespräch.

Kompetent recherchieren

Recherchieren im Internet

Dieses Thema ist so eine Sache. Nicht alle, die einen Webbrowser und eine Suchmaschine aufrufen können, haben damit schon die Kompetenz zur Internetrecherche. Dieses moderne Instrument der Informationsbeschaffung erfordert einige Vorüberlegungen, um zum Erfolg zu führen.

Diese Methodenseite beschränkt sich zwar auf Grundlagen, wendet sich aber nicht nur an die Schülerinnen und Schüler, die noch immer wenig Erfahrung mit Internetrecherchen haben, sondern auch an sogenannte „alte Hasen". Man kann immer noch etwas dazulernen.

Um dabei Missverständnissen vorzubeugen: Private Recherchen, die z. B. vorrangig Unterhaltungszwecken dienen, unterliegen völlig individuellen Kriterien; unsere Hinweise betreffen Internetrecherchen im schulischen Zusammenhang.

Welche Möglichkeiten hat man bei Internetrecherchen?

Zum Aufsuchen bereits bekannter Websites ist nur die Webadresse (URL) in die Adresszeile Ihres Browsers einzugeben und die Eingabetaste zu drücken (z. B. www.destatis.de). So gelangen Sie unmittelbar zum gewünschten Anbieter. Dies klingt sehr einfach, da man ja eine konkrete Fundstelle hat. Manche Websites sind aber so umfangreich und informationshaltig, dass man sich allein mit ihnen stundenlang beschäftigen kann.

Linklisten sind eine Sammlung von Webadressen, die sich in der Regel auf einen begrenzten Sachbereich beziehen. Solche Listen können z. B. von Ihrer Lehrkraft als Rechercheaufgabe zusammengestellt worden sein. Linklisten müssen konsequent gepflegt werden. Sie verlieren sonst sehr schnell an Aktualität, da das „Verfallsdatum" von Webadressen oft sehr kurz ist.

Webquests sind bereits vorbereitete Recherchen mit Quellenangaben, die den Linklisten ähneln. Solche Aufgaben haben aber mehr zu bieten, da sie bereits zusätzliche Informationen enthalten. Sie werden meist von Ihrer Lehrkraft vorbereitet.

Suchmaschinen (z. B. Google, Yahoo) ermöglichen es, durch Eingabe von Stichwörtern das Internet nach Seiten zu durchsuchen, die diese Stichwörter enthalten. Sie sollten dabei wissen, wie Ihre bevorzugte Suchmaschine z. B. mehrere Suchbegriffe miteinander verknüpft:

Setzt Ihre Suchmaschine zwischen Ihre Stichwörter automatisch ein UND, so müssen **alle** eingegebenen Begriffe in der Fundstelle enthalten sein; wird dagegen automatisch ein ODER eingesetzt, so genügt es der Suchmaschine bereits, wenn **nur einer** der Suchbegriffe in der Fundstelle (Internetseite) auftaucht. Sehen Sie dazu auf der Hilfeseite Ihrer Suchmaschine nach.

Sobald Sie fündig geworden sind, müssen Sie sich eine ganz wichtige Frage stellen:

Sind die Fundstellen zitierfähig?

Es steht jedem frei, im Internet etwas zu veröffentlichen! Diese „Binsenweisheit" ist zwar fast allen Internetnutzern bekannt, trotzdem liegt hier das häufigste Problem. Viel zu oft werden Webinformationen unkritisch als „Fachinformationen" wahrgenommen. Auch wenn Sie die Qualität aufgesuchter Websites stets selbst einschätzen müssen, sollten Sie Folgendes beachten:

Seiteninhalte von privaten Personen oder Vereinigungen sind nicht immer sachlich fundiert! Achten Sie also auf den Betreiber der Website (z. B. Universitäten, Behörden, anerkannte Institute). Auch solche Stellen sind nicht frei von Subjektivität, sie bleiben sie aber zumindest „zitierfähig".

Für sinnvolle Internetrecherchen ist das auf der folgenden Seite gezeigte Wabensystem hilfreich. Dazu eine kurze Erklärung:

1. Zielbeschreibung und klare Arbeitsaufträge

Solange Ihnen Ihre Lehrkraft eine konkrete Aufgabe stellt, werden Ihnen die linken Waben vorgegeben. Wenn Sie jedoch in Arbeitsgruppen aktiv werden, müssen Sie alles selbst organisieren und selbst klare Arbeitsaufträge verteilen, die auf ein konkretes Ziel gerichtet sind.

Methoden

AUFGABE — Zielbeschreibung — klare Arbeitsaufträge

Suchstrategie

ERGEBNIS — Materialsicherung — Quellensicherung

Beispiel: Nehmen wir an, Ihr Gruppenthema ist die Auswirkung der Bevölkerungsentwicklung auf das Leben künftiger Generationen.

Wenig hilfreich wäre z. B. folgender Auftrag an ein Gruppenmitglied: „Suche ‚im Internet' nach Informationen zur Bevölkerungsentwicklung."

Mehr Erfolg verspricht da schon der Auftrag: „Durchsuche die Webseiten der Wikipedia und des Statistischen Bundesamtes gezielt nach Texten, Tabellen und Grafiken, die Ursachen und Folgen der Bevölkerungsentwicklung aufzeigen."

2. Suchstrategie

Wenn Sie mit Suchmaschinen arbeiten, ist eine geschickte Kombination der Stichwörter besonders wichtig. Davon hängt es ab, ob eine unüberschaubare Menge von Webseiten oder eine sinnvolle Auswahl erscheint.

Auch das Setzen von Anführungszeichen ist sehr hilfreich. Beispiel: Die Eingabe „soziale Marktwirtschaft" liefert bereits ca. 130 000 weniger Ergebnisse als die Eingabe derselben Begriffe ohne Anführungszeichen. Experimentieren Sie selbst mit solchen Eingabeformen.

Da das Durchsuchen zu vieler Fundstellen zeitraubend ist, sollten Sie auch nicht allein auf Suchmaschinen bauen. Legen Sie sich lieber für einzelne Fachbereiche eine Lesezeichensammlung „stabiler Links" an, deren Webadressen sich nicht ständig ändern (z. B. die Internetseite des Statistischen Bundesamtes, die Webseiten des Bundestags, der Ministerien).

Sie werden sehen, dass die genannten Seiten selbst wieder viele Sub-Links enthalten. So können Sie z. B. auf der Seite des Justizministeriums alle deutschen Gesetzestexte finden oder über „zeitung.de" in einer sehr großen Anzahl von deutschen und ausländischen Zeitungen stöbern.

3. Materialsicherung

Vermeiden Sie unbedingt, wahllos Internetseiten auszudrucken, deren genauen Inhalt Sie selbst nicht kennen und evtl. auch gar nicht verstehen. Öffnen Sie vielmehr neben Ihrem Browser stets eine Textdatei. Kopieren Sie die nach Ihrer Ansicht bedeutsamen Inhalte Ihrer Fundstellen und fügen Sie diese in Ihre Textdatei ein. So bleibt Ihr Rechercheergebnis übersichtlich und brauchbar. Grafikdateien (z. B. Bilder, Diagramme) sollten Sie getrennt abspeichern.

4. Quellensicherung

Vergessen Sie nicht, zu jeder Information die Adresszeile der jeweiligen Webseite zu kopieren (Strg + c) und über dem ausgewählten Text in Ihrer Textdatei einzufügen (Strg + v). Damit dokumentieren Sie nicht nur Ihre Quelle, sondern Sie finden diese im Bedarfsfall auch wieder.

Für kopierte Grafikelemente sollten Sie eine zusätzliche Textdatei anlegen, in der Sie eine Kurzbeschreibung der Grafik und darunter die Webadresse festhalten. Bedenken Sie: Verlorene Textelemente lassen sich notfalls von einem Ausdruck abschreiben, verlorene Bilder sind oft nur schwer wieder zu beschaffen.

Anschaulich präsentieren

Grundlagen der Präsentation

Der Beginn einer Präsentation wird oft unterschätzt. Wenn Sie hier nicht die Aufmerksamkeit Ihres Publikums gewinnen, wird der Erfolg Ihres Vortrags erheblich beeinträchtigt. Hängen Sie Plakate oder Ihre Gliederungen daher nicht schon vor Beginn Ihrer Präsentation auf. Auch die Titelseite von Computerpräsentationen sollte nicht zu viel verraten. Wer etwas erzählt, was alle schon wissen, langweilt.

Veranschaulichen Sie möglichst viel!
Plakate sind keine **Wandzeitungen**, sondern sollen Blicke auf sich ziehen und beim Betrachter einen bleibenden Eindruck hinterlassen. Sie müssen übersichtlich und grafisch ansprechend gestaltet werden und mit wenig Text auskommen. Geben Sie einmal in der Bildersuche „Werbeplakate" ein und Sie sehen, was gemeint ist.

Es muss auch darauf geachtet werden, dass alle Elemente so groß sind, dass sie noch von den hinteren Plätzen aus gut erkennbar bleiben.

Computerpräsentationen kann man mit einer Plakatfolge vergleichen. Wer im Umgang damit schon geübt ist, sollte Präsentationsvorlagen (Templates) meiden, bei denen Vorlagetexte lediglich mit eigenen Texten überschrieben werden. Sie sind meist langweilig und verführen zum Vorlesen. Lesen können Ihre Zuhörer aber selbst.
Erstellen Sie lieber eine eigene „Masterseite".

Durch **Effekte**, die der Computer bietet, kann eine Darstellung zwar lebendiger gestaltet werden als ein Plakat, ihre Vielfalt verführt aber auch oft zur Spielerei. Die Leidtragenden sind Ihre Zuhörer, die vom eigentlichen Inhalt abgelenkt werden. Vor allem Sound-Effekte können „fürchterlich nerven"!

Stützen Sie Ihre Vorträge stets auf „**Beweismaterial**". Aussagen wie z. B. „Die Erdoberfläche besteht vorwiegend aus Wasser" oder „Die Kluft zwischen arm und reich wird immer größer" sind viel anschaulicher, wenn **Zahlen**, **Diagramme** und/oder **Bilder** dies belegen.

Präsentieren durch Diskussion

Wenn – z. B. von Projektgruppen – ein Thema aus unterschiedlichen Perspektiven untersucht wurde, eignet sich für die Präsentation eine **Podiumsdiskussion**. Hier können Mitglieder verschiedener Arbeitsgruppen Ihre Rechercheergebnisse einander gegenüberstellen.
Man lernt bei dieser Methode gleich zweierlei:

- den eigenen Standpunkt zu vertreten und
- zu erkennen, dass es dazu auch Alternativen gibt.

Richtiges Diskutieren will aber geübt sein. Aus diesem Grund sollten Sie dieses Intrument erst dann als Präsentationsmittel einsetzen, wenn es im Unterricht schon öfter praktiziert wurde.

Folgende **Grundregeln** sollten Sie beachten:

- Wählen Sie nicht zu viele Diskussionsteilnehmer aus. Das Gespräch wird sonst wirr und es kommen einzelne Standpunkte kaum noch zum Tragen. Fünf bis sechs Teilnehmer sollten daher die Obergrenze sein.
- Einigen Sie sich vorher unbedingt auf einen **Moderator**. Er informiert das Publikum über Inhalt und Hintergründe der Diskussion, stellt die Teilnehmer der Runde vor und achtet darauf, dass das Gespräch ordentlich verläuft.
- Wortmeldungen der Diskussionsteilnehmer sollten nicht den Ablauf bestimmen. Es führt oft nur zu einem Kleinkrieg, wenn jeder denkt, er wäre benachteiligt. Besser ist es, der Moderator sammelt Aussagen und sorgt dafür, dass jeder zu Wort kommt. Dabei ist es sinnvoll, konkurrierende Ansichten aufeinander folgen zu lassen.
- Im Verlauf des Gesprächs kann der Moderator immer wieder Denkanstöße in die Runde werfen und Teilnehmer dazu befragen.
- Am Ende der Diskussion kann der Moderator eine kurze Zusammenfassung geben und evtl. jedem Teilnehmer ein kurzes Schlusswort ermöglichen.

Methoden

Präsentieren durch Mindmaps

Mindmaps sind dem Wortsinn nach „Landkarten von Gedanken". Ihr Zweck ist es, stichpunktartig gesammelte Zusammenhänge zu visualisieren. Sie können dies allein tun oder als ganze Gruppe an einer Mindmap arbeiten.

Dies geschieht in drei Phasen:

Phase 1: In der Mitte steht das Thema, um das es geht. Formulieren Sie es nicht allzu grob, sonst wird Ihre Sammlung zu komplex und damit unübersichtlich. Ist das Thema zu eng gefasst, beeinträchtigt das die Kreativität der Beteiligten.

Phase 2: Jede Idee, die zum Thema passt, wird nun auf einer eigenen Abzweigung (Ast) notiert. Verzichten Sie dabei auf vorschnelle Kritik an einzelnen Beiträgen. Manches, was anfangs kurios wirkt, kann hinterher in Verbindung mit anderen Gedanken interessante Perspektiven eröffnen.
Formulieren Sie Aspekte auch möglichst kurz und vermeiden Sie so gut es geht ganze Sätze!

Phase 3: Nachdem alle Ideen gesammelt sind, sieht Ihre Mindmap möglicherweise wie ein heilloses Durcheinander aus und muss nun strukturiert werden (Beispiel unten). Dies hindert Sie nicht, später weitere Ergänzungen vorzunehmen.

Mindmaps können als Gliederungsvorlage und auch als Präsentationsmittel eingesetzt werden.

Wenn Sie in einer Gruppe arbeiten, hat die Methode den Vorteil, dass ein Thema immer aus verschiedenen Sichtweisen betrachtet wird. So profitiert jeder von den guten Ideen anderer und das Endergebnis erzeugt in der Regel bei allen Beteiligten ein Gefühl der Zufriedenheit mit dem Resultat ihrer Kreativität. Zudem ist eine strukturierte Darstellung einprägsamer als ein Text.

> **Hinweise:**
> Mindmaps lassen sich mit Stift und Papier erstellen, leichter geht es jedoch mit spezieller Mindmap-Software. Sie erlaubt es, einzelne Äste nach Lust und Laune hin und her zu schieben und bietet bei Präsentationen die Möglichkeit, einzelne Äste je nach Bedarf zu zeigen oder zu verbergen.
>
> Es gibt mittlerweile etliche solcher Programme zum kostenlosen Download, aber auch kommerzielle Anbieter stellen Schulen manchmal kostenlose Schullizenzen zur Verfügung.
>
> Die knappe Formulierung kann dazu führen, dass eine Mindmap zunächst nur für ihre Ersteller völlig verständlich ist. Dieses Problem beseitigt Ihre Präsentation ebenso wie der Text dieser Methodenseite. Wenn Sie nun einen Blick auf das Beispiel unten werfen, verstehen Sie sicher alles.

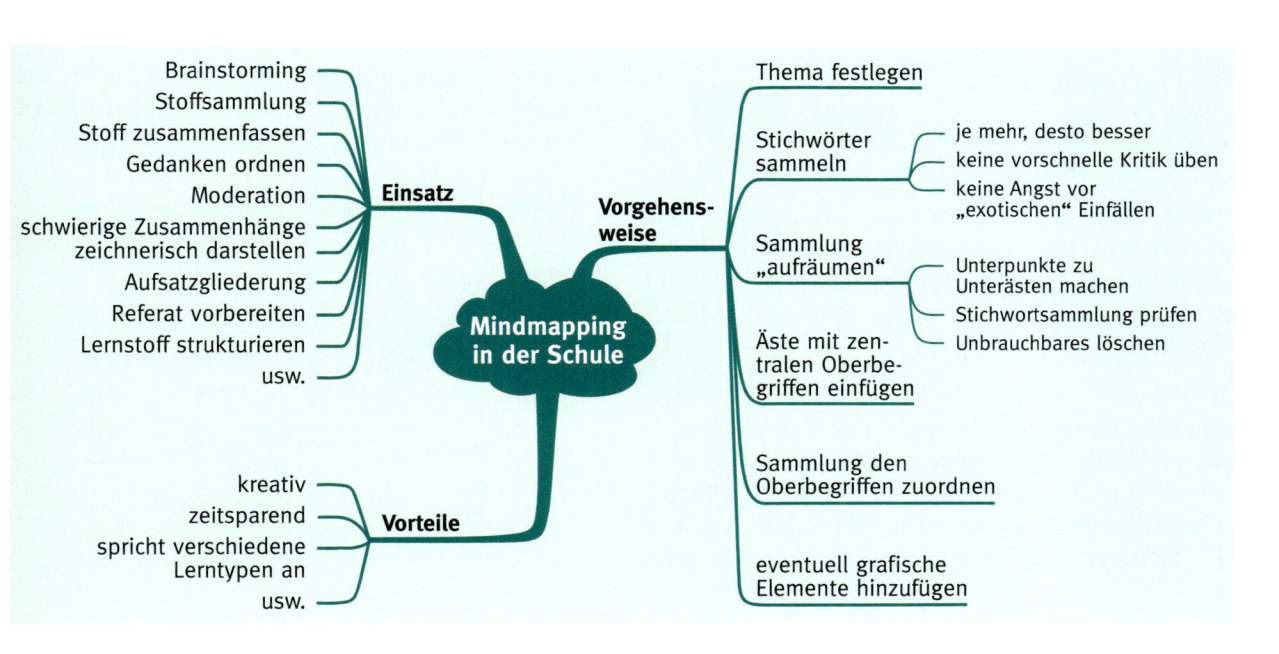

Mindmapping in der Schule

- Einsatz
  - Brainstorming
  - Stoffsammlung
  - Stoff zusammenfassen
  - Gedanken ordnen
  - Moderation
  - schwierige Zusammenhänge zeichnerisch darstellen
  - Aufsatzgliederung
  - Referat vorbereiten
  - Lernstoff strukturieren
  - usw.

- Vorgehensweise
  - Thema festlegen
  - Stichwörter sammeln
    - je mehr, desto besser
    - keine vorschnelle Kritik üben
    - keine Angst vor „exotischen" Einfällen
  - Sammlung „aufräumen"
    - Unterpunkte zu Unterästen machen
    - Stichwortsammlung prüfen
    - Unbrauchbares löschen
  - Äste mit zentralen Oberbegriffen einfügen
  - Sammlung den Oberbegriffen zuordnen
  - eventuell grafische Elemente hinzufügen

- Vorteile
  - kreativ
  - zeitsparend
  - spricht verschiedene Lerntypen an
  - usw.

Anschaulich präsentieren

Diagramme und Schaubilder als Mittel zur Veranschaulichung von Sachverhalten

Grafische Darstellungen können trockene Fakten viel interessanter machen, ermöglichen aber auch Manipulationen.

Wiederholen Sie folgendes Experiment: Die folgende Aufgabe wurde zwei verschiedenen Schulklassen gestellt. Dabei war der Aufgabentext für alle gleich, die eine Klasse hatte jedoch Grafik 1, die andere Klasse Grafik 2 als Grundlage für die Bewertung erhalten.

> **Die Reisernte in Ardistan**
>
> Versuche anhand der vorliegenden Grafik eine Einschätzung der Reisernte im Land Ardistan abzugeben. Ergänze dazu den folgenden Auszug aus einer Wirtschaftsmeldung der Tagespresse um das nach deiner Ansicht richtige Satzende:
>
> Nach zweijährigem Stillstand stieg die jährliche Reisernte im Kleinstaat Ardistan wieder ...
>
> A) regelmäßig an.
> B) langsam an.
> C) sprunghaft an.
>
> **Grafik 1**
> Jahr 1 Jahr 2 Jahr 3 Jahr 4
>
> **Grafik 2**
> Jahr 1 Jahr 2 Jahr 3 Jahr 4

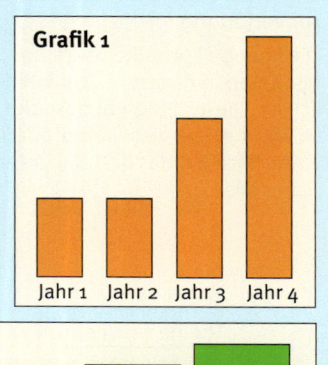

Das Ergebnis war hochinteressant. Während die Klasse, die Grafik 1 als Grundlage hatte, sich mehrheitlich für die Lösung C entschied, bevorzugte die Klasse, die sich auf Grafik 2 stützen musste, mehrheitlich die Lösungen A und B.

In Wahrheit zeigen beide Grafiken die gleiche Entwicklung der fiktiven Reisernte. Die Jahresergebnisse stehen jeweils im Verhältnis 1 : 1 : 2 : 3. Die unterschiedlichen Einschätzungen beruhten also nur auf der grafischen Darstellungsweise! Sie sehen, dass grafische Gestaltung die Einschätzung stark beeinflussen kann.

Wir möchten Sie daher im Folgenden mit den wichtigsten grafischen Gestaltungsformen vertraut machen.

Um nicht aktuellen Recherche- oder Projektaufgaben vorzugreifen, haben wir uns auf Zahlen bis zum Jahr 2005 beschränkt. Sie stammen alle vom Statistischen Bundesamt.

Auf der Grundlage selbst recherchierter Zahlen lassen sich über Tabellenkalkulationen leicht selbst Grafiken entwickeln. Falls Sie dies nicht ohnehin schon gelernt haben, bitten Sie Ihre Informatik-Lehrkraft um eine Einführung in dieses Instrument.

Natürlich lassen sich auch mit Millimeterpapier und Bleistift gute Ergebnisse erzielen. Ein ansprechend gestaltetes Diagramm macht dann aber schon sehr viel mehr Mühe.

Grundsätzlich sollten Sie Folgendes beachten:
- Geben Sie jedem Diagramm eine Überschrift.
- Verwenden Sie unterschiedliche Farben, um Ihr Diagramm übersichtlich zu gestalten.
- Kennzeichnen Sie die einzelnen Farben mit direkter Beschriftung oder einer Legende.

1. Liniendiagramme

Mit ihnen lässt sich die zeitliche Entwicklung eines Sachverhalts darstellen. Dabei kann man mehrere Verläufe im gleichen Diagramm unterbringen. Das Beispiel unten zeigt die deutsche Bevölkerungsentwicklung verbunden mit zwei Einflussgrößen.

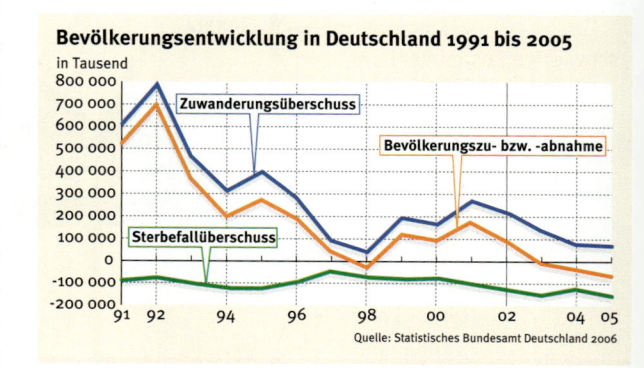

Bevölkerungsentwicklung in Deutschland 1991 bis 2005
Quelle: Statistisches Bundesamt Deutschland 2006

Methoden

Hinweis:

In der Presse werden Diagramme oft zusammen mit einem Begleittext abgebildet.

Im Rahmen einer Präsentation ist dies nicht nötig, da ja der Referent die Aufgabe hat, dem Publikum Zusammenhänge zu erklären.

Wenn Sie jedoch zu Ihrer Präsentation auch ein Handout verteilen wollen, ist ein solcher Begleittext wieder wichtig. Versuchen Sie, für die gezeigten Beispiele zu Übungszwecken kurze, aber aussagekräftige Begleittexte zu verfassen!

2. Säulendiagramme und Balkendiagramme

Die beiden folgenden Diagrammformen ähneln einander sehr. Beide sind zu empfehlen, wenn es darum geht, mehrere Wertegruppen (hier verschiedene Altersgruppen) miteinander zu vergleichen. Eine Längsdarstellung in Balkenform (rechts) kann gelegentlich anschaulicher sein als die Hochdarstellung in Säulenform (links). Meist ist es nur Geschmackssache.

Wie man erkennen kann, weichen die Jahresergebnisse kaum voneinander ab. Formulieren Sie aber auch hier zu Übungszwecken einen Begleittext.

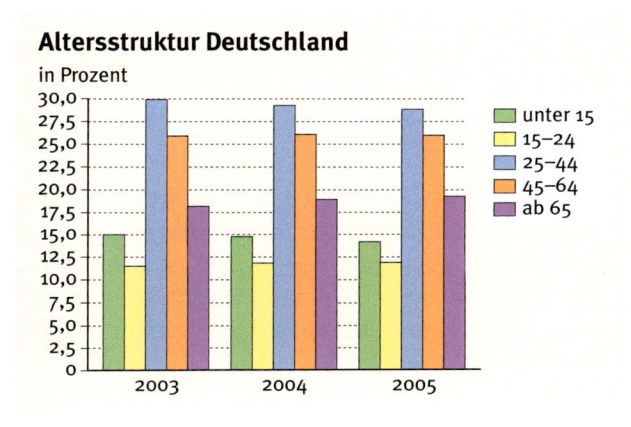

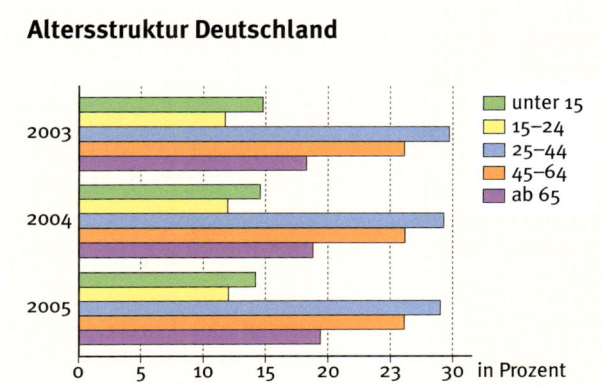

3. Kreisdiagramme

Kreisdiagramme (in dreidimensionaler Form auch Tortendiagramme genannt) eignen sich nicht zur Darstellung zeitlicher Abläufe. Sie sind aber anschaulich, wenn es darum geht, das Verhältnis mehrerer Werte zu einem Zeitpunkt darzustellen.

4. Stapeldiagramme

Stapeldiagramme verbinden die Vorteile von Säulen- und Kreisdiagrammen, denn sie zeigen, wie das Kreisdiagramm das Verhältnis bestimmter Werte zueinander, ermöglichen aber zusätzlich einen zeitlichen Vergleich.

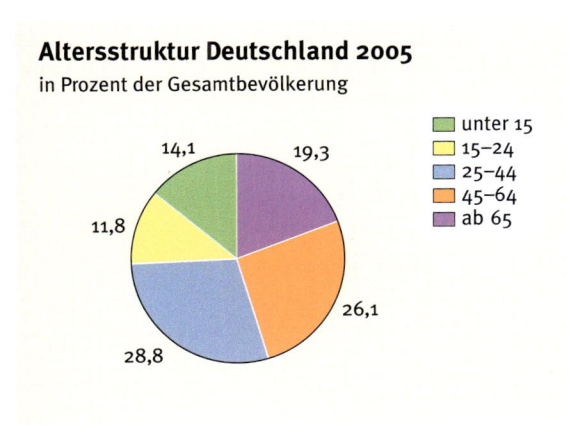

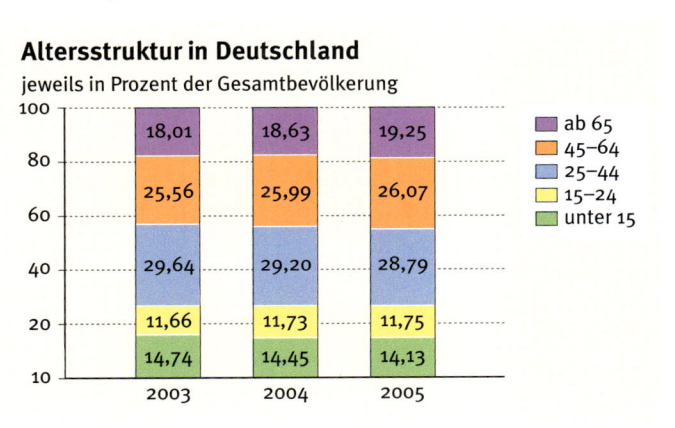

Hinweise zur Projektarbeit (mit Beispielen)

Grundüberlegungen zu Projekten

Wenn in einem Automobilkonzern Ingenieure aufgefordert werden, ein neuartiges Fahrwerk zu entwickeln, oder wenn eine Werbeagentur eine neue Verkaufsstrategie erarbeiten soll, spricht man in der Wirtschaft jeweils von einem Projekt.

Die Fachleute gehen in Teams ans Werk. Abgesehen von einigen Rahmenrichtlinien werden den Projektmitarbeitern keine Vorschriften gemacht. Man baut auf ihren Einfallsreichtum und auf ihre Kreativität.

Oft arbeiten auch mehrere Teams konkurrierend am gleichen Projekt, damit unterschiedliche Denkansätze verfolgt werden. Am Ende des Projekts werden die Ergebnisse präsentiert. Nun zeigt sich, ob das Projekt erfolgreich war.

In der Schule werden als Bonbon nach Stresszeiten gelegentlich attraktive Sonderaktionen anstelle des Regelunterrichts durchgeführt und als „Projekte" bezeichnet. Meist sind dies keine.

Ein Projekt in unserem Sinne ist eine Unterrichtsmethode, bei der Sie den Lernprozess weitgehend selbst steuern können. Dabei werden Ihnen sehr viele Freiheiten gelassen, denn Sie sollen lernen und üben, die Beschaffung und Auswertung von Information selbst zu organisieren.

Das heißt nicht, dass Projektergebnisse beliebig sind. Als Unterrichtsmaßnahme bleiben sie einem bestimmten Ziel verpflichtet, auf das Ihre Lehrkräfte Einfluss nehmen werden. Den Weg zu diesem Ziel bestimmen jedoch Sie als Projektteilnehmer selbst! Damit Sie dabei Ihre Kreativität möglichst breit entfalten können, sollten Projektziele nicht allzu eng formuliert sein.

Für den Fall, dass Sie noch wenig Projekterfahrung haben, werden im Folgenden einige Grundlagen und Beispiele vorgestellt. Sehen Sie diese nie als Korsett, in das Sie sich zwängen müssen. Tun Sie einfach das, was Sie für sinnvoll halten!

Anlass, Zweck und Verlauf von Projekten

Um Projekte sinnvoll zu strukturieren, sollten Sie folgende Systematik im Auge behalten:

Besprechen Sie mit Ihrer Lehrkraft, ob sie (vielleicht fächerverbindend) mit Ihnen ein Projekt durchführen will. Wählen Sie dann einen Themenbereich, mit dem Sie sich gerne intensiv beschäftigen möchten (Vorschläge → 181 ff.).

Bestimmen Sie zusammen mit Ihren Lehrkräften das Ziel des Projekts. Es sollte genügend Raum für unterschiedliche Denkansätze lassen. Entscheiden Sie sich dann im Rahmen des Zieles für bestimmte Aufgabenbereiche und legen Sie dafür die Zusammensetzung der Arbeitsgruppen fest.

Jetzt müssen die Arbeitsgruppen ihre Aufgaben konkretisieren und gemeinsam Teilziele (sogenannte Meilensteine) formulieren. Dieser Schritt ist sehr wichtig für die Projektarbeit, da Konflikte innerhalb von Arbeitsgruppen den Erfolg des Projekts gefährden. Projektarbeit ist Teamarbeit!

Nun geht es ans Werk! Die Arbeitsgruppen tragen Material zusammen, trennen Wichtiges von weniger Wichtigem, stimmen einzelne Ergebnisse aufeinander ab und bereiten schließlich die Präsentation vor, bei der nach Projektabschluss die Ergebnisse einem Publikum vorgestellt werden.

Bei der Planung Ihrer Präsentation sollten Sie nicht versäumen, rechtzeitig zu klären, welche „Ressourcen" Sie benötigen, z. B. Overhead-Projektor, Flipchart, Computer/Beamer, aber auch Räume und Zeit für die Präsentation. Ihre Lehrkräfte werden Sie bei der Organisation sicher unterstützen, aber denken Sie daran: Projektmitarbeiter müssen ihre Belange so weit wie möglich selbst in die Hand nehmen und dürfen sich nicht auf die Zuarbeit anderer verlassen.

Methoden

Projektvorschläge

Bitte verstehen Sie die folgenden Vorschläge nur als Anregungen, die Sie beliebig kürzen, erweitern oder auf andere Art und Weise umgestalten können. Fächerverbindende Möglichkeiten ergeben sich bei fast allen Projekten mit dem Fach Deutsch. Auch das Fach Englisch lässt sich gut integrieren (z. B. bei Websites) und in der Wahlpflichtfächergruppe 3 natürlich auch das Fach Sozialwesen.

Bereich Soziologie: Rollenklischees

Recherchieren Sie Rollenklischees → 12 f. und stellen Sie Ihre Ergebnisse in Form einer Präsentation vor.

Möglichkeiten:

- Vergleichen Sie Spielzeugangebote für Jungen und Mädchen in Katalogen, auf Websites usw.
- Vergleichen Sie Inhalte von Frauenzeitschriften und Männerzeitschriften (und/oder Websites).
- Führen Sie in unterschiedlichen Jahrgangsstufen Umfragen über („typische") männliche und weibliche Verhaltensmuster durch. Für die leichtere Auswertung ist es sinnvoll, vorher eine Liste (mindestens 20 Items) zum Ankreuzen auszuarbeiten.
- Führen Sie in der Jahrgangsstufe 9 Umfragen über die berufliche Orientierung von Jungen und Mädchen durch.
- Suchen Sie nach einem Fachtext über Spiel- und Sozialverhalten von Jungen und Mädchen. Lassen Sie diesen Text in drei getrennten Arbeitsgruppen untersuchen und bewerten: reine Jungengruppe, reine Mädchengruppe und gemischte Gruppe. Vergleichen Sie hinterher die unterschiedlichen Bewertungsergebnisse.
- Suchen Sie selbst nach weiteren Kriterien, nach denen Rollenklischees unter die Lupe genommen werden können.

Hinweise zur Projektarbeit (mit Beispielen)

Bereich Soziologie: Migration und Integration
Untersuchen Sie den Status Deutschlands als Einwanderungsland. Betrachten Sie dabei Notwendigkeiten und Chancen aus verschiedenen Blickwinkeln. Informationen finden Sie z. B. bei der Bundeszentrale für politische Bildung, beim Bundesministerium des Inneren und auf der Website des Goethe-Instituts.

Bereich Soziologie: Schuluniformen
Erarbeiten Sie eine Präsentation zum Thema Schuluniformen → 9 und stellen Sie Ihre Ergebnisse z. B. auf einem Elternabend vor. Dieses Projekt kann von mehreren Fächern unterstützt werden.

Möglichkeiten:

- Sozialkunde: Gruppenverhalten, Gruppenzwang, Normentreue, Ingroup-Outgroup-Verhalten, Rollenverhalten.
- Deutsch: Erörterung zu Vorteilen und Nachteilen von Schuluniformen.
- Englisch: Texte und andere Medien zu Schuluniformen in England, USA usw. untersuchen.
- Kunst: Entwürfe fiktiver Schuluniformen für die eigene Schule.
- Informatik: schulinterne Umfrage zur Einstellung zu Schuluniformen mit grafischer Aufbereitung.

Bereich Soziologie/Verfassungsstaat: „Herr der Fliegen"
William Goldings Roman „Herr der Fliegen" → 18 ist besonders ergiebig für ein Sozialkundeprojekt. Dazu ist es jedoch erforderlich, dass zuvor auch das Buch gelesen wurde. Alles andere wäre nur Schaumschlägerei. Die vielfältigen Möglichkeiten, das Thema zu bearbeiten, sollten Sie – wegen der Komplexität – mit Ihrer Sozialkunde- und Deutschlehrkraft absprechen.

An dieser Stelle daher nur einige Anregungen:

- Vergleich von Romanvorlage und Verfilmung(en).
- Erstellung einer Zeitungssonderausgabe, die mehrseitig über die Rückkehr der Jungen berichtet.
- Analyse der vielen Metaphern, die im Roman verwendet werden.
- Analyse der Rollenverteilung auf der Insel und der im Roman versinnbildlichten Herrschaftsformen.

Bereich Verfassungsstaat: Schulbegehren – als Simulation eines Bürgerbegehrens
Durch dieses Projekt lassen sich die Prinzipien eines Bürgerbegehrens → 23 sehr gut simulieren. Bedenken Sie aber: Das Instrument des „Schulbegehrens" gibt es im Schulrecht nicht! Ihr Ergebnis bleibt also ohne jegliche Rechtswirkung.

Die folgende Schrittfolge für einen Bürgerentscheid orientiert sich an einer früheren Internet-Veröffentlichung des Bayerischen Staatsministeriums für Unterricht und Kultus. Die Seite selbst ist leider nicht mehr online.

Vertauschen Sie für das Projekt die Rollen wie folgt: Gemeinde = Schule, Bürgermeister = Schulleiter, Gemeinderat = Lehrerkollegium, Gemeindebürger = Schüler/-innen.

Schritt 1: Zulässigkeitsprüfung (entfällt hier!)

Schritt 2: Formulierung des Problems in Form einer Frage, die mit „ja" oder „nein" beantwortet werden kann.

Schritt 3: Gestaltung der Unterschriftenliste für das Bürgerbegehren. Sie muss die Fragestellung, die Begründung des Bürgerbegehrens und die Namen von drei Vertreterinnen bzw. Vertretern des Bürgerbegehrens enthalten.

Schritt 4: Sammlung ausreichend vieler Unterschriften für das Bürgerbegehren entsprechend der festgelegten Quoren → G [...]
Hinweis: Als Quorum (Schritt 4) können Sie z. B. fünf Prozent aller Schülerinnen und Schüler festlegen.

Schritt 5: Einreichen der Unterschriften und Antrag auf Durchführung eines Bürgerentscheids beim Ersten Bürgermeister [...]

Schritt 6: Entscheidung des Gemeinderats über die Zulässigkeit des Bürgerbegehrens. Bei Ablehnung Klage oder Neuformulierung des Bürgerbegehrens. Bei Annahme:

Schritt 7: Durchführung des Bürgerentscheids innerhalb von drei Monaten [...] Der Stimmzettel muss wieder eine mit „ja" oder „nein" zu beantwortende Fragestellung enthalten.

Wichtig für das Projektprinzip ist es, dass Sie alle Maßnahmen und Aktivitäten selbst planen und umsetzen.

Bereich Massenmedien/Medienkompetenz

Bilden Sie Arbeitsgruppen und wählen Sie aus, was Sie an Massenmedien → 52 ff. am meisten interessiert.

Möglichkeiten:

- Besorgen Sie sich mehrere Ausgaben von Boulevardzeitungen (z. B. gelesene Exemplare von Verwandten und Bekannten) und untersuchen Sie ausgewählte Artikel im Hinblick auf die Wahrung bzw. Verletzung der Menschenwürde. Falls beschaffbar, könnten im Fach Englisch auch Ausgaben der „Sun", des „Daily Mirror" u. a. gelesen werden.
- Nehmen Sie die Tageszeitung eines bestimmten Tages und gestalten Sie diese in Arbeitsgruppen in eine Boulevardzeitung um, indem Sie Themen auswählen, neue Überschriften finden, das Layout ändern, Texte umgestalten usw. (Tipps → 54). Bilden Sie mindestens zwei Gruppen zu Vergleichszwecken.
- Beobachten Sie über einen Zeitraum von ein bis drei Wochen z. B. Promi- und Society-Magazine sowie sonstige Unterhaltungssendungen wie Talkshows, Castingshows usw. Versuchen Sie die „Strickmuster" solcher Formate zu erkennen und zu dokumentieren. Achten Sie auch hier darauf, ob die Menschenwürde gewahrt bleibt.
- Parodieren Sie die „Strickart" von Talkshows, indem Sie eine Talkrunde als Rollenspiel inszenieren. Sie brauchen dazu einen Moderator und einige „abgefahrene" Typen als „Gäste".

Falls Mitglieder Ihrer Klasse mit Videokamera und Videoschnittprogrammen umzugehen wissen, können Sie Ihr Rollenspiel aufnehmen und anderen vorführen.

Dazu einige Tipps:
Idealerweise sollten Sie mit drei Kameras arbeiten, die unterschiedliche Einstellungen der jeweils gleichen Szene aufnehmen, z. B.:
Totale (mit stationärer Stativkamera),
Halbtotale (mit schwenkender Stativkamera),
Nahaufnahmen (mit mobiler Kamera, die den jeweiligen Sprecher filmt).

Weitere Tipps für „Videofilmer":

- Drehen Sie fünfminütige Reportagen zu aktuellen gesellschaftspolitischen Themen.
- Das Schnittergebnis von Filmen ist oft nur scheinbar ein Spiegel der Realität. Eine Realschulklasse aus Fürth machte dazu ein interessantes Experiment. Wenn Sie dieses selbst wiederholen wollen, gehen Sie wie folgt vor:
    - Drehen Sie wahllos ca. 30 Minuten das Geschehen im Pausenhof und schneiden Sie aus dem Material zwei Filme.
    - Im einen Film zeigen Sie schwerpunktmäßig Szenen, bei denen es leichte Rangeleien gab, im anderen zeigen Sie schwerpunktmäßig Szenen, die besonders harmonisch wirken.
    - Zeigen Sie beide Filme unterschiedlichen Zuschauern und lassen Sie diese ein Urteil über das Pausenverhalten abgeben.
    Informieren Sie erst hinterher darüber, dass beiden Darstellungen dasselbe Filmmaterial zugrunde liegt.

Glossar

Abgeordneter: Vertreter des Volkes. Vgl. dazu → *Parlament*

Anarchismus: politische Denkweise, die jede Form der Herrschaft von Menschen über Menschen ablehnt

Antizyklische Finanzpolitik: wirtschaftliches Gegensteuern des Staates

Arbeitsmarkt: Angebot und Nachfrage nach Arbeitsplätzen

Berufsethos: sittliche und moralische Grundsätze, deren Einhaltung sich eine Berufsgruppe freiwillig unterwirft

Bezirkstag: politisches Entscheidungsgremium auf der dritten kommunalen Ebene

Bruttoinlandsprodukt: wie auch das Bruttosozialprodukt die Summe der gesamten Wirtschaftsleistung einer → *Volkswirtschaft*

Bundeskanzler: „Regierungschef"; besitzt die politische Richtlinienkompetenz

Bundespräsident: Staatsoberhaupt der Bundesrepublik Deutschland

Bundesrat: Verfassungsorgan auf der Bundesebene; Mitwirkungsmöglichkeiten der Länderregierungen bei der Gesetzgebung und Verwaltung des Bundes

Bundesstaat: Zusammenschluss von mehreren Ländern mit gemeinsamer → *Verfassung* und genauer Festlegung der politischen Zuständigkeiten

Bundestag: → *Parlament* der Bundesrepublik Deutschland, gewählte Vertreter des Volkes

Bundesverfassungsgericht: höchstes Gericht Deutschlands und oberster Hüter der → *Verfassung*; ausschließlich zuständig für alle verfassungsrechtlichen Fragen

Bundesversammlung: Verfassungsorgan zur Wahl des → *Bundespräsidenten*; alle Abgeordneten des → *Bundestages* und eine gleich große Anzahl Vertreter aus den Ländern

Bürgerbegehren: Möglichkeit der direkten politischen Einflussnahme durch die Bürger auf kommunaler Ebene

Bürgerentscheid: Abstimmung der Bürger über ein bestimmtes politisches Vorhaben

Deflation: anhaltend deutlicher Rückgang des Preisniveaus, da das Angebot größer ist als die Nachfrage. Könnte zu Arbeitslosigkeit führen. Vgl. dazu → *Inflation*

Demagoge: redegewandter Volksverführer

Demokratie: Volksherrschaft, durch Wahl der Abgeordneten (repräsentative Demokratie); Elemente der direkten Demokratie (→ *Bürgerentscheid* und → *Volksentscheid*)

Deutsche Bundesbank: nationale Notenbank in Deutschland, Teil des Europäischen Systems der Zentralbanken

Digital Natives: Kinder und Jugendliche, die in die digitale Welt hineingeboren wurden und vorbehaltlos in ihr aufwachsen. Das Gegenstück sind die „Digital Immigrants", die die Nutzung der digitalen Medien erst im Laufe ihres Lebens erlernt haben.

Diskussionskultur: Zu einer guten Diskussionskultur gehört es, den eigenen Standpunkt respektvoll zu erläutern und der Argumentation anderer zuzuhören. Auch bei heftigen Auseinandersetzungen dürfen die Grundregeln des Anstands nicht verletzt werden.

EAWU (Eurasische Wirtschaftsunion): wirtschaftlicher Zusammenschluss mit Binnenmarkt und Zollunion von bisher (2015) fünf eurasischen Staaten. Sie soll künftig – nach den Wünschen Putins – zu einer Eurasischen Union vergleichbar der westeuropäischen EU heranwachsen.

Ethik: legt Maßstäbe für ein gutes und gerechtes Handeln in Wirtschaft, Politik und Gesellschaft fest

Europäische Kommission: exekutive Gewalt der EU (Sitz: Brüssel), entspricht gewissermaßen der „Regierung" der EU

Europäischer Binnenmarkt: gemeinsamer Markt innerhalb der Mitgliedsländer der → *Europäischen Union*

Europäischer Rat: Gremium der Regierungschefs der EU-Mitgliedsstaaten, Entscheidung über die politischen Grundsatzfragen der → *Europäischen Union*

Europäisches Parlament: vom Volk gewählte Abgeordnete aus den Mitgliedsländern der → *Europäischen Union*

Europäische Union (EU): aus der Europäischen Gemeinschaft (EG) hervorgegangener Zusammenschluss von europäischen Ländern, Gestaltung von gemeinsamer Politik auf verschiedenen Gebieten

Europäische Wirtschafts- und Währungsunion: enge Zusammenarbeit der europäischen Staaten auf den Gebieten der Wirtschafts- und Währungspolitik, gemeinsame Währung und aufeinander abgestimmte Wirtschafts- und Finanzpolitik → *Eurozone*

Europäische Zentralbank (EZB): Notenbank der Euroländer mit der Aufgabe der Geldsteuerung in der → *Eurozone*, Sitz: Frankfurt am Main

Eurozone: Länder, die den Euro als gesetzliches Zahlungsmittel eingeführt haben

Exekutive: ausführende Staatsgewalt. Vgl. dazu → *Gewaltenteilung*

Export: Ausfuhr von Gütern und Dienstleistungen in das Ausland

Fraktion: Zusammenschluss von Abgeordneten im → *Parlament* mit der gleichen politischen Zielsetzung, meist aus einer → *Partei*

Fundamentalismus: Begriff aus der Religionstheorie, wird auch zur Kennzeichnung politischer Weltanschauungen genutzt. Fundamentalisten erheben für ihren eigenen Standpunkt den Anspruch „absoluter Wahrheit" und sind intolerant gegenüber Andersdenkenden. Vgl. dazu → *Pluralismus*

Föderalismus: staatliche Ordnung, in der politische Zuständigkeiten zwischen einem Gesamtstaat und den dazugehörenden Einzelstaaten aufgeteilt werden → *Bundesstaat*

Geldmenge: alle Banknoten, Münzen, Einlagen auf Girokonten sowie Kreditzusagen der Banken in einem Staat oder innerhalb der Europäischen Währungsunion

Gemeinderat: Politisches Entscheidungsgremium auf der gemeindlichen Ebene

Genetik, genetisch: Wissenschaft, die sich mit der Vererbungslehre beschäftigt. Bekannt ist heute z. B. der „genetische Fingerabdruck" bei der Aufklärung von Verbrechen.

Geocaching: eine Art weltweite digitale Schatzsuche. Kleine Dinge werden irgendwo auf der Welt versteckt und die geografischen Koordinaten ins Internet gestellt. Mit einem GPS-tauglichen Gerät kann man sie finden. „Geocache" heißt das Versteck oder das versteckte „Kleinod" selbst.

Gesetzesinitiativrecht: → *Bundestag*, → *Bundesregierung* und → *Bundesrat* können Gesetzesvorschläge einzubringen; in Bayern: → *Landtag*, Staatsregierung und das Volk

Gewaltenteilung: Durch Gewaltenteilung soll die Konzentration der Macht bei einzelnen Staatsorganen verhindert werden. Wir unterscheiden daher drei unabhängige Staatsgewalten: gesetzgebende Gewalt oder Legislative (Parlament), ausführende Gewalt oder Exekutive (Regierung) sowie rechtsprechende Gewalt oder Judikative (unabhängige Gerichte).

Global Governance: kommt aus dem Englischen und bedeutet soviel wie Steuerung oder Regierungsgewalt. Hier geht es um ein politisches Konzept, das die Gestaltung der → *Globalisierung* auf eine weltweit anerkannte und durchsetzbare Grundlage stellen soll.

Globalisierung: weltweite politische und wirtschaftliche Zusammenarbeit und daraus resultierende gegenseitige Abhängigkeit

Global Player: Unternehmen, die weltweit tätig und international bedeutsam sind

GPS (Global Positioning System, deutsch: Globales Positionsbestimmungssystem): Satellitensignale ermöglichen eine präzise Standortbestimmung aller GPS-fähigen Geräte.

Grundgesetz: die → *Verfassung der Bundesrepublik Deutschland*

Grundrechte: die in einem Rechtsstaat garantierten Freiheits-, Gleichheits- und Unverletzlichkeitsrechte der Bürger; müssen auch gegenüber dem Staat durchsetzbar sein

Gruppe: in der Soziologie eine Mehrzahl von Menschen mit einem erkennbaren Verbundenheitsgefühl, die soziale Beziehungen zueinander pflegen und auf der Grundlage gemeinsamer → *Normen* handeln (z. B. Familie, Schulklasse) → *Menge*, → *Masse*

Haushaltsplan: listet alle Einnahmen und Ausgaben in der Regel für ein Jahr auf

Immunität: Schutz des Abgeordneten vor strafrechtlicher Verfolgung, der nur durch das Parlament aufgehoben werden kann

Import: Einfuhr von Gütern und Dienstleistungen aus dem Ausland

Indemnität: Schutz des Abgeordneten vor (dienstlicher oder gerichtlicher) Verfolgung wegen seiner Äußerungen oder seines Abstimmungsverhaltens im Parlament

Inflation: Prozess ständiger Preissteigerungen, der die Kaufkraft des Geldes vermindert

Infrastruktur: Gesamtheit der öffentlichen Einrichtungen (z. B. Verkehrs- und Kommunikationsnetze)

Interaktion: wechselseitiges Zusammenwirken und gegenseitige Beeinflussung der Mitglieder sozialer → *Gruppen* durch Gespräche, Handlungsweisen usw.

Investition: auf die Zukunft gerichteter Einsatz von Finanzmitteln oder wirtschaftlicher Leistungskraft

Investitionsgüter: Güter, die nicht für den gegenwärtigen Verbrauch bestimmt sind, sondern in Unternehmen langfristig der Produktion von Gütern und Bereitstellung von Dienstleistungen dienen (z. B. Maschinen, Fahrzeuge usw.)

Jargon (Gruppenjargon): Wortwahl, Sprech- und Ausdrucksweise, deren sich Mitglieder bestimmter Gruppen bei Gesprächen bedienen, z. B. Jugendjargon, Fachjargon (etwa bei Ärzten) usw.

Judikative: rechtsprechende Staatsgewalt. Vgl. dazu → *Gewaltenteilung*

Koalition: Zusammenschluss von → *Parteien* im → *Parlament*, um gemeinsam die Regierung bilden zu können

Kolonialismus: reicht bis zur Entdeckung Amerikas zurück. Die damaligen Großmächte (Kolonialherren) nahmen fremde, meist überseeische Gebiete gewaltsam in Besitz, um sie auszubeuten und zu beherrschen.

Kommunen: Gemeinden und Städte; unterste politische Ebene im Staatsaufbau

Konjunktur: Zustand und Verlauf der volkswirtschaftlichen Gesamtlage

Konsumgüter: Güter, die von den privaten Haushalten sofort (Nahrungsmittel) oder längerfristig (z. B. Haushaltsgeräte, Privat-Pkw) verbraucht, also gebraucht werden

Kreistag: Politisches Entscheidungsgremium auf der zweiten kommunalen Ebene

Landkreis: zweite kommunale Ebene; Wahrnehmung von politischen Aufgaben, die Gemeinden und Städte finanziell überfordern

Landtag: Volksvertretung (Parlament) auf der Ebene des Bundeslandes

Legislative: gesetzgebende Staatsgewalt. Vgl. dazu → *Gewaltenteilung*

Maastrichter Vertrag: Anfang der 1990er-Jahre getroffene Vereinbarung zur Erweiterung der politischen und wirtschaftlichen Zusammenarbeit innerhalb der → *Europäischen Union*

Magisches Viereck: Bezeichnung für die volkswirtschaftlichen Hauptziele Vollbeschäftigung, Geldwertstabilität, Wirtschaftswachstum und außenwirtschaftliches Gleichgewicht. Der Begriff „magisch" leitet sich von der vermuteten Unmöglichkeit der gleichzeitigen Erfüllung dieser Ziele ab, durch Hinzufügen von neuen Zielen heute ein magisches Vieleck

Manager: haben leitende berufliche Funktion in der Wirtschaft inne

Mandat: Auftrag (z. B. vom Wähler, um ihn zu vertreten)

Markt: „Nervenzentren der Wirtschaft", Treffpunkt von Angebot und Nachfrage nach wirtschaftlichen Gütern und Dienstleistungen, Preis spielt ebenfalls eine Rolle

Masse: in der Soziologie Gesamtmenge von Personen, die an gemeinsamen Merkmalen erkennbar sind, aber auch bei gemeinsamer Aktivität meist keine engeren Kontakte zueinander pflegen (z. B. alle Fußballanhänger) → *Menge*, → *Gruppe*

Medien: unterschiedliche Instrumente zur Verbreitung von Informationen, Unterhaltung usw. (z. B. Presse, Bücher, Rundfunk, Film, Fernsehen, Internet)

Menge: in der Soziologie eine zufällige Ansammlung von Menschen ohne besondere Gemeinsamkeiten → *Masse*, → *Gruppe*

Migranten: Menschen, die ihre Heimat verlassen, weil sie sich in einem anderen Land bessere Lebens- und Arbeitsbedingungen erhoffen. Migration ist der Oberbegriff für alle Wanderungsbewegungen innerhalb einer Gesellschaft, eines Landes oder grenzüberschreitend in andere Länder.

Mindestreservenpolitik: Banken müssen einen Teil ihrer Einlagen bei der Zentralbank hinterlegen, dient der Steuerung der Geldmenge

Misstrauensvotum: „Abwahl" des Bundeskanzlers durch eine parlamentarische Mehrheit und gleichzeitige Wahl eines Nachfolgers (konstruktives Misstrauensvotum)

Monetarismus: staatliche Zurückhaltung beim Wirtschaftsgeschehen, Selbstregulierung der → *Märkte*. Die → *Geldmenge* gilt als wichtigstes wirtschaftliches Steuerungselement.

NATO (North Atlantic Treaty Organization): Nordatlantikpakt, Verteidigungsbündnis mit gegenseitiger Beistandsverpflichtung

Normen: in der Soziologie Richtlinien, Regeln, Vorschriften und Verhaltenserwartungen, die innerhalb sozialer → *Gruppen* gelten, ihre Einhaltung wird durch → *Sanktionen* überwacht

NSA (National Security Agency, deutsch: Nationale Sicherheitsbehörde): Als Teil des US-Geheimdienstes wertet sie die weltweite elektronische Kommunikation aus. Ihr ehemaliger Mitarbeiter Edward Snowden brachte das Ausmaß der Überwachung an die Öffentlichkeit.

Oligarch: eine Personen, die durch Besitz und Reichtum – auch gegenüber dem Staat – Macht ausüben kann. Andere Bezeichnung: „Tycoon"

Opposition: die im → *Parlament* vertretene(n) → *Partei(en)*, die nicht an der Regierung beteiligt ist (sind)

OSZE: Organisation für Sicherheit und Zusammenarbeit in Europa (seit 1994)

Ökologiebewegung: politische und soziale Bewegung für eine ökologische, die Zusammenhänge von Mensch bzw. Gesellschaft und natürlicher Umwelt berücksichtigende Politik

Parlament: Volksvertretung; setzt sich aus vom Volk gewählten Abgeordneten zusammen (Beispiele: → *Bundestag*, → *Landtag*, Stadtrat, → *Gemeinderat*)

Partei: Organisation von Menschen mit gemeinsamen politischen Vorstellungen mit dem Ziel, diese langfristig zu verwirklichen

Petition: Eingabe von Bürgern an das → *Parlament* oder an Behörden, z. B. eine Beschwerde um ein empfundenes Unrecht zu beseitigen

Plebiszit: direkte Entscheidung des Volkes über Sachfragen (z. B. Volksabstimmung, → *Volksentscheid*)

Plenum: Vollversammlung, speziell: die Vollversammlung des → *Parlaments*, auch Plenarsitzung

Pluralismus (oder auch Pluralität): Idee der friedlichen Koexistenz verschiedener Interessen, Ansichten und Lebensstile. Von Pluralismus spricht man, wenn unterschiedliche oder gar gegensätzliche Vorstellungen, Interessen und Weltbilder konfliktfrei nebeneinander akzeptiert werden. Vgl. dazu → *Fundamentalismus*

Populismus: Vorschläge und Standpunkte von Politikern, die darauf ausgerichtet sind, dem Volk „nach dem Mund zu reden" – auch wider besseren Wissens.

Position: in der Soziologie Stellung, die ein Mensch innerhalb einer sozialen → *Gruppe* einnimmt

Preisstabilität: wirtschaftspolitisches Ziel, Niveau der Preise soll insgesamt möglichst stabil bleiben; geringe Preissteigerungen sind möglich

Quorum (Mehrzahl: Quoren): Mindestanzahl von Teilnehmern oder Ja-Stimmen für zu treffende Entscheidungen (z. B. Mindestteilnehmerzahl bei einem → *Bürgerbegehren*)

Rechtsstaat: Ein Staat, bei dem auch die Regierung (Exekutive) in ihrem Handeln an Recht und Gesetz gebunden ist und somit auch zur Verantwortung gezogen werden kann

Rolle: in der Soziologie Verhaltensmuster eines Menschen in sozialen → *Gruppen*, das sich aus seiner → *Position* und den mit ihr verbundenen Erwartungen → *Normen* ergibt

Sanktionen: in der Soziologie positive oder negative Reaktionen auf die Einhaltung oder Missachtung von → *Normen*

Soziale Marktwirtschaft: Wirtschaftsordnung der Bundesrepublik Deutschland seit 1949, Elemente der wirtschaftlichen Freiheit in Verbindung mit einem System der sozialen Sicherung

Sozialisation: Hineinwachsen des Menschen in die Gesellschaft durch Orientierung an, aber auch Mitgestaltung von → *Normen* und gemeinsamen Werten von → *Gruppen*; S. ist eine Folge der → *Interaktion*, zeigt sich auch in der Übernahme sozialer → *Rollen*

Sozialpartner (auch Tarifpartner): Arbeitgeberverbände und Gewerkschaften, die Tarifverträge aushandeln und so gemeinsam zu einer gerechten Ordnung in der Arbeitswelt beitragen. Vgl. dazu → *Tarifautonomie*

Sozialstaat: Schutz der Menschen durch ein System der sozialen Sicherung und Möglichkeiten der sozialen Teilhabe (z. B. Mitbestimmung der Arbeitnehmer in Betrieben)

Sparquote: prozentualer Anteil vom Einkommen, den Einzelne bzw. Familien sparen.

Staatsquote: Anteil der Ausgaben der öffentlichen Hand (Bund, Länder, Städte und Gemeinden) am Bruttosozialprodukt

Stabilitäts- und Wachstumspakt: vertragliche Vereinbarung der Euroländer zur Sicherung und Stabilität der gemeinsamen europäischen Währung

Stabilitätsgesetz: Festlegung der wirtschaftspolitischen Ziele des Staates und der → *antizyklischen Finanzpolitik*

Standort: siehe → *Wirtschaftsstandort*

Strukturpolitik: Förderung von wirtschaftlichen Aktivitäten der Unternehmen in bestimmten Branchen oder Regionen

Subsidiarität: Nachrangigkeit (z. B. Erledigung politischer Aufgaben – soweit möglich – auf unteren Ebenen)

Tarifautonomie: Arbeitgeber und Arbeitnehmer handeln ohne Einmischung des Staates die Lohn- und Arbeitsbedingungen aus.

Tarifpartner: siehe → *Sozialpartner*

TTIP (Transatlantic Trade and Investment Partnership): steht für einen völkerrechtlichen Vertrag, der den freien Handel zwischen EU und USA fördern soll. Derzeit (2015) wird über den genauen Vertragsinhalt noch verhandelt.

UNO (United Nations Organization): Vereinte Nationen, Organisation zur Wahrung des Weltfriedens und zur Förderung der internationalen Zusammenarbeit; Sitz: New York

Verbände: professionell organisierte Zusammenschlüsse von Personen, die gemeinsame Ziele ihrer Mitglieder verfolgen

Verfassung: die rechtliche Grundordnung und oberste Rechtsgrundlage eines Staates; beschreibt im Wesentlichen die → *Grundrechte* und die politische Organisation des Staates (Beispiele: → *Grundgesetz*, Bayerische Verfassung)

Verfassungsorgane: staatliche Institutionen, die in der → *Verfassung*, im → *Grundgesetz*, eigens erwähnt werden und einen Anteil an der Staatsführung haben. Die Bundesrepublik Deutschland kennt fünf oberste Verfassungsorgane: → *Bundestag*, → *Bundesrat*, Bundesregierung, → *Bundespräsident*, → *Bundesverfassungsgericht*

Vertrauensfrage: Antrag der Regierung an das → *Parlament*, ihr das Vertrauen auszusprechen

Volksbegehren: Möglichkeit der unmittelbaren Beteiligung der Bürger an politischen Entscheidungen durch Vorlage eines eigenen Gesetzesvorschlags; in allen Ländern möglich, kann zu einem → *Volksentscheid* führen, vgl. auch → *Bürgerbegehren*

Volksentscheid: Element der direkten Demokratie; Bürger entscheiden über eine Sachfrage, Möglichkeit besteht in allen deutschen Ländern, nicht aber auf Bundesebene (Ausnahme: Artikel 29 GG); in den Ländern muss dem Volksentscheid ein → *Volksbegehren* vorausgehen, vgl. auch → *Bürgerentscheid*

Volkssouveränität: demokratisches Grundprinzip, das besagt, dass alle Staatsgewalt vom Volke ausgeht

Volkswirtschaft: die Gesamtheit der wirtschaftlichen Beziehungen aller Wirtschaftsteilnehmer eines Staates, auch in Verbindung mit dem Ausland

Wahlsystem(e): unterschiedliche Verfahren der Stimmabgabe und der Auszählung zur Verteilung der politischen → *Mandate* im → *Parlament*

Wettbewerbsordnung: rechtliche Regelungen zur Sicherung und Aufrechterhaltung des Wettbewerbs in der → *sozialen Marktwirtschaft*

Wirtschaftsstandort: Ort, an dem sich ein Unternehmen niederlässt. Viele Faktoren tragen zur Attraktivität eines Wirtschaftsstandorts bei, z. B. → *Infrastruktur*, qualifizierte Arbeitskräfte, Steuergesetzgebung, Lohnniveau.

Wirtschaftswachstum: prozentualer Anstieg des → *Bruttoinlandsprodukts* im Vergleich zum Vorjahr

Personen- und Sachregister

Abgeordnete 38, 47 f., 75 f., 78 ff., 184 f.
Abstimmung 21 ff., 58, 63, 67, 79
Amnesty international 7, 169
Antizyklische Finanzpolitik 138 ff., 146, 184
Arbeitslosigkeit 92, 97, 112 f., 125, 140 f.
Asyl/-recht 33
Ausschüsse 77, 87
Außenhandel 95, 100 f., 108, 116, 129

Berufung 27, 33
Bezirk/-stag 63, 68 f., 184
Bilanzen 100 f.
Binnenmarkt 150, 152, 156 f., 184
Brandt, Willy 18, 80 f.
Bruttoinlandsprodukt (BIP) 91, 95 ff., 107 ff., 132, 156, 184
Bruttonationaleinkommen (auch Bruttosozialprodukt/BSP) 91
Bruttowertschöpfung 104
Bundes
– kanzler 18, 21, 80 f., 87, 118, 152, 184
– minister 59, 81, 87
– präsident 59, 81, 84 f., 87, 147
– rat 33 ff., 38, 74, 82 f., 184
– regierung 22, 34, 59, 74 f., 77, 80 f., 83, 87, 143
– staat 50, 82 f., 131, 184
– tag 19 ff., 24 f., 32 ff., 44 ff., 58 ff., 74 ff., 83 f., 87, 137, 184
– verfassungsgericht (BVerfG) 33 ff., 51, 59, 87, 184
– versammlung 84, 87, 184
Bundesamt für Verfassungsschutz 51, 105
Bundeswehr 85, 149, 158, 163, 171
Bündnis 90/Die Grünen 42 f., 72, 77
Bürgerbegehren 22 f., 67, 86, 152, 182, 184
Bürgerentscheid 22 f., 67, 86, 182, 184
Bürgerinitiative 20, 38 f., 66
Bürgermeister 20, 45, 63, 66 f., 86, 147, 182
Bürgerrecht 28 ff.
Bürgerversammlung 20, 66

Christlich-Demokratische Union (CDU) 37 ff.
Christlich-Soziale Union (CSU) 37 ff., 75 f., 78, 81, 124
Cybermobbing 53

Demagoge 9, 21, 184
Demokratie 18 ff., 184
– direkte 20 ff., 58, 184
– parlamentarische 21, 24 f., 76 f.
– repräsentative 21, 44 ff.
– wehrhafte 50 f.
Deutsche Bundesbank 142 f.
Deutscher Gewerkschaftsbund (DGB) 46
Die Linke 37 ff.

Digital natives 52, 166, 184
Diktatur 24, 26, 50
– nationalsozialistische 26, 30, 32, 34, 43
Direktmandat 49

Ehrenamt 63
Einkommensteuer 134 f., 140 f.
Entwicklungshilfe 101, 103, 167, 170
Erhard, Ludwig 80, 98, 118
Erklärung der Menschen- und Bürgerrechte (1789) 28
Ermächtigungsgesetz (1933) 34
Erststimme 48
Euro 151 f., 156, 142 ff.
Europäische Atomgemeinschaft (Euratom) 150
Europäische Gemeinschaft (EG) 150 ff.
Europäische Kommission 154 f.
Europäische Menschenrechtskonvention (1950), 28
Europäische Union (EU) 33, 50, 126, 128 f., 142 ff., 149 ff., 163 ff., 167, 184
Europäische Wirtschafts- und Währungsunion (EWU) 142 ff., 151, 156 f., 184
Europäische Wirtschaftsgemeinschaft (EWG) 150
Europäische Zentralbank (EZB) 128, 142 ff., 146, 151, 156, 184
Europäischer Gerichtshof 154, 171
Europäischer Rat 152, 154 f., 184
Europäisches Parlament 150, 152, 154 f., 184
Europarat 150
Eurozone 144, 151, 156, 184
Export 100 ff., 111, 116, 156, 184

Fernsehen 26, 52, 56 f., 76, 172
Finanz- und Wirtschaftskrise (2009/10) 92, 99, 108, 122 f., 125 f., 134, 137, 167
Finanzpolitik, antizyklische 123, 138 ff., 184
Föderalismus 50 f., 82 f., 184
Fraktion/-sdisziplin 43, 59, 72, 75 ff., 79, 83, 155
Freie Demokratische Partei (FDP) 38 f., 81
Freiheitlich-demokratische Grundordnung (FDGO) 24, 40
Freiheitsrechte 31
Friedman, Milton 138
Fundamentalismus 50, 184
Fünfprozentklausel 49

Geldmenge 111, 128 f., 144 f., 185
Geldpolitik 128, 142 ff.
Geldwert 91, 110 f.
Gemeinde 20, 41, 63 ff., 86, 127, 135 f., 185
Gemeinderat 22, 66, 67, 78, 86, 183, 185
Gerechtigkeit, soziale 42 f., 118, 121, 123, 131, 160
Gericht 27 f., 72, 87
Gesamtleistung, volkswirtschaftliche 98, 104 f.

Gesetzgebung 29, 50, 83, 87
Gewaltenteilung 25, 50, 63, 185
Gleichgewicht
– außenwirtschaftliches 116, 124, 129
– gesamtwirtschaftliches 111, 116 ff., 124 ff.
Gleichheitsrechte 31
Globalisierung 101, 123, 164 ff., 185
Greenpeace 168 f., 171
Grundgesetz 22 ff., 64, 78 ff., 119, 131, 171
Grundrechte 19, 28 ff., 50 f., 113, 185
Gruppe (Soziologie) 6 ff., 185
Gütermenge 111, 144

Haushaltsplan 65, 86, 98, 136 f., 155
Heuss, Theodor 19, 84
Hochkonjunktur (Boom) 109, 139, 141, 145

Ideologie 24
Immunität 78 f., 185
Import 75, 100 ff., 111, 185
Indemnität 79, 185
Inflation 110 f., 128, 138, 185
Informationsgesellschaft 52
Infrastruktur 94, 103, 127, 136, 157, 165 f., 185
ingroup 9 f., 182
Interaktion 7, 185
Interessenverbände 38 f., 139, 169
Internationaler Währungsfonds (IWF) 156, 165
Internet 52 f., 56 f., 158 ff., 174 ff.
Investitionen 97 ff., 103, 105, 115 f., 136 ff., 156, 185

Kanzlerdemokratie 81
Kapazität/-sgrenze 97 ff., 104, 109
Keynes, Maynard 138
Klassensprecherwahl 45
Koalition 76, 81, 124, 185
Kollegialprinzip 81
Kolonialismus 165, 185
Konferenz für Sicherheit und Zusammenarbeit in Europa (KSZE) 28
Konjunktur/-verlauf/-zyklus 108 f., 139 f., 185
Konsum/-ent 91, 95 ff., 138 f.
Konsumgüter 100, 104, 111, 185
Kontrollrechte (des Parlaments) 76 f.
Kreistag 68, 78, 86, 185
Kumulieren 67

Länder in der Bundesrepublik Deutschland 22 f., 70 ff., 82 f., 135 f.
Länderparlamente 62 f., 70 ff., 186
Landkreis 63, 67, 68, 127, 185
Landtag, Bayerischer 21 ff., 40, 70 ff., 86, 186
Lasswell-Formel 57 f.
Lissabon, Vertrag von 151 f.
Lobby/Lobbyismus 38

Maastricht, Vertrag von 151 f., 186
magisches Viereck/Vieleck 124, 146, 186
Magna Charta (1215) 28
Mandat 49, 63, 79, 158, 186
Markt 112, 118, 123, 147, 150, 167, 186
Masse 6, 186
Massenmedien 52 ff., 56, 139, 152
Medienkonzentration 56 f.
Mehrheitswahlsystem 46 ff.
Menge, 6, 111, 175, 186
Menschenrechte 25, 28 ff., 150, 158, 170 f.
Menschenrechtsdeklaration der Vereinten Nationen (1948) 28
Menschenwürde 28 ff., 51, 59, 75, 113, 123, 183
Minderheitenschutz 18 f., 29
Mindestreservenpolitik 144, 186
Ministerpräsident 21, 45, 72 f.
Misstrauensvotum 21, 80 f., 82, 82
Monetarismus 138

NATO (North Atlantic Treaty Organization) 129, 149, 162 ff., 186
Normen 10 ff., 113, 123, 186
Normenkontrollverfahren 34 f.

OECD (Organization for Economic Co-operation and Development) 165
Ökologie 38, 42 f., 93, 120 f., 129, 168, 171, 186
Opposition 25, 51, 75 ff., 83, 126, 186
OSZE (Organisation für Sicherheit und Zusammenarbeit in Europa) 162 f.
outgroup 9, 182

Panaschieren 67
Parteien 25, 35 ff., 46 ff., 59, 67, 72, 170, 155, 186
Persönlichkeitswahl 67
Petition 77
Plebiszit 21, 152, 186
Plenum 77, 186
Pluralismus 19, 25, 42 f., 56 f., 186
Position 21, 76, 79, 125, 186
Prägung 6
Preis-
– bildung 119, 128
– niveau 116, 124, 128 f.
– stabilität 116, 124, 129, 144, 146, 186
– steigerungsrate 111, 114, 124, 128
Presse 52, 54, 56, 64, 122, 178
– kodex 51
Primärgruppe 8
Produktionsfaktoren 103

Quorum 21, 23, 182, 187

Rau, Johannes 28, 84 f.
Realschule, bayerische 22, 38, 68, 70
Rechtsstaat 26 ff., 50 f., 187
Rechtsweggarantie 26 f.
Regierungsbezirk 70
Regierungssystem

– parlamentarisches 21, 24 f.
– präsidiales 21
Ressortprinzip 73, 81, 86
Ressourcen 104, 180
Revision (bei Gericht) 27
Rezession 109, 139 f.
Richtlinienkompetenz 81, 84, 87
Rolle (Soziologie) 12 f., 113, 187
Rollenkonflikt 12 f., 15
Rollenprobleme 15
Rollensatz 12
Rollenspiel 15, 182
Sanktion 10 ff., 144, 187
Schutzrechte 31

Sekundärgruppe 8
Selbstbestimmungsrecht 44
Solidarität 18, 130 ff.
Solidarkasse 131
Sozialdemokratische Partei Deutschlands (SPD) 37 ff., 75, 93, 124, 163
Soziale Marktwirtschaft 42, 98, 118 f., 146 f., 187
soziale Sicherung/soziales Netz 113, 130 ff., 157, 187
Sozialisation 7 f., 10, 15, 53, 187
Sozialpartner 39, 121
Sozialstaat 70, 130 ff., 146 f., 187
Sozialversicherung 113, 131 ff., 136 f.
Soziologie 5 ff., 181 f.
Sparen 90, 96 f., 107, 111, 114, 139
Staat
– autoritärer 24, 26
– totalitärer 24, 26
Staatenbund 48
Staats-
– haushalt 98, 134 ff., 144
– quote 98, 136, 187
– regierung, Bayerische 70 ff.
– verschuldung 99, 134, 137, 144
Stabilitäts- und Wachstumspakt 144, 187
Stabilitätsgesetz (1967) 116, 124, 147, 187
Standortfaktor 127
Statistisches Bundesamt 129, 137, 139, 175
Steuern 65, 103, 133 ff., 138, 143
Stimmkreis 71
Struktur-/-politik/-wandel 112, 126, 136, 157, 187
Subsidiarität 63, 131, 187
Subventionen 105, 136, 140

Tarifautonomie 139, 146, 187
Tarifverhandlungen 39, 139
Terrorismus 50 f., 158 f., 162 f.
Tourismus 103, 166, 169
TTIP-Abkommen 157, 167

Umwelt-/-politik/-schutz 6, 10, 42 f., 66, 93, 121, 124, 126, 147, 168 ff.
Unabhängigkeitserklärung, amerikanische (1776) 28
Unionsbürgerschaft 151 f., 156

Verbände 38 f., 51, 58, 168, 187
Verbraucherpreise 108, 111, 128
Vereinte Nationen 93, 129, 149, 160, 168, 170 f.
Verfassung 28 ff., 51, 187
– Bayern 22 f., 28, 70 ff., 131
– Bundesrepublik Deutschland 28 ff., 185
– Europäische 152
– NS-Zeit 34
– Weimar 28, 32, 34
Verfassungsorgane 62, 72, 187
Verfassungsstaat 16 ff., 51, 58, 182 f.
Verhaltensweisen 6 ff., 53
Verhältniswahl 47 f., 58
– personalisierte 48 f.
Vermittlungsausschuss 83
Vertrauensfrage 81, 187
Vetorecht 21, 161
Volksbegehren 22 f., 152, 154, 187
Volksentscheid 21 ff., 44, 58, 187
Volkssouveränität 24, 187
Volksvertreter 21, 24, 58, 62 f., 76 ff.
Volkswirtschaft 88 ff., 187
Vollbeschäftigung 109, 124 f., 146 f.

Wachstumsrate 92 f., 108 f., 126
Wahl-
– grundsätze 44 f.
– kampf 43, 80
– kreis 46 ff., 78 f.
– recht 29, 44 ff.
– system 44 ff., 187
Wahlen 22, 24, 40 ff., 59, 62 f., 67, 79, 84, 154, 187
Währung 142 ff., 151 f., 156
Warenkorb 128
Weltbank 165
Welthandel 100, 156, 165, 167
Welthandelsorganisation (WTO) 165
Werbung 52, 56
Westeuropäische Union (WEU) 162 f.
Wettbewerb 38, 82, 157, 157, 123, 136, 147
Widerstandsrecht 51
Wir-Gefühl 7, 9
Wirtschafts-
– ethik 92 f., 120 ff.
– kreislauf 88 f., 102 f., 144
– leistung 90 f., 105 f., 109
– politik 94 f., 116 ff., 150 ff., 156 f., 167 ff.
– subjekte 90, 95 ff., 102 ff., 138
– wachstum 92 f., 108 f., 116, 124 ff., 138 ff., 146, 187

Zahlungsbilanz 101, 124, 129
Zentralismus 50
Zielkonflikte 124 ff.
Zinspolitik 109, 145
Zweitstimme 48 f.

Textquellenverzeichnis

S. 5 Konrad Adenauer. Quelle: http://www.zitate-online.de (Stand: 8.4.2015); S. 15 „Jahrzehntelang galten …", zit. nach: Frank Beuster, Die Jungenkatastrophe. Das überforderte Geschlecht, 1. Aufl. Reinbek bei Hamburg (Rowohlt) 2006, Klappentext; S. 15 „entsteht der Eindruck, die Erwachsenen … ", zit. nach: Ulrike Schmauch, Anatomie und Schicksal – zur Psychoanalyse der frühen Geschlechtersozialisation, Frankfurt a. M. (Fischer-TB-Verlag) 1987. Das Zitat von Schmauch findet sich auch in: Thomas Hertling: Jungen und Männer heute: die erschwerte männliche Sozialisation in der modernen Gesellschaft und ihre Folgen. Münster [u. a.]: LIT-Verlag 2008. https://books.google.de/books?isbn=3825816028 (Stand: 9.4.2015); S. 15 „dass Wildheit bei Mädchen …", zit. nach Karin Jäckel, in Jochen Bölsche, Zuchtstation für dumme Machos" (9.10.2002), http://www.spiegel.de/schulspiegel/0,1518,217209,00.html (Stand: 7.4.2015); S. 15 „Sie sind psychisch weniger belastbar …", zit. nach: Jochen Bölsche, Böse Buben, kranke Knaben (7.10.2002). In: http://www.spiegel.de/schulspiegel/0,1518,217197,00.html (Stand: 7.4.2015); S. 16: Slogan auf den Montagsdemonstrationen in der DDR im Herbst 1989; S. 18, M1: Brandts Regierungserklärung vom 28. Oktober 1969; Zit. nach: DER SPIEGEL Nr. 39 /1982, Seite 51; auch in: Die großen Regierungserklärungen der deutschen Bundeskanzler von Adenauer bis Schmidt. Eingeleitet und kommentiert von Klaus von Beyme, München/Wien (Carl Hanser Verlag) 1979, S. 251–281; S. 22, M2: Koalitionsvertrag 1998, Seite 39: Abschnitt „IX. Sicherheit für alle – Bürgerrechte stärken", Unterpunkt „13. Beteiligungsrechte"; auch unter: http://www.spd.de/partei/Beschluesse/1896/parteitags_beschluesse.html (Stand: 7.4.2015); S. 24 Zitat aus: Abraham Lincoln, Gettysburg Address. Rede gehalten am 19.11.1863. Originaltext-Auszug aus: http://www.npr.org/templates/story/story.php?storyId=1512410 (Stand: 9.4.2015) (Übers. d. Autors); S. 28, M1: Rede von Johannes Rau auf dem Katholikentag in Hamburg am 3. Juni 2000: http://www.bundespraesident.de/SharedDocs/Reden/DE/Johannes-Rau/Reden/2000/06/20000603_Rede.html (Stand: 7.4.2015); S. 30, M1: Aus der Rede des ehemaligen Bundespräsidenten Richard von Weizsäcker am 8. November 1992 im Berliner Lustgarten (Anmerkung: Die Rede ist nicht in vollem Umfang dokumentiert, da sie damals von den Eierwerfern gestört wurde. Es gab 1992 einen Stern-Titel zum Thema); S. 32, M1 Weimarer Verfassung 1919, Art. 48; S. 32, M2: Grundgesetz 1949, Art. 19 § 1 und 2; Art. 79 § 3 (gekürzt); S. 34, M1: „Gesetz zur Behebung der Not von Volk und Reich" vom 24. März 1933, Art. 1 und 2 (Auszüge); S. 34, M2: http://www.bundesverfassungsgericht.de/DE/Das-Gericht/Aufgaben/aufgaben_node.html (Stand: 7.4.2015); S. 36, M1: Grundgesetz, Art. 21 § 1–3 (gekürzt); S. 36, M2: Parteiengesetz, § 2 (gekürzt); S. 38 Grundsatzprogramme der im Bundestag vertretenen Parteien: SPD, Programm 2007, Seite 5; CDU, Programm 2007, Seite 14; CSU, Grundsatzprogramm 2007, Seite 9; Bündnis 90/Die Grünen, Grundsatzprogramm 2002, Seite 9; Die Linke, Programm 2011, Seite 4; S. 49, M1: http://www.presserat.de/pressekodex/pressekodex/ (Stand: 8.4.2015) (sinngemäße Wiedergabe der im Pressekodex enthaltenen Ziffern 1, 4, 7, 8, 11); S. 50, M1: http://www.verfassungsschutz.de/de/arbeitsfelder (frei formuliert in Anlehnung an die Texte des Bundesamtes für Verfassungsschutz); S. 52, M1: Prof. Dr. Christian Doelker (Universität Zürich): Kulturtechniken und Medien. – In: Medienpädagogischer Forschungsverbund Südwest. Infoset Medienkompetenz: 10 Fragen – 10 Antworten, © mpfs 2013, Seite 1; S. 53, M3: Dialog auf Facebook. Spiegel Online 29.11.2011. Quelle: http://www.spiegel.de/schulspiegel/schueler-und-lehrer-bei-facebook-die-regeln-der-freundschaft-a-796846.html (Stand: 8.4.2015); S. 57: Zitat von Helmut Schmidt. Quelle: http://www.zeit.de/2007/44/Lieber_Herr_Schmidt (Stand: 8.4.2015); S. 61: Zitat J. F. Kennedy. Quelle: http://www.zitate-online.de (Stand: 8.4.2015); S. 64, M2: Grundgesetz, Art. 28: Selbstverwaltung der Gemeinden; S. 66, M1: Gemeindeordnung für den Freistaat Bayern vom 22.8.1998 in der Fassung des Gesetzes vom 27. Juli 2009 (GVBl. S. 400); S. 70, M1 Bayerische Verfassung, Art. 13 § 2 Die Abgeordneten; S. 89 Zitat Richard von Weizsäcker. Quelle: http://gutezitate.com (Stand: 8.4.2015); S. 92, M1: Zitat zu Wirtschaftswachstum. Quelle: Tagesspiegel vom 24. April 2002 (Verfasser: Dieter Fockenbrock); S. 93, M2: Erhard Eppler: Wege aus der Gefahr, Hamburg (Rowohlt) 1981, S. 43 und 51 (gekürzt); S. 93, M2: Rede Robert Kennedys an der University of Kansas am 18. März 1968. Quelle: http://www.jfklibrary.org/Research/Research-Aids/Ready-Reference/RFK-Speeches/Remarks-of-Robert-F-Kennedy-at-the-University-of-Kansas-March-18-1968.aspx (Stand: 8.4.2015) (Übers. des Autors); S. 98 Ludwig Erhard, Wohlstand für alle, Econ-Verlag Düsseldorf 1957; S. 113, M1: Prof. Dr. med. Volker Faust, Psychosoziale Gesundheit, Abschnitt: Die Arbeitslosigkeit und ihre psychosozialen Folgen; http://www.psychosoziale-gesundheit.net/seele/arbeitslosigkeit.html (Stand: 8.4.2015); S. 116: Stabilitätsgesetz 1967 (Auszug); S. 120: Bürgerliches Gesetzbuch, § 138 sittenwidriges Rechtsgeschäft, Wucher; § 242 Leistung nach Treu und Glauben; S. 123, M2: Wilhelm Röpke: Ethik und Wirtschaftsleben. In: Grundtexte der sozialen Marktwirtschaft. Zeugnisse aus zweihundert Jahren ordnungspolitischer Diskussion / hrsg. von Wolfgang Stützel … Red.: Horst Friedrich Wünsche. [Ludwig-Erhard-Stiftung e.V. Bonn]. Stuttgart/New York (Fischer Verlag) 1981, S. 439 ff., hier: S. 448; S. 123, M3: Alois Knoller: „Kardinal Marx kritisiert Manager-Millionen" In: Augsburger Allgemeine vom 2. Juni 2014; S. 123, M4: Zit. nach: Walter Roller, in: Augsburger Allgemeine vom 2. März 2010; S. 127 Familienatlas 2012. Regionale Chancen im demografischen Wandel sichern. Hg. vom Bundesministerium für Familie, Senioren, Frauen und Jugend, Berlin. Stand Juli 2012. www.bmfsfj.de. Quelle: http://www.prognos.com/publikationen/weitere-atlanten-reports/familienatlas/zentrale-ergebnisse/ (Stand: 8.4.2015); S. 131, M1: Grundgesetz, Art. 20; S. 131, M1: Bayerische Verfassung, Art. 3; S. 131, M1: Frei zitiert nach: Sozialgesetzbuch (SGB) Erstes Buch (I) – Allgemeiner Teil – (Artikel I des Gesetzes vom 11. Dezember 1975, BGBl. I S. 3015) § 1 Aufgaben des Sozialgesetzbuchs; S. 143, M1: Europäischer Gemeinschaftsvertrag, Art. 108 (Europäisches System der Zentralbanken); S. 149: Zitat Henry Ford. Quelle: http://www.zitate-online.de (Stand: 8.4.2015); S. 160, M1: Charta der Vereinten Nationen, Art. 1 § 1–4 (Aufgaben der UNO); S. 175, Wandzeitung „Gesellschaft und Staat" 4/2001 – Der Bürgerentscheid in Bayern – Sieben Schritte zum Bürgerentscheid, © 2001 Bayerische Landeszentrale für Politische Bildungsarbeit; http://www.stmuk.bayern.de/blz/web/buergerentscheid/#7 (Stand: 7.4.2015).

Bildquellenverzeichnis

4 un. re. Allianz Arena/ B. Ducke; **6 ob. li.** © Hobermann Collection, Corbis; **7 ob. re.** picture alliance / dpa; **8** Shutterstock/ Monkey Business Images; **9 ob. re.** David Ashley/Corbis; **10 ob. li.** dpa picture alliance Pressefoto ULMER/Markus Ulmer; **10 ob. Mi.** dpa picture alliance picture alliance / sampics / Ser; **10 ob. re.** dpa picture alliance picture alliance / Augenklick/Ra; **10 Mi. li.** Erik Liebermann; **11 Mi. re.** Abbildung aus „Die Zeit"-Online, Leitartikel: http://www.zeit.de/gesellschaft/zeitgeschehen/2014-09/scharia-polizei-wuppertal-salafisten, abgerufen am 07.12.2015 um 15.00 Uhr; **13 Mi. re.** Erik Liebermann; **14 ob.** Fotolia; **15 ob. li.** Funke Mediengruppe; **15** SUPERBILD – YOUR PHOTO TODAY 06136998 Your_Photo_Today; **15 ob. Mi.** dtv; **15 ob. re.** Beltz Verlag; **16/17 zweiseitig** Gnoni-Press; **17 un. re.** vario images; **18 ob. li.** Keystone Pressedienst Hamburg; **18 un. li.** Action Press; Lord of the Flies (1963) d. Peter Brook Under exclusive license from Janus Films © 1963 Lord of the Flies Company. All Rights Reserved; **19 ob. re.** akg-images; **19 Mi. re.** Fotolia © mma23; **20 Mi. li.** Marc Schlumpf, www.icarus-design.ch; **20 un. re.** Keystone Pressedienst Hamburg; **20 un. li.** Mehr Demokratie e. V. München; **23 ob. re.** ÖDP Bayern; **24** © BRIDGEMANART.COM.; **24** © BRIDGEMANART.COM.; **28 ob. li.** dpa picture alliance picture-alliance / ZB, **29 ob. re.** bpk-images bpk/Heinrich Hoffmann, **29 un. re.** VISUM 'Mark Godfrey/ The Image Works; **30 ob. li.** dpa picture-alliance / dpa; **30** Shutterstock/ Vereshchagin Dmitry; **31 ob. li.** Keystone Pressedienst Hamburg; **33 ob. li.** Deutscher Bundestag, Berlin; **33 ob. re.** Valenta, Frans Jozef (www.wiki.vorratsdatenspeicherung.de/Plakate); **34** action press/ EBERL, JÖRG; **36 ob. re.** Erik Liebermann; **38 li.** Partei SPD; **38 li.** Partei CDU; **38 li.** Partei CSU; **38 li. / 39 ob.** Bündnis 90/Die Grünen; **38 li./39 ob.** Die Linke.; **39 ob.** Partei CDU; **39 ob.** Partei CSU; **39 ob.** Partei FDP; **39 ob.** Partei SPD; **44** Fotolia/ Jörg Lantelme; **46 ob.** BDA; **46 ob.** DGB; **46 ob.** brlv; **46 ob.** Atomkraft? Nein danke; **46 ob.** Greenpeace; **46 ob.** WWF (World Wide Fund For Nature); **47 ob. re.** businessFORUM GmbH; **50 ob. re.** ALAIN ROLLAND/ IMAGEBUZZ/ BESTIM/action press; **51 ob. re.** Landesamt für Verfassungsschutz NRW; **52 ob. li.** Fotolia/ Dmitry Lobanov; **52** A1PIX – Your_Photo_Today; **53 un. li.** All mauritius images / Uwe Umstätter; **53 ob. re.** Peter Wirtz; **54** mauritius images / imageBROKER / Stefan Kiefer; **55 ob. li.** Fotolia/ willmetts; **55 Mi. re.** Fotolia / Monkey Business; **56** Shutterstock/Khakimullin Aleksandr; **56 un. re.** Shutterstock/ aleramo; **57 ob. li.** Fotolia/ Imagery Majestic; **57 ob. re.** action press/ Gregorowius, Stefanaction press; **57 un. re.** Marco Urban/Süddeutsche Zeitung Photo; **58 li.** Fotolia; **60** dpa Picture-Alliance, Mit Genehmigung der VG Bild Kunst Bonn 2015; **65 ob. li.** Mack, Andreas, Buchdorf; **65 ob. re.** Caro Fotoagentur Caro / Hechtenberg; **65 un. li.** Imago; **65** action press / Kietzmann, Björn; **66 ob. re.** Thomas Langer, Nürnberg; **67 ob. li.** Sisulak, Stefan, Donauwörth; **67 ob. re.** Landeshauptstadt MünchenPresse- und Informationsamt; **68 ob. li.** Landkreis Donau-Ries; **68 un. re.** Nitsche, Rainer, Rain; **69 ob. re.** Logo Bezirk Schwaben, Augsburg; **69 ob. re.** Rieser Bauernhofmuseum, Maihingen/Bruno Langner; **69 un. re.** Bezirk Niederbayern, Landshut; **70** action press/ **70** Picture alliance / dpa; **71** Picture alliance / dpa;**72 un. li.** Bayerischer Verfassungsgerichtshof, München; **72** Picture-Alliance; **72** dpa Picture-Alliance; **73** dpa Picture-Alliance; **73 un. re.** Mester, Gerhard/Baaske Cartoons, Müllheim; **74** Dpa Picture-Alliance; **74** Gnoni-Press; **74** picture alliance / blickwinkel/M; **74** dpa Picture-Alliance; **75** dpa Picture-Alliance; **77** action press/ May, Miriamaction press; **78 ob. re.** Picture-Alliance/ZB; **79 ob. li.** Birgit Rössle, Donauwörth; **80 ob.** dpa Picture-Alliance/ dpa; **80 ob.** Interfoto; **80 ob.** dpa Picture-Alliance/ dpa/dpaweb; **84** Picture alliance / dpa; **84** Pierre Adenis / GAFF/laif; **85 ob. li.** Keystone Pressedienst, Hamburg; **85 ob. re.** dpa, Frankfurt a. M.; **85** dpa Picture-Alliance; **85 un. re.** dpa, Frankfurt a. M.; **88** Al mauritius images / Stockbroker RF; **88** Interfoto/imageBROKER /Barbara Boensch; **89** TOPICMedia Service/ imagebroker.net; **89** All mauritius images Content/ Alamy; **90** Fotolia/mma 23; **93** Interfoto /Granger, NYC; **93** action press/ Müller-Stauffenberg, Hartmutaction press; **95** imago sportfotodienst / imago stock&people; **95** All mauritius images/ Stockbroker RF; **95** Interfoto /imageBROKER /Barbara Boensch; **95** TOPICMedia Service / imagebroker.net; **95** mauritius images / Alamy; **96** Interfoto /TV-Yesterday; **96** mauritius images / United Archives; **96 Mi. li.** Art Antique Peter Ertl, Döbeln; **96 ob. re.** Nürnberger Nachrichten, Zeitungsausschnitt vom 27.02.2015; **96 un. re.** Picture-Alliance/ dpa-infografik; **98** Fotolia/ lagom; **98** picture-alliance/ dpa-infografik; **99 Mi. li.** Klaus Staeck, Heidelberg; Mit Genehmigung der VG Bild Kunst Bonn 2015 Klaus Staeck, Heidelberg,; **102** mauritius images / Stockbroker RF; **102** Interfoto /imageBROKER /Barbara Boensch; **102** TOPICMedia Service / imagebroker.net; **102** All mauritius images Content; **103** All mauritius images/Stockbroker RF; **103** Interfoto /imageBROKER /Barbara Boensch **103** TOPICMedia Service/ imagebroker.net; **103** All mauritius images/Alamy; **106 ob. li.** Ueberreuter Verlag; **114 zweiseitig** Shutterstock; **115** All mauritius images/ Stockbroker RF; **115** Interfoto /imageBROKER /Barbara Boensch; **115** TOPICMedia Service imagebroker.net; **115** All mauritius images/ Alamy; **116** action press REX FEATURES LTD.; **116** dpa picture alliance / SZ Photo; **117** action press/ KIETZMANN, BJÖRN; **117** SUPERBILD – YOUR PHOTO TODAY Your_Photo_Today; **118 ob. li.** Interfoto; **118 Mi. re.** Erik Liebermann; **121 Mi. li.** Imagebroker RM/F1online, **121** picture-alliance/ dpa-infografik, **122 un. re.** Horst Haitzinger, 2010; **123** action press/ Schacht, Henning, **125** picture alliance / dpa; **129 ob. re.** ccc/www.c5.net- Feindaten; Gerhard Mester; **130** action press/ Kammerer, Bernd,**130** action press/ TUNNAT, FRANK; **130** TOPICMedia Service / imagebroker.net; **130 Mi. re.** Fotolia; **133 ob. li.** picture-alliance/ dpa-infografik; **133** picture-alliance/ dpa-infografik; **132 ob. li.** Shutterstock/ Monkey Business Images; **133 un. re.** All mauritius images / Alamy; **134** dpa Picture-Alliance; **134 ob. li.** Bdst Bund der Steuerzahler, Wiesbaden; **135 ob. li., un. li., 137 un. li./ob. li.** Bergmoser + Höller Verlag AG; **138 ob.** Peter Wirtz; **141** dpa Picture-Alliance; **142 ob. li.** ddp; **142 ob. re.** euroluftbild.de/Gerd Otto/Süddeutsche Zeitung Photo; **143** © Horacio Villalobos/Corbis; **144** imago sportfotodienst / imago stock&people; **148** Fotolia/ Dario Bajurin; **148** dpa Picture-Alliance; **148** picture alliance / AP Images; **148** dpa Picture-Alliance; **152 ob. li.** Picture alliance/dpa; **154** Rainer Unkel / vario images; **154** Nikos Pilos/laif; **154** epd-bild/Norbert Neetz; **155** picture alliance / BREUEL-BILD; **156** Shutterstock / defotoberg; **156** dpa Picture-Alliance; **156 ob. li.** ullstein- Cooper; **157** dpa Picture-Alliance; **160** mauritius images / Alamy ; **160** action press/ Zick, Jochenaction press; **161** picture alliance / abaca; **161 ob. li.** UNO; **161 Mi. li.** Unicef; **161 un. li.** UNHCR; **161 Mi. re.** WHO; **161 un. re.** UNESCO; **162 ob. li.** Reuters; **163 ob. re.** Caro; **165 un.** Weltbank, **165 un.** OECD; **165 un.** WTO; **165 un.** ILO; **167** picture-alliance / dpa-infografik; **169 re. 1** Picture Alliance; **169** Okapia/ BAMBOO/LADE-OKAPIA; **169** Tommy Trenchard/Polaris/laif; **169** All mauritius images / Alamy; **170** © Thelonius/Splash News/ Corbis; **170** Picture-Alliance/dpa; **171** Picture-Alliance / GES-Sportfoto.

Jürgen Fehn, Fürth-Burgfarn: 4 ob. li., ob. Mi., ob. re., Mi. li., un. Mi.; 5 ob. li., ob. Mi., un. re., 7 un. li., 8 ob. Mi., ob. re./Mi. li., 9 Mi. re., 14 Mi. li., Mi. re., un. li., un. re., 41 ob. re., 169 re. 5, 166 ob. li.

www.oldenbourg.de

1. Auflage, 1. Druck 2016

Alle Drucke dieser Auflage sind inhaltlich unverändert und können im Unterricht nebeneinander verwendet werden.

© 2016 Cornelsen Schulverlage GmbH, Berlin. Alle Rechte vorbehalten.

Das Werk und seine Teile sind urheberrechtlich geschützt. Jede Nutzung in anderen als den gesetzlich zugelassenen Fällen bedarf der vorherigen schriftlichen Einwilligung des Verlages. Hinweis zu den §§ 46, 52a UrhG: Weder das Werk noch seine Teile dürfen ohne eine solche Einwilligung eingescannt und in eine Netzwerk gestellt werden oder sonst öffentlich zugänglich gemacht werden. Dies gilt auch für Intranets von Schulen und sonstigen Bildungseinrichtungen.

Redaktion: Jürgen Grabowski; Dr. Birgit Scholz, Berlin
Bildredaktion: Christina Sandig; Franziska Becker, Berlin
Technische Zeichnungen: Archim Norweg, Ingrid Schobel, Detlef Seidensticker, München
Umschlagskonzept: Mendell & Oberer, München
Layout: Heiko Jegodtka
Technische Umsetzung: zweiband.media, Berlin

Druck: Mohn Media Mohndruck, Gütersloh

ISBN 978-3-637-02247-8

PEFC zertifiziert
Dieses Produkt stammt aus nachhaltig bewirtschafteten Wäldern und kontrollierten Quellen.
www.pefc.de